Ritter, Tod und Teufel
Kaiser Maximilian und seine Zeit

Hermann Schreiber

Ritter, Tod und Teufel

Kaiser Maximilian I.
und seine Zeit

Weltbild

Genehmigte Lizenzausgabe für Verlagsgruppe Weltbild GmbH,
Steinerne Furt, 86167 Augsburg
Copyright © 2008 by Casimir Katz Verlag
Umgschlaggestaltung: Studio Höpfner-Thoma, Gräfelfing
Umschlagmotiv: Corbis (Bild-Nr. IX 004282)
Gesamtherstellung: CPI – Clausen & Bosse GmbH, Leck
Printed in the EU

ISBN 978-3-8289-0894-9

2011   2010   2009   2008
Die letzte Jahreszahl gibt die aktuelle Lizenzausgabe an.

Alle Rechte vorbehalten.

Einkaufen im Internet: *www.weltbild.de*

INHALT

Viermal Europa 7

Festungen 11

Burgund 33

Wie ein Reich entsteht 54

Der Süden, oder Kanonen gegen Spieße 102

Der Südosten – Gefahren und Chancen 132

Neue Zeiten – neue Welten 183

Recht und Gerichte 208

Sturm von West – Licht im Osten 226

Der Kaiser und die Künste 255

Der letzte Ritt 299

Zeittafel 323

Stammtafel 328

Literaturbericht 329

Personenregister 336

Der Geist spricht konkret durch mächtige, ausdrucksvolle Menschen zu uns. Besonders die Zeit um die Wende des 15. und 16. Jahrhunderts macht durchweg den Eindruck der Frische und spontanen Kraft und einer sehr außerordentlichen Generation. Europa hat für alles die außerordentlichen Männer in Bereitschaft, Entdecker, Conquistadoren, Krieger, Staatslenker, Religionsstifter, Gelehrte, welche jeder sein Fach umgestalten ... Aber auch die Leute zweiten und dritten Ranges nehmen Teil an der allgemeinen Kraft, insoweit auch sie, was sie geben, naiv geben ... Ein neuer Begriff der Staatsmacht beginnt.

Jacob Burckhardt: Historische Fragmente aus
dem Nachlaß. Basel 1929.

VIERMAL EUROPA

Mit einiger Nachsicht läßt sich feststellen, daß unser kleiner Erdteil viermal eine Art Einheit bildete: Sechshundert Jahre lang unter der Vorherrschaft der Römer, tausend Jahre lang von den Karolingern bis zu den Habsburgern, ein Menschenalter lang unter dem Genie des Korsen Napoleon und nun, dank wohlbezahlter Gremien in Straßburg und Brüssel, zumindest als Konstruktion. Ein fünftes Europa wird, wenn man schwarzseherischen Klimatologen glauben darf, teilweise vom Wasser bedeckt sein, und die Stätten des kaiserlichen Lebens eines Maximilian: Brügge, Amsterdam, sein Feind Venedig und das gleißende Sevilla – werden mit versunkenen Glocken an ihre Existenz erinnern.

In so einem Augenblick über den Monarchen zu schreiben, der an der Schwelle zwischen Mittelalter und Neuzeit mit der Hilfe und dem Rat von Gelehrten, Magiern, Schwarzkünstlern und Astrologen über seine Gegenwart hinauszublicken versuchte, unterscheidet sich als Versuch nicht sonderlich von der Zukunftsforschung und der Gegenwartsdiagnose, der wir uns heute ausgesetzt sehen. Halten wir gegeneinander, was im Lauf eines einzigen Monats zwischen den Vereinigten Staaten, Japan, Israel, Berlin und Moskau an Phantasmagorien, Widersprüchen und neuen Weisheiten verkündet wird, so befinden wir uns in der Lage des Kaisers Maximilian, der dem Schwarzen Abt, dem vielbelesenen Trithemius, einige Schicksalsfragen vorlegte und danach nicht viel klüger war als zuvor.

Über keinen Monarchen vor Napoleon ist soviel geschrieben worden wie über Maximilian. Das hochverdiente Gelehrtenehepaar Wiesflecker hat die Universität Graz zu einem Fort Knox der Maximilianologie ausgebaut und sein Leben untersucht wie die Berliner Charité dereinst die Tuberkulose – in Form von Schichtaufnahmen. Dissertation um Dissertation beschäftigt sich mit

7

minutiösen Abschnitten des kaiserlichen Lebens, ehrfürchtig-verblüfft Jahres-Dissertationen genannt, weil sie nachträgliche Kalendarien eines Lebens erarbeiteten, die uns in ihrer imposanten Vollständigkeit die Ratlosigkeit gegenüber jenen Zeiten offenbaren.

Als ich den Eindruck gewann, daß alles gesagt sei, was zu sagen war, versuchte ich hinter den großen Spiegel dieses wissenschaftlichen Selbstvertrauens zu greifen wie Caliban in Shakespeares Tempest, „voll niedriger Genußsucht und gefährlicher Aufruhrgedanken gegen seinen edlen Bändiger, den Zauberer Prospero" (Meyers Konversationslexikon von 1904). Aber der große Spiegel eines allzu offenbaren Lebens in der Sonne eines trügerisch leuchtenden Zeitalters beschlägt sich, je älter dieser Kaiser wird, ohne daß er das eigentliche Alter der letzten Wahrheiten erreichen durfte, in dem der Spiegel seines Daseins auf einmal wieder blank ist und gleißend wie in jenen fernen Zeiten, da sein Leben begann.

Ich sah nicht mehr als die Phalanx der Forscher, Ordinarien, Dissertanten und Habilitanten vor mir, aber in meinen vielen Lebensjahren mit den Landschaften und den Menschen dieses Kaisertums und seiner Gegner wuchsen mir Neugierde und auch Ahnungen zu, denen ich in diesem Buch nachgehe auf die Gefahr hin, danach dazustehen wie Caliban, dem sein goldenes Zeitalter verlorenging. Ich bin durch einen Zufall in eben jener *Newen Statt* vierzig Kilometer südlich von Wien geboren worden wie Maximilian, er, weil Wien zu unsicher war, ich, weil meine Familie eine Fabrik auf dem Wienerberg gehabt hatte, die in die Luft geflogen war, so daß man weitere Fertigungen aus der Stadt verbannte. Die Kirche über dem Tor, in der Maximilian begraben liegt hinter einer imposanten Wappenwand, war die Szenerie meiner Schuljahre mit Höfen, Türmen, Mauern und Balustraden und blieb in Kriegsjahren meine Sehnsucht als Inbild der Heimat. Meine zweite Heimat wurde Frankreich, das Land, das Maximilian das Leben so schwer machte. Also ging ich nicht nur Wiener Neustadt nach und dem kaiserlichen Leben dort, sondern meinte, auch dem Kaiser ein anderes Frankreich entgegenhalten zu können als die Historiker, das Frankreich der Valois, ihrer Schlösser, seiner Landschaft und ihrer großen Familien, über die ich im Lauf meines nun schon absurd langen Lebens vierzig Bücher geschrieben habe. Und als Drittes näherten sich mir aus den spätesten Dämmerungen des Mittelalters seine farbigsten Gestalten, die Gelehrten an der Schwelle zu den geheimen Wissenschaften, die Männer, die noch nicht wissend, aber alles ahnend, wenige Jahrzehnte vor den großen Astronomen das Firmament absuchten, weil Fürsten und noch drängender Fürstinnen ihnen Prophezeiungen abverlangten. Erleichtert stellte ich fest, daß Friedrich III., der vielgeschmähte, am meisten unterschätzte aller Habsburger, in der vergessenen Judengemeinde meiner Heimatstadt so emsig verkehrte wie später Rudolf II. in den Gassen des Prager Ghettos. Die kleine Stadt, die seit einem weithin berühmten Rabbiner, der just Schreiber hieß, bis herauf zu dem Zwölftonmusiker Josef Martin Hauer keine Berühmtheiten hervorgebracht hat und all ihre kuriose Tradition in banalen Flugzeugfabriken und der Erfindung des Volkswagens münden ließ, diese kleine, alte Festung Kaiser Friedrichs III. hat Maximilian nur verlassen, um dem Unglück zu begegnen. Er traf auf Karl den Kühnen, der einen elenden Tod starb, er erschien als schöner Todesengel der reinen Marie von Burgund, und er begrub seinen Sohn und erlebte die Schicksale der Enkel nicht mehr.

Ich habe dieses magische, aus düsteren Mauern und winzigen Anfängen zu europäischen Ereignissen aufsteigende Leben umkreist wie den Kaiser selbst in der Hoffnung, daß Symbole und Bildnisse, daß seine eigenen Erinnerungen und die Triumphbogen-Absurditäten seiner

Künstler an den Rändern des allzu vielen Wissens ein paar Rätsel übriggelassen haben, von Prospero übersehen, von Caliban mit tastender Hand ergriffen, und hier ehrfürchtig niedergelegt zum mitfühlenden Gedächtnis insbesondere an seinen schweren Tod.

Dr. Hermann Schreiber
München, im Februar 2007

FESTUNGEN

Väter bleiben Väter, Söhne bleiben Söhne, auch wenn sie auf Thronen sitzen. Maximilian ging in der kleinen Festung Wiener Neustadt in eine Welt, die sein Vater geschaffen hatte, soweit ein Herrscher etwas über seine Länder vermag. Wenn wir versuchen, festzustellen, wie die nachfolgenden Generationen diesen Vater und diesen Sohn beurteilten, müssen wir erkennen, daß Friedrich III., lang regierend und dennoch vergleichsweise unbekannt, wenig Glück bei großen und kleinen Historiographen hat, und daß nur die ihm nächsten, die ersten und zeitweise Mitlebenden, ihm ungetrübte Achtung und Sympathie entgegenbringen: der niederösterreichische Theologe Thomas Ebendorfer aus Haselbach und der weltläufige Gelehrte, Diplomat und spätere Papst Enea Silvio Piccolomini aus Corsignano bei Siena, das er als Pius II. in Pienza umbenannte.

Es gibt auch in der Geschichte das, was wir Kärrnerarbeit nennen, und es gibt sie auch für Könige und Kaiser. Nicht jeder Herrscher nimmt sie auf sich, ist es doch der große Gestus, der sich dankbar und erstaunlich dauerhaft in den späten Wertungen niederschlägt, während die zähen Kämpfe um eine Vogesengrafschaft, die Mühen um ein par Festungsmauern, der undankbare Widerstand gegen einen glanzvoll-theatralischen Aggressor wie Matthias Corvinus im Dickicht unausgegorener Doktorarbeiten hängenbleiben, auf den lokalen Jubel bemühter Grundschullehrer angewiesen. Was dies sagen will ist: Der Lebenslauf Friedrich III. ist eines Kaisers unwürdig, die Lebensleistung aber ist wahrhaft kaiserlich. Nahe der alten Burg von Wiener Neustadt, der Lieblingsresidenz dieses Kaisers, dehnt sich das Steinfeld, gnadenlos offen bis an die Leitha, das Flüßchen, das heute kaum jemand im Begriff Cisleithanien erkennt. Im Zweiten Weltkrieg zu 65% zerstört, läßt uns die einst als Bollwerk entstandene Stadt

11

wieder erahnen, warum Friedrich III. sie als Residenz dem nahen Wien vorzog.

Das Reich, das Kaiser Friedrich III. seinem Sohn Maximilian übergeben wird, läßt sich von keinem Punkt aus besser verstehen und begreifen als von dieser Festung auf dem Steinfeld aus, zwei Kilometer von der Grenze zum Königreich Ungarn 265 Meter hoch gelegen, künstlich erschaffen auf einen Beschluß von 1194 hin, nach den neuesten Grundsätzen der Fortifikationstechnik erbaut – der sicherste Platz in einem unsicheren Reich, wenn es überhaupt schon ein Reich zu nennen war.

Die Versammlung von Fischau, auf der Landesfürst und Räte den damals noch seltenen Vorgang beschlossen, an eine alte Römerstraße, die *Via Scarabantia* von Ödenburg nach Wien, eine Stadt aus der Retorte hinzubauen, suchte nicht lange nach malerischen Namen für die Gründung. 1244 tritt der deutsche Name als Niwenstatt erstmals auf neben Urkunden, die das kleine, waffenstarrende Geviert in der Ebene wohlklingend Neapolis oder Neostadia nennen. Und als der kaiserliche Hof jüdische Geldverleiher, Händler und Fuhrleute an sich zog, gab es für das Gemeinwesen von etwa 8000 Einwohnern sogar einen jiddischen Namen, den auszusprechen allerdings wohl auch nur die Juden schafften: Njj'stnaieschtöt. Verwunderlich ist dies nicht, denn die Stadt lag an der heute vergessenen Venedigerstraße von Wien über den Semmeringpaß nach Mürzzuschlag, weiter über Klagenfurt bis nach Venedig. Es war damals die Hauptstraße ins pannonische Vorland jenseits von Ödenburg, darin hatte die Neustadt eine eigene, von Wien unabhängige Münzstätte und das Recht, zwei Wochenmärkte abzuhalten. Dennoch: die junge Frau, die hier am 22. März 1459 als ihren Sohn den späteren Kaiser Maximilian zur Welt brachte, mochte sich zwischen Schneeberg, Rax und Rosaliengebirge und innerhalb der fünf Meter hohen Festungsmauern oft nach ihrer Heimat gesehnt haben: Es war die Kaiserin Eleonore von Portugal, und ihre Vaterstadt Lissabon war in jenem fünfzehnten Jahrhundert eine blühende, lebhafte Metropole, wie das ganze Reich ihres Gatten sie nicht zu bieten hatte.

Aber nach dem Kindstod des Erstgeborenen Christoph vier Jahre zuvor ist es ein Augenblick des Glücks, als an diesem ersten Frühlingstag nun ein Knabe zur Welt kommt, und es ist eine leichte Geburt, denn noch am gleichen Tag diktiert die Kaiserin die frohen Botschaften, die nun in alle Welt hinausgehen. Eine erreicht Wochen später den Markgrafen Albrecht Achilles von Brandenburg; er hat im Jahr zuvor zum zweiten Mal geheiratet, und vielleicht will die Kaiserin mit der schnellen Nachricht ihm Mut machen, denn so ganz jung ist er nicht mehr, der „Hochgeborne liebe Oheim, Gevatter und Fürst", dem die Dreiundzwanzigjährige von dem großen Glück berichtet, „billig in aller andacht und Demütigkeit". Und sie vergißt auch nicht, sich nach „seiner Gesundheit, seinem leiblichen Stand und Wesen" zu erkundigen.

In diesem Augenblick wußte sie wohl noch nicht, daß der Neugeborene einen in den habsburgischen Linien ungebräuchlichen Namen erhalten würde. Vielleicht hatte der Kaiser gesprächsweise erwähnt, daß er selbst dem Namen Georg zuneige, aus Verehrung für den Drachentöter und Bekämpfer des Heidentums. Aber zwei Herren, von denen nicht ganz klar ist, warum sie mitzureden hatten, befürworteten den Namen Maximilian nach einem Missionsbischof aus der (inzwischen in der Stadt Enns aufgegangenen) kleinen Stadt Lorch: der Erzbischof von Salzburg und der Vizekönig von Bosnien, ein sonst nicht sonderlich bekannter Wojwode, also Herzog, namens Nikolaus Ujlaki. Dieser hatte eine Darstellung von Bischof Maximilian mit einem eindrucksvollen Schwert gesehen und fand, angesichts der Türkengefahr, wie sie gerade im Südosten des Reiches entstand, sei der Heilige von Lorch der Namenspatron, den die Zeit und die Lage erforderten.

Die junge Mutter wurde auch gefragt, sie erinnerte bekümmert an die Eroberung des altehrwürdigen Byzanz durch die Türken wenige Jahre zuvor und bat um den Namen Konstantin des ersten christlichen Kaisers im Römischen Reich. Aber Friedrich III. folgte dem Vorschlag des Wojwoden, es gab keinen Georg und keinen Konstantin, sondern eben Maximilian.

Für Eleonore war dies sicherlich nicht der größte Kummer. Schon vor der Geburt ihres ersten Kindes war Wiener Neustadt berannt worden, wenn auch nicht gerade von einem gigantischen Heer, sondern von rebellischen Gruppen, die den jungen Prinzen Ladislaus, den Erben der bis auf ihn erloschenen albertinischen Linie der Habsburger, in ihre Gewalt bringen wollten. Er wäre ein verhängnisvolles Unterpfand gegenüber Friedrich III. gewesen und wurde es zeitweise auch, weil der Kaiser, um sich und die Seinen zu retten, ihn schließlich doch herausgab, in die Gewalt eigensüchtiger Vormünder. In der kleinen, wenn auch festen Stadt, war der Waffenlärm ganz nah. Eleonore, die trotz ihrer Jugend schon mancherlei Gefahren zu Land und auf dem Meer erlebt hatte, soll damals gegen die Herausgabe des Prinzen und also mutiger als ihr Gemahl gewesen sein; sie hatte noch einen zweiten Überfall auf Wiener Neustadt zu bestehen und als schlimmstes Erlebnis die Belagerung in der Wiener Hofburg, als der kostbare Thronerbe Maximilian schon seine ersten unsicheren Schritte machte.

In einer lateinisch abgefaßten Autobiographie schrieb Maximilian später: „In seiner frühesten Jugend wurde Maximilian zusammen mit seinem Vater Kaiser Friedrich III. und seiner Mutter belagert ... Er war noch so klein, daß ihn die Füße kaum tragen wollten und daß er an der Hand gehalten die Stiege hinuntersteigen mußte. Da hörte er den Waffenlärm und das Dröhnen der Geschütze, wovor er von seiner Mutter während dieser Belagerung in einem Keller mit Hilfe von Wachen bei Tag und Nacht bestens geschützt wurde".

Dies ist in der Übersetzung von Inge Wiesflecker-Friedhuber die vielleicht früheste Erinnerung Maximilians, der Angriff des Erzherzogs Albrecht auf den Sitz des älteren Bruders, wütend und haßerfüllt wie es Bruderzwiste in sich haben. Die Hussitenkriege hatten allerlei neue leichte Waffen im Gebrauch perfektioniert, dazu blieb es bei Armbrust und Steinkugeln; ein Bolzen erreichte die Gemächer der Kaiserin und verwundete einen Herrn ihrer Suite. Darauf folgte dann wohl der Abstieg in eine sichere Zone der Wiener Burg, an den der Kaiser sich lebenslang erinnerte. Es war damals der geschickte Büchsenmeister Konrad Zirkendorfer, der durch gezieltes Haubitzfeuer den Angreifern den Mut nahm. Maximilian selbst führt die kriegerischen Neigungen seines Lebens und die Tatsache der zwei Dutzend Feldzüge auf diese frühesten Impressionen zurück.

Angesichts der wankelmütigen Wiener bot sich doch immer wieder das sichere Wiener Neustadt an, das uns das Niederösterreichisches Städtebuch als eine der stärksten Festungen jener Zeit beschreibt, die schließlich trotz der freien Lage in der Ebene manchem Gegner jahrelang standhielt. Kaiserin Eleonore beklagte sich sanft in Briefen nach Innsbruck, wo eine Tochter König Jakobs I. von Schottland ähnlich vereinsamt lebte wie sie, daß sie sich nach Hofjagden sehne, weil sie diese Kunst beinahe schon vergessen habe. Der Hof Herzog Sigmunds in Innsbruck galt als ein Paradies des Adels, seit ein schwäbischer Page diese Bezeichnung geprägt hatte. Mit dem sparsamen und schweigsamen Friedrich III. ließ sich solches Gepränge nicht schaffen, nur daß es auf dem Steinfeld keine Gemsenjagden gab wie in Tirol, dafür konnte der mürrische Kaiser nichts. Immerhin gab es einen standhaften und geistvollen Verehrer der Kaiserin, der Friedrichs Vorliebe für Wiener Neustadt wohl kaum teilte, aber zu verstehen vermochte, das war sein Sekretär und Vertrauter Enea Silvio Piccolomini, bis 1455 zunächst ständig und später noch häufig Berater, Diplomat und Helfer des Kaisers, selbst noch als Bischof und Kardinal.

„Die Wonne unseres Kaisers", berichtet der spätere Pius II., „ist nirgends größer als in Neustadt. Dort gibt es Häuser, die der Würde eines Kaisers entsprechen, grüne Gärten, ein überaus gesundes Klima, kalte Quellen, liebliche Haine, ausgedehnte Jagden, angenehme Fischstände, Gelegenheit zu frohem Vogelfang, fette Weiden und in der Nähe Weingärten. Ich wundere mich keineswegs, daß dieser Ort dem Kaiser so gefällt, bietet er ihm doch alles, was ihn vergnügt ... Die Dichter dachten sich die Gärten der Hesperiden jenseits des Atlasgebirges in Afrika, unsere Zeit aber versetzt sie in die Neustadt, eine steirische (sic) Stadt, wo es einen ewigen Herbst der Phäaken gibt und jede Obstfrucht von selbst gedeiht. Deshalb natürlich liebt der König diesen Ort allein mit Recht, wo es so viele sprudelnde Wasserquellen gibt, so viele grünende Wiesen, die in der Frühlingszeit in der bunten Fracht der Blumen gleichsam lachen".

Das Lob des wortgewaltigen Renaissance-Poeten und Theologen wirkt bemüht, andere Vorzüge als die schlichtnatürlichen weiß er für Neostadia nicht anzuführen, allenfalls mochten die Wohnburgen an Florenz und San Gimignano erinnern, sie sind bis ins siebzehnte Jahrhundert eine Besonderheit der Neustadt geblieben. Wahr ist, daß die Neustädter Bürger ausgedehnte Weinberge in der Thermenzone, also im Hügelland zwischen Fischau und Baden, besaßen, aber da weder der Kaiser noch seine Gemahlin Wein tranken, wirkte sich der lebhafte Handel mit den wohlgefüllten Fässern nur mittelbar auf das Leben der Stadtfestung aus. Ein Großhandelshaus internationalen Zuschnitts besaß der 1521 gestorbene Bürgermeister Alexius Funck. Ein wenig Bewegungsfreiheit ohne Gefahren schuf dem Hof der bis heute bestehende Akademiepark, ein Wildgehege hinter der Burg, das sich in die Ebene hinaus erstreckte, in Richtung Ungarn, und von Friedrich III. ummauert worden war.

Schäden aus dieser kargen Umgebung und Umwelt scheint niemand genommen zu haben als das Kind Maximilian. Heinz Hoflatscher sagt in seiner Habilitationsschrift über die politischen Eliten an den Habsburger Höfen der österreichischen Länder 1480 bis 1530: „Dagegen (im Vergleich zu Sigmunds Hofhaltung in Innsbruck) war das Hofleben des kaiserlichen Vetters spärlich bemessen, was sicher nicht eine Frage mangelnder Überlieferung ist. Friedrich war kein Freund von Tanz, Turnieren und Jagden". Es mangelt tatsächlich nicht an überlieferten Quellen, aber sie widersprechen einander, und das ist nicht einmal ein Wunder in einer Zeit, in der Privilegien gefälscht, Titel wie der eines Erzherzogs erfunden und im übrigen den Mächtigen nach dem Mund geredet und geschrieben wurde. Der glaubwürdigste Zeuge zu Maximilians Jugendjahren ist naturgemäß er selbst wenn er im Rückblick nach einer Fülle anderer Erlebnisse und Eindrücke sagte: „Wenn heute mein Lehrer Petrus lebte, würde ich ihn so behandeln, daß es ihn reute, mich unterrichtet zu haben."

Der untalentierte und ungebildete Lehrer, der es sogar gewagt haben soll, den Prinzen zu züchtigen, hieß Peter Engelbrecht, und in der Beurteilung seines schädlichen Einflusses, ja seiner feindseligen Einstellung gegenüber allen jugendlichen Traum- und Wunschbildern des begabten Schülers sind sich die verschiedenen Quellen, bekannte und anonyme, einig. Es wäre ja wohl nicht das letztemal, daß die Habsburger in der Wahl der Prinzenerzieher eine unglückliche Hand haben. Besser war das Verhältnis zu dem Lateinlehrer, und als wichtigste Verbündete beim Lernprozeß dürfen wohl einige andere junge Adelige gelten, namentlich unbekannte Gefährten aus Slowenien, von denen Maximilian ein wenig Slowenisch lernte.

Rätsel gibt eine Behauptung aus angesehener, schwer anzuzweifelnder Quelle auf, die bei Cuspinianus zu findende Bemerkung über eine sehr langsame Sprach- und

Sprechentwicklung Maximilians, der als Kind so mühsam artikuliert und so wenig gesprochen habe, daß manche, denen er mit dieser Zurückhaltung begegnete, ihn für stumm hielten. „So schwer wird es ihm anfänglich, wenn er reden sollte, daß darob seine Mutter große Schmerzen gehabt hat", schreibt Caspar Hedion in seiner Cuspinian-Verdeutschung von 1541. „Aber wie in seiner Kindheit vielen beschwerlich (betrüblich) gewesen ist, daß er nicht reden konnte, ist er später in seinem vollkommenen (erwachsenen) Alter allen Menschen, auch den ausländischen, wunderbarlich erschienen, weil er dann neben seiner väterlichen Sprache das Latein, Französisch und Italienisch zierlich und wohl geredet hat".

Mutter Eleonore sprach sehr schlecht Deutsch, und die Neigung des Prinzen zu körperlicher Betätigung und zur Beschäftigung mit Waffen und anderem Kriegsgerät stand wohl auch der Entwicklung eines großen Wortschatzes entgegen. Dennoch muß man einem Mann wie Cuspinian (1473-1529), der ein Leben lang Lehrer war und an der Wiener Universität mit Hunderten junger Menschen umging, Sachkunde und Urteilsvermögen zubilligen, vor allem, da er Maximilian verehrte und von diesem durch Jahrzehnte geschätzt und hoch ausgezeichnet wurde. Hier waren weder Mißgunst noch Unkenntnis am Werk, hier wird der Finger in eine Wunde gelegt. Das Kind Maximilian kann sich in sich zurückgezogen haben, weil er sich unbeachtet glaubte und von seiner Mutter nicht verstanden, vielleicht auch gegenüber der später geborenen Schwester zurückgesetzt wurde. Oder es gab eine jener bis heute häufig übersehenen und gering geachteten somatischen Ursachen, Polypen in Nase und Stirnhöhlenraum vielleicht, die ihn, ohne daß es jemand bemerkte, schlecht hören und damit auch nur mühsam sprechen ließen. Otto Rommel hat in seiner Anthologie aus dem Wiener Renaissance-Schrifttum darauf hingewiesen, daß Cuspinian nicht nur eine der ersten wichtigen Begegnungen Maximilians mit einem wirklich bedeutenden Geist war, sondern auch ein glückhaftes Nebeneinander zwischen einem vom Finderglück begünstigten großen Gelehrten und einem jungen Herrscher bewirkte, das Maximilians lebenslanges Interesse an geistigen Erzeugnissen und ihrer adäquaten Präsentation begründete. Cassiodors Schriften über das Geschehen in der Spätantike aufzufinden war ein ebenso radikal beeindruckender Vorgang jener Jahre wie die ebenfalls Cuspinian zu dankende Herausgabe der unschätzbaren Chronik des Otto von Freising (1114–58), Bischof und einer der wichtigsten deutschen Geschichtsschreiber des Mittelalters, Sohn des babenbergischen Markgrafen Leopold III. von Österreich und der Kaisertochter Agnes, also ein Enkel Heinrichs IV.!

Cuspinian hieß eigentlich Spießheimer, was nach der Sitte der Zeit in das wohlklingende gelehrte Pseudonym Cuspinianus geändert wurde; die Wiener fanden einen dritten Weg, sie machten aus Spießheimer einen Spießhammer, zumindest heißt so die ihm gewidmete, an ihn erinnernde Gasse (seit 1894 in Untermeidling). Begraben ist er im Stephansdom, womit über seinen Rang eigentlich schon alles gesagt ist. Hinzu kommt die günstige Fügung einer frühen Begegnung zwischen dem Gelehrten und dem späteren Kaiser: Cuspinianus, gebürtiger Schweinfurter, kam 1493 nach Wien, wurde zunächst Schulmeister in Sankt Stephan und schon 1499 oder 1500 Rektor der Wiener Universität, der er in verschiedenen Ämtern und Würden bis 1529 verbunden blieb.

Für seine Nähe zu Maximilian wurden zwei Tatsachen entscheidend: daß er kein Priester war – damals ein seltenes Faktum – und daß er bei aller Gelehrtheit eine nicht zu unterdrückende poetische Ader hatte, die den Künstler in Maximilian vielleicht stärker ansprach als alles Wissen. Jedenfalls war es Cuspinians ,Letztes Lebewohl' an seinen Lehrer Konrad Celtis (1459–1508), eine anmutige lyrische Schöpfung, die ihm höchstes Lob seines Souveräns eintrug.

Cuspinian hatte ein einnehmendes, eher weiches Gesicht, war ungeachtet seiner vielen Studien ein Familienmensch, zweimal verheiratet und hatte acht Kinder, eine Familie, die dem Kaiser in manchen Stimmungen zum erheiternden und erlösenden Gegengewicht gegen Hof und Politik wurde. Aus diesen persönlichen Begegnungen leitet Cuspinianus sein Urteil ab, daß Maximilian es bei besseren Lehrern in den Wissenschaften sehr weit hätte bringen können, weil er „einen solchen sinnreichen Kopf hatte und ein treffliches Gedächtnis". Der unselige Petrus Engelbrecht beendete indes seine Tage ungekränkt als Bischof von Wiener Neustadt, wie die Festung auf einem Siegel des Erzherzogs Albrecht an einer Urkunde von 1358 zum erstenmal genannt wird.

Der Aufstieg der schlichten Babenberger-Festung zur kaiserlichen Residenz bringt in gewissem Sinn die Grafen von Babenberg zurück in die Geschichte. Das fränkische Geschlecht hatte in verschiedenen Generationen ausgezeichnete Krieger, es kämpfte erfolgreich gegen die Sorben, also an der Ostgrenze der deutschen Siedlungsgebiete. Ein Heinrich von Babenberg fiel in den mörderischen Normannenkämpfen, als die Raubkrieger mit ihren Booten die Seine aufwärts gefahren und Paris berannt hatten. Das war 886 gewesen, die Reichsannalen hatten es festgehalten, die Herrschaft der Capetinger ging bekanntlich aus diesen langwierigen, sich wiederholenden Land- und Seeschlachten hervor.

974, also etwa hundert Jahre später, wurde dem Kämpfergeschlecht der Lohn dadurch zuteil, daß Graf Luitpold – er starb 994 – von Kaiser Otto II. die Ostmark erhielt, wo die Babenberger als Fürsten an der Wiege der donauösterreichischen Kultur standen mit der Dichterin Frau Ava (um 1127 in der Wachau nachgewiesen), mit Heinrich von Melk, der Hochphase des Minnesanges, der Aufzeichnung des Nibelungenliedes und der einzigen urkundlichen Erwähnung des Walther von der Vogelweide 1203 im niederösterreichischen Zeiselmauer.

Es gilt als gesichert, daß Habsburger und Babenberger nicht miteinander verwandt waren. Maximilian wird später, als Kaiser, seinen Hofgenealogen Dr. Jakob Mennel-Manlius beauftragen, die allzu langsamen Vorarbeiten des Ladislaus Suntheim (1440-1513) fortzusetzen, obwohl Lasla, wie er bei Hofe genannt wurde, keine Mühe gescheut hatte und sogar den schwarzen Abt, den als Zauberer geltenden Trithemius von Sponheim, besucht hatte, der Herr über eine berühmte Bibliothek war. „Dem Kaiser war jede Stammtafel recht, die seinem Hause berühmte Ahnen und neue Erbansprüche bescherte" (Wiesflecker). Mennel hatte in seinem Übereifer aus einer wenig bekannten ersten Gemahlin des Markgrafen Ernst (gestorben 1075) eine Tochter des Gegenkönigs Rudolf von Schwaben gemacht: „damit ergab sich eine Verwandtschaft der Habsburger nicht nur zu den Babenbergern, sondern auch zu den alten burgundischen Königen" (Heinrich Fichtenau: „Vom Nachleben der Babenberger bei den Historikern").

Da auch Kaiser Friedrich III. behauptete, mit den Babenbergern blutsverwandt zu sein, ergibt sich eine gewisse Wahrscheinlichkeit für das, was man mit einem unangenehmen Beiklang Ansippung genannt hat. In den kinderreichen Generationen der Babenberger steht oft nicht einmal die Reihenfolge der Geburten fest, und die ordnenden Beinamen der Markgrafen und Herzöge hat schließlich keine Quelle übermittelt, erst der Genealoge Suntheim hat sie sich ausgedacht (wofür man ihm noch dankbar sein muß). Sicher ist, daß das Kind Maximilian in eine babenbergische Welt hineingeboren wurde, weil schon Ernst, der Eiserne, Großvater Maximilians, die Babenbergerstadtfestung Wiener Neustadt nicht nur adoptiert, sondern auch energisch und umsichtig ausgebaut hatte. Wien war ihm verleidet, nur eine kleine adelige Oberschicht stützte ihn, und die Wiener Handwerker hatten sich so unversöhnlich gezeigt, daß es zu den Bluturteilen vom Januar 1408 kam: Ernst ließ fünf Aufrührer hinrichten. Dagegen war Wiener

Neustadt eine verläßliche Rückzugsposition, und Herzog Ernst gewährte seiner zweiten Gemahlin Cimburgis von Masowien und den Neustädtern nicht selten das Schauspiel ritterlicher Feste. Er ließ die alte Babenbergerburg erweitern, errichtete eine zweite Kapelle über der Marienkapelle des Osttrakts, mußte allerdings auch totgeborenen Kindern Grabdenkmäler errichten lassen: die Kindersterblichkeit war damals auch in Familien, die keine Not litten und Ärzte bezahlen konnte, außerordentlich hoch.

Eine der größten Strapazen jener Jahrhunderte war das Reisen. Erzherzog Ernst starb, erst 47 Jahre alt, mitten im Sommer 1424 auf einer Reise in Bruck an der Mur, seine Frau Cimburgis im September 1429 auf einer Wallfahrt nach Mariazell und wurde im Kloster Lilienfeld bestattet. Die Straßen im niederösterreichischen Voralpenland waren für eine Frau, die so viele Kinder geboren hatte, zu beschwerlich. Zwei Jahre darauf wurde Friedrich, der spätere Kaiser und Vater Maximilians, großjährig. Ein weiteres Jahr später starb Friedrichs jüngster Bruder, Herzog Ernst der Jüngere, und fand in der Wiener Neustädter Liebfrauenkirche sein Grab.

Als wollte sich die kleine Stadt der kommenden Kaiser würdig erweisen, erfüllte sie sich auf beinahe mirakulöse Weise mit einem Leben, wie man es auf dem Steinfeld nicht für möglich gehalten hätte, erleichterte doch kein Strom den Warenverkehr wie in Wien oder Linz oder auch in Graz, wo Friedrich sich gelegentlich aufhielt. Zu Lande gab es nichts als Karren und Fuhren, aber die Straßen, die auf die Tore von Wiener Neustadt zuführten, verliefen wenigstens in der Ebene. Aus Gesandtschaftsberichten wissen wir, das Friedrich, noch ehe ihm die Königskrone angetragen wurde, als ein reicher Fürst galt; er besaß ausgedehnte Wirtschaftshöfe, Mühlen, Häuser und Liegenschaften. Sobald klar war, daß Friedrich den Wienern nicht so schnell verzeihen würde, zog sich eine Schar von Beamten um den zunächst noch kleinen Fürstenhof zusammen.

Auf dem Steinfeld war Platz, also wurde gebaut, die Befestigungen wurden verstärkt, die Vorstädte durch Palisaden geschützt, denn Ungarn war nahe und die Magyaren ritten schnell. Auch die sakralen Bauvorhaben, deren Vollendung Erzherzog Ernst nicht mehr erlebt hatte, wurden weiter gefördert, und es begann ein Zustrom von Künstlern, die damals ja meist aus dem Süden, aus Südtirol und Norditalien kamen. Friedrichs Annahme der römisch-deutschen Königswürde im April 1440 feiert eine Steinplastik über dem Eingang des Zisterzienserstiftes Neukloster, eine Figurengruppe, in der nicht Friedrich gekrönt wird, sondern die Gottesmutter Maria.

Hofhaltung, Warenverkehr, Hausbau auf Kredit und Ladengeschäfte, dies alles zog in erstaunlich kurzer Zeit jüdische Kaufleute und Wanderhändler, Geldverleiher und Intellektuelle an. Der noch heute stille Allerheiligenplatz nahe dem Stadtzentrum wurde zum Judenviertel, und es entstanden ohne öffentliche Hilfe, ja trotz der steuerlichen Belastungen, denen die Juden ausgesetzt waren, eine Synagoge, eine Talmudschule, eine koschere Metzgerei und als Besonderheit ein jüdisches Spital. Nur in Wien hatten die Juden damals eine vergleichbare Bevölkerungszahl und Bedeutung.

Als hier sieben Jahre später Maximilian zur Welt kam, hatten die Habsburger in dem rauhen Grenzland schon ein wenig Fuß gefaßt. Großvater Erzherzog Ernst war jenseits des Semmerings, in Bruck an der Mur geboren worden, Friedrich, der spätere Kaiser, durch den Zufall einer Reise in Innsbruck. Maximilian war als erster Habsburger an die Mongolengrenze geworfen worden, dort wo der zu Unrecht geschmähte Friedrich, der streitbare Babenberger, 1241 die erdrückende Übermacht der Mongolen, den legendären Schrecken der unbesiegbaren Reiterscharen, von den Grenzen Österreichs ferngehalten hatte. Das aber war nicht der einzige Unterschied gegenüber den idyllischen Stammlanden der Habsburger im Westen des Reiches, in den Südvogesen und in der Nordschweiz. Dort, im Einzugsgebiet von Rhein und Aare, hatte es im milden Klima der Rheinfurche und rund um den Bodensee nach den großen Alamannenschlachten tief christlichen Frieden gegeben, eine fromme Zivilisation, die beinahe fünfhundert Jahre vor der Kolonisierung der Marken an der Ungarngrenze bereits ihre Ordnung gefunden hatte. Daß Maximilians Vater ein geschlossenes Tiergehege anlegen ließ, bezeichnet eine neue Zeit, denn östlich der Enns hatten sich ungeheure Wälder erstreckt: „Die Wälder waren zum guten Teil Laub und keine Nadelwaldungen, manche auch schon durch Pfade erschlossen. Trotzdem ist es schwer möglich, sich eine wirkliche Vorstellung vom Aussehen und Zustand des Waldlandes vor der Rodung zu machen. Wilde Tiere, vor allem Wölfe, bildeten die größte Gefahr für die Siedler; die Rodung weiter Landstriche, das stumme und harte Werk bäuerlicher Hände, von dem kein zeitgenössischer Geschichtsschreiber kündet, ist die grundlegende Tat des elften, zwölften und dreizehnten Jahrhunderts."

Der Satz stammt vom Nestor der niederösterreichischen Geschichtsschreibung, dem Wiener Universitätsprofessor Karl Gutkas (1926–1997), und er ist dadurch zu ergänzen, daß auch die späteren Historiker es sich lange überlegten, ehe sie die namenlose Bevölkerung, die Bauern und Waldarbeiter, die Handwerker und Bergleute in ihre Betrachtungen mit einbezogen. Was so viele Generationen versäumt hatten, darf man von einem Pater schlichten Sinnes wie jenem Peter Engelbrecht nicht erwarten, zumal da der kaiserliche Vater, wie Wiesflecker es ausdrückte, den Unterricht der alten Schule schätzte – es gab damals auch gar keine andere. „Wiener Neustadt, sein Schloß, die Marställe, Waffenkammern, Zwinger, Scheunen, Gaden (= Hütte mit nur einem Zimmer), Keller, der Baumgarten, den der Vater selber zog, die Tiergärten, Fischweiden, Forste, die freie Wildbahn, die von der Ebene bis ins Hochgebirge reichte, das war die Landschaft seiner schönsten Kinderjahre. Hier lebte, schaute und spielte sich der Knabe in die ‚sieben mechanischen Künste' hinein, Malerei, Steinbau, Holzbau, Münzmeisterei, Plattnerei (Verfertigen von Harnischen und Rüstungen), Geschützgießerei, die ihm zunächst lieber waren als die *septem artes liberales*; so nebenbei lernte er von Gesinde und Handwerksleuten böhmisch und windisch (südslawisch) radebrechen, wie er später von Kriegsknechten und Boten Italienisch, Spanisch und Englisch verstehen lernte" (Wiesflecker).

Daß der pädagogisch katastrophale Einfluß des Peter Engelbrecht nur vorübergehend Schaden stiftete und vermutlich die Entwicklung des Knaben nicht einmal verzögerte, lag einmal in den Schutzmechanismen des jungen Gemütes, die wir bis heute an Kindern feststellen, die sich vor verderblichen oder bedenklichen Einflüssen lieber abschotten als sich ihnen öffnen, zum andern aber am Gemeinschaftserlebnis mit anderen Jugendlichen, da die Wiener Neustadt ganz einfach zu klein war, um einen Kaiserhof, und sei er auch voll von hoher Geistlichkeit und Adeligen, vollkommen gegenüber schlichteren Milieus abzugrenzen.

1469, als Maximilian zehn Jahre alt war, wurde Wiener Neustadt durch eine Bulle Papst Pauls II. vom 18. Januar Bistum, und zwar exemt, also nur dem Papst unterstellt, wie das Bistum Wien. Allerdings währte es noch weitere sieben Jahre, bis Peter Engelbrecht fortgelobt und als erster Bischof von Wiener Neustadt inthronisiert wurde. Er hatte die sonst so begehrte Würde nur mit Bedenken angenommen, da Kaiser Friedrich III. sehr an dem Sankt Georgs-Ritterorden gelegen war und er eine Personalunion zwischen dem Orden und dem Bistum anstrebte. Aus Gründen, die bis heute nicht sehr klar geworden sind, versuchte der Kaiser, nach Engelbrechts Tod den neuen Bischof Augustin Kniebinger, der Propst des regulierten Chorherrenstifts gewesen war, für eine gemilderte Form dieser Zusammenarbeit zu gewinnen, aber der Unfrieden ging weiter, und der Bischofsstuhl blieb nach Kniebingers Tod 1495 vakant. Erst unter bedeutenden, wenn auch umstrittenen Oberhirten wie Melchior Klesl, der mit harter Hand die Gegenreformation durchsetzte, oder einem Grafen Kollonitsch wurden diese unseligen Anfänge vergessen. Das Bistum wurde 1785 von Kaiser Joseph II. an Wiener Neustadts Dauer-Rivalin Sankt Pölten übertragen.

Die unbefriedigende Kirchensituation im engen Wiener Neustadt, das Nebeneinander der malerischen Georgsritter und des kleinen bischöflichen Stabes bewirkten, daß Maximilian als Erwachsener und als Herrscher die Kirchenprovinzen nicht sonderlich schätzte, sondern höher visierte. Sein Gesprächspartner war der Papst, seine Aufgabe waren nicht Schlichtungen im örtlichen Gezänk, sondern die Verteidigung der Christenwelt gegen Türken und Sarazenen.

Die Vorliebe Kaiser Friedrichs III. für die Neustädter Kleinwelt führte zu einer Verbundenheit zwischen Vater und Sohn, wie sie in Herrscherhäusern selten und an großen Höfen auch kaum möglich ist. Der frühe Tod von Maximilians älterem Bruder Christoph mag dazu beigetragen haben, daß der Kaiser sich dieses zweiten Sohnes in so ungewöhnlichem Maße annahm, vor allem aber der Tod der Eleonore von Portugal, als ihr Sohn Maximilian erst acht Jahre zählte. Die vielen frühen Tode, sagt man, hätten Friedrich III. sehr oft die Lösung beträchtlicher Schwierigkeiten gebracht; sein unversöhnlich rivalisierender jüngerer Bruder Albrecht starb als Vierziger, der andere Albrecht, dem er im Königtum nachfolgte, war nur ein einziges Jahr deutscher König gewesen. Der Tod erntete schnell in diesen Jahren, aber Friedrich selbst, oft als seltsam, ja halbverrückt bezeichnet, mißtrauisch, wochenlang schwer ansprechbar und die Zurückgezogenheit liebend, führte inmitten von Seuchen, Krankheiten und Tod sein eigenes Leben: Zwischen seinen Heilkräutern, seiner

26

Kellerwirtschaft und Haushaltsbüchern, als wäre seine Residenz ein Klostergut und er der Abt – und er hatte den Knaben Maximilian immer an der Seite, wies ihm Pflanzen und Fässer, Rechnungsbücher und Vorräte.

Unbekannt ist, wie weit der Heranwachsende mit den geheimsten Neigungen seines Vaters bekannt wurde, mit dem naturwissenschaftlichen Experiment, wie es sich damals anbot und das Jahrhundert beherrschte. Als Kaiser wird er Büchersucher und Geheimniskrämer in alle Welt entsenden wie einst Harun el Raschid oder Ludwig der Deutsche im Ostfränkischen Reich, und es gibt hebräische Pergamente mit Randnotizen, die zwar nicht mit Sicherheit von Friedrich III. oder gar von Maximilian stammen, aber daß Maximilians esoterische Neigungen auf frühe Gespräche mit dem Vater zurückgehen, darf als sicher gelten. Es blieb dem Hof nicht verborgen, daß Friedrich III. edlen Steinen und Juwelen ein Interesse entgegenbrachte, das über deren Wert hinausging:

„Wenn man versucht, sich vom Schatz des Kaisers ein Bild zu machen, dann überrascht ebenso wie bei den von ihm persönlich bestellten und wahrscheinlich auch persönlich betreuten Monumentalwerken wieder die überaus hohe Qualität ... Dies gilt für die Goldschmiedearbeiten ebenso wie für die geschliffenen Kristalle ... Wohl das großartigste Werk aus dem Schatz des Kaisers, das erhalten ist, ist der Prunkpokal mit Bergkristall-Fenstern in der Pokalwandung, deren Metallflächen mit feinstem Email überzogen sind ... Mit dem Schatz in enger Verbindung müssen auch die Bücher gesehen werden, denen Friedrichs Leidenschaft ähnlich wie den Kostbarkeiten aus Edelmetall und Edelsteinen galt. Wo und wie immer es ihm möglich war, hat er sich der Bücher, deren er habhaft werden konnte, bemächtigt. Die Prunkhandschriften, die für ihn und wohl auch über seinen Auftrag geschrieben wurden, entstanden in der Werkstatt der Wiener Illuminatorenschule, die Herzog Albrecht III. (gestorben 1395 in Laxenburg,

Beiname: ‚mit dem Zopfe') gegründet hatte ... Friedrich hatte sicher auch ein gewisses antiquarisches Verhältnis zu Gegenständen gehabt, was in seinem Interesse für Kameen und für Funde der verschiedensten Art sich ausprägte. Zum Teil gehören die Mammutknochen hierher, die beim Nordturm von Sankt Stephan gefunden wurden und die er auch mit seinem Besitzzeichen versehen ließ. (Soweit Universitätsprofessor Dr. Hermann Fillitz in seiner leider nur kurzen, aber ungemein informativen Abhandlung über Kaiser Friedrich III. als Mäzen.)

Damit ist vieles, ja vielleicht alles angelegt, was Maximilian als Kaiser von vielen Monarchen seiner Zeit unterscheiden wird. Er wird sich nicht zu gut sein, auch umstrittene Gelehrte selbst aufzusuchen und ihnen Fragen vorzulegen, so wie sein Vater vertrauten Umgang mit allen Menschen pflegte, deren Fähigkeiten ihn interessierten, gleichgültig, welchen Standes sie waren, vom Pferdepfleger bis zum Geschützgießer, vom Goldschmied bis zum berühmten Maler, den er sich in umfangreichen Korrespondenzen von anderen Städten gleichsam leihweise in die Grenzfestung Wiener Neustadt schicken ließ, etwa Niklas van Leyden aus Straßburg.

Im Wiener Museum für angewandte Kunst findet sich ein großes Glasgemälde aus dem fünfzehnten Jahrhundert, das Erzherzog Ernst den Eisernen mit seinen Söhnen darstellt. Dieser Großvater Maximilians war eine ehrfurchtgebietende Erscheinung, sehr groß, dunkel wirkend und sehr gewandt im Ausdruck. Zweifellos war es das Vorbild dieses Fürsten, das Friedrich III. 1436 zu einer Pilgerfahrt ins Heilige·Land angeregt hatte: auch Ernst war diesen weiten Weg gegangen, der ja keineswegs ein Dauer-Kriegspfad der Kreuzheere war, sondern ein frommes, privates Wagnis, zu dem sich selbst sehr kriegerische und keineswegs gottgefällige lebende Grafen und Fürsten immer wieder bereit fanden. Rheinhold Röhricht hat uns in seinen zwei aufschlußreichen Verzeichnissen, erschienen 1878 und mehrfach nachgedruckt, eindrucksvoll gezeigt, daß es Menschen aller Stände waren, die sich für Monate, ja für Jahre von zu Hause entfernten, um mehr zu tun als etwa nach Santiago de Compostela zu wandern.

Erzherzog Ernst und sein Sohn Friedrich bewältigten die große Reise im Abstand vieler Jahre jeweils zu Schiff. Es galt unter adeligen Gegnern der Grundsatz, daß jede feindselige Handlung zu ruhen habe, wenn einer der Streiter unterwegs ins Heilige Land war oder auf der Rückkehr begriffen. Die unerklärlich abschätzige Beurteilung, die Maximilians Vater bei vielen Historikern findet, hat auch zu der Behauptung geführt, Friedrich sei nicht so sehr aus religiösen Beweggründen gereist, sondern aus antiquarischem oder gar kaufmännischem Interesse. Der Schluß gründet sich auf die Tatsache, daß Friedrich aus dem Heiligen Land keine Reliquien mitgebracht habe, aber wer immer Eça de Queiroz gelesen hat, wird in dieser Tatsache nur einen Beweis für das solide Urteil dieses Fürsten sehen, weiß man inzwischen doch von der mit den Schicksalen der Heiligen längst nicht mehr in Einklang zu bringenden Überfülle der Knöchelchen, die ihnen zugeschrieben werden.

Zwischen Friedrich III. und seinem Sohn spielte dieses nun ein Vierteljahrhundert zurückliegende große Erlebnis der Orientreise eine nicht zu vernachlässigende Rolle. Die Gegenstände, die der spätere Kaiser mitbrachte, sind weitgehend bekannt, bei anderen kann es nur vermutet werden, zweifellos aber vermittelten sie dem jungen Prinzen den erregenden Eindruck der Wirklichkeit, des Greifbaren, des fernen und doch gegenwärtigen Lebens, etwa das Prunkschwert mit seiner Scheide, auch wenn es vermutlich nur zeremoniellen Zwecken gedient hatte, oder ein Prunkstreitkolben, zu dem es ein Gegenstück gibt, weil Vater und Sohn das gleiche Kommandozeichen – Vorläufer des Marschallstabes – besitzen sollten. Der in der Wiener Waffensammlung des Kunsthistorischen Museums

29

befindliche Streitkolben ist ganz aus Messing gegossen und hat, für jene Zeiten beinahe sensationell zu nennen, am Handgriff-Ende ganz unten einen Kompaß und eine Sonnenuhr, gleichsam die Minimalausrüstung für eine Wanderung in wüsten Einöden. Aus der Kreuzzugszeit stammt auch ein Quadrant, als dessen Urheber der Astronom Johannes von Gmunden (gestorben 1442) gilt. Es handelt sich also ebenfalls um ein Instrument zur Ortsbestimmung aufgrund der Messung der Sternhöhen. Es ist mit den Symbolen der Tierkreiszeichen versehen. Zur Reise-Ausrüstung gehörten auch Klapp-Sonnennuhren aus Messing, während Friedrich vermutlich auf einen kleinen Reisealtar verzichtete, wie er sich von seiner Gemahlin Eleonore von Portugal erhalten hat und heute im Berliner Kupferstichkabinett befindet.

Friedrich konnte für die kunstvolle Konstruktion aus Pergament einen Schüler des Rogier van der Weyden gewinnen (etwa 26 zu 20 Zentimeter groß), damit die Kaiserin, wo immer sie sich befand, unbeobachtet beten konnte.

Die Kreuzzüge, die den Habsburgern aufgezwungen wurden, Kreuzzüge ohne Prediger, Pilger und frommen Troß, waren die Türkenkriege. Maximilian war erst zehn Jahre alt, als die Türken in Krain einfielen, also in eines der habsburgischen Erblande, ein heute nicht mehr oft genanntes südöstliches Vorland von großem landschaftlichen Reiz und großer geopolitischer Bedeutung zwischen Kärnten im Norden und Kroatien im Süden. Als österreichisches Kronland hatte Krain später 10.000 Quadratkilometer, war also nur etwa halb so groß wie das heutige Hessen, war aber als südliches Tor in den im Hochmittelalter noch wichtigsten Weltwirtschaftsraum Mittelmeer für die reichen Länder des deutschen Südens von außerordentlichem Wert.

Die türkischen Siege, der ständige Machtzuwachs dieses aus Kleinasien nach Südosteuropa greifenden Eroberervolkes, geben den düsteren und blutigen Hintergrund von

Maximilians Jugend ab. Noch ehe er geboren wurde, hatte Sultan Murad II. (1421–1451) bei Varna, also im heutigen Rumänien, ein christliches Heer vernichtet, die Novemberschlacht von 1444, von der ins Herz Europas nur mit großer Verzögerung sichere Kunde gelangt war, so daß sich der große Schrecken noch gar nicht ermessen ließ. Bis heute hat sich hingegen die Schlacht auf dem Amselfeld im Gedächtnis Europas gehalten, Murads Triumph in einer mörderischen Viertageschlacht im Oktober 1448. Dann folgte als Signal und Kampfansage an das ganze christliche Europa 1453 der Fall von Konstantinopel, der alten Stadt der oströmischen Kaiser, der glanzvollen, volkreichen Etappe so vieler Kreuzzüge ins Heilige Land. Und nun Krain unter Murads Nachfolger Mohammed II., der wie Murad dreißig Jahre lang herrschte. 1456 fiel Serbien, 1463 Bosnien, 1468 Albanien, wo die Türken erstmals ernsthafte Schwierigkeiten mit der Landesnatur und den wilden, kampfgewohnten Bewohnern hatten. Das Kind Maximilian erfuhr von den Greueln, wie sie die Türken verübten, nicht so schnell, so bildhaft, so brutal, wie unsere Jugend die unendlichen Grausamkeiten der letzten Kriegsjahre in Serbien, Bosnien und Makedonien miterlebte, aber die Bänkelsänger, die Gerüchte der Wanderhändler, die Versehrten, die sich nach den Kämpfen in den habsburgischen Herrschaftsbereich gerettet hatten, dies alles machte wohl wegen der Gerüchte, der Widersprüche und der Übertreibungen besonderen Eindruck. Die Türkenkriege und die Schrecken der Grenzen im Süden kamen unweigerlich auf die kleine Residenz unweit der Leitha zu; wenn Maximilian ahnte, welche Rolle im fürstlichen Dasein ihm bestimmt war, dann schwang die große Aufgabe mit, die Türken von den friedlichen Fluren der habsburgischen Kernlande fernzuhalten.

1475, Maximilian war nun sechzehn Jahre alt, mußte Pater Engelbrecht den spanischen Stiefel des Katechismus und des Lateinunterrichts für eine Weile beiseitelegen, um dem Prinzen zu erläutern, wo die Krim liege und welche Bedeutung es habe, daß die Türken die Krimtataren unterworfen hatten, daß Muhammeds Reich im Rücken Europas hinaufreichte bis in die fruchtbaren ukrainischen Ebenen, und daß 1478 die bis dahin polnischen Moldauländer den Türken untertan wurden. Ein Prinz von neunzehn Jahren wie Maximilian brauchte dann, um dies zu verstehen, keine Lehrer mehr und schon gar keine Priester. Er hatte inzwischen am Reichstag von Augsburg teilgenommen und war den versammelten Großen des Reiches vorgestellt worden. Sein Vater war seit zwei Jahrzehnten Kaiser, als man sich in Augsburg prunkvoll traf, es gab Turniere, es gab Wettkämpfe, und Maximilian konnte zeigen, daß er nicht nur den Pfaffen Peter, sondern eine ganze Reihe tüchtiger Lehrer in den ritterlichen Künsten gehabt hatte. Längst war ihm klar, daß die Fährnisse seiner frühesten Kindheit in der Wiener Burg nur ein schwacher Vorgeschmack gewesen waren. Ein Leben der Kämpfe lag vor ihm.

BURGUND

1919 veröffentlichte Johan Huizinga, Professor für Geschichte an der niederländischen Universität Groningen, ein Werk mit dem unaussprechlichen Titel *Hersttijd der Middeleeuwen*; fünf Jahre später lag es auch deutsch vor und wurde unter seinem deutschen Titel *Herbst des Mittelalters* ein Begriff. Die politische Geschichte fehlte in dem suggestiven Buch weitgehend; auch das, was für viele das Mittelalter ausmacht, das Aufkommen der Städte und ihrer Wirtschaftsmacht, wurde nur gestreift. Alle Thesen des noch nicht fünfzigjährigen Gelehrten strebten auf die Kunst, die schöpferischen Kräfte im Mittelalter zu, und während die Kollegenschaft sich längst darüber einig war, daß mit der Renaissancekunst und der Geistrevolution des Humanismus eine neue Epoche begonnen habe, malte Huizinga ein leuchtendes Spektrum des Untergangs, das an Bedeutung, Würde und Endgültigkeit ungleich mehr Gewicht habe als der bewegte Vordergrund mit dem Gewimmel neuer Gestalten: „Mit der Kunst der van Eycks hat die mittelalterliche Darstellung der heiligen Gegenstände einen Grad der Detaillierung und des Naturalismus erreicht, der vielleicht, streng kunsthistorisch genommen, ein Anfang genannt werden kann, kulturhistorisch jedoch einen Abschluß bedeutet".

Die Beispiele, die Huizinga heranzog, um zu zeigen, wie er zu seinem Eindruck von Vollendung und Endzeit gekommen sei, stammen mit auffälliger Häufigkeit aus Burgund, ohne daß er *expressis verbis* das Reich der Herzöge zwischen Robert I., dem Königssohn, und Karl dem Kühnen, Schwiegersohn Karls VII. hervorhebt, des Mörderkönigs, den eine Heilige, nämlich Jeanne d'Arc, zur Krönung führte. Die Faszination geht auch nicht von den Persönlichkeiten aus, nicht einmal von den Schicksalen, sondern von dem Land zwischen der Saône und Flandern, wo sich alles abspielt: Der Versuch, die Welt und die Wirklichkeit zu verleugnen; die Suche nach dem Weg zur Weltverbesserung, und die künstlerische, malerische und literarische Bemühung, „das Mysterium des Alltäglichen, die unmittelbare Erregung über das wundersame aller Dinge" erschaffend und nachschaffend festzuhalten.

Bewegen wir uns heute in Dijon, in Bourg-en-Bresse, aber auch in Besançon oder in dem kleinen, verschlafenen Städtchen Dôle, begreifen wir die Ratlosigkeit, ja die Verzweiflung der Nichtfranzosen, die in dieses Herz eines Landes, eines Kontinents und damit einer Welt einzudringen versuchen, das Rhythmus, Seele und Geheimnis eines Zeitalters und eines Lebensgefühls darbietet in einer steinern-obszönen nackten Eva, in der großen, schweigenden Tröstung des Hospitals von Beaune, in den schwarz ausgeschlagenen Kabinetten des Museums von Dijon, wie es Dominique Vivant Denon uns geschaffen hat, dies freilich Jahrhunderte nach der Reise des jungen Maximilian an der Seite seines Vaters zu Karl dem Kühnen von Burgund.

Man plante eine Zusammenkunft in Metz, dann eine in Trier, aber das Ereignis strahlte bis Köln und bis nach Mainz, denn es ging um eine Heirat, und derlei war stets Anlaß zur Entfaltung von Prunk und Reichtum. Karl der Kühne war vierzig Jahre alt, auf der Höhe seiner Macht, und bot 15.000 Mann auf, kein Gefolge, sondern eine Armee. Der Habsburger aus Wiener Neustadt war mit beinahe schon sechzig Jahren in der Meinung jener Zeit eigentlich schon ein Greis, aber er hatte am 28. September 1473 einen großen Sohn neben sich, einen hochgewachsenen Prinzen im fünfzehnten Lebensjahr, der sich mit dem Charme des Jünglings auf die Kraft des Mannes und die Pflichten der Herrschaft zubewegte, weil es nicht anders sein konnte. Das Mädchen, um das es ging, war Maria von Burgund, im Jahr 1457 im Zeichen der Fische geboren, während sich in Maximilian bereits der Widder manifestierte. Die Berichte über die Prinzessin widersprechen einander. Es gibt unumwundene Behauptungen, sie

34

sei schön gewesen, es gibt die schonungslose Aussage, daß sie es nicht war. Maximilian I. schrieb am 8. Dezember 1477 darüber an seinen Freund Sigmund Prüschenk, damals noch kein Reichsgraf, aber wie sein Bruder durch die Pacht einträglicher Mautstellen zu Reichtum gelangt. Beim ersten Treffen in Trier war es Siegmund Prüschenk, der durch Geschmack und Pracht seiner Kleidung die Aufmerksamkeit Karls des Kühnen von Burgund erregt hatte, und das wollte etwas heißen. Prüschenk also, der Steirer, früher Freund und Gefährte des Prinzen Maximilian, wird Adressat eines Briefes, den seither Tausende gelesen haben, weil es auch für habsburgische Bekenntnisse aus dem fünfzehnten Jahrhundert kein Urheberrecht gibt, ein Brief, dem die Naivität die Peinlichkeit nimmt und der sich eigentlich nur aus der eng ummauerten Kleinwelt von Wiener Neustadt wirklich verstehen läßt:

„Lieber Herr Sigmund" verstehen wir noch über ein Halbjahrtausend hinweg, für den Rest ziehen wir die Umschreibung vor, auf der Basis der Dokumentensammlung in der Freiherr-vom-Stein-Gedächtnisausgabe; die Erläuterungen dieser Edition stammen von Inge Wiesflecker-Friedhuber, also aus dem Allerheiligsten der Maximilianforschung. Maximilian berichtet, daß es ihm dank Gottes Gnaden wohlergeht, daß er aber innigst wünscht, seinen Herrn und Vater an seiner Seite zu haben, weil er sich offenbar doch recht unsicher fühlt im fernen volkreichen und lebhaften Flandern, dem Land, dem er gerade die vielbegehrte Braut entrissen hat. Sie sei ein frommes, schönes, tugendhaftes Weib, mit dem er zufrieden sein könne, so groß wie die Leyenbergerin, eine nicht mit Sicherheit zu identifizierende Schönheit aus der Heimat, damit „klein, viel kleiner denn die Rosine, die Tochter des Hofmeisters Konrad Kraig". Sie habe eine schneeweiße Haut, braunes Haar ‚ein kleins Nasl', braun-graue Augen und einen leichten Lidfehler, der ihren Blick ein wenig schläfrig wirken lasse. ‚Der Mund ist etwas hoch, doch

35

rein und rot', ein bemerkenswert präzises Urteil für einen Achtzehnjährigen, der im übrigen feststellt, daß er von mehr schönen Jungfrauen umgeben ist als er sein Lebtag beieinander gesehen habe. ,Das Frauenzimmer' sei tagsüber nicht versperrt, nachts aber wimmle es von Jungfrauen und Frauen bis vierzig: „Hätten wir Frieden, wir säßen im Rosengarten".

Es sind zwei Welten, und das Wunder ist, daß sie zueinander fanden. Nach Jahrhunderten, in denen Europa festgefügte Reiche von großer Beständigkeit sah, die Karolinger, die Ottonen, die Staufer, beginnt in dem kleinen Kontinent eine große Unruhe, im Südosten ausgelöst durch die Türken und den starken Matthias Corvinus, der die Ungarn ins Spiel bringt, für die in der Weltgeschichte nur eine Randposition vorgesehen ist. Und im Westen fallen die Brudervölker England und Frankreich, obwohl selbst Heinrich VIII. und sein Hof französisch sprechen, hundert Jahre lang übereinander her. Plötzlich werden die Karten neu gemischt, die wirtschaftliche Blüte schafft neue Zentren in Dijon und in Flandern, das Silber und das Gold aus den Bergen macht die Markgrafen an Donau und Leitha reich und zu begehrten Partnern. Karl der Kühne von Burgund, unversöhnlicher Sohn eines konzilianten Vaters, erblickt plötzlich die Chance eines Reiches quer durch das heilige Frankreich hinüber ans Küstenland der reichsten Handelsstädte, aber der Gegner, der zu bezwingen ist, König Ludwig XI. von Frankreich, ist unter den vier Großen des zentralen Europa der Klügste, Skrupelloseste, eigentlich ein Unhold. Noch kaum erwachsen, läßt er Agnes Sorel vergiften, die Geliebte seines Vaters, die ganz Frankreich liebt und verehrt wie eine Heilige. Einen Gegner wie den Kardinal La Balue führte er elf (!) Jahre lang in einem Käfig auf Rädern mit sich, um immer zu wissen, wo dieser gefährliche Mann sei. Das reiche Flandern entging ihm, weil Karl der Kühne den Habsburger zum Schwiegersohn gewählt hatte.

Die Eidgenossen, denen Karl der Kühne eine kleine Stadtgarnison hingemordet hatte, besannen sich darauf, zu jener Zeit die besten Soldaten Europas zu sein und besiegten Karl den Kühnen so oft, daß er in der Entscheidungsschlacht von Nancy am 5. Januar 1477 gegen Schweizer und Lothringer keine Chance mehr hatte. Seine Truppen froren, Herzog René von Lothringen hatte sich aus einem kleinen, aber wohlhabenden Land gut ausgerüstet und neue Waffen hergestellt, es wurde eine wirre Schlacht auf Schneefeldern und in eisigen Pfützen, bis schließlich niemand mehr wußte, wo Karl der Kühne war. Schon während seiner letzten Niederlagen gegen kleine, entschlossene Schweizer Kontingente hatte der eine oder andere seiner Räte am Verstand oder doch an der Urteilskraft des großen Mannes gezweifelt. Es waren drei desaströse Jahre, in denen Friedrich III. dem künftigen Schwiegervater Maximilians eigentlich hätte zu Hilfe eilen müssen. Aber wie sollte man die Reichsarmee für einen Rivalen im Westen marschieren lassen, wo der gefährliche Feind doch im Südosten lauerte?

Zwei Tage nach der Schlacht von Nancy fand man, das Gesicht zur Erde, in einer großen Pfütze zwischen Eisschollen, Herzog Karl den Kühnen von Burgund mit mehrfachen Verletzungen, von denen jede einzelne tödlich war. Niemand rühmte sich, ihn im Zweikampf getötet zu haben, wie es bei Przemysl Ottokar der Fall gewesen war; daß Karl der Niederlage wegen den Tod gesucht habe, war nicht auszuschließen.

„Wäre Frieden, säßen wir in einem Rosengarten", schrieb Maximilian, denn das Verlöbnis überstand den Tod des Gewaltigen. Die Tochter Maria, früh verwaiste einsame Erbin des großen, bedrängten, viel zu reichen Burgund, brauchte jede Hilfe, und der Gemahl und Helfer war ganze achtzehn Jahre alt. Sein Gegner war der König, der Burgund seinem Reich einverleiben wollte, jener elfte Ludwig, dem alles zuzutrauen war, der zu seinen vertrautesten

Freunden einen Henker zählte, der mit Bestechungen und Listen Karl dem Kühnen den scharfsinnigen Berater Commynes abspenstig gemacht hatte.

Am 5. Januar 1477 war Karl der Kühne in der Winterschlacht von Nancy ums Leben gekommen, und schon am 21. April desselben Jahres heiratete Maximilian Maria von Burgund per procuram, säumte nachher aber nicht: Schon im Mai setzt sich der Hochzeitszug in Bewegung und trifft im August 1477 in Gent ein, wo dann die eigentliche große Hochzeitsfeier stattfindet. Obwohl erst zwanzigjährig, hatte Maria als Erbin des vielbegehrten Burgund es verstanden, sich unter dem Eindruck des Schlachtentodes des kühnen Karl die Sympathien ihrer reichen Städte und Grafschaften zu sichern, die in dieser Lage ohnedies nichts so sehr fürchteten, als den Territorial-Gelüsten Ludwigs XI. zum Opfer zu fallen.

Kaiser Friedrich III. und sein Sohn hatten nach diesem hektischen Jahr noch das Glück, daß dem jungen Paar schon 1478 ein männlicher Nachkomme geboren wurde.

Zwar hatte der Kaiser sehr geschickt Maximilian wie Maria das Land Burgund zugeordnet, ihn zum Erzherzog von Österreich und Burgund ernannt und damit den Eindruck verwischt, ein Fremder komme von weither und wolle nun über die Niederlande herrschen; auch die Geburt des Sohnes Philipp entspannte danach die Lage entscheidend: das Land hatte nun seinen eigenen, natürlichen Fürsten, so klein er war.

Die militärische Entlastung für Jahre aber brachte Maximilians erste Waffentat, auf die der damals Zwanzigjährige auch ein Leben lang stolz blieb, weil sie gegen eine französische Übermacht erfochten wurde. Südlich von Saint-Omer, im nördlichen Pas de Calais, lag eine kleine feste Stadt namens Thérouanne beherrschend im Knotenpunkt von einem Halbdutzend Straßen. Ludwig XI. war alt, eben darum aber empfand er die Gegnerschaft eines jungen Erzherzogs als Herausforderung. Die große Aufteilung des reichen Erbes, das Karls des Kühnen brüsker Tod hinterlassen hatte, stand als zu gewaltige Aufgabe dem alten Kaiser und dem alten französischen König bevor. Darum begnügte Ludwig sich lange mit Scharzmützeln am Südrand des burgundisch-österreichischen Gebietes in den Niederlanden und ließ zwei Herren mit großen Namen erst losmarschieren, als Maximilian Thérouanne belagerte: den Marschall von Gié und den ihm gleichgestellten Crèvecoeur d'Esquerdes. Es ging nicht nur um Thérouanne, es ging um den ganzen Hennegau, eine der reichsten Landschaften weitum, weswegen die Franzosen sehr viel zahlreicher anmarschierten als die Österreicher. Maximilian siegte, in dem er die Entsatztruppen abwehrte, musste aber, den Feind im Rücken, die Belagerung von Thérouanne aufheben; dazu gerieten, was schmerzlicher war, einige seiner engsten Freunde und Jugendgefährten in französische Gefangenschaft.

Frankreich stand Heinrich III. von Valois, der homosexuelle König mit seinen Mignons, den weibischen Günstlingen, noch bevor, aber den Begriff kannte man natürlich, es war das altfranzösische Schimpfwort *du quelqu'un qui se prête au plaisir d'un autre*, der sich also dem Vergnügen, der Lust eines anderen zur Verfügung stellt. Für Ludwig waren die Jünglinge aus der Steiermark und aus Wiener Neustadt *Mignons*; daß einer von ihnen, Veit von Wolkenstein, in der Schlacht dem jungen Erzherzog das Leben gerettet hatte, ärgerte ihn, aber er ging nicht so weit wie später die Bürger von Brügge, die junge österreichische Diener vor den Augen des zeitweise gefangenen Maximilian folterten. Ludwig XI. bewies Humor, indem er Wolfgang von Polheim (1458–1512), einen der wichtigsten und engsten Gefährten und Fechtlehrer Maximilians, als er bei Guinegate in Gefangenschaft geraten war, nicht gegen einen französischen Offizier austauschte, sondern gegen eine Koppel Rassehunde. Polheim war auch 1488 an der Seite Maximilians, als die Bürger von Brügge und Gent ihn vorübergehend gefangensetzten, was zwar für Maximilian selbst kaum Lebensgefahr bedeutete, wohl aber für seine Paladine wie Polheim. Heinz Noflatscher deutet in seinem Buch über die politischen Eliten am Hof Maximilians an, daß diese Wiener Neustädter Edelknaben auf viele Jahre hinaus von großen Einfluß auf den Kaiser gewesen seien, beinahe eine Camarilla: „Ihr informeller Einfluß bei Hof, seiner *mignons privéz familliers qui tousjours l'avoyent acompegniet*, wurde bei der Gefangenname Maximilians in Brügge deutlich" (Noflatscher a.a.O.). Das Französisch des Zitats wurde belassen wie es Noflatscher in den *Chroniques* von Jean Molinet (1435–1507) fand; diese gelten für die Jahre von 1474 bis 1506 als genau und wertvoll.

Aus allem, was Maximilian in diesen ersten flandrischen Jahren tut, sprechen Jugend und Kraft, Stolz und Selbstvertrauen. Was er nicht weiß, noch nicht weiß, macht ihn eher sympathisch: das Staunen vor dem lebendigen Weibe, wie es ihm die üppigen Niederlande vorführen, ein kleins Nasl, ein roter Mund. Realisiert er dabei, daß seine Maria die reichste Erbin der Alten Welt ist? Daß er sich zum Herrn von Burgund legitimiert mit dem simpelsten aller Vorgänge, der Zeugung eines Prinzen? Nun war er Herzog von Burgund! Auch Karl der Kühne war nicht mehr gewesen, hatte nur immer mehr sein wollen, König eines wohlansehnlichen Konglomerats reizvoller Landschaften zwischen Somme und Saône.

Brügge und Gent flößten Maximilian Mißbehagen ein, aber das waren ja die Vorlande. Burgund selbst, das alte Burgunderreich, an den Alpenbogen gelehnt, es würde so wunderbar zu den heimischen Bergen passen, er würde sich zu Hause fühlen können. Beinahe war dieses Burgund zu groß für ihn, zu reich und zu vielgestaltig. Welch weiter Weg vom Steinfeld her aus den niedrigen Stadttoren von Wiener Neustadt! In seinen Gedanken hatte sich manches verfestigt. Er wußte, daß dieses Burgund, um das es plötzlich, nach dem Tod von Nancy, für den Kaiser, für zwei

Könige ging, daß dieses Burgund nur dem Namen nach ein Land war, nur durch die Kraft großer Herzöge zusammengebracht, von den Südpforten des alten römischen Lutetia Parisiorum an der Seine und in der Seine bis hin zum deutschen Elsaß und zum Nordrand der Mistralzone. Was dieses gewaltige Gebilde zusammenhielt, das war eigentlich nichts anderes als der dunkel sich rundende Zauberklang *Burgund*, märchenhaft-verheißungsvoll im deutschen Sagennachhall. *Bourgogne* hingegen, der französische Name, lacht mit heiteren Klängen sonnig und weinduftend. Burgund wartete auf ihn, den jungen Herzog mit dem Grün des Frühlings und den in Burgund überwältigenden Laubfarben des Herbstes, mit Ährengold im Hochsommer und großen Wäldern, die sich auf den Höhen des Morvan in den Wind ducken, weil die Einsamkeit der kleinen Dörfer dort noch die Gesetze macht.

Wird eine große Erwartung urplötzlich zunichte, so ist das ein Absturz, der auch die Verschonten zu vernichten droht. Wie hatte Maximilian an seinen steirischen Freund geschrieben? Heiter, belustigt, daß sie alle in Brügge das Küssen gelernt hätten. Dann hatte er berichtet: „Mein Gemahl(in) ist eine ganze Waidmännin mit Falken und Hunden. Sie hat ein weißes Windspiel, das läuft fast (schnell), das liegt zu meisten Teil nachts bei uns ..."

„In Beaujeu empfing Ludwig XI. Briefe (er selbst hatte die Post erst in Frankreich eingeführt), Briefe, in denen stand, die Herzogin von Österreich sei durch einen Sturz vom Pferde ums Leben gekommen, sie ritt einen feurigen Zelter" – soweit Philippe de Commynes, von dem noch mehr zu sagen sein wird. Der ‚feurige Zelter' ist auch eine zu höfliche Übersetzung die man jedem außer Fritz Ernst, dem großen Schweizer Essayisten, verübeln müßte, denn Commynes wählte das Wort *hobin*, das im alten Französisch einen Teufelsgaul meint, ein Räuberroß für eilige Fluchten. „Das Pferd warf sie ab und sie fiel gegen einen großen Baumstumpf. Einige sagen auch, es sei nicht der

41

Sturz selbst gewesen, sondern das Fieber danach. Was es auch gewesen sein mag, sie starb wenige Tage nach diesem Sturz, was ihren Untertanen und Freunden großen Schaden brachte."

Das war am 24. März 1482, und es verwundert nicht, daß eine so junge, schöne und reiche Frau nicht schlicht an einem Baumstrunk ihr Leben aushauchen konnte. In Büchern über die Frauen der Habsburger, die aufsammeln, was Wiesflecker, Brigitte Hamann, Felix Czeike und ihren seriösen Vorgängern keine Zeile wert war, kann man von einem Hufschlag lesen, mit dem der ‚feurige Zelter' seine Herrin in den Unterleib getroffen und dort schwer verletzt habe. Maria aber habe sich geweigert, diese Gegend ihres jungen Leibes einem Arzt zu zeigen, die Wunde sei nicht versorgt worden und der Tod somit unvermeidlich eingetreten.

„König Ludwig erzählte mir diese Neuigkeiten und freute sich darüber sehr", schließt Philippe de Commynes und deklariert seinen Herrn damit als Geistesverwandten; König und Chronist haben einander gefunden, Commynes als abtrünniger Burgunder, der andere als Rivale um die Vormacht in Europa.

In der Zeit zwischen 1514 und 1900 zählte man nicht weniger als 123 Ausgaben der *Memoiren* des Philippe de Commynes, die „Chroniken" zu nennen er sich standhaft weigerte. Obwohl sichtlich von einer starken Persönlichkeit geprägt, von Vorlieben und Abneigungen, von Rancune und Begierde, hat man ihnen in den reinen Fakten keine wesentlichen Unrichtigkeiten nachweisen können, bis auf ein paar Stellen, von denen der Verfasser selbst einleitend sagt, er sei sich der Einzelheiten nicht mehr ganz sicher. Wie er dies zustandebrachte für Zeiten und Ereignisse, bei denen er erst zehn Jahre alt war, worauf er sich stützte, welche Quellen er heranzog, wurde erst für die letzten Abschnitte deutlich, als er im vollen Licht der italienischen Kultur in Florenz, Venedig und Mailand arbeitete, schon berühmt war und von Zeitgenossen beobachtet wurde.

„Commynes stellt sich uns als ein Zeitzeuge dar, der berichtet, was er selbst gesehen hat oder was verläßliche Informanten an ihn weitergeben. Befindet er sich auch nicht im Vordergrund der Szene, so ist ihm doch stets ein günstiger Platz in den Kulissen sicher, und in seiner Präsenz bei den Verhandlungen, die sein erster Herr, Karl der Kühne, führte, ist er ebenso dauernd anwesend wie während seiner Dienste für Ludwig XI. ... Geschrieben sind diese Aufzeichnungen für Regierende und Prinzen, nicht für den einfachen Mann, und sein Urteil über politische Transaktionen ähnelt sehr oft dem eines Machiavelli: Was zählt, ist der Erfolg. Da die Welt nun einmal schlecht ist, wird die Ehre stets dem zuteil, der sich den Gewinn gesichert hat."

Das ist, offensichtlich ungeschminkt, das Urteil von Jean Dufournet von der Universität Clermont im *Dictionnaire des Lettres Françaises*, aber auch die deutschen Beurteiler sind, sobald sie sich an eine gewisse Nüchternheit bei gleichzeitigem Glauben an die Vorsehung gewöhnt haben, allesamt sicher, in den Commynes-Memoiren einen Glücksfall, eine Quelle von höchstem Wert vor sich zu haben.

Commynes hat seinen Vater sehr früh verloren und wächst schnell in die Dienste Karls des Kühnen hinein, der damals noch ein Graf von Charolais ist. Bei der Schlacht von Monthléry im Jahr 1465 ist er vermutlich erst achtzehn Jahre alt, aber schon wenig später nimmt er, geachtet und beachtet, an den Begräbnisfeierlichkeiten für Philipp von Burgund teil, dem Vater Karls des Kühnen, und an den Besprechungen zwischen dem burgundischen Thronerben und König Ludwig XI. in Péronne. Hier fällt der kluge, schnell denkende und sicher urteilende junge Gelehrte dem König von Frankreich auf, der in seinem Mißtrauen, nach vielen Enttäuschungen in seinem Umkreis, neue Berater, einen Vertrauten sucht, der – im damaligen Verständnis – kein Franzose ist und dem Thron nicht nahesteht. In der Nacht vom 7. auf den 8. August 1472, als

Karl der Kühne eben in einer Verheerungs-Aktion ohne Sinn und Gnade im Pays de Caux begriffen ist (einer normannischen Landschaft an der unteren Seine) wechselt Commynes die Fronten, geht zum Feind über mit allem, was er weiß und wird reich belohnt: mit einer Pension von 6000 Livres, dem Titel eines Kammerherrn, vor allem aber erhält er das Fürstentum Talmont. Zudem wird er mit Hélène de Chambes verheiratet, die ihm die Seigneurie von Argenton in die Ehe mitbringt, deren Namen Commynes künftig führen wird – wie man sagen muß: überflüssigerweise, denn als Philippe de Commynes kennt ihn längst ganz Frankreich.

Nach dem Schlachtentod Karls des Kühnen bei Nancy verliert die intime Kenntnis, die Commynes von diesem Herzog hatte, ein wenig an Wert; man findet ihn auf diplomatischen Missionen vor allem in Italien, ja es kommt zu Intrigen und Untersuchungen gegen ihn wegen diplomatischer Mißerfolge und zum Verlust eines Viertels seiner ausgedehnten Güter. Mit Ludwig selbst aber hatte er eine letzte Phase der Vertrautheit, ja der Intimität, wie sie außer ihm nur der Beichtvater des Königs erfuhr, ein seltsamer Eremit namens Franz von Paola (1416–1507, bei uns heute meist Franz von Paula) der 1482 ans Krankenbett des Königs nach Schloß Plessis-les-Tours gerufen wurde. „Der König warf sich vor ihm auf die Knie und flehte ihn an, Gott für ihn zu bitten, daß es ihm gefalle, sein Leben zu verlängern. Er erwiderte, was ein kluger Mann antworten soll … Er schien aber auch von Gott inspiriert worden zu sein in den Dingen, die er sagte und zeigte."

Im Jahr darauf starb Ludwig XI., doppelt gepeinigt vom Bewußtsein seiner vielen Untaten und von den Ängsten um seine letzten Lebenswochen, Bogenschützen auf den Zinnen und nur von vertrauenswürdigen Personen aufgesucht. Der Tod kommt im Jahr 1483, der König, der sich noch krank und im hohen Alter die östlichen Burgunderlandschaften und die Picardie gesichert hatte, der Sieger im Frieden von Arras, ist nicht mehr. Maximilian zählt nun vierundzwanzig Jahre, und sein Vater Friedrich III., der stille, zähe, langsam denkende und darum so oft mißachtete Habsburger wird noch zehn Jahre zu leben haben.

Maximilian, durch eine kurze Ehe mit einer der ersten Damen des Abendlandes aus dem bäurischen Dunstkreis seiner Waffengefährten gerissen, stand vor der Aufgabe, das burgundische Erbe in die Hand zu bekommen, den noch gar nicht so zahlreichen habsburgischen Ländern einzuverleiben. Er hatte einen einzigen, wenn auch überzeugenden Anspruch vorzuweisen: Er hatte mit der verehrten, unumstrittenen Landesherrin zwei Kinder in die Welt gesetzt, einen männlichen Erben und ein Mädchen, das den Frieden mit dem übermächtigen Nachbarn Frankreich für lange Zeit sichern konnte.

Aber was im weiten habsburgischen Bauern- und Bergland noch fehlte, das Raffinement gelehrter Köpfe, das gab es in den Städten der Niederlande im Überfluß, und vor allem in Gent, wo man den kleinen Philipp hütete wie einen Augapfel, gab es Juristen, die sehr wohl zwischen der natürlichen Vaterschaft und der Vormundschaft zu unterscheiden wußten und dem jungen Herrn aus den großen Wäldern eben darum das Selbstbewußtsein der Städter, den Reichtum der alten Handelsplätze entgegensetzten.

Ein Halbdutzend dieser Städte leistete sich in den Jahren nach Marias Tod ihre eigenen mehr oder weniger zäh verfolgten Revolten. Antwerpen hatte erst 1460 die erste Handelsbörse von Europa begründet und gefährdete rebellierend den beginnenden Aufstieg; Brüssel war seit 1430 eine ungekrönte Hauptstadt der burgundischen Niederlande, verweigerte aber eben darum dem Habsburger die Gefolgschaft, und in Mecheln, das später Maximilians Tochter Margarete ein so imposantes Denkmal erbauen wird, stand es zunächst nicht besser. Es gab Verhaftungen, ja Hinrichtungen, eben genug, um das flache Land demütig und friedlich zu halten.

Man kann die Seesiege der Habsburger zählen, aber daß Maximilian die niederländischen Handelsstädte vom Meer her angriff, wo ihre Schiffe herkamen und die reichen Güter brachten, das war zweifellos ein Geniestreich, der in der Eroberung von Dendermonde gipfelte, der Stadt, deren Lage die Abriegelung des wichtigen Schelde-Weges gestattete. Daß auf Ludwig XI. mit Karl VIII. ein weit weniger energischer König gefolgt war, nahm den französischen Aufmärschen den Schrecken. Maximilian eroberte weiter, gab es doch in diesen reichsten Städten des Kontinents auch die eindrucksvollsten Kriegsentschädigungen.

„Die Niederlande waren ein Eldorado für rasche Gewinne der Räte", schreibt Heinz Noflatscher und führt die Unbeliebtheit der österreichischen Berater darauf zurück, daß den wachsamen Kaufleuten von Brügge und Brüssel natürlich nicht verborgen blieb, wer sich hier die Taschen füllte. Andererseits wurde der junge Kriegsherr offensichtlich gut beraten. Er kämpfte nicht nur gegen Bastionen, er zog seine Truppen auch um das mächtige Gent zusammen, drohte, alle im Hafen liegenden Schiffe gleich welcher Herkunft mit allen Waren zu beschlagnahmen und jagte den Pfeffersäcken in den Küstenstädten die blanke Angst ins Gebein. Glücklicherweise behielten ein paar erfahrene spanische Kapitäne die Nerven und verhandelten mit Gent. Die Stadt, in der Marias Sohn Philipp mehr Kleinod als Geisel war, öffnete schließlich ihre Tore, ohne daß viel Blut geflossen wäre, und die spanischen Kauffahrer durften mit ihren Ladungen ungekränkt auslaufen.

Man sollte meinen, daß Landschaften, in denen es dem Volk gut ging, am Frieden hingen und das Besitztum schätzten, aber es brodelte in den Niederlanden weiter; gaben die Stadtväter Ruhe und entschuldigten sich, traten neue Rebellenführer auf, und als auch diese scheiterten, schwangen auf einmal die friesischen und holländischen Bauern Sensen und Knüppel. Erst zwischen Oktober 1492 und März 1493 trat schließlich eine so allgemeine Kriegsmüdigkeit ein, daß Habsburg und die unbotmäßigen Niederlande im Mai 1493 den Frieden von Senlis schließen konnten.

Philipp, der kostbare Sohn, ist längst ins sichere Reich verbracht. Der Lütticher Domprobst Frans van Busleyden ist einer der Erzieher des kleinen Erzherzogs, Olivier de la Marche der andere, und wenn er auch kein hohes geistliches Amt innehatte, wie es sich damals für Prinzenerzieher schickte, so war er von den beiden Lehrern doch zweifellos der bedeutendere, und daß Maximilian ihn wählte für ein Kind, an dem soviel schwere Bedeutung und große Zukunft hingen, spricht für die Urteilskraft des jungen Kriegers. Denn Olivier, 1425 in Südburgund, in der Bresse geboren, war eigentlich schon ein wenig zu bejahrt für die Gesellschaft eines sehr jungen Erzherzogs. Er war Schildknappe Karls des Kühnen gewesen, am Morgen der Schlacht von Monthery (17. Juli 1465) zum Ritter geschlagen worden, später Gardehauptmann gewesen und in der Katastrophenschlacht von Nancy in Gefangenschaft geraten. Maria von Burgund hatte ihn, nachdem er zu Ostern 1477 freigekommen war, zu ihrem Ersten Großhofmeister gemacht. Als Erzieher des Erzherzogs hatte er Muße, zu dichten und Chroniken zu verfassen. Sein berühmtestes Werk sind die *Mémoires*, wohl nicht mit dem gewaltigen Opus des Philippe de Commynes vergleichbar, aber von großem Wert für die Zeit zwischen 1435 und 1467. Da es sich um kein Auftragswerk handelt, besticht uns La Marche durch Unabhängigkeit des Urteils und freies Denken – bei aller Anhänglichkeit an Burgund seit den Tagen Karls des Kühnen.

La Marche ist eine Hilfe beim Versuch, sich die nun folgende Verschmelzung der Sphären und Kulturen vorzustellen, die raffinierte Stadtkultur, der Bürgerprunk, der Reichtum an Kunstwerken und geistigem Leben auf der einen Seite, selbstverständlich, wenn auch nicht unumkämpft. Und auf der Seite der neuen Herren aus dem erst dürftig kultivierten Herzraum Europas Jugendkraft, politische Visionen, Denken über Stadtmauern hinaus. Die Niederlande werden sich Maximilian nie freundschaftlich öffnen, erst seine Tochter, die kluge Margarete, wird die Versöhnung herbeiführen. Dem jungen Prinzen, der bald König sein wird, öffnet sich eine andere Welt.

Sie hat allerlei für ihn bereit: In England Richard III., der nach bis heute nicht einmal datumsmäßig geklärten Morden an seinen Neffen statt Edward V. König wird, es aber nur zwei Jahre bleibt. Nichts erfährt Maximilian von der Geburt eines Martin Luther in Mitteldeutschland, einer für Habsburg nicht sonderlich interessanten Gegend, und von der Geburt eines Raffaello Santi, dessen großartige Arbeiten Jahre später deutsche Landsknechte mit ihren Schwertern zerschneiden werden. Genau registriert der Habsburger hingegen, wieviel Silber in deutschen Landen aus den Bergen geholt und daß ein Gutteil davon im Bergbaustädtchen Schwaz gefördert wird, in Tirol, der Brückenlandschaft zwischen Deutschland und Italien. Noch gibt es keine Reformatoren; wer gegen die alleinseligmachende Kirche aufsteht, ist kein Verbesserer des heiligen Wissens, sondern ein Ketzer, und der oberste Inquisitor in Spanien, der getaufte Jude Torquemada, wird sich seiner annehmen. Noch waren Glaube, Kirche, Papst und Kaiser im allgemeinen einig, es waren hohe Herren aller Länder geeint in der Scheu, mit dem heiligen Vater in Rom zusätzlichen Streit anzufangen, so lange Innozenz VIII. den Fürsten nicht mehr antat, als eine Hexenbulle zu erlassen und seine zwei unehelichen Söhne (aus der Zeit, da er noch kein Priester gewesen war) so zu protegieren, wie dies später mit den echten und angeblichen Neffen geschehen und den Begriff des Nepotismus in die Welt bringen wird.

Die großen Gegner Friedrichs III. und seines Sohnes Maximilian waren tot, Matthias Corvinus hatte es geschafft, in der eroberten Stadt Wien zu sterben und mit einer Österreicherin aus der Wachau einen Sohn zu zeugen, Ludwig XI. hatte sich von Franz von Paula in ein Jenseits geleiten lassen, das gerade dieser sehr bald heilig gesprochene Priester sich wohl lieber nicht vorstellte. Friedrich III. war von den achtzig nicht mehr weit entfernt, als ihn am 19. August 1493 der Tod ereilte. Fünf Jahre zuvor hatte er noch, obwohl vermutlich nicht mehr sehr gesund, die Parforcetour eines Zuges quer durch das Kaiserreich auf sich genommen, um Maximilian in den Niederlanden zu Hilfe zu kommen. Es war eine Blitzaktion gewesen mit Eilmärschen, die ja auch einen Kaiser strapazieren, da ihm keine anderen Gefährte zur Verfügung stehen als die Technik des Jahrhunderts eben zu schaffen vermochte. Vielleicht geschah es um Maximilian zu verstehen zu geben, daß dies nun die letzte Hilfsaktion sei und daß der bald Dreißigjährige nun selbst zurechtkommen müsse.

Maximilian war schon 1486 zum deutschen König gewählt worden, ein nicht ganz seltener und auch nicht überraschender Kunstgriff, um kein Interregnum eintreten zu lassen, wie es allen noch in den Knochen saß. Sechs Monate wandte Friedrich noch daran, den Tiroler Habsburger Sigmund zur Raison zu bringen hinsichtlich seiner Lebensführung mit zahlreichen Mätressen und unehelichen Kindern. Danach kam nur noch Linz und jene letzte Phase eines langen Lebens und einer mehr als ein Halbjahrhundert währenden Herrschaft, nach der Friedrich III. immer wieder be- und verurteilt wird, weil alles, was vorher geschah, verwirrend ist, sich wiederholte und aufhob, zum Teil nutzlos zerflatterte und erst unter Maximilian festes, habsburgerisches Dasein und geschichtliche Wirklichkeit wurde.

Die letzte Phase eines kaiserlichen Lebens, das für jene Zeiten beinahe unwirklich lange gedauert hat, ist, da sich manifest nichts mehr ereignete, von Gerüchten und Behauptungen verfärbt und verdunkelt. Der Tiroler Sigmund hatte an Hexen geglaubt, da er an nichts anderes mehr zu glauben vermochte als an Frauen in jeder Gestalt und Funktion und da er die Macht des Weibes hinlänglich kennengelernt hatte. Einiges von diesem Aberglauben mag in den sechs Monaten, die Friedrich III. und der Erzherzog Sigmund gemeinsam am Inn zubrachten, auf den alten Kaiser abgefärbt haben, denn wenn er auch in Linz keine Hexen jagte oder gar verbrennen ließ, so hatte er doch – wie an einem Lebens-Ende nicht ganz selten – sich mit jenen Kräften zu beschäftigen begonnen, denen er in seinem aktiven Leben kaum Aufmerksamkeit gewidmet hatte.

Es gab eine Barbara von Cilli aus dem Geschlecht der mächtigen Grafen, damals noch im Steirischen. Nur Barbara, die Gemahlin des Luxemburgers Sigismund oder Siegmund, der bis 1437 herrschte, überlebte den Gemahl, starb erst 1451, und es war ein offenes Geheimnis, daß sie sich den Schwarzen Künsten ergeben hatte, eine Adeptin war, sich der Alchemie widmete seit dem frühen Tod ihrer Tochter Elisabeth. Diese Erinnerungen, fünfzig Jahre zurückliegend, mögen in Linz, im Frieden eines schlichten Bürgerhauses, wieder aufgestiegen sein. Denn der alte Kaiser erklomm nicht den Schloßberg und brauchte auch weder Zinnen noch Bogenschützen. Er lebte in der Stadt, die diese Bezeichnung noch kaum verdiente, aber sie gewährte den Frieden, den er ebenso brauchte wie Ludwig XI., ohne daß er sich vor einem Gottesmann auf die Knie zu werfen brauchte. Hier, wo die Donau ruhig fließt und die Berge bis an die Ufer des Stromes herantreten, hier wurden die Geister seiner frühen Königsjahre wieder lebendig, die Zauberin Barbara Gräfin Cilli als starker Geist hinter der Tochter Elisabeth, jene Elisabeth, die, als ihr Gemahl König Albrecht II. stirbt, im fünften Monat schwanger ist und in der Nacht auf den 22. Februar 1440 Ladislaus Postumus zur Welt bringt, eine Nacht, in der das unglaubliche Schelmenstück der Helene Kottanerin gelingt und die Stephanskrone aus dem Visegrad entwendet wird, im Schlitten auf der zugefrorenen Donau nach Komorn gelangt. Dort erwartet

50

die Krone Ladislaus, als er zur Welt kommt. Hatte man bis dahin an die besonderen Künste der Gräfinnen von Cilli nicht geglaubt, nun war alles offenkundig: Frauenkraft, ein gekrönter Säugling – ein räuberisches Meisterstück unter Ängsten und Zittern und Gefahren, das auch durch den Raub der Saliera im einundzwanzigsten Jahrhundert nicht in den Schatten gestellt wird.

„Und da wir nu dahin komen gen Gumarn (Komorn), in das Haus, da nam der, der a mit mir kam … den Polster mit der heiligen Kron und trueg ihn an die Stat, da sie wol behalten was. Und da ich nun in das Frauenzimmer kam zu meiner Fraun Gnaden (Elisabeth), da wart ich schön empfangen von der edeln Kuniginn, die wessat nu wol, daß ich ein guter Part(ner) gewes en was mit der Hilf Gottes". (Aus den Denkwürdigkeiten der Helena Kottanerin in der Ausgabe von Stephan Endlicher).

Der Säugling, das gekrönte spätgeborene Kind, hatte Friedrich III. jahrelang in seiner Obhut, es stand neben ihm bei der Kaiserkrönung. An der Donau schloß sich der Kreis.

Die Todeskrankheit und den Tod des Kaisers haben einige Historiker besonderer und eingehender Forschungen gewürdigt, allen voran Heinrich Koller, der Salzburger Ordinarius für Geschichte des Mittelalters, aber auch Alphons Lhotsky (1903–68) von der Wiener Universität und F. Mayrhofer mit dem bewegenden Aufsatz ‚Ein Kaiser stirbt' in einem neuen Sammelwerk mit sehr aufschlußreichen Ergebnissen. Heinrich Koller verweist auf die besondere Förderung, die dieser stille Kaiser lebenslang den praktischen Wissenschaften wie der Chirurgie angedeihen ließ, das war damals eine von den Geheimwissenschaften noch kaum zu trennende Aktivität, weswegen es wenig Sinn hat, Friedrich das eine vorzuwerfen und das andere positiv herauszustreichen. Als ein Bein des Kaisers von einem Altersbrand befallen wurde, der womöglich Diabetes als Komplikation hatte, wurde die Amputation unvermeidlich. Nach Schlachten bestand eine der ersten Pflichten eines tüchtigen Feldschers darin, ein zerschmettertes Bein so vom Körper zu trennen, daß der Patient am Leben blieb. Bei Friedrich III., unter den günstigeren Verhältnissen im Frieden und in Linz, gelang dies so vollständig, daß der Kaiser beschwerdefrei wurde, ja sich den abgetrennten Fuß ohne Widerwillen ansehen konnte.

Gut zwei Monate später, im August des Jahres 1493, kam es nach dem Marientag vom 15. August, an dem der Kaiser gefastet hatte, zu einer plötzlichen Verschlechterung, sei es durch eine ungeeignete Fastenspeise, sei es durch Flüssigkeitsmangel. Friedrich empfing die Sterbesakramente und verschied am 19. August 1493 in der Mittagsstunde.

Man legte dem Toten das abgetrennte Bein in den Sarg und wählte natürlich die Donau als Transportweg nach Wien und in den Stephansdom. Der Sohn Maximilian, so schnell verständigt, als dies möglich war, stand aber gegen die Türken im Kampf, obwohl man zu dieser Zeit noch eher von Überfällen als von Kriegen sprechen mußte. Erst Anfang Dezember war es ihm möglich, nach Wien zu kommen, womit die Beisetzung ablaufen konnte, ein Vorgang, der sich von ähnlichen Trauer-Festivitäten, wie wir sie heute erleben, im Grunde nicht sehr unterschied. Das lange Warten auf Maximilian hatte vielen Fürstlichkeiten und Potentaten die Anreise ermöglicht. Einen bequemeren Reiseweg als die großen Flüsse gab es damals nicht, und die durch das südliche Deutschland als breites Band nach Osten strömende Ister erwies sich bei dieser Gelegenheit erstmals seit dem Zug der Nibelungen als der Schicksalsstrom eines Kontinents.

Matthias Corvinus, der zweite Herrscher am Donaustrom, war tot, die Ungarn waren keine Bedrohung mehr, man hätte die alte und treue Festungsstadt Wiener Neustadt an der ungarischen Grenze als Begräbnisstätte des Kaisers wählen können, war sein Sohn doch dort zur

Welt gekommen, hatte Friedrich selbst doch nirgends lieber residiert als innerhalb der waffenstarrenden Mauern auf dem Steinfeld. Aber der Stern der Stadt Wien war in diesen Jahren aufgegangen, dank eines Ungarnkönigs mit Phantasie, dank einer Lage an der einzigartigen Verkehrsader vom deutschen Südwesten in den slawischen Südosten. Man kann es als Zufall nehmen, man kann es als einen diskreten Abschied von einem geheimnisvollen Monarchen verstehen, daß nach dem Tod Friedrichs sehr schnell die fortschrittlichste der deutschen Stadtverwaltungen, nämlich Nürnberg, ein strenges Verbot der Alchemie aussprach. Aber der grüblerische, forschende Kaiser wußte inzwischen wohl mehr von Leben und Tod als alle Stadtväter zusammen.

WIE EIN REICH ENTSTEHT

Hätte Friedrich III. vier Monate gebraucht, um seinem von den Bürgern der flandrischen Städte bedrängten und bedrohten Sohn zu Hilfe zu eilen, Europa hätte vielleicht nur einen sehr flüchtigen Eindruck von diesem Herrscher gewonnen, der in den Jahren danach alle anderen überstrahlte. Bei keinem Habsburger bis herauf zu Joseph II. wird sich ein so kennzeichnendes Mißverhältnis zwischen dem persönlichen Potential, den Möglichkeiten der Persönlichkeit, gegenüber der praktischen Umsetzung ergeben. Schon der Neunzehnjährige wähnte sich in einem Rosengarten, als er den betäubenden Luxus des reichen niederländischen Burgund, der Vorlande am Meer um sich fand, wie von Feenhänden aus der kargen Steinfeldburg Wiener Neustadt in den üppigen Westen versetzt.

An persönlichem Mut fehlte es Maximilian in keiner Phase seines Lebens. Als er die Belagerung von Thérouanne abbrechen mußte, weil Frankreichs König eine Entsatzarmee schickte, stand das düstere Ereignis des tödlichen Jagdunfalls der Maria von Burgund noch bevor. Er hatte das Recht, sich wie Jung-Siegfried in das Leben zu stürzen, der Verhängnisse nicht zu achten. Anders ist es nicht zu erklären, daß er bei Guinegate nahe Thérouanne, als die französische Reiterei die Seinen zersprengt hatte, aus dem Sattel stieg und sich in das Fußvolk einreihte.

„Das Fußvolk des Herzogs floh nicht", schreibt Commynes (mehr als ein Herzog war Maximilian damals eben noch nicht), „wenn es sich auch in einiger Verwirrung befand. Sie hatten aber gut zweihundert tapfere Edelleute bei sich, die abgesessen waren und sie führten. Unter ihnen war Herr de Romont, der Sohn des Hauses Savoyen, der Graf von Nassau und mehrere andere. Es war wunderbar, wie der Mut dieser Männer dem Volke festen Halt gab, da es seine Reiter fliehen sah … Auf der Seite des Herzogs gab es mehr Verluste an Toten und Gefangenen, als auf unserer, das Feld aber hat er behauptet".

Am Zaudern lag es also nicht, wenn eine Aktion oder eine Reise lange währten, sondern an der Natur des Landes und an den Unbilden der Witterung, die unbefestigte Straßen in Schlammpisten verwandelten oder Furten ungangbar machten und Pässe zu Eiswüsten werden ließen. Die Reste der berühmten Römerstraßen taten ihren Dienst bis in die Kreuzzugs-Epoche, die *Via Egnatia* war jener Weg quer durch den Balkan zum Bosporus, der bis heute keine echte Konkurrenz erhalten hat. Die Bedeutung von Verkehrs- und Nachrichtenwegen geht mit Sicherheit daraus hervor, daß die intelligentesten Herrscher des Mittelalters Zeit, Mühe und Kosten an das verwandten, was wir heute Infrastruktur nennen: man denke nur an die Bewunderung eines kultivierten Venezianers wie Marco Polo für die Kurierstraßen des Kublai Khan und die Schnelligkeit der Nachrichtenübermittlung im riesigen Mongolenreich.

So natürlich für einen Habsburger die Westorientierung war, so lästig mußte Maximilian das blutige Gebrodel im Südosten werden. Selbst der brüske Sturz eines glanzvollen Fürsten wie Karls des Kühnen angesichts der unerbittlichen schweizerischen Spießkämpfer hielt Maximilian nicht davon ab, Ziel und Heil seiner Politik im verlockenden Westen zu suchen, statt das Erbe eines Matthias Corvinus anzutreten und sich als Kämpfer gegen die Türken den Dank des Abendlandes zu erwerben. Denn die Türken waren da, ob man wollte oder nicht, und es ist ein Irrtum, die Türkengefahr mit dem Datum der Eroberung von Byzanz anheben zu lassen, dem Jahr 1453, das dann allerdings die Christenheit aufhorchen ließ.

Schon 1396 hatte der Osmanensultan Bajezid I. ein großes Heer aus deutschen und burgundischen Rittern und ungarischen Fußtruppen bei Nikopolis an der bulgarischen Donau vernichtend geschlagen, obwohl das Christenheer 100.000 Mann stark gewesen sein soll.

55

Ein Halbjahrhundert später wiederholte sich das Desaster bei Varna in einer denkwürdigen Schlacht im Anblick des Schwarzen Meeres, auf dem Boden des griechischen Odessos. König Wladislaw III., der Jagellone, fiel, was schon zeigt, daß das Kampfgeschehen auch vor den prächtigsten Zelten nicht Halt machte, neben ihm der päpstliche Legat Giuliano Cesarini, Kardinalbischof von Frascati. Durch dieses Herrensterben ist klar, daß es nicht um Dörfer und Städte und Grenzen ging, sondern um die Christenheit in Europa – eine Christenheit, die nicht geschlossen war, sondern auf den Kaiser wartete, der die große gemeinsame Sache als solche erkennen würde. Denn das große Schlachten von Varna war nur möglich geworden, weil genuesische Schiffer sich hatten bestechen lassen und das türkische Heer gegen einen Dukaten für jeden Gewaffneten über den Hellespont gesetzt hatte, die Meerenge, die wir heute Dardanellen nennen. Eine christliche Flotte hatte auf Bitten des Papstes hin die Meerenge gesperrt, um den Türken den Übergang nach Europa zu erschweren, aber eine Händlernation wie die Genuesen nahm die Gelegenheit ebenso wahr wie vorher und nachher Venedig oder die griechischen Kanonengießer, die für den Sultan arbeiteten.

„Hunyad kommandierte mit aller Trefflichkeit, und zweimal schon neigte sich der Sieg auf die Seite der Christen; da rannte der Ungarnkönig Wladislaw allzu feurigen Mutes während des dritten Treffens in die Reihe der Janitscharen. Sein Pferd wurde am Fuße verwundet und stürzte; dem unglücklichen Fürsten aber hieb ein Janitschar eilends den Kopf ab und steckte ihn als Trophäe auf eine Lanze. Von da an sank der Mut des christlichen Heeres, und nicht einmal Hunyad konnte ihn aufrecht erhalten, so daß sich nach und nach alles in ordnungslose Flucht auflöste. Unter den Gefallenen war außer den Bischöfen von Erlau und Großwardein auch Cardinal Cesarini, und zwar soll er von einem Christen, einem Walachen, der den Fliehenden über die Donau (oder die Dewna?) schiffen sollte, aus Habsucht erschlagen worden sein."

Karl Joseph von Hefele, den wir hier zitieren, aber auch Aegidius Charlier, der Biograph Cesarinis, und viele andere machen klar, daß es schon um alles ging. Die Situation von Tours und Poitiers war wiedergekehrt, nun hier im Osten und mit einem Feind wie Sultan Murad, der imstande war, über das Wasser zu gehen und den südöstlichen Balkan, den Römer und Daker wegen der Weglosigkeit fürchteten, in Eilmärschen zu bezwingen. So stand er dem sieggewohnten Bruder des Matthias Corvinus, dem Feldherrn Hunyadi, urplötzlich gegenüber zwischen Meer, Flußmündung und Land, wo man nur siegen oder sterben konnte. Es starben an dem Tag von Varna auch 30.000 Türken, aber es war nun klar, daß Konstantinopel nicht mehr zu retten sein würde, wo sollten neue christliche Truppen herkommen!

In diese Weltlage hineingeboren, hatte Maximilian jahrelang nur sein kleines Österreich zu verteidigen, Hunyadi und der begnadete Kreuzzugsprediger Johannes von Capistrano hatten den wundergläubigen und verblüfften Türken am 24. Juni 1456 gezeigt, daß Belgrad kein zweites Byzanz werden würde, wonach die Donaugrenze jahrzehntelang hielt. Pius II., der kluge Ratgeber Friedrichs III., hatte die Gunst der Stunde erkannt, er warb bis zur Selbstaufgabe für einen nun entscheidenden, die Türken zurückwerfenden Kreuzzug. Das Kind Maximilian muß die Kämpfe um dieses Vorhaben miterlebt haben, muß in den Kreuzzugsgedanken hineingewachsen sein, aber noch war ja Friedrich III., der Kaiser, da, noch konnte die Kleinwelt zwischen Wiener Neustadt, Wien, Graz und Brügge dem langsam auf die große Aufgabe vorbereiteten Habsburger vorgaukeln, daß ein Krieg so gut und so schlecht sei wie der andere, die Länder nicht viel anderes als große Grafschaften, die Zukunft ein ritterliches Spiel gegen andere Ritter.

Dann traf das sich wiederholende Unheil den innersten, wichtigsten Besitz des Habsburgers, nämlich Kärnten, die Steiermark und das hinzugewonnene Vorland Krain mit den Grafschaften Görz, Gradisca und dem Pustertal, Landschaften von großen Reiz und günstiger Lage zu den Handelswegen, die 1394 durch Erbvertrag an die Habsburger gekommen waren. Und dort, wo die große Politik noch nicht hinzugehen bereit war, dort saßen in Pfarren und Klöstern getreulich aufzeichnende Kleriker, die das kriegerische Geschehen um sich branden sahen, viel zu nah! Und die das Elend antrafen, wenn die Streifscharen der Türken abgezogen waren, und trösten mußten. Der Vorgang glich den Überfällen der Nordmänner sechshundert Jahre zuvor; so wie diese lautlos und schnell auf flachgehenden Schiffen die Flüsse hinauffuhren, gelegentlich erstaunlich weit ins Land hinein, so kamen die Türken meist durch das breite Tal, in dem heute Tarvis liegt, in die Kärntner Seenlandschaft geritten, am schlimmsten in den Jahren 1473, 1476, 1478, 180 und 1483, Jahre, in denen Maximilian schon alt genug war, die Berichte zu verstehen und schließlich dann, in den Achtzigerjahren des fünfzehnten Jahrhunderts, auch schon Manns genug, sich für die Nöte seines engsten Herrschaftsgebietes aktiv zu interessieren.

Kärnten, das keltische *Regnum Noricum* der Römer, ist die älteste Kulturzelle des österreichischen Alpenlandes; es hatte einen frühen Geschichtsschreiber in Johann von Viktring, der allerdings in Lothringen geboren worden war und dann Abt von Viktring wurde und seine Chronik über das frühe vierzehnte Jahrhundert in gelehrtem Latein verfaßte. Als die Türken kamen, ging es schon wesentlich volkstümlicher zu, für gedrechselte Berichte hatte niemand mehr die Ruhe. Darum schrieb ein Pfarrer auf dem Fechelsberg, er hieß Jakob Unrest, in seinem etwa siebzigjährigen Leben Chroniken über die Türken, über die österreichischen Zustände und über die Ungarn, ehe er um

1500 starb. „Unrests Diktion ist spontan und unmittelbar; er bediente sich des Deutschen, der Sprache des Volkes. Das von ihm Mitgeteilte wurde, zumindest was die von ihm selbst erlebten Ereignisse betrifft, als unbedingt wahrheitsgetreu erkannt."

Wenn Claudia Fräss-Ehrfeld in ihrer großen Geschichte Kärntens im Mittelalter betont, Deutsch sei damals die Sprache des Volkes gewesen, so geschieht dies in Hinblick auf die Alpenslawen, deren Zustrom im siebenten Jahrhundert die Kärntner Beckenlandschaften und Täler erfüllte und erst nach geraumer Zeit versiegte, als von Norden her die Bayern hinzukamen. Jakob Unrest verzeichnet die erwähnten fünf *Raids* (ein Ausdruck, der im maurischen Spanien für vergleichbare Vorstöße der Berber geprägt wurde).

Charakteristisch und in gewissem Sinn oft ähnlich wiederkehrend war der Fünftage-Überfall von Ischak Pascha, aus Bosnien nach genauer Aufklärung gegen Kärnten vorgetragen. Den Übergang über den 1215 Meter hohen Seebergsattel in den Karawanken mußten Einwohner zeigen, die man noch auf slowenischer Seite aufgegriffen hatte. Durch den Vellachgraben, wo wohl der erste Alarm erfolgte, trabten die Türkenscharen weiter nach Bleiburg und Gurnitz. In Völkermarkt war Jahrmarkt, Hunderte von Menschen mit Vieh und Gefährten, gut gekleidet, Geld im Täschchen. Der Abbruch der Draubrücke in Panik schafft den Jahrmarktbesuchern die Zeit für die Flucht, die Türken schwenken nach Westen und ziehen in den Raum Klagenfurt, errichten Beutelager, schwärmen aus, als seien sie zu Hause. Erst auf dem Heimweg über Viktring stoßen sie auf Gegenwehr: dreihundert Bauern, die glauben, die beute-beladenen Räuber niederkämpfen zu können und dieses Wagnis auf sich nehmen müssen, weil die Türken 2000 Frauen und Mädchen und auch ein paar Knaben mit sich führen, als Sklavenbeute. Es bekommt den Bauern schlecht, kaum einer der dreihundert überlebt, Beutestücke und menschliche Beute sind für immer verloren – nach nur fünf Tagen.

Es ging so und ähnlich weiter, in der Steiermark, in Marburg, im Mürztal, und das gefährliche Ergebnis dieser Leiden bestand schließlich darin, daß die Bauern den Rittern zürnten, die auf ihren Burgen sicher saßen und dem Desaster in den Tälern meist tatenlos zusahen. 1478, mitten im Honigmond mit Maria von Burgund, erreichte Herzog Maximilian die Nachricht von Bauernaufständen in Kärnten, eine Botschaft, die man ihm erst erläutern mußte. Hatten die Bauern nicht mit den Türken zureichend zu tun? War es der Haß der Heimgesuchten gegen die Verschonten, zu allen Zeiten begreiflich aber zu allen Zeiten nutzlos?

Es scheint, daß die Bauern sich an den Schweizern ein Vorbild nahmen, sie versammelten sich, sie hängten ein Schwert auf, damit jeder die Hand drauflegen und schwören könne, aber als sie gegen die Burgen losschlagen wollten, wo man ihren Leiden untätig zugesehen hatte, kamen unversehens wieder die Türken. Zwar hatten sie zweifellos den Livius nicht gelesen, aber sie bezwangen die schwierigsten Pässe wie einst Hannibal, sie ließen ihre Pferde an Seilen Felswände hinunter, sie waren auf einmal im Rosental, im Gurktal mit seinem reichen Kloster und in Spittal an der Drau.

Maximilian war weit, aber Kaiser Friedrich III., dem Gott ja ein langes Leben gönnte, saß gerade in Graz und zürnte allen, die seinen Frieden störten: Matthias Corvinus, der sonst den Türken so tapfer entgegengetreten war, dem Adel, der sich nie viel hatte sagen lassen, und den Bauern, die den Wehrpfennig nicht bezahlt hatten, mit dem in den Kärntner Tälern die eine oder andere Befestigung hätte errichtet werden können. Ob es der Kaiser war oder ob dem Kärntner Adel der Kragen platzte: Als die Türken abgezogen waren nach einem letzten Schlag gegen die Bauern bei Goggau, achthundert Meter hoch nahe

Sank Veit an der Glan gelegen, also auf altem Römergrund, sahen die Herren von ihren Burgen die Stunde gekommen, die Landleute zu züchtigen. Die Anführer des Aufstands von 1378 wurden allesamt ergriffen, man setzte sie auf Landskron, Hochosterwitz, Leonstein und Tanzberg gefangen, und nicht wenige wurden, wie Unrest berichtet, gar an Leib und Leben bestraft.

Das Kräfte-Vakuum in Kärnten wurde schließlich nicht durch Kaiser Friedrich III. in Graz aufgehoben, sondern durch seinen Dauergegner Matyas Hunyadi, nach seinem Wappentier Matthias Corvinus genannt. Sein Bruder war der tüchtigste Feldherr in der christlichen Türkenabwehr, und Matthias Corvinus selbst scheint zu jener Zeit den besten Überblick über jene Alpenländer gehabt zu haben, um die sich eigentlich die Habsburger hätten kümmern sollen. Es ist eine verlockende Vorstellung, daß der weise, aber stille Kaiser und der glanzvolle aktionsfreudige König von Ungarn schon damals eine Allianz, ein frühes Österreich-Ungarn geschlossen hätten, aber eine seltsame Persönlichkeit stand zwischen ihnen: der Erzbischof von Gran, einer ungarischen Diözese; er hatte den deutschen Namen Johann Beckenschlager. Diesem, dem Primas von Ungarn, war unter dem herrischen König nicht wohl, und er empfahl sich nach Westen, was Matthias Corvinus vielleicht gar nicht so unlieb gewesen wäre, hätte Beckenschlager nicht den ganzen beträchtlichen Kirchenschatz mit zu Friedrich genommen. Der war vorbereitet, man hatte geheim verhandelt mit dem Raffinement kalter Krieger, denn der geldknappe Kaiser brauchte beträchtliche Mittel, wenn sein Sohn neben der Erbtochter von Burgund einigermaßen gute Figur machen sollte.

Der Erzbischof war ein tüchtiger Geschäftsmann, er ließ sich für ein erstes Darlehen Stadt, Burg und Herrschaft Steyr verpfänden und erhielt für ein zweites Darlehen die Zusage, daß er Erzbischof von Salzburg werden solle. Das war – womit nichts gegen das ehrwürdige Gran gesagt werden soll – doch ein Tausch, der jedes Darlehen wert war. Nur: Salzburg hatte bereits einen Erzbischof, der Bischofsstuhl war keineswegs vakant, sondern von Bernhard von Rohr besetzt, der sich nun natürlich an Matthias Corvinus wandte, um seine Diözese behalten zu können. Und damit trat auf einmal der Ungarnkönig mitten im heiligsten Österreich auf und sandte fünfhundert Ritter mit den zugehörigen Knechten unter dem Befehl des schlesischen Herrn Hans von Haugwitz. Die Kirchen, die man gegen die Türken befestigt hatte, wurden nun zwischen Ungarn und Kaiserlichen umkämpft, und wenn die Truppen des Ungarnkönigs auch nicht so grausam vorgingen wie die Türken, da der König insgeheim ja vorhatte, das Land zu behalten, so kam es eben statt der Brände zu Brandschatzungen, das heißt zu Ablösezahlungen. Es war ein Krieg ohne Fronten, da zahlte ein Städtchen und wurde verschont, dort verweigerte man den Ungarn das Geld wie in Wieting, und die Häuser brannten. Gurk leistete heroischen Widerstand, andere Orte blieben zehn Jahre lang in den Händen der Ungarn, bis 1490, ins Todesjahr des Matthias Corvinus. Haugwitz hatte durch die Pest hohe Verluste, dann tauchten plötzlich Türken auf, die diesmal offensichtlich keine Späher vorausgeschickt hatten, und zogen schnell wieder ab, als sie sich Rittern und Knappen gegenübersahen anstelle der Bauern.

Zahllose lokale Überlieferungen und Sagen bewahren das Andenken dieser unruhigen Zeiten, in denen Mißernten und Unwetter dem Volk als zusätzliche Prüfungen auferlegt wurden. Maria Saal, Gurk, die Burg Seltenheim bei Klagenfurt leisteten hartnäckigen Widerstand und spielen im Kärntner historischen Gedächtnis seither eine besondere Rolle, aber da die Truppen sich aus dem Land verpflegen mußten, litten die Bauern unter Freund wie unter Feind, und die kaiserlichen Fouragiere waren bald ebenso verhaßt wie die der Ungarn. Dabei lernten einige Männer mit Erfahrungen aus anderen Ländern und nicht nur militärischer

Tatkraft das Land südlich des Alpenhauptkammes kennen. Der Begründer des Krainischen Quecksilberbergbaus, ein Andre Perger, soll bei dieser Gelegenheit so manche bis dahin verborgene Reichtümer entdeckt haben.

Erst 1487 vermochte Maximilian sich von einem seiner tüchtigsten Getreuen zu trennen und ihn den Kärntnern zu Hilfe zu schicken, es war sein burgundischer Hofmarschall Reinprecht von Reichenburg an der Save, damals der bedeutendste Feldhauptmann, den die Habsburger zur Verfügung hatten. Er hatte schon 1477 die Begleittruppen Maximilians kommandiert, das Geleit nach Flandern, und sein Eintreffen änderte alsbald die Lage. Reinprecht von Reichenburg war nicht nur ein guter Truppenführer, er hatte sich auch mit den technischen Neuerungen beschäftigt, in denen das gewerbefleißige Flandern dem Südosten weit voraus war. Gegen die von den Ungarn hartnäckig verteidigten Burgen wurde ein neuer, schwerer Mörser eingesetzt, also mauerbrechende Artillerie, es gab auch eine Art ‚dicke Berta', damals ‚die große Büchs von Kärnten' genannt. Und schließlich starb in Wien früh aber nicht ganz unerwartet Matthias Corvinus; die Ungarn verloren an Schwung und Zuversicht, und Kärnten hatte seine Helden, an denen es ja, wie man weiß, mit Ausdauer festhält: Den Kanonikus Jakob Radhaupt, der Maria Saal so zäh verteidigt hatte, und es gab die Unholde, die Plünderer und Brandstifter und Verräter, deren Namen sich ebenso einprägten, jener Jakob Ennser zum Beispiel, der bei beiden Parteien skrupellos seinen Vorteil gesucht hatte.

Der Streit um den Salzburger Erzbischof wurde durch den allerhöchst Zuständigen entschieden, durch den Herrgott. Erzbischof Bernhard von Rohr starb, Johann Beckenschlager regierte zunächst als Koadjutor und Administrator des Erzbistums, und in den Jahren 1495 bis 1519 machte der Kärntner Erzbischof Leonhard von Keutschach Salzburg zu einem der reichsten deutschen Fürstentümer. Er hatte zwar für sein kaufmännisches Genie einen etwas seltsamen Beruf gewählt, sich aber durch seine Würden nicht daran hindern lassen, wenn schon nicht persönlich, so doch mit seiner Diözese das Jahrhundert durch geschickten und emsigen Erwerb zu verblüffen. „Reicher waren nur die habsburgischen Erblande, Bayern und das Erzbistum Köln. Leonhard von Keutschach hat man als den letzten Vertreter des Mittelalters auf dem Salzburger Bischofsstuhl gesehen" (Claudia Fräss-Ehrfeld).

Der historisch weitgehend unbeachtete Herr von Reichenburg hatte immerhin das Wort widerlegt, daß die kaiserlichen Truppen erst gegen die Türken marschieren würden, sobald diese ihre Pferde im Lech tränkten, wohl eine Anspielung auf den großen und entscheidenden Sieg der deutschen Ritter vom 10. August 955. Die Gegner Kaiser Ottos I. waren damals allerdings nicht die Türken gewesen, sondern die Ungarn, die inzwischen ein Reich gebildet und die einzige zumindest gelegentlich erfolgreiche Türkenabwehr organisiert hatten.

Für Maximilians Marschall Reinprecht von Reichenburg (nicht Reichenberg, wie man gelegentlich lesen kann) brachte die Kärntner Begegnung mit den Türken wichtige Erkenntnisse, von denen die bedenklichsten in der Gewißheit bestanden, daß man wohl erst am Anfang der großen Auseinandersetzung stehe. Was die Kärntner zu erzählen wußten, waren wohl vorwiegend Einzelheiten, aber der Marschall von Reichenburg vermochte sie natürlich zu einem Gesamtbild über die Kampfesweise der Türken zusammenzufügen. Man hatte es bei den Überfällen vorwiegend mit berittenen Angreifern zu tun. Sie kämpften aus dem Sattel mit leichten krummen Säbeln, die wenig Raum für den Schlag brauchten und das Gleichgewicht des Reiters nicht in dem Maß gefährdeten wie die langen und schweren Schwerter, wie sie ein Ritter in der Schlacht kreisen ließ. Die Bogenschützen, denen Frankreichs elfter Ludwig sein Leben anvertraute, spielten auch in der türkischen Armee eine große Rolle, wenn es auch eine Legende ist, daß ein sogenannter Reflexbogen bei entsprechender Übung des Schützen bis zu dreißig Pfeile in der Minute verschießen konnte. Richtig aber ist, daß der türkische Bogen von allen asiatischen Spielarten der kleinste und wirksamste war, und daß Mohammed den Gebrauch des Bogens und die Fertigkeit im Bogenschießen zu einer religiösen Pflicht erklärt hatte. Sicher ist auch, daß die Armbrust, die mit einem Hebelsystem gespannt werden mußte, eine ungleich geringere Schußfrequenz hatte.

Weniger bei den Raids als in offener Feldschlacht kamen die geschickten, wohleinstudierten Scheinmanöver der Reiterei zum Tragen. Die Ritter hielten ihre Reihe eng geschlossen, weil die Pferde nur unzureichend geschützt waren und jeder Angreifer zu Fuß den schwer gepanzerten Ritter durch eine Verletzung des Reittieres zu Fall bringen konnte, wie dies etwa bei Varna der Fall gewesen war. Die Türken ritten Scheinangriffe, wendeten blitzschnell zu scheinbarer Flucht, tauchten in der Flanke oder gar im Rücken des Gegners auf und mußten auf diese freie Bewegung kämpferischer Gruppen nur dort verzichten, wo natürliche Hindernisse wie etwa ein Wasserlauf sie einschränkte.

Eine Besonderheit waren die von den Türken nicht ohne Härte ausgebildeten christlichen Gefangenen. Waren sie jung und kräftig genug, eröffnete man ihnen die Möglichkeit, als Janitscharen für den Propheten zu kämpfen, wobei die aus den Dörfern geraubten Knaben, die früh in islamische Erziehung gerieten, sich zu so tüchtigen Kämpfern entwickelten, daß ihre Zahl und ihr Selbstbewußtsein schließlich sogar für den Sultan gefährlich wurden. Auch sie waren aber, obwohl sie meistens zu Fuß kämpften, so leicht bewaffnet wie die Reiter mit einem Schild aus Weidengeflecht und Lederbespannung, mitunter durch einen Metallknauf in der Schildmitte verstärkt, von dem eine Schlagwaffe abrutschen sollte.

Soviel diese Erfahrungen und Berichte auch wert waren, im Grunde mußten die Ritter der Habsburger – vor allem jene, die in Flandern Dienst taten – ein eigenes Wissen von früheren Schlachten besitzen, von denen jene an der Brücke über die Marcq bei Bouvines inzwischen zwar beinahe dreihundert Jahre zurücklag, aber so manche Erkenntnis vorausgenommen hatte, die sich nun, gegenüber den Türken, erneut bitter aufdrängten.

Der Welfe Otto IV., in den Berichten über Bouvines höflich der Kaiser genannt, obwohl er gegen den Staufer Friedrich II. antrat, dessen Größe heute unbestritten ist, dieser Welfe also hatte sich mit einem anderen Prätendenten verbunden, mit Jean sans Terre, bei uns Johann Ohneland genannt und aus den Robin-Hood-Sagen allzu bekannt, weil er die Friedenspflicht während eines Kreuzzugs gebrochen und seinem Bruder Richard Löwenherz den Thron geraubt hatte. Es waren demnach in gewissem Sinn zwei Verlierer, die sich gegen Frankreichs König Philipp II. August zusammengetan, 1200 schwere Reiter, ebenso viele Mann leichter Kavallerie und etwa 5000 Fußsoldaten zusammengebracht hatten, während ihnen König Philipp neben seinen Rittern nur schnell zusammengeraffte Bürgermilizen aus zwölf Ortschaften entgegenstellen konnte.

Otto IV. floh, als sich seine Ritter den flinken Angreifern nicht gewachsen zeigten, in die Stadt Valenciennes, der britische Kommandeur, ein Earl of Salisbury, geriet in Gefangenschaft, und Philipp August soll mit seinen Lumpenkriegern sieben Tage lang den Sieg über die wohlgewappneten, schwer gerüsteten Ritter aus Nordwestdeutschland gefeiert haben, deren Pferde im weichen Boden stecken blieben und die, wenn sie aus dem Sattel fielen, auf dem Rücken liegenblieben wie riesige Käfer. Daß so viele von ihnen am Leben blieben, lag daran, daß man ihnen ihren Reichtum ansah und Lösegeld erwarten durfte; es sind diese Lösegeldverhandlungen, die uns die

Namen der beteiligten Ritter überliefert haben, und es sind einige Duelle zwischen bekannten Herren, die Bouvines noch zu einer Ritterschlacht machen. Gesiegt haben aber die Männer aus dem Volk, obwohl sie nicht alle den König gemocht hatten; es war der erste Sieg der Franzosen über die Deutschen, denn Philipp II. August war der erste, der sich nicht mehr König der Franken, sondern König von Frankreich nannte.

Niemand weiß, ob Maximilian von seinen geistlichen und weltlichen Lehrern in Wiener Neustadt die Lehren von Bouvines erläutert worden waren, aber der Feldmarschall Reinprecht von Reichenburg und Maximilians Kanzler Marquard Breisacher wußten zweifellos die Zeichen der Zeit zu deuten. Obwohl es kein großer Krieg gewesen war, sondern eine Serie von Überfällen, Scharmützeln, Belagerungen und Entsetzungen, hatte durch alle diese Vorgänge der Süden für Maximilian an Gewicht und Bedeutung gewonnen. Es scheint, daß Maximilian nach den Berichten aus dem Süden seinen aufwendigen burgundischen Hofstaat ausgedünnt hat. Ehrliche Zuneigung, Achtung und Beliebtheit hatte er in Flandern ohnedies nie erreichen können. Heinz Noflatscher, der sich mit dem sehr anregenden, ja beinahe unterhaltsamen Thema der Räte rund um Maximilian beschäftigt hat, stellt fest, daß bei der Übersiedlung des Hofes in die österreichischen Länder so gut wie kein burgundisches Personal mitgenommen wurde und daß die kleine Gruppe österreichischer Adeliger, die schon seit 1477 (!) um Maximilian war, auch nun, in den Jahren 1489/90 der Neuordnung, wieder die zentralen Aufgaben übernahm.

Was man aus den burgundischen Kanzleien mitnahm, das war, im heutigen Wortschatz ausgedrückt, das *Know-How*, die Verfahrensweise, denn schon unter den burgundischen Herzögen war in Dijon und in Gent hervorragend gerechnet worden, und der hochtrabende Titel eines General-Schatzmeisters zeigt schon an, daß man in Burgund

Wert auf Dinge gelegt hatte, die zum Beispiel der Vater Maximilians in seinen letzten Lebensjahren als nicht mehr sehr wichtig ansah. Nicht alle Bezeichnungen wurden übernommen, aber es ist eine später oft gerügte Tatsache, daß die Verfahrensweisen aus der Juristenhochburg Dijon bis in die Zeiten der großen Maria Theresia die habsburgische Verwaltung beeinflußten. Noflatscher nennt als einen hervorragenden Fachmann dieses Übergangs den *Trésorier général* Simon von Hungersbach aus der Grafschaft Geldern und nächst ihm Georg von Rottal aus einer steirischen Familie, die durch eine spätere Verbindung zum Haus Dietrichstein eine wichtige Brücke nach Kärnten und Niederösterreich schuf.

Was für die Finanztechniken galt, läßt sich nicht für den gesamten Hofbetrieb sagen. „Einflüsse aus den burgundischen Ländern konnten sich unter Maximilian nur zäh durchsetzen, was ebenso in seiner eigenen Geschichte begründet lag. Der Prinz war der einzige Sohn und in Österreich erzogen worden. Als er nach Oberdeutschland zurückkehrte, bestand an seinem Hof eine genuine Tradition, an die er nur anzuknüpfen brauchte ... Unter Maximilian erfolgte durch die beinahe spiegelbildlichen Regimente in Innsbruck und Wien, den regionalen Nebenhöfen, die dort seit den 1490er Jahren installiert waren, eine erste Vereinheitlichung der Länder" (Heinz Noflatscher).

Die politischen Ereignisse jener Jahre gaben der Rückkehr des Hofes nach Süden einen besonderen Sinn. Im November 1487 war in Meran ein Landtag zusammengetreten, der Erzherzog Sigmund den Münzreichen, den verschwenderischen und ausschweifend lebenden Landesherrn von Tirol, endlich unter Kuratel zwang. Man stellte ihm 24 Räte an die Seite, die nichts anderes als Aufseher und Kontrolleure seines Lebens und seiner Ausgabenpolitik waren. Nur zwei von ihnen hatte der alte Kaiser namhaft gemacht – seiner Vornehmheit waren solche Vorgänge zuwider. Am 16. März 1490 war dann die Lage nicht mehr haltbar, der gedemütigte Erzherzog auch nicht mehr richtig ansprechbar und in seinem Verhalten schwer zu berechnen. Um ihn zu schonen, um dem Volk von Tirol unwürdige Szenen rund um seinen Landesherrn zu ersparen, der Tirol reich und glücklich gemacht hatte, bestimmte man eine kleine Anzahl landesherrlicher Schlösser, in denen Sigmund sich je nach Jahreszeit und Neigungen aufhalten konnte, bei einer jährlichen Apanage von 25.000 Gulden. Die Herrschaft über Tirol jedoch übernahm Maximilian, seit 1486 nun römischer König.

Trotz dieser Wahl, von der noch zu sprechen sein wird, vollzog sich mit der Übernahme der Herrschaft in Tirol die entscheidende Orientierung und die späte, aber aufs Ganze gesehen doch nicht zu späte Einsicht in die Bedeutung der Alpenländer und Alpenwege für das Reich.

Wie wichtig der Brennerweg zur Adria geworden war durch die immer reichere Ausbeute der Bergwerke hatte sogar Herzog Sigismund zwischen all seinen Saufgelagen und Liebeshändeln erkannt, weil er sich nämlich zuletzt, wenige Jahre vor seiner Entmündigung, vor Schulden nicht mehr hatte retten können. Er hatte einen Überfall auf die einträglichen Silberbergwerke im Suganatal des Brentagebietes unternehmen lassen, hatte den venezianischen Kaufleuten auf dem offenen Markt in Bozen unter Vorwänden die ausgelegten Waren beschlagnahmt und in der Erwartung der Gegenreaktion von seinem Vetter Maximilian Hilfstruppen erbeten. Da bei den Venezianern immer etwas zu holen war, hatte nicht nur Maximilian ein paar Fähnlein geschickt, sondern auch die Bayern. Die Republik Venedig aber, deren kostbare *jeunesse dorée* nur höchst selten selbst kämpfte, hatte harte istrische Söldner unter Roberto di San Severino Etsch aufwärts in Marsch gesetzt.

Der Tirolisch-Venezianische Silberkrieg ist ein heute vergessenes Kuriosum der alpinen Lokalgeschichte, hatte aber bezeichnende Episoden. So kämpften (was vielen

Soldaten das Leben retten würde) zunächst einmal die Oberfeldherren, nämlich Hans Truchseß zu Waldburg, Graf zu Sonnenburg, gegen Don Roberto, der dabei sein Leben auf nicht sehr ehrenvolle Weise rettete. Dann ließen die Venezianer ihre Hauptwaffe ihre Wirkung tun, sie bestachen Herrn Gaudenz von Matsch, so daß er die tirolischen Truppen zurücknahm. Schließlich aber rettete Friedrich von Cappel, Stadthauptmann von Trient, die Lage, ein alter Waffengefährte aus burgundischen Kämpfen: Er ließ den Landsturm von den Höhen herab angreifen und sperrte mit seiner Stadtgarnison die Talstraße. Die Venezianer hatten selbst die wenigen Etschbrücken zerstört, um eine Entscheidung und einen vollständigen Sieg zu erzwingen und konnten nun, um sich zu retten, nur in den hochgehenden Fluß springen. Daß sie zu Tausenden zugrunde gingen, wie die tiroler Historiker mit Behagen schreiben, ist im Hochsommer nicht anzunehmen, die meisten werden wohl ohne ihre Waffen, naß und ernüchtert stromabwärts von Trient ans Ufer geklettert sein. Man schrieb den 10. August 1487, Roberto di San Severino ertrank in seiner prächtigen Kleidung. Vielleicht war es ein Akt der Wiedergutmachung, daß Maximilian im Jahr darauf einen San Severino aus Mailand zum Turnier nach Innsbruck einlud.

Maximilian blickte also nach Süden. Im Westen begrenzten die Schweizer mit ihren Spießen alle Begehrlichkeiten; nie zuvor war ein Fürst so überzeugend in seine Schranken gewiesen worden wie Karl der Kühne in drei vernichtenden Schlachten. Aber das wohlhabende Herzogtum Mailand reichte mit seinen Nordgrenzen bis zum Splügenpaß, die Republik Venedig umschloß mit ihrem Landbesitz, den sie die Terra ferma nannte, Südtirol zwischen Bergamo, Brescia und Bassano und ließ Habsburg nur den nördlichsten Zipfel des Gardasees mit Riva. Das österreichische Herzogtum Krain wie das ganze Königreich Ungarn hatten

70

nur eine schmale Pforte zum Meer bei Görz mit dem schwachen Trost, daß die winzige Republik Ragusa mit ihren prächtigen venezianischen Bauten, aber einer elenden Hinterlandverbindung unter ungarischer Oberhoheit stand.

Herzog Sigmund hatte sein Land Tirol dem jüngeren Vetter gleichsam als Morgengabe zur Königswahl überreicht, dann erlebte er, nur noch mit Angeln und Jagden beschäftigt, 1493 den Tod des alten Kaisers noch mit und starb selbst 1496. Das war zehn Jahre nach der Wahl und der Krönung Maximilians zum römischen König, wie die französischen Historiker sagen, weil sie gerne zwischen dem übernationalen Reich und den deutschen Stämmen unterscheiden.

Es war eine Wahl, wie sie besser nie stattgefunden hätte, waren doch die anderen großen Staaten des kleinen Kontinents längst *Erb*monarchien: England, wo sogar Frauen den Thron besteigen werden, Frankreich, wo der König als allerchristlichste Majestät religiöse Verehrung genoß und Macht auch über die Seelen hatte, dazu das große Spanien, aus blutigen Befreiungskämpfen glorreich emporgetaucht. Nur Länder, denen die Deutschen erst die Kultur gebracht hatten, wählten ihre Könige wie die Ungarn oder ließen sie von einem mächtigen Adel auf den Schild heben wie Polen. Das Erbkönigtum der Habsburger wäre für das Reich ein Segen gewesen, denn die weltlichen und die geistlichen Kurfürsten hätten nicht, wie bei jedem Wahlgang, Sonderrechte und Barzuwendungen verlangen können, Gegenkönige hätten keine echte Chance gehabt. Schlechter als die anderen Fürstenhäuser wäre der vergleichsweise frische Stamm aus dem blühenden Südwesten des Reiches sicherlich nicht gewesen, sind doch Aargau, Südvogesen, Rheintal und das kulturgesättigte Dreiländereck bei Basel eine Art Geisteskraftwerk der Begegnungen, in dem die unselige Trennung aus den Straßburger Eiden beinahe aufgehoben erscheint.

71

Aber so sollte es eben nicht sein, und die klugen und gebildeten geistlichen Kurfürsten bewiesen in jenem Dezember 1485, als es um die Königswahl des Erzherzogs Maximilian ging, nicht mehr Vernunft und Einsicht ins Ganze als die Länderfürsten. Friedrich III. war mit seinen damals siebzig Jahren nicht nur nach den Begriffen des fünfzehnten Jahrhunderts ein alter Mann: diese Schwelle ist noch heute unbarmherzig. Also leistete Maximilian, 26 Jahre alt, in Mainz, Köln und in der Pfalz die Wahlwerbung selbst, was ihn manche Illusion kostete, und einiges, das er sich damals vergeben mußte, hat er den hochgeborenen Wahlmännern später heimgezahlt. Der andere kaiserliche Unterhändler war Hugo Graf von Werdenberg, ein schwäbischer Ritter aus einem großen Clan und mit allerbesten Verbindungen, bei allerdings antibayerischer Einstellung.

Der Wahlvorgang selbst war schon im vierzehnten Jahrhundert geregelt worden, durch den sogenannten Kurverein von Rhense im Juli 1338 und achtzehn Jahre später durch die Goldene Bulle Kaiser Karls IV. In Rhense hatten die Kurfürsten ohne Verhandlungen mit Ludwig dem Bayer die *curiati heptarchea* festgelegt, also die sieben wahlberechtigten Reichsfürsten, und daß sie mit einfacher Stimmenmehrheit entscheiden sollten. Da (was die Kirche noch Jahrhunderte lang bestritt) die kaiserliche Gewalt unmittelbar vom Herrgott komme, sei der Gewählte nicht nur deutscher König sondern auch römisch-deutscher Kaiser ohne weitere Krönung oder Bestätigung durch den Papst. Was danach noch an Unklarheiten über die besonderen Verhältnisse der einzelnen Fürstentümer übrigblieb, behoben die einunddreißig Kapitel der Goldenen Bulle, die der Luxemburger Karl IV. 1356 erließ. Die Siebenzahl der Kurfürsten hatte schon der Sachsenspiegel genannt, das ehrwürdige Rechtsbuch des Eike von Repgow aus dem Jahre 1226.

Es lag nahe, daß die Wahlmänner erstens persönlichen Sympathien und Beziehungen folgten, andererseits aber auch handfesten Interessen, was man ihnen nicht einmal vorwerfen konnte, weil etwa Sachsen in einem weitgehend friedlichen Mittelalter viel Geld nach Westen und Süden abfließen sah oder Brandenburg sich gegenüber den alten Kulturlandschaften am Rhein als förderungswürdiges Siedelland verstand. Karl IV. hatte sogar den Rang der Kurfürsten festgelegt: Mainz und Trier gingen Köln voran, wofür der Kölner Erzbischof dann die Königskrönung in Aachen durchführen durfte. Die weltlichen Kurstimmen hatten der König von Böhmen, danach kamen Pfalz, Sachsen und Brandenburg.

Um nur einen von sieben Verhandlungsgängen herauszugreifen, sei erwähnt, daß das Erzbistum Köln unter Ruprecht von der Pfalz sehr unruhige Zeiten erlebt hatte. Der Prinz hatte sich von seinen sehr weltlichen Gewohnheiten nicht trennen können, hatte Schulden gemacht und Steuern erlassen und mußte durch die Truppen des alten Kaisers Friedrich III. zur Raison gebracht werden, er starb im Gefängnis. 1480–1508 hatte Köln also einen Administrator und neuen Oberhirten, der in Hinblick auf besonders schwere Aufgaben ausgewählt worden war: Hermann von Hessen, einen Adeligen von großer Energie, der sein eigenes Silbergeschirr und die Kleinodien seines Hauses verpfändet hatte, um den Haushalt der Diözese in Ordnung zu bringen. Diesem gewieften Prälaten saß nun im Herbst 1485 ein Erzherzog von 26 Lebensjahren gegenüber, und das Ergebnis war, um überholte Fakten nicht allzusehr auszubreiten, die Auslieferung der Stadt Köln an ihr geistliches Oberhaupt. Diese Zusage sorgte für jahrzehntelangen Unfrieden, ja für blutige Unruhen in Köln und mußte von Maximilian selbst ein Vierteljahrhundert später wieder zurückgenommen werden, als der Erzbischof Philipp II. Graf von Daun-Oberstein es gewagt hatte, die Kölner als ‚seine treuen Bürger‘ zu bezeichnen.

Immerhin, die Wahl war, durch diese und andere Zusagen gesichert, am 16. Februar 1486 in Frankfurt erfolgt, wozu es eines Geleits von 1500 Reitern zweifellos nicht bedurft hätte. Zur Krönung in Aachen nahm man das Schiff rheinabwärts und unterbrach die Fahrt beim Königsstuhl am linken Rheinufer, etwa 400 Schritt flußabwärts des Städtchens Rhense, weil dort die Gebiete der vier rheinischen Kurfürsten einander ganz nahe kamen und Karl IV. hier einen kleinen achteckigen Bau mit Sitzen mehr als Treffpunkt denn als Versammlungsort hatte errichten lassen. Bei Köln ging man an Land und reiste weiter in die alte karolingische Metropole Aachen, wo in Gegenwart Kaiser Friedrichs III. die Krönungsmesse begann. Trotz allen Gottesgnadentums war es doch ein sehr irdischer Vorgang, in dem immer wieder rituell zum Ausdruck kam, daß die entscheidende Verpflichtung des neuen Königs in seinem Verhältnis und seiner Vertragstreue gegenüber den Kurfürsten liegen werde; immerhin wurden Witwen und Waisen in einer der sechs Fragen erwähnt, die Maximilian zu beantworten hatte.

Nun war Maximilian also deutscher König, obwohl sein Vater noch lebte, eine Situation, die bei früheren Kaisern der salischen und staufischen Familien zu beträchtlichen Spannungen und zu Kriegen geführt hatte. Dieses Schauspiel gaben Friedrich und Maximilian dem deutschen Volk schon darum nicht, weil die frühzeitige Wahl Maximilians ja uneingestanden als Ersatz für ein habsburgisches Erbkönigtum anzusehen war. Da schon Friedrich den Titel Erzherzog vergab und da in den kommenden Jahrhunderten eben dieser Titel den Habsburgern vorbehalten blieb, wird frühzeitig, schon im fünfzehnten Jahrhundert klar, daß die vergleichsweise junge Herrscherfamilie sich als Erzhaus und als die erste Familie auf Europas Thronen verstand.

Dies ist ein bemerkenswerter Zuwachs an Selbstgefühl, wenn man die Anfänge im Elsaß bedenkt, als Guntram der Reiche gegen Otto den Großen als Reichsrebell auftrat und in jahrelangem Streit Teile seiner beträchtlichen Güter verlor. Brigitte Hamann glaubt nicht so recht daran, daß dieser Guntram, der in den frühen Genealogien der Habsburger einen so wichtigen Platz einnimmt, ein Habsburger war, aber die Lokalforschung im Elsaß und die Härte der kaiserlichen Maßnahmen gegen Guntram machen es sehr wahrscheinlich, daß er schon eine bedeutende Position innehatte, andernfalls hätte das *Liber memorialis* von Remiremont im Department Vogesen ihn nicht als *nobilissimus nobilior* bezeichnet. Trotz der bis heute unbekannt gebliebenen Hintergründe für den Hochverratsprozeß gegen Guntram brauchen die Habsburger sich dieses Ahnherren und seiner Linie nicht zu schämen, weist sie doch auf die Etichonen zurück, die Familie der heiligen Odilie, die ersten bekannten Herren dieses einzigartigen Landstriches am Oberrhein.

Blieben zwischen Vater und Sohn auch nach Maximilians Krönung nennenswerte Spannungen aus, so machte der Kaiser doch deutlich, daß das Reich vorerst noch seine Sache sei und daß Maximilian mit den eigenen Ländern genug zu tun habe. Maximilian nutzte auch die Situation, die nach dem Tod des Matthias Corvinus eingetreten war, säuberte Kärnten von ungarischen Marodeuren und sicherte seinem Geschlecht im Frieden von Preßburg vom November 1491 die Erbansprüche auf Ungarn, wie sie schon Jahre zuvor in Wiener Neustadt festgelegt worden waren. Aber beinahe auf den Tag zugleich, Ende Oktober 1491, war zweitausend Kilometer westlich von Preßburg ein so beschämender Vorgang vollendet worden, daß sich die Maximilianforschung bis heute darüber nicht beruhigt hat, so alltäglich der Bruch von Eheversprechen in dynastischen Zeiten auch war: Herzog Franz von der Bretagne (1455–1488) hatte in dem kleinen Herzogshof seines damals noch schwer zugänglichen Landes offensichtlich nicht verfolgt oder jedenfalls nicht zureichend begriffen, daß sein mächtiger Nachbar Frankreich unter Ludwig XI. eine tiefgreifende Wandlung durchgemacht hatte, ja, daß es diesem hochbegabten Scheusal mit der Hilfe von

Intrigen, Mord, Giftmord und Wortbruch im Lauf der Jahrzehnte gelungen war, die innere Opposition gegen das französische Königtum zum Schweigen zu bringen. Seinen mächtigsten Gegner, den edlen Karl den Kühnen, hatten ihm die Schweizer vom Hals geschafft, den Habsburgern im flandrisch-burgundischen Vorland hatte er erfolgreich die Zähne gezeigt, und die Fischerhalbinsel Bretagne stand für Ludwig XI. als die nächste königliche Beute fest.

Da hatte Maximilian nicht aus heiterem Himmel, sondern nach diplomatischer Vorarbeit in England und Spanien, den heute grotesk wirkenden Einfall, durch eine eheliche Verbindung mit der ältesten Tochter Herzogs Franz II. von der Bretagne eine zweite Front im Rücken Ludwigs beziehungsweise seines Nachfolgers Karls VIII. zu schaffen. Heutige Militärs würden über Fallschirmtruppen nachdenken und dann den Kopf schütteln. Damals aber zählten Küsten und Schiffe. Die Bretagne hatte ausgezeichnete Häfen, mit britischer und spanischer Hilfe konnten in der südöstlichen und in der nordöstlichen Bretagne tatsächlich Truppen an Land gesetzt werden (was später ja auch wiederholt geschah), und die Anmarschwege für Entsatz aus Paris wären erheblich gewesen.

Da der bretonische Wunsch nach Unabhängigkeit im Lauf der Jahrhunderte immer wieder aufgelebt ist, da es noch heute kleine Buchhandlungen mit einem kuriosen Fachschrifttum über keltische und germanische Wurzeln des Halbinselschicksals gibt und sich in Katalonien, im Baskenland, ja sogar in der glücklichen Provence separatistische Tendenzen als erstaunlich langlebig erwiesen haben, dürfen wir den verzweifelten Kampf des letzten bretonischen Herzogs gegen den Sohn des elften Ludwig nicht als Marotte eines vereinsamten Fürsten abtun. Aber als Franz II. nach der Niederlage von Aubin du Cormier am 28. Juli 1488 zu Unterhandlungen mit Karl VIII. bereit war, kam dies einer Kapitulation gleich. Franz II. mußte sich im Château du Verger in Angers verpflichten, seine Töchter nur mit Zustimmung Frankreichs zu verheiraten. Das bedeutete, daß eines Tages die Bretagne an Frankreich fallen mußte.

Herzog Franz überlebte all dies nur um wenige Wochen; damit war im September dieses Kriegsjahres seine Tochter Anne Herzogin der Bretagne, ein kluges, hübsches, auch körperlich gut entwickeltes Mädchen von ganzen zwölf Jahren. Ihre jüngere Schwester Isabeau starb 1490. Nur von einer langjährigen Mätresse des Herzogs gab es noch Kinder, zahlreich, wohlgeraten, aber eben nicht legitimiert. Der Älteste, den man am Herzogshof erzogen hatte, hieß François d'Avaugour, führte den Titel eines ‚Bastard de Bretagne', doch hatte seine Mutter Antoinette de Magnelais seine Legitimation nicht erreichen können, obwohl sie dem herzoglichen Geliebten Tafelgeschirr, Geld und Schmuck geschenkt hatte, damit er seinen Soldaten bezahlen könne.

Da die Zusage, Anna nur mit französischer Zustimmung zu verheiraten, mit den Waffen erpreßt worden war, gehorchte die junge Herzogin den Vorschlägen ihrer Räte, verharrte in antifranzösischer Haltung und stimmte einer Ferntrauung mit dem deutschen König Maximilian zu, wobei man Zweifel hegen darf, ob Anna bei aller natürlichen Intelligenz die geographischen und politischen Folgen eines solchen Schrittes überblickte. Heute würde man sagen: Friedrich III. und Maximilian hatten mit dem unwirtlichen Felsenblock der Bretagne zwar keine blühenden Landschaften, keine reichen Provinzen gewonnen, aber eine Art schwimmende Batterie, deren Rohre sich gegen Frankreich richteten, und visierte man nach Spanien wie die Habsburger, dann waren die bretonischen Häfen, vor allem aber die wohlgeschützten Buchten von Brest und von Audierne von großem Wert.

Ähnliche Überlegungen und die Prävalenz des Seehandels über alle Arten langsamen und beschwerlichen Landverkehrs hatten die junge Herzogin zu einer begehrten

Partie gemacht. Meeresorientierte Länder wie das buchtenreiche Schottland hatten ernsthafte Bemühungen unternommen, Anna für König Jakob III. zu interessieren, und als dieser König einen sehr schottischen Tod gestorben war – sein Beichtvater hatte ihn erdolcht – blieben immerhin noch sieben andere Prinzen als Bewerber übrig. Sie wurden enttäuscht, denn es war Maximilians Jugendfreund, Kampfgefährte, Turniergenosse und Vertrauter Wolfgang von Polheim (1458–1512), der die Ehre hatte, vollgerüstet und lediglich flüchtig eine Wade entblößend, angesichts des bretonischen Hofes das Hochzeitsbett der mädchenhaften Herzogin zu besteigen. Er war gewählt worden, weil mit kriegerischen Verwicklungen zu rechnen war, aber die Schnelligkeit und Übermacht der französischen Maßnahmen überraschten das österreichische Lager: es war, als sei Ludwig XI. auferstanden, um seinem Sohn beizuspringen. Niemand konnte sich erklären, woher Karl VIII. binnen wenigen Wochen 40.000 Mann gegen Rennes aufgeboten hatte, eine Armee, gegen die auch ein britisches Expeditionskorps keine Chancen hatte.

Am 6. November 1491 wurde in dem engen, vorwiegend aus schmalen Treppen bestehenden Schloß Langeais an der Loire die Ehe zwischen der nunmehr voll erblühten fünfzehnjährigen Anne und König Karl VIII., sechs Jahre älter als sie, nicht nur geschlossen, sondern auch vollzogen. Hatte sie bis dahin ihren Räten und ihrem Volk versichert, dies geschehe, um der Bretagne einen grausamen und aussichtslosen Krieg zu ersparen, so belehrte sie ihr junger Gemahl nun über die Tatsache, daß eine Ehe auch völlig unpolitische Freuden mit sich bringen könne. Sechs würdige Bürger aus Rennes hatten hinter einem dichten, keinen Durchblick gestatteten Vorhang im Schlafzimmer des jungen Paares den Vorgängen lauschen dürfen, und sie sorgten für die sehr natürliche Erklärung der Tatsache, daß Anne fortan den einstigen Feind und Zwingherrn in aufrichtiger Zuneigung verehrte, war er doch zweifellos der

78

erste Mann ihres Lebens gewesen. Der Ehevertrag sprach
– wie uns heute scheinen will: ahnungsvoll – von der Wit-
wenschaft Annes, obwohl Karl VIII. nur wenig älter war
als sie. Sie wurde für den Fall seines frühen Todes verpflichtet, nur wiederum einen französischen Thronerben
zu ehelichen: die Bretagne durfte Frankreich nicht verlo-
rengehen!

Größere Bedeutung hatte man der bretonischen Halbinsel zu keiner Zeit beigemessen. Zwar hatten die Römer
in einer ihrer bemerkenswertesten Leistungen ihre Straßen selbst hinaus in jenes Vorgebirge des Kontinents gebaut, das man ganz richtig *Finis Terre*, Landsend, nennt,
aber nun, im hohen Mittelalter, war jenes Felsen- und
Klippenland im äußersten Westen nur in endlosen Ritten
erreichbar oder in riskanter Küstenfahrt um sturmum-
tobte Felsnasen herum. Es ist, als ob diese Halbinsel der
kühnsten Fischer, die längst vor Neufundland, bei Saint-
Pierre und Miquelon, auf Stockfischfang gewesen waren,
ehe Kolumbus auslief, an dieser Wende zu einer neuen Zeit
mitgewirkt, ihre künftigen Chancen eingebracht hätten in
die stürmische, ja gewaltsame Werbung um die Felsenbraut
Aremorica. König Karl VIII. soll als Spion in eigener Sache
eine Wallfahrt nach Rennes unternommen haben, angeblich zu dem wundertätigen Muttergottesbild in der Kirche
von Saint-Aubin, in Wahrheit aber, um ein vertrautes Gespräch mit Anne führen zu können. Was immer man ihm
bei dieser Gelegenheit willig oder widerwillig verriet, Tatsache bleibt, daß nicht einmal ein volles Jahr nach jenem
Dezembertag 1491, an dem Anne de Bretagne mit Karl
VIII. vermählt wurde, ein wortgewandter Jude aus Genua für die spanischen Majestäten Ferdinand und Isabella
eine neue Welt entdeckte. Die Wege des Weltverkehrs ver-
änderten sich von Grund auf, und die Felsenhalbinsel an
einem Nebelmeer ohne jenseitige Ufer wurde so wertvoll
als die große Hand, die Europa jener neuen Welt entge-
genstreckte.

Es gab um diese zwei Jahre des Vorpreschens und Zurückziehens, des Wartens auf päpstliche Duldung oder gar Billigung ein Europageschrei, das einer besseren Sache würdig gewesen wäre. Am Vorabend der Entdeckung Amerikas, wenige Jahre vor den publizistischen Schlachten der Reformation, stürzten sich die lebhaftesten Geister der Zeit, nämlich Sebastian Brant und Jakobus Wimpheling, auf die Demütigung, die eine gewesen wäre, hätte man die keusche Anne dazu gebracht, den Habsburger zu betrügen (der später selbst eine bis heute nicht voll erfaßte Schar unehelicher Kinder zeugen wird). Die beiden Wortgewaltigen kamen aus der alten Habsburgerlandschaft Elsaß, Brant aus Straßburg, Wimpheling aus dem Gelehrtendorf Schlettstadt, und wurden Vorboten jener Presse, die sich nicht beruhigen kann, weil sie sich nicht beruhigen will.

Maximilian selbst hat in seinem wohl mit gelehrter Hilfe verfaßten Konstanzer Rechenschaftsbericht von April bis August 1507 die Zwangslage von damals geschildert und die mangelnde Hilfe des Reiches, das Ausblieben von 34.000 Mann Reichstruppen und seine Unterlegenheit mit nur 6000 Mann wichtiger genommen als den Brautraub selbst, den er inzwischen allerdings weniger ruhiger beurteilen musste. Zum Zeitpunkt des Rückblickes von Konstanz wußte Maximilian längst, daß sein glücklicher Rivale von Schloß Langeais sich der Prinzessin aus den Montagnes Noires nur wenige Jahre hatte erfreuen dürfen: Karl VIII. hatte zunächst zusehen müssen, wie drei Söhne, die Anne, eine gesunde und junge Frau ihm geboren hatte, vor der Erreichung des dritten Lebensjahres starben, als walte hier ein Fluch oder die Verdammnis für eine geheime Sünde. Und dann war der 7. April 1498 gekommen, der Vorabend des Osterfestes. Die königlichen Gatten weilten auf Amboise, einem Schloß, das sie zu kennen meinten, sie wollten einem Ballspiel im Schloßgraben beiwohnen und nahmen auf dem Weg dorthin eine Abkürzung durch einen engen, von allerlei Unrat erfüllten Gang, der unter einem niedrigen Steinbogen endlich auf eine freie Terrasse mündete. An diesem Bogen stieß Karl sich heftig die Stirn, schwankte ein wenig, ging aber weiter in den Burggraben mit einem Scherzwort, für welche seiner Sünden ihm diese Beule wohl verpaßt worden sei. Plötzlich aber taumelte er und fiel, wurde auf eine Strohschütte gebettet und fühlte sein Ende nahe. Undeutlich stammelnd rief er die Heiligen seiner Familienkapelle an und starb gegen elf Uhr abends.

Deutsche Historiker, die mit diesem in Italien so grausam kriegführenden Fürsten gnadenlos umgehen, machen seinen durch Ausschweifungen geschwächten Organismus für diesen brüsken Tod verantwortlich, und Anne dachte vielleicht, da sie nun früh verwitwet und kinderlos dastand, an ihre Briefe, mit denen sie Karl aufforderte, seine italienische Favoritin Leonore in Neapel zurückzulassen und nach Frankreich heimzukehren. Das waren späte Genugtuungen für Maximilian, aber die Bretagne brachten sie ihm nicht wieder.

Das unglückliche Jahrhundert-Ende bleibt jedenfalls unvergessen und klingt auch im gestelzten Kanzleideutsch des Konstanzer Berichtes an, als ahnte der Kaiser die Vorwürfe der Nachwelt.

„Zusammt dem hat sich die Römische königliche Majestät als ein angeborener Erzherzog von Österreich und gehorsamer (!) deutscher Fürst, aus göttlicher Schicklichkeit ... sonst mit all dem, das ihrer Majestät zugestanden ist durch Heurat und andere natürliche Succession ... allzeit getreulich, gehorsam und mild erzeigt und gehalten."

Zweieinhalb Jahre nach der Heirat der Anne von der Bretagne mit Karl VIII., genau am 16.3.1494, hatte Maximilian eine Prinzessin aus dem bekanntesten Parvenu-Geschlecht der Zeit geheiratet, aus der Familie Sforza, die sich als Condottieri den Thron der reichen Stadt Mailand erobert hatten. Bianca, auch gelegentlich Blanca Maria genannt, war zwölf oder dreizehn Jahre jünger als Maximilian, nach seinen Worten so schön wie seine erste Frau Maria von Burgund, aber nicht so intelligent. Man hatte das Mädchen aus dem wilden Clan auch reichlich herumgestoßen, ihr sogar eine Ehe mit Johann Hunyadi, dem natürlichen Sohn des Matthias Corvinus zugemutet, oder das hohe Schottland angedroht, das damals etwa so wohnlich war wie heue eine russische Wetterstation auf Spitzbergen. Sie war mit acht Jahren Vollwaise geworden und war der Fürsorge ihres Onkels Lodovico, genannt il Moro, anvertraut, der sie ehrlich liebte und dem sie ein Leben lang Anteilnahme und Hilfe gewähren wollte, nur daß ihr Gemahl sich für das Schicksal des von Frankreich geschlagenen, in unmenschlicher Haft auf Loches gehaltenen Verwandten überhaupt nicht interessierte. In der düsteren Festung mehr vergessen als bewacht, durfte Lodovico am 27. Mai 1508 endlich sein finsteres Verlies verlassen, trat ins Sonnenlicht der Touraine, fiel zu Boden und war tot.

Die durch die kaiserliche Ehe aufgewertete Familie Sforza hatte das in Condottieremanier eroberte Herzogtum Mailand nun als kaiserliches Lehen und volle Legitimität erlangt, was als ein besonders geschickter Schachzug jenes Lodovico il Moro gilt, der in seiner späteren Politik dann aber zwischen Frankreich und Venedig zerrieben wurde. Lodovico und sein vier Jahre älterer Bruder Ascanio waren bei ihrem kriegerischen Abenteuer beide in die Gefangenschaft Karls VIII. gelangt. Ascanio, ein hochbegabter Kirchenmann, wurde durch die Fürsprache französischer Prälaten schon nach zwei Jahren aus der Haft befreit und begann seine glanzvolle Laufbahn in Rom, wo er in der Nähe großer Päpste einen eigenen Musenhof hielt und schließlich – eine besondere Ehre – im Grabmal der Rovere, das später den großen Julius II. aufnehmen sollte, beigesetzt wurde.

Auch eine schnell aufgestiegene Familie wie die Sforza konnte nach Lage der Dinge im papstbeherrschten Italien eine große Rolle spielen, und Bianca Maria, deren Vater man während einer Weihnachtsmesse in Santo Stefano ermordet hatte, als sie erst vier Jahre zählte, war trotz dieser brutalen Wechselfälle ihrer Kindheit in einer Welt aufgewachsen, die sich von der Austerity am Habsburgerhof tiefgreifend unterschied. Schrieb man auch nicht mehr die Zeiten Friedrichs III., so war dieser, als Bianca Maria Maximilian heiratete, doch erst ein Jahr tot. Als Bianca achtzehn Jahre zählte, hatte ihr Onkel und Vormund Lodovico Beatrice, die Tochter des Herzogs von Ferrara, geehelicht im festlich dekorierten Ballsaal des Sforza-Kastells, und für die drei Tage währenden Turniere nach jenem Fest hatte kein Geringerer als Leonardo da Vinci die Kostüme entworfen. Der Maler hatte auch schon Cecilie Gallerani portraitiert, Lodovicos Geliebte, heute als ‚Die Dame mit dem Hermelin' in der Gemäldegalerie des Krakauer Nationalmuseums.

Immerhin berührte sich die Interessensphäre Lodovicos mit der Maximilians, wenn es um Kriegstechnik und Geschützgießereien ging: diese Kenntnisse Leonardos hatten 1482 zu seiner Berufung nach Mailand geführt, an die Seite des Mathematikers Luca Pacioli (Paciolos).

Ob Lodovico il Moro sein schweres Lebensende, den lichtlosen Kerker von Loches vorausahnte? Er tat, so lange er konnte, alles Erdenkliche für ein würdiges Pantheon seiner Familie, die in den Augen der Zeitgenossen eigentlich noch gar keine war. Im Refektorium der Mailänder Kirche Santa Maria delle Grazie prangte – später vielfach übermalt und restauriert – das berühmteste Kunstwerk, das der Ingenieur und Festungsbauer Leonardo geschaffen hatte, das Heilige Abendmahl, in jenem Jahr 1499 vollendet, da französische Armbrustschützen das von Leonardo geschaffene, unvollendete Reiterstandbild noch im Modell zerstörten.

Der Kampf Frankreichs gegen Habsburg spielte sich also auch auf mailändischem Boden ab, und Commynes, der Chronist Ludwigs XI. und Karls VIII., wußte sehr genau

Bescheid: Da Karl VIII. von Frankreich sich für eine Ehe mit Anne de Bretagne entschieden hatte, stand für Margarete, die kleine Habsburgerprinzessin, keine französische Heirat mehr bevor. Maximilian aber, inzwischen römischer König, hat sich mit der Tochter des Herzogs Galeazzo Maria Sforza von Mailand vermählt. „Diese Heirat ist durch Herrn (= Onkel) Lodovico vermittelt worden. Sie mißfiel aber den Reichsfürsten und mehreren Freunden des römischen König sehr, da sie (Bianca) nicht aus einem so edlen Hause stammte, wie es Maximilian nach der Meinung vieler zukam. Auf Seiten der Visconti nämlich, wie die Herrscher von Mailand heißen, gibt es nur wenig Adel und noch weniger auf Seiten der Sforza. Er, der Sforza (Jacob Muxius Attendolo Sforza, 1369–1424) ist der Sohn eines Schuhmachers aus der kleinen Stadt Cottignola gewesen, und sein Sohn wurde Herzog Franz von Mailand. Aber er war ein sehr tüchtiger Mann und sein Sohn noch mehr: der nämlich wurde durch die Gunst seiner Frau (Bianca Maria 1424–1468), der Bastardtochter des Herzogs Philipp Maria (mit Agnes del Maino) Herzog von Mailand. Er hat es nicht als Tyrann erobert und besessen, sondern als echter, guter Fürst. Man kann wohl sagen, daß seine Tüchtigkeit und Güte ihn den edelsten Fürsten seiner Zeit an die Seite stellen."

Commynes, der ja als Zeitgenosse schreibt, fragt sich schließlich, was aus all dem noch werden soll, aber er wird den Tod des Lodovico il Moro erleben, wenn auch nicht mehr im Vollbesitz seiner Ehren, Würden und Ländereien, und er wird wohl auch erfahren haben, daß Lodovico die ersehnte letzte Ruhe im Dominikanerkloster von Santa Maria delle Grazie zuteil geworden ist, neben Beatrice von Este, die ihm 1497 vorangegangen war.

Es ist Tatsache, daß in den Genealogien der Visconti und der Sforza die unehelichen Kinder beinahe häufiger sind als die legitimen. Schon die ersten Sforza haben wohlgelungene illegale Nachkommenschaft gehabt, und wenn die beteiligten Damen so schön waren wie ihre Namen, sollte gerade Maximilian, der ansehnliche Sohn eines Vaters von legendärer Häßlichkeit, nicht viel darüber reden. Und tatsächlich scheint er sehr selten das Wort an seine zweite Frau gerichtet zu haben, die schön war, von manchen Autoren ohne nähere Begründung als leicht geisteskrank bezeichnet wird und vor allem durch ihre angebliche Verschwendungssucht Anstoß erregte, ein Vorwurf, bei dem nicht bedacht wird, daß sie aus einem reichen Haus kam: Nach verschiedenen Quellen hatte sie 300.000 Dukaten Bargeld mitgebracht, nach dem allerdings nicht ernstzunehmenden Buch über die Frauen der Habsburger von Helmut Andics 400.000. Tatsächlich kamen zu den 300.000 Dukaten noch 150.000 in Kleinodien und ein ansehnlicher Brautschatz (Wiesflecker). „Die militärischen Unternehmungen Maximilians 1493/94 wurden tatsächlich zum Großteil mit dieser Mitgift finanziert" (Dr. Gerhart Rill, Direktor des Haus-Hof- und Staatsarchivs, Wien). Wozu man immerhin sagen muß, daß die Condotta-Beute auf diese Weise zum Schutz der Christenheit angewendet wurde.

Auch bei der Heirat mit Anne de Bretagne hatte es schon ein wenig Gold gegeben, offensichtlich waren schon damals Heiraten ohne zumindest symbolische Geldübereichungen nicht denkbar. Der reiche Herr von Polheim hatte, als er Maximilian vertrat, den Bräuchen des Ortes folgend spenden müssen, und es waren bei Wiesflecker dreizehn *Oboles d'Or*, also eine an sich kleine Münze (in England wird man sie später Halfpenny nennen), aber in edlem Metall. Diese Spenden-Münzen „sind übrigens das einzige Zeugnis dieses Eheschlusses, alle anderen Beweise wurden sorgfältig vernichtet, als man sich später darauf einigte, daß diese Heirat nie stattgefunden hätte. Die Römische Kurie wurde dadurch der Schwierigkeit enthoben, diese durch und durch verworrene Heirats- und Brautraubgeschichte rechtlich zu entscheiden, aber auch dem

König von Frankreich und Maximilian wurden Verlegenheiten erspart".

Man ist geneigt, diese ruhige Darstellung im fünften Band von Hermann Wiesfleckers maßgebendem Maximilian-Werk als die gültige Version zu akzeptieren, wenn Wiesflecker auch den Brautraub selbst in Anführungszeichen setzt. Betrug war jedenfalls im Spiel, leider auch von Seiten der jungen Herzogin. Daß Maximilian durch diese nur begrenzt bekannt gewordenen, schwer durchschaubaren Intrigen tatsächlich zum Gespött Europas geworden sei, wie der habsburgfeindliche Schweizer Chronist Valerius Anshelm behauptet, entspringt wohl einer Überschätzung seiner eigenen Möglichkeiten, war doch der Buchdruck noch in seinem frühesten Versuchsstadium.

Natürlich liegt ein gewisser Widersinn in der Tatsache, daß die Fern-Hochzeit mit Bianca Maria aus dem Hause Sforza mit beträchtlichem Prunk gefeiert wurde und daß wir sehr eingehende Schilderung von dem Vorgang *per procurationem* besitzen, daß sich aber Maximilian erheblich Zeit ließ, die harrende Angetraute endlich selbst aufzusuchen und ihr seine Achtung zu bezeugen. Die für das Zusammentreffen vorgesehenen Orte Freiburg und dann Augsburg lagen nicht allzuweit voneinander entfernt, und die Stadt Innsbruck, für die man sich schließlich entschied, kannte Maximilian noch aus den Zeiten, da ihm sein reicher und halbverrückter Onkel Sigmund dort mit seinen Sonderfeldzügen einigen Verdruß bereitet hatte. Bianca Maria also wartete in Innsbruck und – wenn es nicht so auffällig sein sollte – im alten Salzstädtchen Hall auf den vielbeschäftigten Gemahl, dessen Zaudern, dessen demütigendes und schließlich absichtsvoll erscheinendes Fernbleiben unbegreiflich ist.

Als er sich schließlich im März 1494 nach Tirol bequemte, wurde Bianca Maria nicht, wie einst die burgundische Erbin, wie unter Brautpaaren üblich umarmt: Aus einer einflußreichen und wohlhabenden, im europäischen

Adel aber unwillkommenen Familie stammend, warf die mit immerhin zweiundzwanzig Jahren erwachsene Frau sich vor dem römischen König Maximilian auf den Boden – möglicherweise eine vorbedachte Geste, da Maximilian nun nicht umhinkonnte, sie zärtlich aufzuheben. Nach dem abendlichen Mahl, die Tafel war längst aufgehoben, wartete Bianca noch immer auf Maximilian, der selbst an diesem Abend Gespräche über den Ertrag der Schwazer Grube führte.

Die endliche eheliche Zusammenkunft mit der allgemein als anmutig bezeichneten Italienerin, die nach Gehaben, Kleidung und Sitten den Süden verkörperte, verlief dann aber doch so befriedigend, daß eine nicht geplante und deswegen etwas dürftige Nachfeier der Hochzeit in Innsbruck angesetzt wurde, immerhin eine Änderung im Programm, die Hoffnungen erweckte. Schließlich stand in Bianca eine Art Siegestrophäe vor Maximilian. Sie war schon als Zweijährige mit Filiberto von Savoyen verlobt worden, der starb, als sie zehn Jahre alt war. Danach kam Johannes, der uneheliche Sohn von Matthias Corvinus ins Spiel, eine Verbindung, die manche Forscher als volle Ehe *per procurationem* bezeichnen, die nach dem frühen Tod des Johannes Hunyadi aber annulliert wurde. Ein weiterer Bewerber war Wladislaw II., König von Böhmen und Ungarn, gewesen, trotz der unebenbürtigen Herkunft!

Diese historischen Relationen und Möglichkeiten werden, obwohl sie nicht zum Tragen kamen, immer wieder erwähnt, wenn von Bianca Maria die Rede ist, im übrigen aber hat die Habsburg-Historiographie sie weitgehend vernachlässigt. Dr. Rill schlägt zwar in seinem Artikel über sie Töne an, die insbesondere für einen Staatsarchivar ungewöhnlich menschlich und anteilnehmend klingen; bedenkt man aber, daß Bianca Maria, als sie mit 38 Jahren starb, immerhin beinahe siebzehn Jahre die Gemahlin Maximilians gewesen war, erheblich länger als die unglückliche Maria von Burgund, dann muß man die Beschäftigung mit ihr als flüchtig und merkwürdig unzureichend bezeichnen, als gebe es etwas zu verbergen. Publiziert ist über sie auffallend wenig, selbst Gigliola Soldi Rondinini, der man den Bianca Maria betreffenden Artikel im Lexikon des Mittelalters anvertraut hat, kann nur auf das Staatsarchiv in Mailand, den Fondo Sforzesco, verweisen.

Die Vernachlässigung der jungen Italienerin innerhalb der großen Hofhaltung Maximilians hatte zum Teil schwer vermeidbare Ursachen. Bianca Maria hatte natürlich ihr vertrautes Personal mitgenommen, dazu kamen zwei junge Sforza-Grafen, die man aus Gründen der Sicherheit möglichst weit von Frankreich entfernt unterbringen mußte und die eine gewisse Condottieri-Unruhe in die biederen süddeutschen und tirolischen Milieus brachten. Und es gab eine Hauptschuldige, Signora Violante Caimi, engste Vertraute der vereinsamten und sich unverstanden fühlenden Königin, die ihr den Rücken stärkte und sie zu gefährlichen, wenn auch seltenen Einmischungen in Ämtervergabe und Hofintrigen veranlaßte. Diese Dame wurde erst entmachtet, als Maximilian in einer Aufwallung die ganze Gruppe der Exil-Mailänder aus dem inneren Kreis der Hofhaltung verwies (ob dies auch für Massimiliano und Francesco galt, die Söhne des gefangenen Lodovico il Moro, ist in der Forschung umstritten; der erste herrschte 1512-15 als Herzog über Mailand, der zweite 1521-25 und danach wieder 1529-35).

Dennoch war die große Krise von 1495 im heutigen Wortgebrauch auch logistisch begründet. Man schrieb nicht mehr karolingische Zeiten, als die Herrscher von Pfalz zu Pfalz zogen und keine festen Residenzen hatten. Durch die Reichstage hatte sich auch ein unsteter an vielen Orten des Reiches persönlich eingreifender Fürst wie Maximilian einzelnen alten Städten besonders verbunden, zu denen die österreichischen Zentren Innsbruck, Graz und Wien kamen, die ihre Bedeutung auch nach dem Tod Kaiser Friedrichs III. nicht eingebüßt hatten. *In summa* hat man festgestellt, daß Maximilian sich nur in Innsbruck gelegentlich bis zu sechs Monate lang aufgehalten habe, an allen anderen Orten weilte er – nach der Rückkehr aus den flandrischen Städten 1489 – allenfalls einige Monate.

1495 verlangte es die Reichsraison, daß Maximilian sich auf dem Reichstag zu Worms ebenso dringenden wie langwierigen Angelegenheiten widmete, obwohl ihm das militärische Vorgehen Karls VIII. in Italien das Hauptanliegen war und die Türkengefahr obendrein. Die Fürsten und die Stände vermuteten überall geheime oder offenkundige habsburgerische Hausmacht-Interessen, zauderten selbst hinsichtlich der Türkenabwehr mit Geldbewilligungen, und es mußte noch als besonderer Erfolg gewertet werden, daß Maximilian einen sogenannten Ewigen Landfrieden durchsetzen konnte, da es für innerdeutsche Fehden tatsächlich keinen weniger geeigneten Zeitpunkt gab.

Für die Verhandlung und Beurteilung von Landfriedensbruch-Fällen und Streitsachen begründete Maximilian das Reichskammergericht, das in den Folgejahren große Bedeutung erlangte und noch in den Schlußverhandlungen des Westfälischen Friedens 1648 einer neuen Verfassung mit nicht weniger als fünfzig Richtern gewürdigt wurde.

Schon die Tatsache, daß jene fünfzig Richter in der Jahrhunderte langen Geschichte des Reichskammergerichts tatsächlich niemals in dieser Sollzahl anwesend oder auch nur beamtet waren, weil es an Geld fehlte, schon diese Kluft zwischen dem Entwurf und seiner Ausführung macht klar, daß die Hauptlast an Aktivitäten, die mit dieser ehrwürdigen Institution verbunden war, auf den deutschen König selbst zurückfiel. Tatsächlich begleitete das Reichskammergericht das Leben Maximilians nicht als der große entlastende Apparat, sondern als eine drückende Verpflichtung, die sich immer wieder meldete und ihn zusätzlich zu seinen außenpolitischen Verpflichtungen in zahlreiche innerdeutsche Querelen hineinzog.

Diese vielfältigen Engagements, die das Reichskammergericht notwendigerweise an verschiedenen Stellen dieser Darstellung aufscheinen lassen, hatten für einen höchst verdienstlichen Menschenschlag die positivsten Folgen: Auch wenn nicht immer fünfzig Richter zur Verfügung standen, so gab es nun doch Dutzende schreibkundige und schreibfreudige Juristen, die schon um das eigene Dasein zu rechtfertigen einen plötzlichen Zuwachs an Dokumenten, Niederschriften aller Art und Korrespondenzen produzierten. Kein Geringerer als Leopold von Ranke gibt nach Archivforschungen in Frankfurt, dem langjährigen Sitz des Reichskammergerichts, seiner Begeisterung in einem Brief vom 26. November 1836 Ausdruck, gerichtet an seinen ältesten Bruder Heinrich, einen namhaften Theologen: „Ohne viel Verdienst von meiner Seite – wenigstens besteht es nur im Fleiß – habe ich auch eine ganze Anzahl der prächtigsten Entdeckungen über die Zeiten Maximilians I. und Karls V., da komme ich nun einmal nicht los, in die Scheuern gebracht. Ein Historiker muß alles allein machen. Jetzt muß ich mich mit einem Drescher auf der Tenne vergleichen. Die Körner fliegen mir von allen Seiten um den Kopf. Weiter will ich den Vergleich nicht treiben" – Aktenberge für die Nachwelt, die Maximilians Juristen hinterließen.

Nach endlosen zähen Verhandlungen ungeduldig und gereizt, brach Maximilian endlich in den Süden auf. Die in Worms zurückgebliebene Bianca erfuhr erst im August des Jahres, daß ihr Gemahl nach Italien unterwegs sei. In ihrer begreiflichen Sehnsucht, die Heimat wiederzusehen, insistierte sie deutlicher als es ihrer Position angemessen war, und Maximilian befahl ihr sehr deutlich, in Worms zu bleiben. Auch könne beträchtliche Zeit vergehen, ehe er wieder mit ihr zusammentreffen werde. Violante Caimi wurde durch eine viel ältere, aber verläßliche Leiterin des Hofstaates ersetzt, und zwar durch Paula von Firmian, eine gebürtige Italienerin aus der angesehenen Familie Cavalli, in Verona aufgewachsen und eine gute Wahl, weil Bianca Maria mit ihr nicht nur ihre Muttersprache sprechen, sondern sich auch über heimatliche Themen und Verhältnisse unterhalten konnte. Paula von Firmian hatte kurz zuvor ihre Tochter durch einen frühen Tod verloren und nahm sich der in der Fremde unglücklichen jungen Königin mit soviel Gefühl an, als bei Hof angebracht war. Diese neue Vertraute erleichterte es Bianca Maria zweifellos, auf einige Herren aus dem Mailänder Gefolge zu verzichten, die Maximilian in seine Suite für den italienischen Feldzug kommandiert hatte.

Ein Jahr darauf kam es dann aber doch zu einem Treffen der Gatten, denn Maximilian hatte bei aller Dringlichkeit der italienischen Angelegenheiten doch dem Abgesandten des Sultans Bajezid einen ehrenvollen Empfang bereiten müssen. Es handelte sich zwar um einen Griechen, wie sie die Türken seit der Einnahme von Konstantinopel gerne im diplomatischen Dienst einsetzten, aber die Bedeutung der türkischen Militärmacht verlangte Prunk und Ehren auch *contre coeur*. Maximilian empfing 1497 also den Ambassadeur Andreas Graecus Pontcaracce unweit des bis heute berühmten Klosters Stams auf einer großen Wiese, die den Aufmarsch von Ehrenformationen gestattete, und Bianca Maria durfte an der Seite ihres Gemahls den wichtigen Gast begrüßen, wie sie es in ihren Mailänder Jahren an der Seite von Onkel Lodovico oft getan hatte. Ein wenig feierte man bei dieser Gelegenheit wohl auch den Tod des gefährlichsten und brutalsten Gegners, nämlich Karls VIII. und sah in dem niedrigen Steinbogen, der ihn fällte, vielleicht ein Werkzeug.

In diesem Augenblick, da Anne von der Bretagne sehr jung und sehr unerwartet zur Witwe geworden war, trug ein Kirchenmann einen recht gewagten Vorschlag an Maximilian heran, über den der König sich vermutlich gewundert hätte, wäre er nicht von Raimund Peraudi gekommen. Der war Bischof von Gurk, Kardinal und bis 1501 Verwalter der Ablaßgelder, also jener Spenden von Christen eher schlichten Verstandes, die sich durch Geldspenden von Aufenthalten im Fegefeuer für immer oder doch zeitweise freikaufen hatten wollen. Maximilian und Peraudi lagen und lebten in einem natürlichen Gegensatz, der Kardinal saß auf wohlgefüllten Truhen mit Münzen jeder Art, Maximilian war so knapp an Geld, daß er öfter als einmal seine junge Gemahlin mit allem Schmuck und aller Garderobe als Pfand für unbezahlte Beherbergungsrechnungen hatte zurücklassen müssen. Peraudi hatte nicht mehr und nicht weniger vorgeschlagen, als Anne von der Bretagne in einem zweiten Anlauf zu erobern, sie gleichsam zurückzurauben. Die arme Bianca Maria nämlich, die hatte keine Anzeichen einer Schwangerschaft aufzuweisen, man konnte behaupten, die Ehe sei nicht konsumiert worden, und ihr Onkel Ascanio Sforza, der ohnedies in Rom den Wind machte, Onkel Ascanio müßte für die allerhöchsten römischen Zustimmungen sorgen.

Klaus Schelle, der als Polithistoriker die brisante Frage pragmatisch sieht, sagt in seinem Buch über die Familie Sforza kurz und bündig „Maximilian lehnte entschieden ab, aber sicher nicht aus Liebe zu Bianca Maria, sondern aus politischen Überlegungen". Ich möchte meinen, daß er von dem schnellen Sterben des Kindes wußte, das Anne inzwischen geboren hatte, und von dem Gerücht des Fluches auf ihrer Nachkommenschaft. Auch ist es selbst für einen Finanzjongleur wie Maximilian sicherlich nicht denkbar gewesen, eine Familie wie die Sforza vor den Kopf zu stoßen, nachdem diese begabten und tapferen Männer ihm auf die eine oder andere Weise insgesamt eine Million Dukaten für seine Unternehmungen zur Verfügung gestellt hatten.

Es ist vielleicht, während Bianca Maria in Worms weilt und nicht allzuviel von den Vorgängen versteht, der Augenblick, sich einen Überflick über die kaiserlichen Unternehmungen zu verschaffen. Man wünschte sich dafür das

Bauernkriegs-Rundumgemälde von Werner Tübke, wie man es in Bad Frankenhausen bewundern kann, und Maximilian hätte gewiß viel darum gegeben, hätte ihm einer seiner Räte solch ein Gesamtbild verfertigen können. Es gehört sich, mit der heiligen Mutter Kirche zu beginnen. Sie hatte mit Pius II. im August 1464 einen ihrer großen, ehrlich bemühten und hochbegabten Päpste verloren und die Habsburger in ihm einen Freund, der zuletzt allerdings der Meinung gewesen war, das Erzhaus hätte für sein großes letztes Anliegen, den Kreuzzug, mehr tun können.

Unter den Historikern, die sich mit Maximilian beschäftigen, vor allem aber unter den wenigen, die das lange dürre Leben Friedrichs III. studiert haben, sind einige, die diesen Pius, als er sich noch Enea Silvio Piccolomini nannte, nicht sonderlich schätzten: „Mit Aeneas, einem keineswegs erstklassigen Humanisten aus verarmter sienesischer Familie, der um des Broterwerbs willen nur die Jura studiert, sich bei den österreichischen Barbaren aber rasch und energisch in die Rolle eines *arbiter elegantiarium* gefunden hatte ... und fast alle anderen hier von oben herunter zu definieren begann" (Günther Hödl). Mit ihm also begann eine Art habsburgisch-päpstlicher Intimität, die unter Papst Paul II. (1464–71) ihren Höhepunkt erreichte. Unter Sixtus IV. standen die Flottenrüstung gegen die Türken und die Begründung der heiligen Inquisition in Spanien im Zentrum päpstlicher Aktivitäten, was den nun gealterten Kaiser Friedrich III. nicht sonderlich interessierte. Für die paar Meilen Adriaküste brauchte er keine große Flotte, und die brabantische Schiffahrt florierte auch ohne kaiserliche Mitwirkung. Als Friedrich berichtet wurde, was die Inquisition künftig für ihre Aufgaben halten werde und daß die spanischen Majestäten einen hochintelligenten Konvertiten, den Juden Torquemada, an ihre Spitze gestellt hätten, soll er sich zu seinen Wiener Neustädter Juden bekannt haben, einer alten friedlichen Gemeinde, die ihr Schutzgeld regelmäßig bezahlte.

Sixtus hatte 34 Kardinäle ernannt, darunter sechs eigene Neffen, die allerdings nicht dümmer und korrupter waren als die anderen. Sie wählten einen leichtlebigen und schwachen Papst, Innozenz VIII. als Platzhalter für Giuliano della Rovere, der als Julius II. Geschichte und vor allem Kunstgeschichte schreiben wird. Vorher aber war Rodrigo de Borgia, zu seiner Zeit zweitreichster Kardinal der Christenheit, als Papst Alexander VI. zu einem großen Ärgernis für den inzwischen dreiunddreißigjährigen Maximilian geworden, der seinen Idealen noch nicht abgeschworen hatte und nach Meinung offenherziger Biographen intensiv über eine Absetzung dieses skandalösen Papstes nachgedacht haben soll. Die Untaten und Sünden der Borgia sind bis heute bekannter als die Taten Maximilians, dank Gregorovius, Seppelt, Soranzo und anderen. Für Maximilian zählte, daß Cesare Borgia, hochbegabter Sohn des Papstes, Italien auf unerwartete Weise zum Schlachtfeld machte und die schöne Papsttochter Lucrezia hinsichtlich der Heirats-Intrigen es mit den Habsburgern durchaus aufnehmen konnte. Auch in der Verwendung der Ablaß-gelder hatte Alexander VI. nicht mehr Skrupel als Maximilian und finanzierte damit die Feldzüge Cesares. Immerhin verstanden die Borgia es, die Beziehungen zu Frankreich zu beruhigen, wo inzwischen Ludwig XII. herrschte und Cesare die Prinzessin Charlotte d'Albret zur Frau gab.

Selbst der berüchtigte Alexander VI., das Schlimmste, was der Kirche seit dem zehnten Jahrhundert widerfahren war, interessierte sich aber ähnlich wie seine Vorgänger Sixtus IV. und wie nach ihm Julius II. lebhaft für die in diesem Jahrhundert anbrechende neue Epoche der Künste und Wissenschaften, nicht so verschwenderisch wie die genannten anderen Päpste, da er seine Gelder für den kriegerischen Cesare brauchte, aber doch in einem Maß, das einem Herrscher wie Maximilian, der sich für Europa verantwortlich fühlte, zu denken geben mußte. Es ist sicherlich nicht falsch, zu vermuten, daß es die Entwicklungen in Rom waren, die ungeachtet politischer Spannungen auf den Kunstsinn und die Interessen des deutschen Königs zurückwirkten, ja sie in gewissem Sinn wohl erst voll erweckten.

In Julius II. aus dem Haus Rovere hatte es Maximilian mit einem hochpolitischen Papst zu tun, einem geschickten, hochintelligenten, von armen Eltern bei Genau geborenen Intriganten, dem es als einem der wenigen Gegner des Borgiapapstes gelungen war, am Leben zu bleiben. Im Exil am französischen Hof hatte er an der Heirat Cesares mit Charlotte d'Albret mitgewirkt, den Italienfeldzug Ludwigs XII. angeregt, ein Konzil zur Absetzung Alexanders VI. vorbereitet, aber nicht zustandegebracht und das Meisterstück vollbracht, Frankreich mit Deutschland zu versöhnen, welche Umkehr der bis dahin herrschenden Verhältnisse ihm gleich zu Beginn seines Pontifikats die Herrschaft über die Romagna einbrachte. Julius II., der zehn Jahre von 1503 bis 1513 der Welt zeigte, was ein großer Papst bewirken kann und was ein energischer Kirchenfürst sich alles erlauben darf, war der Papst der großen politisch-militärischen Ereignisse in der Regierungszeit Maximilians, eine Konstellation, wie sie spätere Kaiser nicht mehr vorfanden. Heinrich IV., Friedrich II. und Maximilian waren die deutschen Herrscher, für die das Oberhaupt der Kirche noch Partner und Gegner, Leitfigur und Erzfeind zugleich sein konnte.

Für den heutigen Rückblick sind diese Allianzen verwirrend, weil angesichts der vielfachen Heiraten und verwandtschaftlichen Verbindungen im hochmittelalterlichen Europa theoretisch Schottland auf Ungarn, Aragon auf Neapel, Frankreich auf Mailand und Deutschland nach allen Richtungen Erbansprüche hätten geltend machen können.

Immerhin: Frankreich war nun ein bekannter Faktor, überblickbar, einzuschätzen, in einem gewissen Sinn auch zu Kontakten bereit. Italien war ganz anders, die Halbinsel war auf eine heute kaum noch verständliche Weise

politisch gespalten, ja zum Dauerproblem des übrigen
Europa geworden, weil es neben den weltlichen Fürstentümern und über ihnen den Kirchenstaat gab, dessen
Herrscher mit einer schwer zu bekämpfenden Fernwaffe
agieren konnte – mit dem Kirchenbann! Dieser gab der
Opposition in allen dem Papst feindselig gegenüberste-
henden Ländern Vorwände für praktisch jedes Verhalten
und für das Aufkündigen jeglicher Vereinbarungen. Ebenso unberechenbar wie der Kirchenstaat war die Republik
Venedig, reich, unabhängig, mit einer kleinen Armee
kenntnisreicher Diplomaten dem übrigen Europa überlegen und dank einer großen Flotte auch ein militärischer
Machtfaktor wie allenfalls noch Genua.

Das, was wir heute eine Eingreiftruppe nennen, eine
kleine stehende und gut ausgerüstete Armee, die an Brennpunkten schnell zum Einsatz kommen konnte, war wegen
des Fehlens geeigneter Verkehrsmittel Illusion. Allenfalls
hätte das Reich, also der deutsche König, an einzelnen
Flüssen, am Rhein, an der Donau, an der Save kleine, gut
geübte und modern ausgerüstete Verbände stationieren
können, gegen Türkenüberfälle, gegen Piratenakte, gegen lokale Revolten. Aber im ganzen Reich regierte eben
nicht das große christliche Selbstvertrauen und Sendungsbewußtsein karolingischer Zeiten, das die Abwehr der
Normannen schließlich zum Erfolg geführt hatte, sondern
Neid, Fürstenehrgeiz, Rivalitäten und das große Mißtrau-
en, der deutsche König sei bestrebt, Mittel und Truppen
des ganzen Reiches für die habsburgische Hausmacht einzusetzen – ganz einfach, weil es die Könige vor ihm auch
nicht anders gehalten hatten.

So deutlich es war, daß Maximilian militärisch-politische
Ziele in drei Richtungen verfolgen mußte, so schwer machten es ihm die Fürsten auf den Reichstagen, wenn er Geldmittel bewilligt haben wollte. Die Verhandlungen auf dem
Wormser Reichstag hatten Maximilian so zermürbt und in
gewissem Sinn auch gedemütigt, daß er auf den kleineren

Reichstag in Lindau nur noch seinen Sohn, den Erzherzog
Philipp, Erstgeborenen aus der kurzen Ehe mit Maria von
Burgund entsandte, worin manche Fürsten schon der Jugend des Habsburgers wegen einen Affront sahen. Es ist
nicht schwer zu verstehen: Mochten die weltlichen Kurfürsten für die ritterliche Jugend Philipps ein gewisses Verständnis und für sein Auftreten eine kameradschaftliche
Toleranz aufbringen, so waren die geistlichen Kurfürsten
hochgebildete, meist auch wohlhabende Prälaten, Erzbi-
schöfe oder Kardinäle, also große Herren und Autoritäten.

Nur einer unter ihnen muß als Dauergegner Maximilians gelten, Berthold von Mainz, Erzkanzler, Vorkämpfer
einer Reichsreform; niemand hat ihn zutreffender gezeichnet als Hermann Wiesflecker: „Merkwürdigerweise hat
kein zeitgenössischer Chronist sein Bild gezeichnet. Wir
besitzen nur die Akten und seine zwei Grabdenkmäler im
Mainzer Dom, die ihn als einen Mann starker Leiblichkeit
und schmerzlicher Enttäuschung erkennen lassen, eher
einen feinen, subtilen, keineswegs durchschlagkräftigen
harten Mann, der an der Überspannung des ständischen
Reichsgedankens, an der allzu geringen Einschätzung der
monarchischen Idee und am Widerstand Maximilians, der
sich nicht von seinen Hoheitsrechten nehmen ließ, scheitern mußte. Es war kein Glück für das Reich, daß der
kluge, aber eigensinnige Berthold keinen Ausgleich mit
Maximilian fand ... Am unversöhnlichen Gegensatz dieser beiden Männer ist die Reichsreform letzten Endes gescheitert, wenn sie nicht überhaupt zu spät kam."

Dieses komprimierte Urteile des besten Kenners der
Materie klingt so düster, weil Wiesflecker die Möglich-
keiten, die ein Zusammengehen der Gegner eröffnet hät-
ten, aus der Sicht des zwanzigsten Jahrhunderts und der
Geschlossenheit des neuzeitlichen Habsburgerreiches
bewertet. Gegenüber dem langen beharrendem Regime
Friedrichs III., gegenüber Kanzlern und Beratern wie
Enea Silvio Piccolomini und Kaspar Graf Schlick, waren

die federführend von Berthold von Henneberg ausgearbeiteten sogenannten *Gravamina nationis germanicae* (Beschwerung, Beschwerden) mutig über das Wiener Konkordat von 1448 hinausgegangen und zeigten eine erstaunlich deutliche Widerstandshaltung gegen alle päpstlichen Eingriffe in die deutsche Kirchenorganisation. Maximilian ließ diese gründliche, an Einzelheiten reiche Arbeit des Mainzer Erzbischofs später, aber noch zu dessen Lebzeiten, von dem Straßburger Humanisten Jakob Wimpheling zusammenstellen und auf deutsch laienverständlich formulieren, worin manche Historiker einen Anstoß zur Reformation erblicken, siebzehn Jahre vor Luthers Thesenanschlag von Wittenberg.

Die zweite Initiative Bertholds galt dem Landfrieden. Hier trafen seine Ideen und die Absichten des Königs zusammen, aber es währte Jahre, bis in Worms im August 1495 das Verbot für Fehden, die Verpflichtung, Gerichte anzurufen und die Strafen für den Bruch des Landfriedens verkündet werden konnten und die Zustimmung der Reichsversammlung fanden. Die Einrichtung eines höchsten zentralen Gerichtes, des Reichskammergerichts, gilt historisch als eine der Großtaten des Königs Maximilian, wird in der neuesten Forschung (Alois Gerlich) aber dem Mainzer Erzbischof als besonderes Verdienst zugemessen:

„Sicherung des inneren Friedens und Gestaltung des Reiches als Einung (*sic*) waren die Leitideen (Bertholds). An ihrer Verwirklichung in den zähen Auseinandersetzungen mit ... Maximilian I. und den Reichsständen ist Bertholds historische Bedeutung zu ermessen. Die Schaffung eines höchsten Reichsgerichts wurde als Notwendigkeit immer deutlicher. Gegen Maximilians Verschleppungstaktik konnte Berthold auf dem Wormser Reichstag von 1495 die Errichtung des Reichskammergerichts durchsetzen."

Die innerkirchliche Beurteilung von Bertholds Leben und Schaffen, die Herders Lexikon seltsamerweise einem

Pfarrer namens Falk in Kleinwinterheim überließ, distanziert sich natürlich von den *Gravamina,* die als eine unglückliche Aktion des Erzbischofs bezeichnet werden, rühmt aber die Reform der Stifte und Klöster in seiner Diözese und hebt das Bekenntnis Bertholds zu der sehr jungen Kunst des Buchdrucks hervor (er nennt sie *divina quaedam ars imprimendi*). Frühzeitig habe Berthold die Einrichtung einer Zensurbehörde für alle Druckerzeugnisse als notwendig erkannt, habe auch selbst mit berühmten Druckern wie Schöffer in Mainz und Drach in Speyer unmittelbar zusammengearbeitet. Namhafte Gelehrte wie Wimpheling, Heimbach, Berard von Breidbach und Bertram hätten ihm ihre Werke gewidmet. Die Tätigkeit des Erzbischofs für das Reich, dessen Erzkanzler er war, ist Falk keine Erwähnung wert, auch die intensiven Fehden, die Berthold als Herr einer eigenen Grafschaft auszufechten hatte, werden verschwiegen.

Diese Auseinandersetzungen, die in den deutschen Landschaften doch wesentlich seltener, vor allem aber harmloser waren als die Feldzüge der Condottieri und der Päpste, erweisen diesen siebenten Sohn eines Grafen von Henneberg-Römhild und der Gräfin Johanna von Nassau-Weilburg-Saarbrücken als einen echten Zeitgenossen so kriegerischer Päpste, wie es Julius II. und – mittelbar durch zwei Söhne – der Borgiapapst Alexander VI. waren. Seine Gegner waren die Kurpfalz, die Landgrafschaft Hessen und die Rheinische Pfalzgrafschaft, mit denen es 1502, also zwei Jahre vor seinem Tod, beinahe zum offenen bewaffneten Konflikt gekommen wäre. Seine Feindschaft gegen einen bedeutenden Amtsbruder, den Erzbischof Dieter von Isenburg-Büdingen, nötigte Berthold zeitweise sogar zur Flucht nach Rom.

Trotz all dieser Umtriebe gelang es Berthold, sich eine beachtliche Bildung zu erwerben und ein untadeliges Leben zu führen, was in jenen bewegten Zeiten hervorgehoben werden muß. Gerade seine Unversöhnlichkeit jedoch und seine starke Verbundenheit mit weltlichem Besitz und familiären Interessen erklären, daß dieser Kirchenfürst, der für Kaiser Friedrich III. noch vielfach diplomatisch tätig gewesen war und zu diesem schwierigen Monarchen ein ungetrübtes Verhältnis hatte, nicht der tüchtige, klar denkende und weitblickende Berater des Königs und späteren Kaisers Maximilians I. werden konnte, worin man ein Verhängnis erblicken kann. Die von ihm ausgearbeiteten *Gravamina*, also die Denkschrift über die Mißstände und über die erstrebenswerten Reformen, spielten noch bei der Königswahl Karls V., also bis in die Enkelgeneration Maximilians eine Rolle.

Trotz verschiedener großer und kleiner Rückschläge wie der Niederlage gegen die Schweizer im sogenannten Schwabenkrieg von 1499 und dem zeitweisen Verlust von Stadt und Herzogtum Mailand nach 1500 gelang es Maximilian 1502, den hartnäckigen Widerstand des Erzkanzlers Berthold von Henneberg praktisch zu brechen.

Die großen Biographen Maximilians I., allen voran Hermann Wiesflecker, stehen auf Seiten des Königs und sind nur in der Unterschätzung des Erzkanzlers manchmal sehr weit gegangen. Sicher ist, daß Berthold schon den kleinen Lindauer Reichstag, als Maximilian sich durch seinen Sohn vertreten ließ, zur Vorbereitung einer Revolte benützen wollte. Die Versammlung war nicht sehr groß, die Stadt am Bodensee bot nur wenige Unterkunftsmöglichkeiten, Berthold hatte es mit einem überschaubaren Kreis von Teilnehmern zu tun, unter denen jene überwogen, die Maximilian später als Rebellen bezeichnen wird.

Die Außenpolitik hatte dem König geholfen, militärische Erfolge wie die Schlacht am Wenzenberg gegen räuberische Böhmen, mit ihren dramatischen Einzelheiten hatten die Sympathien für Maximilian im Reich gesteigert: Bayern und Böhmen waren gegen ihn bei Regensburg angetreten, aber angesichts seiner 1600 Reiter hatten die Bayern sich unentschlossen und fluchtbereit verhalten und die Böhmen waren von Maximilians teurer neuen Artillerie zusammengeschossen worden. Sie ließen an die 1500 Tote auf dem Schlachtfeld, und die Bayern mußten ihren Versuchen entsagen, sich das reiche Tirol einzuverleiben.

Mit Frankreich kam der Friede von Hagenau zustande, nur die Wahl eines deutschfreundlichen Papstes wie Pius III. vermochte sich nicht auszuwirken, der Sienese Francesco Todeschini regierte nämlich nur vom 22. September bis zum 18. Oktober 1503, dann ereilte ihn der Tod. Aber daß im Jahr darauf ein Anderer starb, nämlich der von Maximilian stets als Schulmeister empfundene Erzbischof Berthold, das wurde entscheidend. Den Zorn des Königs kann man daran ermessen, daß Bertholds unschuldige Nachfolger auf dem Mainzer Erzbischofsstuhl den Anspruch auf das traditionell ihnen zustehende Kanzleramt verloren. Schlichte Beamtenschaft trat an die Stelle so manchen großen Herren, und die habsburgischen Beamten erhielten Gelegenheit, sich in den folgenden Jahrhunderten ihren guten Ruf zu erwerben.

DER SÜDEN, ODER KANONEN GEGEN SPIESSE

Schon 1865, als Hans Prutz sein grundlegendes Werk über Heinrich den Löwen veröffentlichte, hatte eine Neubewertung der Welfenpolitik, ihrer Kulturarbeit und der welfischen Stadtgründungen im deutschen Norden eingesetzt. Heinrich erfuhr mehr Aufmerksamkeit, als diesem Widerpart des strahlenden Staufers Friedrich Rotbart bis dahin zuteil geworden war. Begründet wurde dieser Sichtwechsel mit den verlustreichen und an positiven Ergebnissen armen Italienzügen Barbarossas im Vergleich zu der bis heute wirksamen, im Detail oft erstaunlich kundigen und erfolgreichen Kolonial- und Kultivierungsarbeit des großen Welfen im Norden der deutschen Länder. Dazu kamen Städtegründungen an aussichtsreichen Knotenpunkten wie München oder der methodische und zielbewußte Neuaufbau alter Slawenstädte, der etwa aus dem wendischen Liubice in einem wiederholt nachgeahmten Modell die führende Ostseehandelsstadt Lübeck machte.

Für Maximilian, den Habsburger mit Familienbesitz aus alten Erbschaften zwischen der Nordostschweiz und Westungarn, war die Südwendung aus verschiedenen Gründen eine natürliche Orientierung. Die Auseinandersetzung mit Mainz hatte schon deutlich gemacht, daß die Kurfürsten die Herren im eigenen Haus zu bleiben wünschten. Der König konnte allenfalls ein wenig Zwietracht säen, indem er etwa Trier gegenüber Mainz mit Begünstigungen auszeichnete. Von den weltlichen Reichsfürsten hatte sich zum Beispiel Friedrich von Sachsen fünfzehn Jahre lang als Gegner Maximilians und Beschützer des Erzbischofs von Mainz profiliert, aber auch die Schwierigkeiten, die ein Ulrich von Württemberg (1487–1550) Maximilian und seinen Nachfolgern bereiten konnte, obwohl er als Rebell und Mörder überführt war, sind bezeichnend für eine Situation, in der Maximilian den König von Frankreich beneidete, dessen Adel „vor ihm kuschte wie Tiere" (eine An-

102

spielung, die auf den elften Ludwig allerdings eher zutraf als auf Ludwig XII.).

Es war aber nicht nur Stolz und Eigensinn der dreißig reichsfürstlichen Geschlechter, die den König den Ausweg im Süden suchen ließen, sondern die wirtschaftliche Situation im spätmittelalterlichen Europa. Wenn Maximilian auf einem Reichstag wochenlang um eine Militärhilfe von 100.000 Dukaten kämpfen mußte, die dann doch nur zögernd oder überhaupt nicht in seine Kriegskasse flossen, während eine einzige italienische Familie ihm im Lauf der Jahre mit einer geschätzten Million beisprang, dann wird dies auch ganz konkret zum wirtschaftlichen Motiv. Man braucht nur die mühsam kalligraphierten Warenbücher der hansischen Schiffer mit den Registern der Medici von Florenz zu vergleichen, um zu erkennen, daß die Warenbewegung, der Umschlag der Güter, der Geldfluß in dem eben erst erschlossenen Raum zwischen Riga und Lübeck vergleichsweise winzig waren, vom lokalen Heringsfang und -handel abgesehen. Und die flandrischen Hafenorte mit den Märkten im Binnenland florierten zwar, hatten ihre Partner aber weitgehend außerhalb des Reiches in Italien und in Frankreich.

Die Ströme des Tuchhandels und des Geldverkehrs flossen trotz einzelner großer Handelshäuser in Augsburg und Nürnberg noch weitgehend am Reich vorbei, und den Ostdeutschen, Mitteldeutschen und Böhmischen Gebieten fehlte es mangels Römerstraßen an der Anbindung an den lebhaften Mittelmeerraum. Noch Kaiser Otto der Große hatte in seinen thüringischen und sächsischen Pfalzen arabische und jüdische Händler empfangen (und diese hatten darüber berichtet), weil es damals noch das bequeme und höchst einträgliche Geschäft des Menschenhandels gab: Neben anderen Raubgütern der Normannen wurden Knaben und Mädchen, die Wikinger-Raubflotten an allen europäischen Küsten erbeutet hatten, quer durch Europa transportiert mit Brennpunkten in Prag und einem großen Umschlagplatz in Verdun, mit dem Hauptabnehmer, dem Endziel der arabischen Hofhaltungen auf der Pyrenäenhalbinsel.

Erst nach dem Jahr 1000 hatten sich die Transporte der menschlichen Fracht auf den russischen Landozean verlagert, das heißt auf die großen russischen Flüsse, worüber wir bewegende Berichte von arabischen Reisenden wie Ibn Fadhlan besitzen, hatten Georgien erreicht und dann auf dem Seeweg die arabischen Länder, wo selbst mittlere Höfe hunderte von Christensklaven beschäftigten.

Mit der Rückeroberung der iberischen Halbinsel durch die Spanier waren diese Großverbraucher von Luxusgütern und anderen Importen ausgelöscht. Der spanische Adel hatte gesiegt, war nun aber beschäftigungslos so lange, bis die beinahe zugleich entdeckte neue Welt jenseits des Ozeans ihre Sogwirkung zeigte. Es waren Jahre äußerster Not für Spanien, da jede Kolonie, und sei sie noch so reich, Jahre und Jahrzehnte der kostspieligen Investitionen braucht, ehe sich Erträge einstellen, und weil die Flottenrüstung seit jeher besonders teuer war. Zudem hatten die katholischen Majestäten des von den Ungläubigen befreiten großen Landes im Rausch des Sieges barbarische Verbote ausgesprochen. Daß die Juden das Land verlassen mußten, gilt manchen Forschern als der eigentlich letzte Anlaß für den großen Erfolg des Kolumbus und der beiden Pinzons, hat doch kein geringerer als Salvador de Madariaga nachgewiesen, daß Christoph Columbus Jude war. „Die Kolonien gehörten allein der Krone Kastiliens; nur Kastilianer sollten aus ihnen Nutzen ziehen und hinausgehen dürfen. Dabei waren alle Häretiker, alle Moriskos und Marannen (d.h. die zwangsweise christianisierten Mauren und Juden) bis in die vierte Generation ausgeschlossen."

Hans Haussherr, dessen Wirtschaftsgeschichte der Neuzeit wir hier zitieren, setzt hinzu, daß diese Abgrenzung gegenüber anderen spanischen Stämmen, wie etwa den Aragoniern, nicht streng gehandhabt wurde. Aber mit

104

der Austreibung der Juden, die sich der Christianisierung entzogen, und der Ächtung der Mauren hatte Spanien seine wirtschaftlich agilsten Elemente verloren, und das, ehe sich die ersten Segnungen aus Übersee einstellten, in einem historischen Augenblick, da Spanien jede Hand, jeden Kopf, jeden Einfall und jedes Temperament bitter nötig hatte.

Die große iberische Krise kennzeichnet die letzten Jahre vor und die ersten Jahre nach der Wende zum sechzehnten Jahrhundert und ist ein weiterer Grund für den wirtschaftlichen Aufschwung in Italien. Die lange Zeit verbreitete Meinung, mit dem Jahr 1492 sei alles auf einen Schlag anders geworden, ist von der neueren Mittelalterforschung widerlegt worden. Genua und Venedig behielten auch nach den Wirren der Kreuzzüge ihre Pflanzstädte im Nahen und Mittleren Osten, wobei Genua etwa von der großen Ravensburgischen Handelsgesellschaft als Partner vorgezogen wurde; den Venezianern warf man weniger die leichten Sitten in der Lagunestadt selbst vor als den ungebrochenen Verkehr mit den Muslimen am Ostrand des Mittelmeers und an der Nilmündung.

Die Flotten der aus den Slawenstädten entstandenen hansischen Handelsplätze im Vorfeld der moskowitischen Pelzhändler, Honigexporteure und Fernhändler mit Wachs, Talg, Tran und Häuten, trafen in Brügge auf den Baienhandel. So nannte man die Schiffahrt an den atlantischen Küsten, durch die Biskaya mit dem Salz der Meersalzgärten von Brouage, das man heute beinahe noch so vorfindet wie es damals war, weil der Kardinal Richelieu die kleine reizvolle Stadt strafweise vom Meer abschnitt, von dem sie gelebt hatte.

Wir wissen, daß der Händler des Hohen Mittelalters seine Vermögenswerte noch oft bei sich trug. Ibn Battuta zum Beispiel oder die Brüder Polo, die von ihrer ersten Reise(noch ohne Marco) mit in die Kleider eingenähten Juwelen heimgekehrt waren. Mit wachsendem Umfang des Fernhandels ließ sich diese Methode nicht aufrecht erhalten. Der spezielle grenzüberschreitende Geldverkehr wurde unvermeidlich und damit Bank-Kredit und Zinsgeschäfte, wie sie dem Christenmenschen an verschiedenen Stellen der Bibel verboten sind, ganz zu schweigen von der drastischen Aktion Jesu Christi gegen die Wechsler im Neuen Testament.

Angesichts der wirtschaftlichen Notwendigkeit, die Geldströme einerseits zum Fließen zu bringen, andererseits aber zu kanalisieren, ersannen die Florentiner den Umweg, die Zinsen vor der Auszahlung des Kreditbetrages gleich einzubehalten, wie es bis heute gewisse Verleiher praktizieren. Der andere Weg bestand darin, Nichtchristen für Bankgeschäfte heranzuziehen, also eine verachtete, aber unentbehrliche Aktivität auf ein ohnedies mißachtetes Volk abzuladen, das sich indessen aus weit zurückliegenden religiösen Überlegungen einer gewissen Duldung durch die Päpste erfreute, auf die Juden. Denn ihre Existenz und ihre Gebräuche beweisen nach Augustinus von Hippo, aber auch nach Thomas von Aquino, täglich und augenscheinlich die Wahrheit der christlichen Lehre. Man tolerierte also die Juden, nicht aber den Wucher.

Die ersten jüdischen Banken, vielleicht noch nicht Bankhäuser mit allen Facetten zu nennen, entstanden in Italien schon im zwölften Jahrhundert, zumindest erwähnt Elisabeth Carpentier in ihrem Buch über die Schwarze Pest in Orvieto die Existenz jüdischer Bankiers in dieser Stadt um diese Zeit. „Auch wenn kein Dokument aus der Zeit vor 1360 es beweist, ist es mehr als wahrscheinlich, daß einige besonders reiche Juden in der Ewigen Stadt davon lebten, daß sie Pilgern Geld liehen, aber auch Prälaten und römischen Bürgern. Die Ausbreitung des jüdischen Geldhandels in Rom und anderen Städten begann spätestens zu Ende des dreizehnten Jahrhunderts" (Poliakov, *Les Banchieri juifs et le Saint-Siège*).

Dennoch schossen nicht die Schutzjuden der Päpste den Vogel ab, sondern die Toscaner und im Besonderen die

Medici. Die Kaufmannsfamilie aus einem der Täler nahe Florenz regte durch ihr Beispiel andere florentinische Familien an, und bald floß Europas Geld von der Londoner Lombard-Street über die Lombardei und die Toscana bis zu den Niederlassungen der Seestädte an den Schwarzmeerküsten und im Ostmittelmeer.

Als Geldgeber, die sich nicht wehren konnten, stiegen die Wechsler und Bankiers bald vom Schutzjuden zum Hofjuden auf. Mit den Mächtigen aller Länder tätigten sie immer umfangreichere Geschäfte, und nur die Toscaner mit den großen Namen ihrer weitverzweigten Handelshäuser im Hintergrund waren nach wie vor eine übermächtige Konkurrenz für sie. War ein zu hoher Schuldenstand entstanden, wurden die Juden ausgewiesen wie in England und selbst in Frankreich, und die Toscaner, die vergeblich auf allerhöchste Rückzahlung warteten wie die Bardi oder die Peruzzi machten Bankrott.

In den Zeiten, da König Maximilian auf das Geld der Fürsten und Länder wartete oder mit einer Absage fertig zu werden versuchte, mag er an seinen Vater und dessen Judenpolitik gedacht haben. Der schlichte und geradlinige alte Kaiser hielt sich einen jüdischen Leibarzt, weil er ihn für besonders tüchtig hielt. Er brachte die Judengemeinden in den österreichischen Ländern – wie Günther Hödl beifällig bemerkt – zu einer letzten Blüte und wurde von den Zeitgenossen spöttisch als *rex iudeorum* bezeichnet, was sich allerdings auf seine Finanzlage günstig auswirkte. Er betrieb die Wiederansiedlung vertriebener Juden und betonte sein Recht, Juden und Heiden bei sich, das heißt in seinen Ländern aufzunehmen.

Rom, London und Friedrich III., das waren Beispiele vom Umgang mit Geldleuten, denen Maximilian nicht zu folgen brauchte, denn mit großer Verzögerung waren auch im Herzen seines Reiches einige Handelshäuser zu Bedeutung und wirtschaftlicher Kraft gediehen. Jakob Fugger, später der Reiche genannt, hatte Theologie zu studieren begonnen, dann den Fernhandel in der Niederlassung der deutschen Kaufleute in Venedig erlernt und schließlich die Chancen des Metallhandels erkannt.

Metall, das bedeutete Tirol. Im Erzgebirge wurde seit dem zwölften Jahrhundert silberhaltiges Gestein gefördert, aber die Bergleute, die damit auf Geheiß der Landesherren begonnen hatten, waren Tiroler gewesen. Die Schwazer Stollen waren als Betriebe für die Wende zum sechzehnten Jahrhundert eine beinahe futuristische Einrichtung. Nirgendwo in Europa arbeiteten dreißigtausend Menschen eng zusammen, kontrolliert, organisiert, Formen künftigen Lebens schaffend. Man mußte ein Leben führen wie Sigmund der Münzreiche, um trotz dieses natürlichen Reichtums in Schulden zu geraten. 1487 begann die Zusammenarbeit des haltlosen Fürsten mit Jakob Fugger, wenige Jahre später, als Sigmund sich in sein lukratives Altenteil zurückgezogen und die Herrschaft zunächst dem Kaiser, dann aber Maximilian überlassen hatte, gewann Jakob Fugger weitere Einblicke in die habsburgische Südostpolitik und wurde von den Maximilian nahestehenden Geldleuten und Finanzräten gleichsam kooptiert.

Eine weitere Schlüsselfigur war der Sachse Melchior von Meckau, neben anderen weniger wichtigeren Ämtern als Bischof von Brixen für Sigmund wie für Maximilian gut postiert, später Kardinal, und dank seines Geschickes, die verschiedensten Pfründen jeweils lebenslang an sich zu binden, sehr bald ein ausgesprochen reicher Mann. Nach Haussherr „drang Jacob Fugger mit den Geldern des Bischofs von Brixen in das ungarische Metallgeschäft ein", nach Wiesflecker war es genau umgekehrt, der Bischof „vermochte für Maximilian 268.000 Gulden an Fuggerschen Krediten aufzubringen ... 1496 legte Bischof Melchior erstmals persönlich 20.000 Gulden bei den Fuggern ein. Weitere Einlagen folgten."

Geld floß also in beiden Richtungen. Die Sicherheit dahinter war das Schwazer Silber, das Ziel war die Fusion mit jenen, die nicht nur die Gruben und Lagerstätten besaßen, sondern auch die geheimen Methoden, die Verfahren der Kupfergewinnung, die Technik der Entwässerung alter Bergwerke und der Reaktivierung abgesoffener Stollen.

Die Familie Thurzo hatte sich ohne viel Aufsehen diese Kenntnisse angeeignet und auch einige auf den ersten Blick verrottete Abbaustätten aus dem Nachlaß des windigen Johann Corvin, des unehelichen Sohnes von Matthias Corvinus günstig erworben. Was sie nach und nach pachteten oder erwarben wie zuletzt die Kupfergruben von Neusohl (Banska Bistritza) bedurfte bald der kundigen Vermarktung der Erträge, in heutigen Begriffen: der großzügigen Logistik eines Weltunternehmens. Johann Thurzo (1437–1508) gewann 1495 Jakob Fugger für die hälftige Beteiligung an einer „Vereinigten Ungarischen Handelsgesellschaft", welcher Unternehmensgründung durch die Heirat eines Thurzo-Sohnes mit der Tochter Anna des Jakob Fugger eine familiäre Klammer gegeben wurden.

Für das frühe Selbstbewußtsein der Bergleute zeugt, daß beide Unternehmer schon damals mit sozialen Forderungen konfrontiert waren, zu denen in Ungarn noch der Widerstand gegen das fuggersche Fremdkapital kam (und sehr viel später auch zum Rückzug der Fugger aus diesen Beteiligungen führte). Fugger hatte in Tirol gegen lokale und professionelle Beschränkungen anzukämpfen, die er nun mit ungarischen Lieferungen umgehen oder ausgleichen konnte. Eine Folge der fuggerschen Exporte vor allem über Venedig war, daß er eigene Transferlinien für Zahlungen und Leistungen aufbauen mußte; sie erwiesen sich auch als nützlich, als Heinrich VIII. und später der Papst Maximilian Hilfsgelder zukommen ließen.

Nicht immer war, wie im Fall des Brixener Bischofs, die Kirche in Maximilians Geschäfte eingebunden. Heinz Noflatscher hat zwar aufgedeckt, daß von allen Beratern des Königs lediglich ein Theologe, nämlich Raimund Peraudi, an der Sorbonne studiert habe und promoviert wurde, aber auch Italien genoß hohes Ansehen als Studienland. Insgesamt waren unter den Graduierten der Beratergremien die Bürgerlichen in der Überzahl. Der Adel oblag noch immer seinen traditionellen Beschäftigungen und Interessen. Der Augsburger Georg Gossenbrot (1445–1502) hatte schon einen Vater, der in Wien studiert und die Familie durch Handels- und durch Bankgeschäfte reich gemacht hatte. Die Brüder Gossenbrot waren nicht nur im Fernhandel, sondern auch im Aufbringen von Krediten sehr geschickt. Zwei Gossenbrots waren Bürgermeister von Augsburg, und bei dem sensationellen Mitgifthandel mit Mailand war es Georg Gossenbrot, der den eigentlichen Unterhändler, den Bischof von Brixen, in jenen Situationen vertrat, die einem Kirchenfürsten nicht gut anstanden.

Die Verbindung zwischen Maximilian und Georg von Gossen(oder Gossem)brot festigte sich 1490, wobei allerdings der Außendienst die eigentliche, einem Ministeramt ähnelnde Tätigkeit überwog. Manche Unternehmungen Maximilians wie etwa der Italienzug von 1496 wären ohne die Gelder aus Augsburg – wo Gossenbrot ja auch noch andere Sponsoren zur Verfügung hatte – nicht zustande gekommen. Zweifellos half es Gossenbrot, daß das volle Licht der Öffentlichkeit auf das Haus Fugger fiel – also ebenfalls eine Augsburger Familie – so daß die Gossenbrots gleichsam im Verborgenen agieren und sich relativ frei bewegen konnte. Zeitweise genoß Georg von Gossenbrot mehr Vertrauen und hatte die attraktiveren Beteiligungen etwa an tiroler Bergwerken anzubieten als die Ungarische Union der Fugger und Thurzo.

Als es Anweisungen und Schuldverschreibungen, oft unangekündigt, aus der Hofkanzlei regnete, soll Georg von Gossenbrot, nach einer plausiblen Deutung Wiesfleckers, selbst angeboten haben, den Staatshaushalt der österreichischen Länder in Eigenwirtschaft zur Gänze zu übernehmen, ein Vorgang, in seiner Art zwar einmalig, nach unserer Meinung aber insofern bedenklich, als man darin eine Art Entmündigung sehen kann, wie sie bei Sigmund dem Münzreichen nötig geworden war. „Alle Behörden, selbst der König, hatten sich seinen (d.h. Gossenbrots) Anordnungen zu fügen. Von der strengen Einhaltung dieser Sparpläne erwartete man sich eine Besserung der Finanzen" (Wiesflecker Bd. V).

Zur tragischen Figur wird Gossenbrot durch seinen frühen Tod, den man nach den Bräuchen der Zeit und nach dem, was man aus Florenz und Rom hörte, mit Gift in Verbindung brachte. Indessen waren die eigentlichen Gegner Gossenbrots, von individuellen Feindschaften abgesehen, die Fugger, die sich in ihren Bergwerks-Aktivitäten durch den Augsburger Patrizier und seine tiroler Interessen ernsthaft behindert fühlten. Und daß ein Augsburger Patrizier einen anderen vergiften läßt, das war im spätmittelalterlichen deutschen Süden schlechthin unvorstellbar.

Nach Gossenbrots Tod hatten die Fugger freie Bahn und traten in solcher Macht und Umsicht im königlichen Haushalt und der Wirtschaftspolitik auf, daß man von späteren Betrachtern die Meinung hören kann, der König hätte sich besser einen klugen Finanzminister geleistet als all die Geldgeber mit beträchtlichen Eigeninteressen. Tatsächlich aber gab es solch einen Minister, wenn sich auch heutige Finanzminister vermutlich weigern würden, unter solchen Bedingungen zu arbeiten, das war Paul von Liechtenstein (1460–1513). Er war deutlich jünger als Gossenbrot und Jakob Fugger, ohne allerdings selbst besonders alt zu werden; es waren eben Zeiten, in denen man an einer starken Erkältung oder an einem Nierenstein sterben konnte.

Die tiroler Familie Liechtenstein (es gab auch eine mährische) zählte zum Uradel und diente mit verschiedenen Mitgliedern in den verschiedensten Verwendungen vom Pagen bis zum Minister den Habsburgern, die sie allerdings erst ab 1530, also nach dem Tod Maximilians I., in den Grafenstand erhoben. Paul von Liechtenstein gehörte aber schon am Innsbrucker Hof zur nächsten Umgebung des Königs und wurde sehr bald als kluger Kopf in Gelddingen konsultiert. Daß Maximilian sich trotz gelegentlicher lautstarker Meinungsverschiedenheiten Kritik und Einfluß des tüchtigen Mannes jahrelang gefallen ließ, unterscheidet ihn von so manchem Monarchen seiner Tage, die mit offenherzigen Räten weniger gnädig umgingen. Immerhin wurden 1512 Liechtensteins Arbeitsbereiche drastisch beschnitten, was verschiedene Ursachen haben konnte und zu den deutlichen, ja auffälligen Gunstbeweisen Maximilians in früheren Jahren kontrastierte. Aus heutiger Sicht war zweifellos bedenklich, daß Liechtenstein, der bei aller Korrektheit doch sehr an seinen eigenen Säckel dachte, vom Hause Fugger eine monatliche Zuwendung bezog, die doppelt so hoch war wie sein Gehalt aus dem königlichen Budget. Letztlich aber gilt wohl für Fugger, für Gossenbrot und für Paul von Liechtenstein, daß sie durch ihre Treue zu Maximilian zwar ein großartiges Leben führen konnten, daß sie sich in verschiedenen Ehrenämtern und Funktionen sonnten, aber nie all jene Gelder zurückerhielten, die sie bei verschiedenen Gelegenheiten Maximilian geliehen hatten. Da diese Geld-Zuwendungen etwa für kriegerische Unternehmungen gelegentlich die außenpolitischen Vorstellungen und Ziele des Matthäus Lang (1468–1540) zuwiderliefen, der mit einigem Recht als wichtigster außenpolitischer Berater des Königs angesehen wird, kam es zwischen den verschiedenen Augsburgern rund um Maximilian häufig und unvermeidlich zu Intrigen und Auseinandersetzungen.

Lang profilierte sich als der Mann der Zukunft, was heißt, daß die Geltung und Einflußmacht dieses aus dem städtischen Patriziat aufgestiegenen Mannes unter Karl V. ihren Höhepunkt erreichen werden, genau genommen im Jahr 1517, als der Enkel Maximilians Lang zum Präsidenten seines Conseil privé macht, womit die Brücke von

Kaiser Friedrich III. zu dem großen Urenkel geschlagen ist, denn Friedrich war es, der in seinem untrüglichen Blick für Begabungen Matthäus Lang, kaum daß dieser seine Studien beendet hatte, zu seinem Sekretär machte; damit begann eine große politische Laufbahn, über der oft vergessen wird, daß Lang zwei der begehrtesten österreichischen Diözesen vorstand, zuerst dem kärntnerischen Bistum Gurk und seit 1519 dann Salzburg.

Wie früh auch geistliche Räte in die wirren Intrigen der Außenpolitik gezwungen wurden, erfuhr Lang, aber nicht nur er, als der Herr aller Priester, der kriegerische Papst Julius II. erprobte katholische Fürsten wie den König von Aragon, den heiligen König Frankreichs und sogar Frankreichs traditionellen Gegner Maximilian zu einem Bündnis vereinte, das als Liga von Cambrai durch einen der häufigen, aber unbedachten Raubzüge gegen die reiche Republik Venedig nicht sehr rühmlich in die Geschichtsbücher eingegangen ist. Die einzige Rechtfertigung bestand in der Verpflichtung aller christlichen Monarchen, dem Papst beizustehen, wenn er dazu aufrufen sollte.

Nach den Machtpolitikern aus der Familie Borgia hatte die Kirche in Julius II. einen Papst, der es geschickt vermied, die eigene Familie zu bereichern, der aber den Kirchenstaat in seiner Integrität wieder herstellen und das Ansehen der Kirche heben wollte. Venedig hatte die Wirren der neapolitanischen Kriege benützt, um sich 1503 wertvolle Landstriche nicht nur in der Romagna zu sichern. Diese dem Kirchenstaat wieder einzuverleiben, war einer der Kriegsgründe für den energischen Papst; die Züchtigung einer Handelsrepublik, die keine religiösen Schranken anerkannte und in ihren Mauern Sitten und Unsitten aller Völker duldete, war ein zweiter Grund. Maximilian wiederum ging es um den Gürtel wertvoller Gebiete, der um die Terra Ferma, den venezianischen Landbesitz, herum lag, von Görz im Osten bis Verona und Padua im Westen, wozu nach dem Tod des Matthias Corvinus noch das Interesse an Istrien und dem Hafen Triest kam. Ein Italienfeldzug mit französischer Waffenhilfe und spanischen Hilfsgeldern mußte das habsburgische Alpengebiet wie von der Natur gegeben nach Süden öffnen und den Fluß der Wirtschaftsgüter entscheidend erleichtern.

Die Liga von Cambrai wurde 1508 geschlossen, doch blieb Frankreich dem Bündnis nicht treu, da es doch auch eigene Interessen tangierte. Auch das zunächst eroberte Verona ließ sich nicht halten. Was schließlich nach einem Waffenstillstand, der in Noyon geschlossen wurde, und dem Frieden von Brüssel für Maximilian als Gewinn blieb, waren 550.000 Kronen Kriegsentschädigung und einige Gebiete in Südtirol, die heute wertvoller sind als sie es damals waren: Cortina, Ala, der Verkehrsknotenpunkt Rovereto und am Nordende des Gardasees Riva, wo man noch heute hören kann, daß das alte Österreich *molto bene* gewesen sei. Damit und damals hatte Rivas österreichisches Schicksal für beinahe ein Halbjahrtausend begonnen.

Eine Facette dieser eher romantischen als martialischen Italienpolitik ist durch den Umstand gegeben, daß Maximilian schließlich Kaiser werden wollte. Den Plan, zugleich Philipp den Schönen, seinen Sohn, zum deutschen König wählen zu lassen, vereitelte der Tod des Erzherzogs am 25. September 1506 (vgl. S. 192). Der traditionelle Romzug zur Kaiserkrönung war durch die feindselige Haltung der Venezianer unmöglich, die den Zugriff auf alle Nordsüdstraßen der schmalen Halbinsel hatten. Wer den Ausweg einer selbstherrlichen Krönung in Trient fand, ohne Papst, aber mit kirchlicher Beteiligung, ist umstritten, aber da bei dem Vorgang der Quasi-Außenminister Lang selbst den Zeremonienmeister spielte, und dies mit Bravour, darf man wohl annehmen, daß hier eine seiner vielen Ideen verwirklicht wurde. Die Wiesfleckersche Formulierung im Lexikon des Mittelalters gibt jedoch zu denken: „Da Maximilian die Grenzsperren der Venezianer und Franzosen entlang der Alpen nicht durchbrechen konnte, ließ er sich am 4. Februar 1508 im Trienter Dom .. zum erwählten Römischen Kaiser ausrufen". Was waren das für Grenzsperren? Trient liegt deutlich südlich des Alpenhauptkamms, ein gutes Stück vom Brennerpaß Richtung Italien. Eine zusammenhängende Kette venezianischer Befestigungen hier, weit im Norden der *Terra Ferma*, ist nirgends belegt. Die Lagunenrepublik hatte damals einen erstaunlich großen Landbesitz, der von Ragusa im Südosten bis nach Belluno im Nordosten reichte, Cividale, Feltre, Bassano einschloß und im Nordwesten noch Bergamo. Trient war der südlichste Punkt der Grafschaft Tirol, hart an der venezianischen Nordgrenze, eine Kaiser-Ausrufung dort somit eine gegen Venedig gerichtete Provokation, für die Maximilian einige Mühe auf sich genommen hatte. In Innsbruck wäre alles bequemer und wohl auch billiger zu haben gewesen, aber es sollte wohl, in Hinblick auf die Stauferkaiser, italienische Erde sein, und an dieser Zugehörigkeit hat das alte Tridentum ja nie einen Zweifel zugelassen.

Was Maximilian, einen erprobten Truppenführer in vielen Ländern, offensichtlich nicht abschreckte, war als Mißstand dennoch unbestreitbar und vermutlich gefährlicher als die venezianischen Grenzbefestigungen, über die Jahrhunderte später noch Casanova spotten wird, es waren die Straßen im Bereich des Hochstiftes Brixen, das einen schwerreichen Erzbischof an der Spitze, aber schadhafte Brücken hatte: „Im Brixener Kläusl (heute: Franzensfeste) ist ein Brückl lochrig, erbrochen und ganz übel versehen und (es ist) sorglich, darüber zu wandeln, geschweige denn mit dem schweren Wagen. Soll(te) das Brückl brechen, so wären Leib und Gut verdorben, denn es müßte so hoch wie der Stadtturm zu Innsbruck oder noch mehr hinabfallen. Die Straßen von Brixen bis gegen Klausen und weiter bis zum Kolmann sind überaus ungewahrlich (ungepflegt), denn sie sind eng und schmal, und die Wagengeleise hängen allweg gegen das Wasser des Eisack, so daß ein Knecht oder Anheber nicht wohl sicher neben dem Wagen gehen oder gar ihn halten und anheben (ver)mag. Wenn uns armen Fuhrleuten in der (Hin)Gebung der Zölle schon keine Gnad beschieden (ist), so ist dagegen doch billig, daß die Straßen versehen und gemacht werden, damit männiglich sicher fahren und wandeln mag".

Soweit die Tiroler Fuhrleute in ihrer Eingabe wenige Jahre nach dem Tod Maximilians an den Landesfürsten von Tirol. Zu Maximilians Lebzeiten reiste der Ulmer Mönch Felix Faber oder Fabri. Aus seinem vielzitierten Bericht über die neue Brennerstrecke des Erzherzogs Sigmund von Tirol geht hervor, daß auch mit großen Mitteln unternommene Straßenbauten in einem einzigen Winter oder danach in der Schneeschmelze wieder erheblich Schaden nehmen konnten. „Auf dem alten Weg wären wir auf keinen Fall weitergekommen, denn ein wahrer Wildbach schoß durch ihn unter wunderlichem Geräusch der angebrandeten Steine und Felsen herab. An diesem Tage ritten wir (d.h. Fabri und einige Augsburger Kaufleute) über viele künstlich und mit Fleiß vom Fürsten Sigmund unter großen Aufwande neu angelegte Wege, wie er solche in dem ganzen ihm gehörenden Berggebiet zu seinem bleibenden hohen Gedächtnis erbaute".

Maximilian hatte nicht weniger als tausend Reiter bei sich, die über dem Koller Pilgerjoppen trugen, ein Zugeständnis wohl an Papst Julius II., der Maximilians Vorhaben nur zaudernd zugestimmt hatte: so konnte die imposante Schar immerhin als eine große Gruppe von Pilgern gelten.

Immerhin war Trient nicht irgendeine Stadt. Hier hatten entscheidende, die gesamte Entwicklung der abendländischen Kirche beeinflussende Konzilien stattgefunden, hier hatte sich eine zu Maximilians Zeiten noch recht stattliche Mauer aus Theoderichs Zeiten erhalten, und das erst zwanzig Jahre alte Castello del Buon Consiglio, östlich über der Stadt gelegen, war die Residenz der Fürstbischöfe.

Am Morgen des 4. Februar begab sich der König mit Gefolge in die nahe Kirche San Pietro, zur Erhebung der Reliquien des heiligen Simon von Trient, eines der jüngsten und seltsamsten Heiligen der Kirchengeschichte, denn er war erst zweieinhalb Jahre alt, als ihm die Märtyrerkrone zuteil wurde, dank der Ermordung in einem angeblichen Ritual tridentiner Juden, welches Verbrechen mit der Hinrichtung von vierzehn Juden geahndet wurde. (Außer dem Tod des Knaben sind alle Einzelheiten der Geschichte reine Überlieferung, die Reliquien ruhen aber bis heute in San Pietro.) Da dies alles sich um 1470 ereignet haben soll, wurde der König also mit brandheißen lokalen antisemitischen Traditionen konfrontiert.

Durch die Via Lunga und die Via Larga gelangten König und Gefolge, denen sich inzwischen eine große Menschenmenge angeschlossen hatte, auf den Domplatz, bis heute das Herz der Stadt. Es war Matthäus Lang, der hier den Zweck der Veranstaltung verkündete und die Entscheidung über die Herren, die das bevorstehende große Unternehmen (die noch im selben Jahr zustande kommende Liga von Cambrai) neben Maximilian leiten sollten: Friedrich von Brandenburg als Reichshauptmann und Kurfürst Friedrich von Sachsen als Reichsvikar, das heißt als eine Art Statthalter für die Zeit, da der König durch seine kriegerischen Verpflichtungen von der Heimat ferngehalten werde.

Die modernsten Nachschlagewerke sprechen in der Bezeichnung der nächsten acht Jahre von ‚dem großen Krieg um Italien 1508-1516‘, und selbst die Fachhistoriker mit ihrer wohlgeübten Geduld angesichts der Dokumente und Verhandlungen haben Mühe, die Peripetien dieses Krieges so nachzuzeichnen, daß der heutige Leser die Abläufe begreift. Sie sind nämlich für den Menschen unseres Jahrhunderts unvorstellbar. Wer vermag nachzuvollziehen, daß ein bedrängter König, wenn er die Kriegslust verliert und Niederlagen erwarten muß, sich seiner Tochter bedient, um das Blatt zu wenden? Ludwig XII. bot, womöglich selbst zeitweise an diese Chance glaubend, König Ferdinand von Aragon eine eheliche Verbindung zwischen Maximilians habsburgischem Enkel Ferdinand (1503–1564) und Princesse Renate an. Das heißt: Der verwaiste Sohn Philipps des Schönen und der vielleicht wirklich wahnsinnig in ihrem Schloß dahindämmernden Witwe Philipps, Juana la Loca, Johanna die Wahnsinnige genannt, würde in die glanzvollste Königstradition einheiraten, Spanien, Frankreich und Österreich wären verbunden wie nie zuvor. Das zu verwirklichen, mußte jeden Außenminister begeistern, und Matthäus Lang soll auch ohne sonderliches Zögern auf die Verlockung Ludwigs XII. hereingefallen sein, wobei man ihm zugute halten muß, daß er ein Leben lang, nur zeitweise kurz irritiert, für eine Verbindung Österreichs mit Frankreichs geworben hatte.

Das weltgeschichtliche Fazit aus diesen wirren und ereignisreichen Jahren muß aus der Rolle von Venedig gewonnen werden. Die Lagunenstadt im äußersten Winkel der Adria lag seit zehn Jahren, seit der Entdeckung der Seewege nach Amerika und nach Indien, gleichsam in einem Wurmfortsatz, im Blinddarm des einstigen Weltmeeres europäischer Kulturen. Blieb die alte und reiche Handelsrepublik mit Österreich verfeindet, so fehlten ihr nach den Seewegen auch noch die Verbindungen ins Hinterland, und es widerspricht eigentlich der vielgerühmten diplomatischen Vernunft der Venezianer, daß sie in den ersten Jahren des neuen, des sechzehnten Jahrhunderts, Maximilian von Österreich einen beinahe haßerfüllten, hämischen Widerstand geleistet, seine Bemühungen von Trient um die Kaiserkrone und seine unzureichend ausgestatteten Vorstöße gnadenlos zurückgewiesen hatten. Festlandserfolge sind für Seerepubliken selten, und daß es einem bis dahin nicht bekannten Feldhauptmann namens Bartolomeo d'Alviano gelang, an einem Märztag des Jahres 1508 die kaiserlichen Truppen einzukesseln und zu vernichten, war angesichts der Langsamkeit damaliger Marschbewegungen und der schwierigen Terrainverhältnisse zwischen Karawanken und Friaul ein Triumph, den die Venezianer beinahe ungläubig feierten.

Selbst wohlmeinende Historiker Venedigs betonen, daß die Überheblichkeit des Großen Rates und des Dogen keine Grenzen kannte. Leonardo Loredan war zweifellos schon ein Siebziger, als er 1501 das Dogenamt antrat, und er verwaltete es zwanzig Jahre mit unbeugsamem Selbstvertrauen und der Arroganz eines gottgleichen Inkaherrschers. Dabei mußte ihm doch klar sein, daß Maximilian den tiefen venezianischen Einbruch in seine Erblande mit dem Verlust von Städten wie Triest oder Fiume nicht hinnehmen konnte, und vielleicht war es diese Einsicht, die das siegreiche Venedig schon Ende Mai 1508 zu einem auf fünf Jahre befristeten Waffenstillstand veranlaßte, der am 10.6. des Jahres in Santa Maria della Grazie dann feierlich beurkundet wurde.

Manfred Hollegger bringt, ohne eine Quelle zu nennen, das bemerkenswerte Detail, daß Ludwig XII. von Frankreich ‚beinahe' geweint habe, als er von diesem Waffenstillstand erfuhr, den er wohl als Sonderfrieden auffaßte – und das in einem Augenblick, da Maximilian schwer angeschlagen war. Unbeugsame Männer wie der alte Doge, der Kaiser und der gekränkte französische König verharrten bewaffnet in gegenseitigem Mißtrauen, aber Maximilians Tochter Margarete handelte, brachte im Oktober des Unglücksjahres einen Friedensvertrag mit Frankreich zustande und in der Folge, wie andernorts schon erwähnt, bis zum März 1509 die Liga von Cambrai, der nach Frankreich und Spanien als letzter der Papst beitrat.

So imposant das Bündnis, so bunt war die Schar der Kämpfer, zum Teil in den Hafenstädten des Mittelmeers aufgegriffenes Gesindel, dazwischen die Geschlagenen des Friaul-Feldzuges; nur die Franzosen hatten reguläre Truppenteile in größerer Zahl einzusetzen und siegten dann auch eindrucksvoll schon am 14. Mai 1509 bei Agnadello. Venedig räumte aus Sorge um die Sicherheit der Lagunenstadt die besetzten Gebiete, sandte einen Unterhändler und bot die Rückgabe aller 1508 eroberten Gebiete an. Alle Historiker, selbst die Panegyriker des Hauses Habsburg im neunzehnten Jahrhundert, bezeichnen es als den schwersten Fehler Maximilians, dieses Angebot, das ihn aller weiteren Kriegsanstrengungen enthoben hätte, brüsk abgelehnt zu haben. Hatte er wirklich einen so tiefen, vegetativen Haß gegen die Pfeffersäcke der Lagunenrepublik? Jedenfalls brach die Liga von Cambrai nun auseinander, Maximilian kämpfte, auf sich allein gestellt, ohne sonderliche Erfolge weiter. 1512 wurde um den Preis von 20.000 Toten noch Ravenna erobert, ehe es 1513 zu einer Art Frieden und zu Verhandlungen über neue Bündnisse kam. Die Rastlosigkeit Maximilians wenige Jahre vor seinem Tod ist verblüffend und widerspricht der Sage vom allweisen und ritterlichen Kaiser auf dem würdigsten Thron des Abendlandes. Wie ein Condottiere bemüht er sich um Söldner, woher immer sie kamen; der junge englische König ist ihm gut genug als Verbündeter gegen das alte Frankreich, mit dem seine Tochter Margarete sich so gut spricht und das praktisch keine Interessenkollision mit Österreich zu erwarten hat.

Heinrich VIII., von dessen Ehen bald mehr die Rede sein wird als von seinen Kriegstaten, hat sich als erste seiner Frauen die reizlose Katharina von Aragon einreden lassen, von der bald klar sein wird, daß sie – sechs Jahre älter als ihr temperamentvoller Gemahl – ihn nicht lange zu fesseln vermag.

Heinrich VIII., jung, erst seit wenigen Jahren an der Regierung, reagierte nicht nur emotional, sondern umsichtig. Er löste die Verlobung seiner jungen Schwester Maria mit Maximilians Enkel, dem späteren Karl V., und gab dem seit Januar 1514 verwitweten Ludwig XII. eine achtzehnjährige britische Prinzessin zur Frau. Es vollzog sich, was Maria

Stuart und Franz II. von Frankreich im nächsten Jahrhundert erleben werden: Ludwig XII. starb drei Monate nach der Eheschließung mit der jungen Britin, und es fehlte in ganz Europa nicht an sarkastischen Kommentaren.

Franz I. von Frankreich, im Januar 1515 auf den so plötzlich verstorbenen Ludwig gefolgt, scheint einige Sympathien für den eben erst großjährig gewordenen Kaiser-Enkel Karl empfunden zu haben. Die beiden jungen Herren einigten sich in der ohnedies zum Frieden mahnenden wohlhabenden Atmosphäre der Niederlande und des meernahen Frankreich, zweifellos weil noch nichts dafür sprach, daß sie zehn Jahre später bittere, unversöhnliche Feinde sein würden. Die veränderte Gesamtlage, die offensichtliche Kriegsmüdigkeit vor allem des alten Kaisers, der keine vier Jahre mehr zu leben hatte, dies alles brachte es mit dem jugendlichen Schwung des neuen französischen Königs dahin, daß die unbesieglichen schweizer Soldtruppen der reichen Stadt Mailand am Flüßchen Lambro dem französischen Heer allein gegenüberstanden.

Seit dem Untergang Karls des Kühnen hatte Europa nur schweizer Siege mitangesehen, allerdings auch eine gnadenlose Härte dieser Reisigen, der eigentlichen Berufsoldaten des alten Europa, ohne deren Sold in den schweizer Bergen Tausende von Familien verhungert wären. Der Flecken Melegnano am Lambro aber sah Kriegsgeschichte. Man kämpfte am 13. und 14. September 1514 in Schlachtreihen, in denen sich die Nationen vermischten. Bei den Franzosen standen hochbezahlte deutsche Landsknechte und die Jeunesse d'orée der Lagunenstadt mit kostbaren Panzern. Es wurde eine denkwürdige Schlacht mit bemerkenswerter Vorgeschichte:

Der zweiundfünfzigjährige Ludwig XII. soll, als er den Tod nahe fühlte, gemurmelt haben, der dicke Junge werde alles verderben. Der dicke Twen aber, König Franz I., hatte sich durch die Wechselfälle der letzten Jahre nicht beirren lassen. Ob ihm die Neutralität, das heißt das praktische

121

Stillhalten der Habsburger – Großvater und Enkel – versichert worden war, ist nie bekannt geworden. Jedenfalls konnte Franz I. seine Truppen in Lyon sammeln, trotz der nahen Franche Comté, aus der eigentlich Maximilian hätte nach Süden vorstoßen sollen. Nichts rührte sich, Frankreich marschierte mit 40.000 Mann – nach anderen waren es nur 30.000 – gegen Mailand, wo die Schweizer, ganz entgegen ihren Grundsätzen und durch leichte Siege verleitet, eine Art Groß-Schweiz gemeinsam mit Mailand aufzubauen begannen.

So offen das lombardische Becken daliegt, man muß, um es zu erreichen, über die Alpen marschieren, und die Westalpen machen dies noch schwieriger als Tirol. Päpstliche Truppen und Schweizer hatten die meistbegangenen, die erschlossenen Pässe besetzt, Franz sah sich in der Lage eines Hannibal, er mußte seinen eigenen Weg über das Hochgebirge suchen, wobei ihm nur eines half: es war Hochsommer. Ob es seine jugendliche Kühnheit war oder die genaue Kenntnis des Alpenbogens, wie sie sein Feldherr Trivulzio mitbrachte, blieb schließlich gleichgültig. Die Armee jedenfalls marschierte im breiten Tal der Durance nach Süden. Dort, wo sich heute ein riesiger Stausee – die *Réserve de Serre-Ponçon* – ausbreitet und das Bild des ganzen Tales verändert, zweigt das Ubaye-Tal nach Osten ab und führt über Barcelonette hinauf zum Col de Larche, nach Argentera, dem italienischen Endpunkt der Paßstraße, auch Col de l'Argentière genannt. Barcelonette, 1100 Meter hoch gelegen, war damals erst dreihundert Jahre alt, eine winzige Siedlung, von einem Grafen der Provence gegründet. Der Col de Larche war ein Saumpfad, den diese Expedition vom August 1515 berühmt machte. Die Pferde mußten am Zügel geführt werden, das Hauptproblem war die Artillerie, auch wenn man nach heutigen Begriffen von leichter Feldartillerie sprechen muß. Bei Pinerolo, wo verschiedene Paßstraßen zusammenfinden, lag ein Korps päpstlicher Truppen auf der Lauer, da sie aber nicht

122

mit einem Angriff aus Süden gerechnet hatten, konnte der Maréchal de la Palice sie alle gefangennehmen.

Entmutigt wichen die mailändischen Truppen auf ihre Metropole zurück, während sich die Franzosen über Vercelli und Novara vorarbeiteten, dem venezianischen Verbündeten entgegen. Die Venezianer hatten in diesen nun schon langen Krieg die nur durch Gerüchte bekannte Summe von fünf Millionen Golddukaten gesteckt, was die Nobili und ihre Söldner zu einer beachtlichen Macht gemacht hatte. Söldner waren die Dalmatiner, harte, bettelarme Burschen von den Adriainseln, die nicht mehr besaßen als das Messer, das sie beim Fischfang zwischen den Zähnen hielten. Jahrhunderte zuvor hatten dalmatinische Seeräuber das große Hochzeitsfest der venezianischen Gesellschaft überfallen, an die hundert geschmückte Bräute verschleppt und erst nach Wochen wieder herausgegeben, als Pietro Candiano III., der heldenhafte Doge, ihnen mit seinen Galeeren auf den Leib rückte. Als Geiseln wochenlang wehrlos, hatten die jungen Damen damals den alten Geschlechtern nolens volens eine heilsame Blutauffrischung aus Illyrien beschert.

Jedenfalls sahen die Venezianer angesichts der französischen Anfangserfolge eine neue Chance, drangen ebenfalls gegen Mailand vor und wären zugleich mit den Franzosen auf dem Schlachtplatz fünfzehn Kilometer südöstlich von Mailand eingetroffen, hätten sich nicht, auf die Kunde einer bevorstehenden Schlacht hin, neue Scharen schweizerischer Söldner aus ihren Bergen in die lombardische Ebene hinabgestürzt, in großer Eile, denn Franz I. hatte die vor Mailand auf ihn wartenden schweizer Spießgesellen schon beinahe soweit, gegen eine kräftige Bezahlung friedlich abzurücken. Der Papst und die Sforza hatten nämlich schon seit einer ganzen Weile den Schweizern keinen Sold mehr bezahlt.

Die Schwärme der Hungrigen aus den Schweizer Bergen strömten auf die ergiebigen norditalienischen Schlachtfelder, die sie ernährten. Auch das Bestreben, sich mit den rheinischen Landsknechten und den Franzosen zu messen, deren Kerntruppe man damals Gendarmerie nannte, scheint eine Rolle bei der Ablehnung der Goodwill-Summe gespielt zu haben. In einem Europa der Condottieri und der Söldnertruppen herrschte ein natürlicher Wettstreit schon im Hinblick auf die Beschäftigung: Mailand, Venedig, der Papst, das waren vermögende Kriegsherren, ihnen nützlich zu sein sicherte den Unterhalt für ganze Landschaften.

Neu war in dieser Begegnung die Artillerie. Die Schweizer hatten zehn Feldschlangen mitgeführt, bei den Franzosen zählte man nicht weniger als 72. Jean Favier berichtet in seinem Standardwerk über das französische Mittelalter, daß bei den Kämpfen um Bordeaux im Jahr 1452, also ein Menschenalter vor Marignano, bereits Sprengmunition eingesetzt wurde; andererseits waren die gegossenen Rohre noch keineswegs verläßlich, und so manche Geschützbedienung bezahlte bei Rohrkrepierern oder platzenden Ummantelungen mit ihrem Leben für schlechte Gußarbeit.

Die französische Artillerie wurde von Galiot de Genouillac kommandiert, außerdem gab es eine große Abteilung Gascogner, die mit schweren Arkebusen bewaffnet waren. Für Galiot de Genouilhac (so schreiben ihn die Franzosen) war es keineswegs die erste Bewährungsprobe, aber für seine neue Waffe. Er war 1466 auf Schloß d'Assier seiner Familie zur Welt gekommen, danach Page Karls VIII. geworden und 1495 in den Schlachten von Fornoué erstmals durch besondere Tapferkeit aufgefallen. Spezielle Artilleriekommandos hatte er erst 1512 übernommen und war bei Marignano nun beinahe fünfzig Jahre alt, als dreißigtausend Schweizer in drei Kolonnen gegen die französischen Reihen vordrangen. Galiots Geschütze rissen tiefe Breschen in die Reihen der Schweizer Söldner, als am Nachmittag des 13. September die Schlacht an der Straße nach Marignano begann. Streckenweise war der Grund sumpfig, was vor allem die französische Reiterei behinderte und auch einer der Gründe gewesen sein mag, daß Bartolomeo d'Alviano seine venezianischen Panzerreiter an diesem Abend nicht mehr aufs Schlachtfeld führen konnte, doch gab es eine zahlenmäßig kleine, aber kampfkräftige Soldtruppe deutscher Landsknechte in französischen Diensten, die Schwarzen Garden, die sich mit den Schweizern schnell und heftig anlegten.

Im hereinbrechenden Dunkel gerieten die Bewegungen der einzelnen Truppenteile außer Kontrolle. König Franz I. war von einer Elitetruppe aus zweihundert Gensdarmen umgeben und kam mit ihr bei Dunkelheit den deutschen Söldnern zu Hilfe, die von den Schweizern schon hart bedrängt wurden. Erst um Mitternacht verstummten die Waffen, und die Schweizer zogen sich bei Mondlicht ein paar hundert Meter zurück, um nicht überrascht zu werden. Beide Parteien behaupteten das Schlachtfeld über Nacht, sammelten die Verbände und versorgen Verwundete. König Franz I. ließ eine Vorpostenlinie der Franzosen bilden und blieb die ganze Nacht im Sattel, den Helm auf dem Kopf, die Lanze in der Hand.

Bei Sonnenaufgang nahmen die Schweizer ihr angeschlagenes Zentrum zurück und versuchten mit starken Kolonnen einen doppelten Flankenangriff (was gegen Schaufelbergers Bezeichnung ‚Begegnungsgefecht' im Lexikon des Mittelalters spricht). Der linke Schweizer Flügel geriet gegen den französischen Troß, fand dort aber, wo es Frauen und Verpflegung gab, das Gros der deutschen Landsknechte und kam nicht voran. Als sich die Schweizer schließlich zur Flucht wandten, nahmen die französischen Gensdarmen die Verfolgung auf.

Inzwischen hatten auch die Fußtruppen mit ihren Arkebusen den Schweizern große Verluste zugefügt. Hier kommandierte der berühmte Ingenieur-Offizier Pedro Navarro (1460–1528), ein Spanier, der sich als Mineur, Sprengmeister und Fachmann für Feuerwaffen so großen Ruhm in verschiedenen Ländern erworben hatte, daß man die Findigkeit des jungen französischen Königs beziehungsweise seine Großzügigkeit bewundern muß, sich für seinen Italienfeldzug in aller Eile solch einen Mann zu verschreiben, wie man sich heute bei einem Bohrlochbrand bestimmte Spezialisten einfliegen läßt, wo immer sie sich gerade befinden. Denn Navarro war einer jener echten Spezialisten, die über den Nationen stehen. Leonardo war in gewissem Sinn ein Parallelfall, Bonneval-Pascha später ein anderer.

Navarro war von Beruf Seemann, war dann als Kurier in die Dienste des Kardinals Juan de Aragon getreten, des ältesten Sohnes von König Ferdinand I. von Neapel. Seine Sporen verdiente er sich auf See in den Kämpfen der großen Seestädte gegen die muslimischen Korsaren und zeichnete sich bei den Belagerungen von Canosa di Puglia, Tarent und beim Sieg des spanischen Feldherrn Gonzalo de Cordoba über die Franzosen bei Cerignole am 28. April 1503 aus. Die Franzosen waren damals von einem Herzog von Nemours kommandiert und Pedro Navarro von diesem Tag an auch in Frankreich bekannt. Er minierte fleißig weiter, sprengte eine Festung nach der anderen in die Luft und wurde vom König von Neapel zu einem Grafen von Olivetto gemacht. Er erfand schwimmende Batterien für die Kämpfe um Gomera und eroberte mit christlichen Flotten die Seeräubernester der Beys von Oran, Tripolis und im algerischen Bougie.

Als er heldenmütig den spanisch-neapolitanischen Rückzug bei Ravenna deckte, geriet er in französische Gefangenschaft und lernte die finsteren Verliese von Loches kennen wie Lodovico il Moro. Ferdinand von Aragon weigerte sich, den kostbaren Mann auszulösen, und nach drei Jahren Loches war Pedro Navarro soweit, seine Dienste dem einstigen Feind anzubieten. Bei Marignano übertraf er sich selbst. Seine Arkebusiere feuerten mit einer bis dahin nicht erlebten Schnelligkeit dank seiner neuen Nachladetechnik, aber sein Lebensende sah ihn doch wieder vor Neapel, schon beinahe siebzigjährig, in der unglücklichen Unternehmung des Odet de Foix-Lautrec gegen die Seestadt.

Es gab also schon zu Beginn des sechzehnten Jahrhunderts Einzelerscheinungen wie in unseren Tagen den legendären Red Adair, und man interessierte sich auch bis hinauf zu den Thronen für sie und die Neuerungen, die sie in die Kriegsführung einbrachten. Im Fall der Artillerie des Herrn de Genouilhac und der Arkebusen waren die Leidtragenden die Schweizer. Zweihundert Jahre lang als unbesiegbar geltend, gnadenlos mit ihren Spießen starrend, in Karrees vorrückend, nun aber in aufgerissener Ordnung den französischen Gensdarmen preisgegeben, die mit dem Kurzschwert und dem Kurzspieß in den Reihen der Schweizer ein Gemetzel anrichteten. Zuletzt gerieten diese Tapfersten der Tapferen schließlich unter die Hufe der venezianischen Kavallerie des Marchese Bartolo d'Alviano, die noch in das Ende der Schlacht eingriff.

Man hat von einer Zweitageschlacht gesprochen, aber es waren genau achtundzwanzig Stunden. Frankreichs junger König hatte die Rüstung nicht ausgezogen, die scheuerte und schmerzte. Wie viele Schläge sie abgewehrt hatte, wußte niemand, denn seine Leibgarde war gefallen, als von Lodi heranpreschend die Venezianer den Schweizern den Rest gaben. „Es war wie ein Wunder", sagt ein Chronist aus der Toscana, „die geschlagenen Schweizer nach Mailand zurückkehren zu sehen. Einer hatte einen Arm, einer ein Bein verloren, ein dritter war durch Kanonenkugeln verstümmelt. Sie trugen einander voll Zärtlichkeit: sie glichen den Sündern, die Dante im neunten Kreis der Hölle schildert. Sobald sie eintrafen, wurden sie ins Spital gewiesen, das in einer halben Stunde gefüllt war, und in allen Hauseingängen der Nachbarschaft lag Stroh für die Verwundeten bereit, die viele Mailänder, von Mitleid gerührt, liebevoll pflegten. Auf dem Schlachtfeld lagen unter der unbarmherzigen Sonne kaum zählbare Tote. Man hob große Gruben für sie aus. Bis zum Nachmittag wurden sechzehn- bis siebzehntausend Gefallene in die Gruben geschaufelt, etwa zwei Schweizer, sagten die französischen Sieger, auf einen toten Franzosen."

Auf dem leeren Feld traf König Franz I. Bayard, den Helden vieler Schlachten, und begehrte von ihm, dem ersten Chevalier des Königreiches, den Ritterschlag in der Umkehr des üblichen Vorgangs, denn Franz hatte soeben erkannt, was Krieg ist, und Bayard, das war ein anderes Schicksal jener Tage, in denen man Kaiser Maximilian I. den letzten Ritter nennen durfte, weil auf den Schlachtfeldern bei aller Härte noch Ehre und Gottesfurcht herrschten.

Pierre de Terrail, Chevalier de Bayard (1476–1524), hatte in Novara und in Neapel gekämpft, hatte die Brücke über den Garigliano allein gegen zweihundert Reiter gehalten und die Stadt Venosa ruhmreich verteidigt. 1512 bei Brescia schwer verwundet, war er bei Marignano wieder dabei. Was noch zu tun war, besorgte Pedro Navarro: In der Zitadelle von Mailand hielt sich der tapfere Sohn des Lodovico il Moro mit einem Häuflein Festungstruppen. Navarro jagte von der Burg soviel in die Luft, daß die Überlebenden, verschreckt und ohne Bedingungen zu stellen, sich Franz I. ergaben. Massimiliano Sforza wurde von Franz erheblich menschlicher behandelt als Lodovico. Statt der Festung von Loches wartete ein französisches Schloß auf ihn, in dem seine Mutter ungekränkt lebte, und statt des Herzogtums Mailand bezog er eine Rente von dreitausend Dukaten monatlich (was dem zeitweise sehr geldknappen König keineswegs leicht fiel, doch überlebte der junge Sforza die Niederlage von Marignano nur um fünfzehn Jahre).

Zwei Herrscher vernahmen von dem triumphalen Einzug der Sieger in Mailand mit sehr gemischten Gefühlen, wenn nicht gar mit Bestürzung. Heinrich VIII. von England, der Franz freie Hand gegeben hatte in der uneingestandenen Hoffnung, daß die Schweizer ihn ebenso behandeln würden wie einige Jahrzehnte zuvor Karl den Kühnen von Burgund, und Kaiser Maximilian, dem es nicht gelungen war, rechtzeitig Truppen zu sammeln und der für den Lebensrest, der ihm gegönnt sein würde, Italien abschreiben mußte. Zwar gab es einen letzten Versuch im März 1516, bei dem beide Seiten, Franz wie Maximilian, Schweizer Söldner einkauften. Mit englischem Geld, mit den letzten Dukaten, die Tiroler Truhen hergegeben hatten, erreichte Maximilian mühsam die Aufstellung einer Armee und hatte auch für eine bessere Munitionsversorgung seiner Artillerie durch Vereinheitlichung der Kaliber gesorgt, aber er traf nicht mehr auf das Mailand der Sforza, sondern auf die durch Schweizer Kontingente verstärkte, noch immer von ihrem großen Sieg bei Marignano trunkene französische Armee. Die Siegesparade nach der Schlacht soll 24.000 Franzosen in der eroberten Stadt zusammengeführt haben, was dafür sprechen würde, daß Franz I. tatsächlich, wie von manchen Quellen behauptet wird, nicht weniger als 40.000 Mann hatte aufbieten können. Maximilian hatte als Trumpf wohl seine neue Artillerie mobilisiert, darunter vermutlich auch jenes schwere Ferngeschütz, das 1513 Venedig beschossen haben soll, obwohl sich in den verläßlichen Chroniken des Sansovino kein diesbezüglicher Eintrag findet (er verzeichnet allerdings ein rätselhaftes Erdbeben und daß der Campanile gezittert habe ...).

Manfred Holleger, dessen eingängige Biographie Maximilian den letzten Stand der Forschung präsentiert, spricht für den Mailandzug des alten Kaisers von 4000 Reitern, nennt die vermutlich doch etwas hoch gegriffene Zahl von 10.000 deutschen Landsknechten und 15.000 eidgenössischen Söldnern als Fußvolk und bereit, gegen die eigenen Landsleute im französischen Sold anzutreten. Obwohl die Zitadelle noch zerstört war, sah Maximilian keine Chance, die mit Truppen vollgestopfte und wohlversorgte Stadt im Sturm zu erobern, und die Franzosen hüteten sich, eine neue Schlacht auf freiem Feld anzunehmen; die Toten von Marignano in den Gruben ihrer Massengräber sprachen als stumme Mahnung dagegen.

Es ist nicht bewiesen, aber in der Geschichte hundert-
fach belegt, daß einem bedeutenden Großvater nach dem
Ausfall der nächsten Generation dann ebenso bedeutende
Enkel zuwachsen. Der alte Kaiser trauerte noch dem italienischen Vorfeld seiner österreichischen Länder nach, als
sein eben erst ins siebzehnte Lebensjahr eingetretener Enkel Karl, durch den frühen Tod seines Vaters, Philipp des
Schönen, seit Jahren Herr der habsburgischen Erbländer,
geleitet von bedeutenden Ratgebern sich mit dem nur wenig älteren König von Frankreich abermals verständigte.

Karl war im Jahr von Marignano als großjährig erklärt
worden. Seine Erziehung hatte das burgundische Element im Leben und Handeln der habsburgischen Famili-
enzweige verstärkt zum Tragen gebracht, Innsbruck und
Gent erscheinen kulturell und atmosphärisch dabei durchaus als Gegensätze. Die Nähe zu Frankreich, die früh
erworbenen spanischen Erbansprüche, dies alles bedeutete eher eine Stufe als einen Abschnitt im Aufstieg der
Habsburger. Da auch der Papst, ein Medici, auf Karl und
die Zukunft setzte, konnte nach einem Friedensvertrag im
August 1516 im Städtchen Noyon im heutigen Départe-
ment Oise der Dezemberfrieden von Brüssel noch im gleichen Jahr die unseligen Feindseligkeiten beenden, die aus
der Liga von Cambrai erwachsen waren.

Es war, wie es später Karl Kraus als Ergebnis der mei-
sten Kriege persiflieren wird: Nach vielen Jahren blutigen
Ringens und dem Verbrauch gewaltiger Summen und Vor-
räte wird beiden Parteien klar werden, daß man im wesent-
lichen auf die Situation vor Ausbruch des Krieges zurück-
gefallen sei. Frankreich behielt mit dem Herzogtum der
Sforza die Kerngebiete der Lombardei, zwischen Tirol und
Venedigs *Terra ferma* ergaben sich kleine Korrekturen des
Grenzverlaufs, unbedeutend zumeist, so angenehm heute
Orte wie Cortina oder Tolmein uns in die Ohren klingen.

Die schreibfreudigen italienischen Kommentatoren und
Pamphletisten waren mit Hohn über Maximilian schnell

bei der Hand und beeinflußten damit bis heute das Urteil der Historiker über einen Herrscher, dessen Bedeutung sich nicht im Geplänkel der Städtefehden erschöpft, sondern sich besser im großen europäischen Panorama der Türkenabwehr ermessen läßt.

Der Südosten – Gefahren und Chancen

Versuchen wir heute uns an das Kartenbild der Donaumonarchie vor dem Vertrag von Saint-Germain zu erinnern, so sehen wir uns einem gewaltigen Rhombus gegenüber, der im Westen an den Bodensee reicht, also an das sogenannte Schwäbische Meer, im Norden bis ins Herz des deutschen Kaiserreiches nahe bei Dresden, im Osten mit Galizien, Czernowitz und Kronstadt tief hinein ins heutige Rumänien und im Süden in breitem Anstoß an die Adria, bis an das soeben wiedergeborene Montenegro auf der geographischen Breite von Rom. Das heißt, die deutschen Länder und das Habsburgerreich füllten den Herzraum unseres kleinen Kontinents so unbestritten, daß die anderen Staaten wie Vorlande wirkten, im Westen Frankreich, im Osten Rußland, weit abgeschlagen Spanien, in exotischer Ferne Bulgarien, insular-vereinsamt England.

All diese Länder, Landschaften und Städte umgaben die Kaiser Friedrich III. und Maximilian I., wenn man mir das Wort gestattet, als kaiserliches Schicksal, als Schicksal und Aufgabe, als Chance und als Bürde. Zur Bewältigung der mit Lage, Herzraum und Nachbarschaft verbundenen Verpflichtungen verfügten beide, Vater und Sohn, über ein höchst unzureichendes Instrumentarium und über Helfer, die auszuwählen und auf ihre Eignung zu prüfen es keine verläßlichen Kriterien gab. Man kannte die Familien – danach wird sich dreihundert Jahre später selbst Friedrich der Große noch richten müssen – man kannte zurückliegende Verdienste, aber es gab nur in den seltensten Fällen Alternativen.

Diesen Unsicherheiten begegnete Friedrich III. bekanntlich, in einem oft gerügten Grundsatz, durch Zuwarten, und er hatte dank seiner vernünftigen Lebensweise insofern Erfolg damit, als hartnäckige und gefährliche Gegner seines Herrschaftsauftrages wie sein Bruder Albrecht oder der energische Ungarnkönig Matthias Corvinus, aber auch genealogische Problemfälle wie Ladislaus Postumus durch frühe Tode die Bühne der Geschichte verließen. Ebenso unblutig verliefen die Landgewinne durch Heiraten und Erbverträge, was im Grunde verwunderlich ist, weil Friedrich III. kein großer Diplomat war und von großzügigen, Erfolge begünstigenden Inszenierungen aus Sparsamkeit nichts hielt. Ringsum starben die prächtigsten Fürsten: 1471 Georg Podiebrad, König von Böhmen, 1477 Karl der Kühne von Burgund, der ausgezogen war, zunächst Frankreich und dann auch noch einige deutsche Länder zu erobern. 1493 stirbt Friedrich III., Maximilian ist Alleinherrscher, und schon drei Jahre später wird aus der Mitte Europas die große und kühne Brücke in den äußersten Westen geschlagen: Maximilians I. Kinder Philipp der Schöne und Margarete heiraten spanische Infanten, nämlich Juan und Juana, Kinder des vielen als heilige geltenden Königspaares von Aragon. 1500, das zweite christliche Jahrtausend ist in seiner Mitte angelangt, wird Maximilians Enkel Karl geboren, der spätere Karl V., im europäischen Gedächtnis so untilgbar wie der Karolinger Karl der Große, der Staufer Friedrich II., der Luxemburger Karl IV.

All dies vollzog sich nicht mit Hilfe von Waffengewalt, denn die Schlachten, die gewonnen wurden, waren von anderen gefolgt, die verlorengingen; die in Bewegung gesetzten Truppenmengen waren gering, es waren kaum je nationale Armeen, sondern häufiger Söldner, und es waren keine Jahrhundertgenies der Feldherrnkunst, die militärische Entscheidungen herbeiführten, sondern Kommandeure, die bald diesen, bald jenem Herrn ihre Dienst angeboten hatten: „Um sich für seinen Feldzug nach Ungarn den Rücken freizuhalten ... schloß er (Maximilian I.) mit dem ungarischen Hauptmann Johann Szekely einen Waffenstillstand (17. September 1490), den er durch Überlassung vieler Schlösser und Städte auf seine Seite zog", ein bewährtes Muster.

Nach dem Tod des großen Widersachers Matthias Corvinus und dem schwachen historischen Auftritt von dessen unehelichem Sohn war die Ungarnpolitik Friedrichs III. und Maximilians durchaus erfolgreich. Zwar waren die familiären Bindungen, die etwa zur Begründung von Erbansprüchen auf Masovien geführt hätten, nicht zum Tragen gekommen. Die schöne Cimburgis hatte nicht nur den späteren Kaiser Friedrich III., sondern noch acht weitere Kinder geboren und war so kräftig, daß die Zeitgenossen neben ihrer Schönheit auch noch eine Reihe absolut unweiblicher Wundertaten von ihr rühmten. Aber die Habsburger schienen ihre lichten Schlösser in den Vogesen, die Eindrücke am Hof Karls des Kühnen und die rauschhafte Kulturblüte in Burgund nicht vergessen zu können. Mailand, Rom, die Auseinandersetzung mit Venedig und die schließliche Doppelhochzeit von Maximilians Kindern mit den Infanten aus dem siegreichen Aragon beherrschten die eigentliche Lebenshöhe Maximilians.

Für alles, was die Reichsfürsten als habsburgische Familienpolitik ansahen, waren Gelder nicht zu bekommen, und die zeitweise alljährlichen Reichstage verliefen im Grunde nach ein und demselben Schema: Die Interessen der Fürsten galten den eigenen Territorien, und nur wenn einer von ihnen einen sehr schwachen Stand im eigenen Land hatte und sich aus der Anlehnung an die Reichspolitik eine Stärkung versprechen konnte, nur dann gewann Maximilian Fürsprecher auch in der Verfolgung habsburgischer Interessen.

Die einzige Ausnahme, die einzige Aufgabe, die ohne spezielle und ermüdende Diskussionen als Reichs-Sache aufgefaßt und akzeptiert wurde, war die Türkenabwehr. Seit Mitte des fünfzehnten Jahrhunderts, also noch vor Friedrich III., war eine Türkensteuer beschlossen worden. Sie hatte ihr Vorbild in der Hussitensteuer, also in begrenzten, aber sehr heftigen Unruhen, die nur darum das ganze Reich alarmierten, weil die Hussiten im Herzen des Reiches und besonders rücksichtslos agiert hatten.

Vermutlich dachte man zu Zeiten Maximilians nicht mehr an die Mongoleneinfälle, und gar die fernen Hunnen-Invasionen oder die Ungarnüberfälle des ottonischen Zeitalters waren nur noch Legende, in ein paar Volksbüchern verewigt oder Gegenstand von Volksliedern. Die präsente Gefahr waren die Türken, sie waren in vereinzelten Vorstößen bis in die Erblande der Habsburger, in die heutige Steiermark gelangt, aber schnell wieder verschwunden, und sie hatten, vom übrigen Europa kaum behindert, den Südosten des kleinen Kontinents in langsamem Vorrücken erobert. Die Vorstellung der Riesenheere aus der Mongolenzeit, die über die Steppen heranbrausten und alles niederrennen und -brennen, trifft für den Vorgang, in dem die Türken sich gegen die Donau vorgeschoben hatten, nicht zu. Das erklärt vielleicht, daß auf allen Reichsversammlungen, ja selbst außerhalb des Reiches, zumindest unter den Fürsten und ihren höchsten Militärs die Vorstellung herrschte: Sobald wir es ernstlich wollen, werfen wir die Türken wieder hinaus!

Zu dieser Überzeugung mag beigetragen haben, daß ein einzelner tapferer und umsichtiger Lokalheros wie Skanderbeg sein kleines Albanien vierundzwanzig Jahre lang gegen die Türken verteidigt und drei Belagerungen seiner Hauptstadt siegreich überstanden hatte. Man wußte auch von katalanischen Söldnern in Byzanz, die überall, wo sie auf Türken trafen, siegreich geblieben waren und womöglich auch die große Stadt am Bosporus gegen die Türken gehalten hätten, wären die Byzantiner mit dieser kostbaren, im harten Kampf der Reconquista gestählten Elite fair umgegangen.

Immerhin: 1459 konnte Serbien als türkischer Besitz gelten, von ein paar Bergdörfern abgesehen; vier Jahre später wurde Bosnien erobert, und noch ehe das Jahrhundert zu Ende ging, im Jahr 1499, war auch Montenegro türkisch, womit die Eroberung des Balkans abgeschlossen war: Nur die wichtigste Stadt, Belgrad, die Donaupforte, hatten die Sultane 1440 und 1456 vergeblich belagert, die weiße Stadt war damit ins Blickfeld auch von Kaiser und Reich gerückt.

Drei Jahre nach der zweiten Belagerung der Stadt Belgrad wurde Maximilian I. geboren, wie er behaupten wird, im Ostturm der Burg von Wiener Neustadt, der auf ungarischem Boden steht, ein seltsames Argument für die Berechtigung, über Ungarn zu herrschen, aber doch sehr aufschlußreich. Die Burg steht heute noch vor uns, mit einem einzigen Turm, nach dem berühmten Gefangenen hinter diesen Mauern Rakoczy-Turm genannt – nach Ferenc II. 1676–1735, dem 1703 die Flucht gelang und der ab 1717 in der Türkei vor den Habsburgern sicher war.

Maximilian aber bestätigt mit diesem Bekenntnis, daß er seine Geburtsstadt und die Residenz Kaiser Friedrich III. als eine Stadt zwischen den Völkern ansieht und den Jahrhundertauftrag der Habsburger auf sich nimmt, das transleithanische große christliche Reich des heiligen Königs Stephan gegen die Osmanen zu verteidigen. Während seine Auseinandersetzungen mit den Schweizern und seine französischen Waffengänge sich gleichsam auf vertrautem Terrain bewegten, hatte er in den Türken einen Gegner, der eine besondere Herausforderung bedeutete, weil hier Kontinente gegeneinander standen. Seit die Artillerie den spießestarrenden Karrees der Schweizer ihren Schrecken genommen hatte, galten die Türken als die besten Soldaten des Jahrhunderts, zu welchem Ruf noch die bezeugten unvorstellbaren Grausamkeiten kamen, die sie den großen Schlachten vorangehen oder folgen ließen.

Um nachzuweisen, daß sie damit nicht die einzigen waren, sondern dem damals üblichen Kriegsbrauch folgten, wird immer die Eroberung von Saloniki durch die Normannen im Jahr 1185 zitiert. Diese Vergleiche sind im Lauf der Jahrhunderte auf so entsetzliche Weise bekräftigt worden – etwa in den Hugenottenkriegen auf französischem Boden –, daß man nur noch sagen kann: Jeder Fürst, der ein

136

Mensch bleiben wollte, gelangte im Laufe seines Lebens zur Ablehnung des Krieges oder verabscheute ihn sogar. Das trifft auch für Maximilian zu, aber zunächst hatte er in den Jahren, die dem Tod des Matthias Corvinus folgten, die Südostgrenze zu sichern, und dies unter den Augen seines alten Vaters. Man kennt den zunächst erfolgreichen Verlauf dieses Blitzkrieges, bei dem Maximilian fünf Fürsten des Reiches an der Seite hatte, jüngere, zum Abenteuer eines Krieges an den Reichsgrenzen bereite Herren. Sehr schnell gelang die Eroberung von Szekesfehervar, zu deutsch Stuhlweißenburg, einer Stadt auf Römergrund mit der Basilika Stephans des Heiligen von Ungarn und anderen Königsgräbern. Maximilians Landsknechte durften die kleine, aber ehrwürdige Stadt drei Tage lang plündern, dann war es mit der Manneszucht vorbei, und als auch noch die Donau zufror, auf der die kleine Armee sicheren und schnellen Nachschub erhalten hatte, wartete Maximilian nur noch auf die Kroaten als Hilfstruppe, anders konnte er nicht mehr weiter in Richtung Ofen.

Ofen, das heutige Budapest, wurde von der habsburgischen Kavallerie schon mit kurzen Vorstößen beunruhigt, als die Türken das kroatische Kontingent aufrieben und in Krain und der Steiermark einfielen. Sie blieben zwar nicht, sondern zogen immer wieder mit ihrer Beute ab, aber Maximilian konnte weiteres Vordringen nicht mehr verantworten und begann mit der Errichtung einer Art befestigter Waffenstillstandslinie, die später als die österreichische Militärgrenze europäische Berühmtheit erlangen wird. Es war das Todesjahr Friedrichs III., dessen Lieblingsgedanke ein Leben lang die Stärkung eines Ordens gewesen war, der die Abwehr der Ungläubigen auf sein Banner geschrieben hatte: der Sankt Georgs Orden mit dem Hauptsitz in Wiener Neustadt, der aber auch in Kärnten, also näher an den Türken, mit Zentren in Viktring und Millstadt in Erscheinung trat.

Diese westlichen Eckpunkte einer Verteidigungslinie, deren Befestigungen noch entstehen mußten, waren der

Bevölkerung naturgemäß willkommen. Weiter östlich, an der Drau und der Save, standen nicht immer verläßliche Wehrbauern zur Verfügung, und es kam zu Reibereien. Gemeinhin gilt Maximilians Nachfolger in der Herrschaft über die österreichischen Länder, sein Enkel Ferdinand, als Urheber jener genialen Konstruktion, von den Historikern Militärgrenze genannt, poetisierend wohl auch *Des Reiches Hofzaun*. Und sicherlich ist das Datum des 5. Juni 1535 eine Art offizieller Geburtsstunde, weil Ferdinand mit einem Dekret dieses Tages nicht weniger als dreitausend Uskoken aufnahm, ein Wort, das genauer *uskociti* geschrieben wird und kein Volk bezeichnet, sondern einen Status: Sie waren Flüchtlinge, nicht politisch verfolgt, sondern angesichts der türkischen Übergriffe in den eroberten Gebieten nach Norden ausgewandert. Der eigentliche, militärisch umzirkelte Grenzzaun war keineswegs ihr einziges Ziel, sie flohen vor den Türken nach allen Richtungen, hinaus auf die dalmatinischen Inseln, von denen so manche erst bei dieser Gelegenheit dauernd besiedelt wurde. Jene, die zusammenbleiben wollten, sammelten sich bei der kleinen Stadt Clissa, die 350 Meter hoch lag, eine eigene Bergfestung hatte und trotz der Nähe zu der lebhaften Hafenstadt Split als vergleichsweise sicher gelten konnte. Ein heute vergessener Großgrundbesitzer, der Magnat Peter Krusitsch, nahm viele dieser Familien auf, und sie begannen ein historisch recht abenteuerliches Eigenleben. Von den nachrückenden Türken wichen sie auf weitere dalmatinische Schlupfwinkel aus und lebten vom Seeraub gegen Türken und Venezianer.

Die in gewissem Sinn salomonische Lösung für alle Beteiligten war die Militärgrenze, die selbst von den Türken durch viele Jahre respektiert wurde, die Gewährung von Siedlungsraum und Lebensgrund gegen die Verpflichtung, gegebenenfalls diesen Landstrich zu verteidigen. Maximilian wird es nicht gewußt haben, aber es war ein uraltes Rezept: Die chinesischen Kaiser hatten ihr hochzivilisiertes Reich gegen die Nomaden des Nordens und Nordwestens durch die Ansiedlung von Wehrbauern geschützt, ja sie hatten zeitweise Verträge mit Räuberstämmen, denen freie Hand gegen die Außenzonen gewährt wurde, wenn sie Frieden und Sicherheit des eigentlichen in ihrem Rücken östlich und südöstlich liegenden großen Reiches garantierten. So manche chinesische Prinzessin wanderte in die Zelte der Nomaden, um die nützliche Verbindung zu stabilisieren, und es haben sich sehnsüchtige Briefe der feinen jungen Damen erhalten, in denen sie der Kaiserstadt Peking nachtrauerten. Die Folge dieses Wehrbauern-Gürtels war schließlich die Errichtung der Großen Mauer.

An ein Bauwerk dieser Art gegen die Türken mag so mancher örtliche Machthaber im nördlichen Kroatien oder im südlichen Ungarn gedacht haben. Maximilian und nach ihm Ferdinand verließen sich auf die Tatsache, daß die Uskoken der verschiedenen Flüchtlingswellen dem griechisch-orthodoxen Glauben anhingen, also von den Türken Verfolgungen zu erwarten hatten, obwohl sich die Türken in vielen Gebieten nicht als Missionare des Islam verstanden, sondern den Besiegten ihren Glauben und ihre Bräuche beließen. Die Maßnahmen, durch die deutlich gemacht werden sollte, daß der Islam die überlegene Religion sei, waren oft unblutig, aber für gläubige Christen doch demütigend, wenn etwa die Höhe von Kirchtürmen vorgeschrieben, das Glockenläuten verboten und für die Gottesdienste Heimlichkeit verlangt wurde. Neue Kirchen durften überhaupt nicht gebaut werden, die Ausbesserungsarbeiten an schadhaften Gotteshäusern wurden meist nur nach Bestechungen genehmigt.

Demgegenüber hatte schon Matthias Corvinus in den Landschaften Lika und Korbavia Siedler angesetzt, denen neben der Freiheit von Abgaben auch die Freiheit der Religionsausübung zugesichert worden war, gleichgültig, welche Spielart des Christenglaubens sie zusammenhielt.

Diese breiten Berührungszonen waren kein Niemandsland, keine verbrannte Erde, sondern wurden im Lauf der Generationen zu einer Art *Borderline* wie zwischen Engländern und Schotten. Man kannte den Gegner, man empfing andererseits aber auch beinahe täglich die Bestätigung der Andersartigkeit. Der Türke, obwohl in Europa nur in vereinzelten Schlachten aufgetreten, war das Gespräch der Zeit, so wie man im zwanzigsten Jahrhundert schlicht ,der Russe' sagte und damit eine ganze Welt meinte, zusammengebraut aus Unbekanntem, Gefürchtetem und mächtiger Bedrohung.

Was sich zwischen Wehrbauern und eroberten, an die Türken verlorenen Gebieten abspielte, die Rivalität der Religionen, die fortgesetzten Demütigungen der Christen im täglichen dörflichen Leben, das wiederholte sich auf beinahe absurde Weise auch auf höchster Ebene. Maximilian selbst war wohl nicht so grüblerisch veranlagt wie sein Vater, und an den Türken interessierten ihn zweifellos ihre Bewaffnung und ihre Artillerie mehr als ihre Glaubenssätze. Aber die Spitzen der Kirche, die Päpste, befanden sich für das Abendland in Positionen wie die Nachfolger des großen Propheten im islamischen Bereich und empfanden die Erfolge der osmanischen Fürsten als eine Herausforderung.

Die intelligentesten Führer der christlichen Staaten, die geistlichen Kurfürsten und der hochgebildete Renaissancepapst Pius II., strebten darum nicht nur militärische Erfolge über den Islam an, sondern auch den dialektischen Sieg über den Gegner. Aeneas Silvius Piccolomini, einst allwissender Sekretär von Maximilians Vater Friedrich III., versuchte in langen, wohlgesetzten, einer gewissen Spitzfindigkeit nicht entbehrenden Schreiben Sultan Mohammed II. zum Übertritt zum Christentum zu bewegen. Im Herbst 1461 hatte sich der letzte byzantinische Kaiser, David Komnenos von Trapezunt, den Türken ergeben und wurde zwei Jahre darauf entgegen allen Vereinbarungen von

140

den Türken hingerichtet. In dieser Zeit erhielt Sultan Mohammed jenen Brief, der ihm die Gleichberechtigung mit den europäischen Fürsten und die Herrschaft über den Balkan und Ungarn (!) anbietet, sofern er sich nur taufen lassen wolle. „Der erste geistliche Stuhl (d.h. der Thron des Papstes) wird Dich mit derselben Liebe umfassen wie die anderen Könige ... unter diesen Bedingungen kannst Du leicht und ohne Blutvergießen viele Reiche erwerben."

Pius II. holte Mohammed, den Mörder von Trapezunt, an seinen Tisch, wie schon in den zweihundert Jahren vorher die Päpste ihren Gesandten an den Großkhan lange Briefe mitgaben, in denen sie die Höherwertigkeit des Christentums betonten und den jeweiligen Großkhan zum Bündnis mit der Kirche aufforderten – damals allerdings dadurch gerechtfertigt, daß es eine militärische Notwendigkeit war, im Rücken der Sarazenen und mächtiger Sultane wie Saladin eine zweite Front aufzurichten, ohne die das Heilige Land nicht zu erobern war.

Da man in Rom stets feines Garn spann, lief neben der friedlichen Korrespondenz natürlich auch eine für den Sultan hochgefährliche Intrige. Mohammeds Nachfolger Bajezid II. hatte einen hochbegabten Bruder, Gem Sultan genannt, richtiger wohl Dschem. Er war der Drosselschnur entkommen, die seit Generationen Mitbewerber um den Sultansthron aus der Welt schaffte, eine Maßnahme, die durch den Kindersegen und die vielen Prinzen aus dem Harem erklärlich, ja beinahe notwendig geworden war.

Dschem hatte sich nach einer militärischen Niederlage gegen die türkische Otranto-Armee nach Ägypten gerettet, wo Sultan Kaitbai (1468–96) davon träumte, aus seinem Nilland heraus wie einst Ramses Kleinasien zu erobern. Als daraus nichts wird, begibt sich Dschem zu den hartnäckigsten Gegnern seines Halbbruders, zu den Johannitern auf der Insel Rhodos. Aber der Großmeister des Ordens, Pierre d'Aubusson, hat nichts Eiligeres zu tun als Sultan Bajezid mitzuteilen, welch wertvoller Gast sich auf der Ordensinsel eingefunden habe, eine der weniger ruhmreichen Taten des Grafen.

Die Grafen de la Marche, aus deren Sippe sich die Aubussons herleiten, zählen, seit Boso im Jahr 944 seine Grafschaft erhielt, zu jenen Familien, ,die Europa gemacht haben', wie die Franzosen dies feierlich ausdrücken. Pierre d'Aubusson (1423–1503) trat in jungen Jahren in die Dienste Kaiser Sigismunds, kämpfte an der Seite des Erzherzogs Albrecht in Ungarn gegen Sultan Murad II. und bei späteren kriegerischen Unternehmungen. Nach seinem Eintritt in den Johanniterorden, der damals wie die Malteser in Dauerfehde gegen die türkischen Seeräuber lag, kämpfte er zur See und auf den Inseln des Mittelmeeres gegen die Piraten aus den Barbareskenstädten und wurde 1470 Großmeister des Johanniterordens, dessen Inselsitz auf Rhodos er zu einer respektablen Festung ausbaute. Tatsächlich hatte Sultan Mohammed II., als er mit einer großen Flotte und Tausenden von Soldaten im Jahr 1480 vor Rhodos erschien, in vielen mörderischen Angriffen keinen durchschlagenden Erfolg. Pierre d'Aubusson wurde nicht weniger als fünfmal verwundet, die Insel aber blieb den Christen.

Zwei Jahre später präsentierte sich bei diesem eindrucksvollen Türkengegner dann Gem, Dschem oder auch Zizim genannt, um Asyl dort zu erhalten, wo alle türkischen Angriffe gescheitert waren. Nun aber regiert am Bosporus Sultan Bajezid, reich und umgänglich, und der Großmeister gibt ihm zu verstehen, daß er in seiner Position Dschem nicht einfach ausliefern und schon gar nicht umbringen lassen könne. Aber er werde Dschem gefangenhalten, ihm jede politische Aktivität unmöglich machen und dies alles gegen eine Jahrespension von 45.000 Dukaten. Bajezid überlegt, daß es ungleich billiger wäre, seinen Halbbruder vergiften zu lassen, aber auf Rhodos ist man wachsam, und Dschem wird in eine Johanniterkomturei in Frankreich gebracht, von wo er herzzerreißende Briefe an alle Fürsten von Europa schreibt, in denen er den üblen Handel d'Aubussons darlegt.

Bajezid II. war mit einer Lebenszeit von 1446 bis 1512 der Großtürke, der Maximilians Leben begleitete. Er war der Ältere der beiden rivalisierenden Brüder, aber als er geboren wurde, war sein Vater noch nicht Sultan gewesen. Das machte Dschem zum Purpur-Geborenen, dem Porphyrogenetos und damit gleichberechtigt. Es gereicht Maximilian zur Ehre, daß er das unwürdige Erpressungs-Szenarium anderer christlicher Könige und Kirchenfürsten nicht mitmachte, ein Satyrspiel, das die öffentliche Moral in der Renaissancepolitik auf erschreckend niedriger Stufe zeigt. Denn natürlich ist Dschem, so lange er lebt, eine größere Gefahr für Bajezid als die christlichen Heere.

König Karl VIII. von Frankreich will den kostbaren Gefangenen nicht abgeben, weil der Sultan für seine Verwahrung alljährlich 40.000 Dukaten bezahlt. Der ägyptische Sultan Kaitbai ist nach wie vor an Dschem interessiert, der Millionen von Gläubigen hinter sich hat, und schickt den in Florenz regierenden Medici lukrative Offerten, wenn sie ihm Dschem in die Hand spielen. Für die Medici verhandelt – ein damals noch höchst singuläres Faktum – kein Diplomat, sondern eine Geheimagentin von hoher Geburt: Anne de Beaujeu (1460-1522), die älteste Tochter Ludwigs XI. aus seiner Ehe mit Charlotte von Savoyen. Sie hatte Vollmacht, 100.000 Dukaten zu bieten, aber Bajezid sandte seinerseits einen Unterhändler, einen dunklen Ehrenmann namens Antonio Rericho, der, eingeführt vom neapolitanischen Gesandten in Paris, im Auftrag des Sultans erreichen sollte, daß Dschem in Frankreich bleibe, wo er in seinem Kartäuserkloster keinen Unfrieden stiften konnte. Schließlich siegten aber doch die Interessen der Kirche, Innozenz VIII. wünschte Dschem in Rom zu haben, als eine Art Schutzschild gegen die Türken, die Malta berannten und die Küsten des Kirchenstaates bedrohten.

Karl VIII. erreichte für den kostbaren Gefangenen die heikelsten Zusagen, die der Heilige Vater niemals hätte geben dürfen: Als ersten Dispens die Lösung der *per procu-*

rationem geschlossenen Ehe zwischen Maximilian von Österreich und Anna von der Bretagne, als zweite Dispens die Auflösung der einst so feierlich geschlossenen Verlobung zwischen Karl VIII. und Margarete von Burgund und schließlich noch jene dritte, damals allerdings schon häufiger erteilte Dispens wegen zu naher Verwandtschaft zwischen Karl VIII. und Anna von der Bretagne. Der ganze Handel wurde von Innozenz natürlich geheim gehalten, ja gegenüber den Gesandten des Habsburgers sogar geleugnet. Der Großmeister des Johanniterordens erhielt den Kardinalshut und einige geistliche Pfründen, aus denen das Geld allerdings nicht so regelmäßig floß wie aus den Kassen des Sultans. Damit war der Weg nach Rom frei, Dschem wurde, um ihn zu beruhigen, in der Ewigen Stadt mit großen Gepränge empfangen, wo Bajezid sofort, noch ehe die Leibwachen instruiert worden waren, einen ersten Versuch unternehmen ließ, Dschem zu vergiften. Als dieser mißlang, bot er 120.000 Dukaten, verteilt auf drei Jahre, wenn Dschem Roms Mauern nicht verlasse und keinerlei politische Aktivitäten entfalte.

Innozenz, nun im letzten Jahr seines Apostolats, akzeptierte auch die Perlen, Edelsteine und Ehrengeschenke Bajezids. Das Abendland ist über diese Aufwertung der Ungläubigen entsetzt, aber der kluge und gebildete Sultan hat noch ein Geschenk in Gewahrsam, das auch der Heilige Vater nicht zurückweisen kann: Die Lanze, mit der auf dem Kreuzeshügel von Golgatha ein römischer Wachsoldat, der Longinus geheißen haben soll, Jesus an der Hüfte verwundet hatte (nach Hans Pferremanns Untersuchungen von 1946 handelte es sich allerdings nur um ein Bruchstück dieser Lanze). Das Mittelalter und die Hoch-Zeit der Reliquienverehrung waren verstrichen, aber bei dieser Lanze oder einem Bruchstück handelte es sich nicht um irgendwelche Knöchelchen, sondern um einen Gegenstand aus dem heiligsten Augenblick der christlichen Überlieferung. Die Reliquie wurde denn auch sogleich in

Ansicht von Wiener Neustadt, Stich von Matthäus Merian, 1649. © ÖNB, Wien.

Kaiser Friedrich III., Gemälde von Hans Burgkmair d. Ä. (zugeschrieben), um 1500 nach einem verlorenen Original von 1468. © KHM, Wien.

Kaiserin Eleonore von Portugal, Gemälde von Hans Burgkmair d. Ä. (zugeschrieben), um 1500 nach einem verlorenen Original von 1468. © KHM, Wien.

Maximilian mit seinem Lehrer Ulrich Engelbrecht in der Studierstube, Miniatur, um 1466.
© ÖNB, Wien.

Theuerdank stürzt bei der Gemsenjagd, Holzschnitt von Leonhard Beck mit eigenhändiger Notiz Maximilians.
© ÖNB, Wien

Maximilian und Maria von Burgund bei ihrem ersten Zusammentreffen vor der Hochzeit 1477, Federzeichnung, deutsche Schule, 2. Hälfte 15. Jahrhundert. © Albertina, Wien.

Schlacht bei Guinegate 1479, Holzschnitt von Hans Burgkmair d. Ä. aus dem „Weißkunig", © ÖNB, Wien.

König Karl VIII. und Anne de Betragne, Diptychon, Gemälde eines unbekannten französischen Künstlers, Ende 15. Jahrhundert. © AKG, Berlin.

König Philipp der Schöne und seine Gemahlin Johanna von Kastilien, Stich eines unbekannten Künstlers. © ÖNB, Wien.

Kaiserin Bianca Maria Sforza, Gemälde von Bernhard Strigel, um 1505/10. © AKG, Berlin.

die Privatgemächer des Papstes gebracht, dem Gesandten des Sultans aber machte Innozenz klar, daß damit nur ein Stillhalteabkommen erreicht sei: Würden die Türken den Kirchenstaat angreifen, werde Dschem die Freiheit gegeben werden und jede Unterstützung.

Maximilians Geschäftsträger in Rom konnten immerhin erfahren, daß Innozenz VIII. bei seinem Stillhalte-Verlangen von Bajezid insbesondere Frieden für Ungarn erwähnt und sich auch eine Schonung von Kroatien, Ragusa (das heutige Dubrovnik) und einer Insel ausbedungen habe, deren Schreibung nicht ganz sicher ist, bei der es sich aber vermutlich um Hvar gehandelt hat. Hvar war 997 von den Venezianern besetzt worden, also eine der ersten Eroberungen der damals noch jungen Lagunenrepublik, und wurde 1358 ungarisch. Hvar, damals Lesina genannt, war also eine der südlichsten Positionen im Interessenbereich Maximilians und ihre Nennung gleichberechtigt mit Ragusa deutet auf sehr konkrete Informationen des Papstes hin. Die reiche Stadtrepublik Ragusa mit ähnlich aristokratischen Regierungsformen wie Venedig war nur noch bedingt ungarisch zu nennen, hatte schon früh die Begehrlichkeit der Türken geweckt und bezahlte seit 1467 Tribut an den Sultan, eine Vereinbarung, die bis 1718 (!) gültig blieb und der Stadt gegen zuletzt 12500 Dukaten einen nicht sonderlich sicheren Frieden gewährte. (Am 21.7.1718 schlossen Venedig, Kaiser Karl VI. und das Türkische Reich in Poscharewatz, häufig aber falsch Passarowitz geschrieben, einen Frieden, der das Banat, Belgrad, aber auch Gebiete südlich der Save an Österreich brachte; damals endete auch die Tributpflicht von Ragusa und anderen den Türken hörigen Kleinzentren.)

Mit Alexander VI., dem Borgiapapst, ändert sich die moralische Situation in Rom mit einem Schlag, und es ist bemerkenswert, wie schnell der Sultan davon erfährt und darauf reagiert. Alexander erkennt die Gefahr aus den unerwarteten Energien eines jungen französischen Königs,

145

der sich mit Maximilian geeinigt, durch Zugeständnisse in Flandern den Rücken freigemacht hat und nun nach Süden blickt, nicht nur wegen des kostbaren Gefangenen im Vatikan. Der Papst wendet sich an Maximilian mit der Bitte um Hilfe gegen Frankreich, aber Maximilian ist mit den Schwaben und den großartig kämpfenden Schweizern beschäftigt, auch haben die Türken eben das Hafenstädtchen Zara geplündert und in Friaul Vieh und Menschen geraubt. Sultan Bajezid kann keine Hilfstruppen landen, um als Großtürke dem Herrn der Christenheit zu Hilfe zu kommen, aber er weiß, daß dieser Papst für große Summen zu allerlei bereit ist. Noch hat Alexander keine Kardinäle umgebracht, um sie zu beerben, aber als Bajezid 300.000 Dukaten für die Ermordung seines Rivalen Dschem bietet, ist dessen Schicksal besiegelt. Zwar gibt es keine Auslieferung, ein solcher Akt wäre zu sichtbar, denn selbst damals gab es schon eine Art Weltöffentlichkeit, und Alexander hatte einen kriegerischen Sohn namens Cesare, dessen Untaten zu kaschieren Mühe genug kostete. Dschem blieb also in der Obhut Seiner Heiligkeit, und als Alexander erfährt, Frankreichs König sei zwar siegreich, aber in Neapel weit vom Schuß, schlägt das letzte Stündlein des Porphyrogenetos: Dschem oder Gem stirbt in seinen Gemächern, ohne daß ein Emissär des Sultans zu sehen gewesen wäre, an dem damals nicht nachweisbaren, vielfach eingesetzten Gift der Borgia.

Man schreibt den 25. Februar 1495, ein Datum, das in gewissem Sinn als das Ende aller Kreuzzugshoffnungen bezeichnet werden kann, denn die Päpste, nicht erst Alexander VI., haben in dem Erzfeind der Christenheit die einzige Großmacht entdeckt, die sich den Begehrlichkeiten der europäischen Großmächte Frankreich und Österreich gewachsen zeigen könnten. Waren die natürlichen Gegner der türkischen Handelsmacht auch die erfolgreichen Seestädte Genau und Venedig mit ihren Niederlassungen bis hin in das Schwarze Meer, so war doch vorauszusehen, wann der Eroberungsdrang der Türken über den Balkan hinaus nach Mitteleuropa greifen würde. Daß die Türken bis auf die 700-Mann-Operation von Otranto die offenen Küsten Italiens nicht ernstlich gefährdeten, daß sie im Ostmittelmeer und in der engen Adria gegen wohlbewehrte Inseln Krieg führten, statt sich das reiche Rom zum Ziel zu wählen wie vordem Goten und Vandalen, erklärt sich nicht aus Aberglauben, Ehrfurcht oder gar aus kaiserlichen Drohungen, sondern aus der unerwartet problemlosen diplomatischen Verbindung zwischen Halbmond und dem Stuhl des Petrus.

Für jene Leser, die an eine ausgleichende Gerechtigkeit in der Geschichte glauben, sei zu ihrer Befriedigung angemerkt, daß Sultan Bajezid II. einige Jahr später eben jenes Schicksal erlitt, das er seinem jüngeren Bruder – vielleicht auch nur Halbbruder – Dschem bereitete; davor schützte ihn nicht sein eigenes gottwohlgefälliges Lebenswerk als Bauherr zahlreicher Moscheen, deren schönste in der alten byzantinischen Residenzstadt am Bosporus entstand. Bajezids Friedensliebe, seine frommen und gelehrten Studien, harmonierten nicht mit dem Eroberungsdrang und den Raubgelüsten seiner Armee, insbesondere der Janitscharen, die ja dafür ausgebildet worden waren. Sie folgten Bajezids Sohn Selim auf seinen zunächst erfolglosen Unternehmungen, hoben ihn dann aber, als er die Unterstützung seines Schwiegervaters, eines Tatarenkhans genoß, auf den Schild als eine Art Soldatenkaiser wie dereinst im alten Rom. Bajezid tat, was weise Fürsten in solchen Situationen tun, er verzichtete auf eine Auseinandersetzung und dankte ab, was ihm jedoch nicht das Leben rettete: Auf dem Weg in den Ruhesitz auf europäischem Boden, in die alte Stadt Adrianopel, wurde Bajezid Gift beigebracht, an dem er am 26. Mai 1512 starb.

Selim, ohne dessen Wissen die Untat wohl kaum geschehen konnte, überlebte ihn nur um acht Jahre, die ihm aber reichten, einer der größten in der Reihe der Sultane zu werden. Ganz Europa verfolgte mit bangen Gefühlen, wie er nach der Ermordung von 40.000 Schiiten in Kleinasien als tiefgläubiger Sunnit eine heilige Stätte des Islam nach der anderen eroberte, Armenien unterwarf, dazu Kurdistan, Syrien und schließlich Ägypten. Sein spektakulärer Sieg bei Chaldiran war eine der letzten großen Schlachten, für die der zu diesem Zeitpunkt schon über fünfzigjährige Kaiser Maximilian sich besonders interessierte, weil er neben der wilden Tapferkeit Selims vor allem der Überlegenheit der türkischen Artillerie zu danken war und der Kaiser sich fragte, durch welche geheime Kanäle dieser potentielle Gegner des Römischen Reiches offensichtlich Kenntnis von Maximilians und seiner Gießereien Arbeit Entscheidendes erfahren hatte.

Unter den Historiengemälden sind jene die größten und prächtigsten, die den Empfang einer Gesandtschaft darstellen. Die Maler exzellieren in der Abbildung der Prachtgewänder, der überreichten Geschenke, der zur Schau getragenen Waffen und Schmuckstücke. Da eine der reizvollsten dieser Tafeln aus der Ursula-Legende stammt, die Vittore Carpaccio um 1490 gemalt hat – es geht um britische Gesandte am Hof des bretonischen Königs Maurus – läßt sich daraus schließen, daß schon im fünfzehnten Jahrhundert die diplomatischen Kontakte zur Prachtentfaltung genutzt wurden, daß Auslandsvertretungen mit Aplomb auftraten, und daß für das Gesandtenwesen nicht wenig Geld ausgegeben werden mußte.

Aus den Details eines großen Empfangs im Freien, auf einer tiroler Wiese, erkennen wir den habsburgischen Hang zur Sparsamkeit, der sich bis in die Tage der großen Maria Theresia noch steigern wird. Aber schon Maximilian, nicht nur König, sondern auch Kaiser des Heiligen Römischen Reiches, unterhielt aus finanziellen Gründen nur eine einzige ständig besetzte und voll ausgestattete Auslandsvertretung, die Botschaft beim Papst in Rom, damals nicht nur Oberhaupt der katholischen Christenheit, sondern auch regierender Fürst des Mittelitalien erfüllenden Kirchenstaates. Wiesflecker sagt uns für einen dieser Gesandten sogar, daß er 500 Gulden Jahresgehalt empfing und damit etwa so gestellt war wie seine venezianischen Kollegen.

Wer immer sich bemüht, über vergangene Jahrhunderte nicht aus der Sekundärliteratur, sondern aus zeitgenössischen Quellen zu schöpfen, kennt die ausführlichen Gesandtschaftsberichte als Hauptquelle. Älter als alle Berichte der Nuntiaturen sind die unschätzbaren Briefe des Bonifatius (672-754) über den bayrischen Volkscharakter an den Papst. In der Folge waren die Botschafter Portugals, Genuas und vor allem jene der Republik Venedig dank Bildung und Schreibfreudigkeit die Hauptinformanten keineswegs nur über das politische Geschehen in Europa.

Die Fülle dieser Kenntnisse, die Mitteilung von keineswegs zutage liegenden Fakten, der Transfer von Gerüchten erklärt sich aus den bis heute gut funktionierenden Kreuzundquer-Verbindungen der Diplomaten, die einander ja unentwegt einluden oder eingeladen wurden. In der in vielem vorbildlichen und besonders gut geführten venezianischen Handelsrepublik war den Einheimischen der Umgang mit den Gesandten fremder Mächte und mit ihrem Personal grundsätzlich verboten. Die diskreteren Kontakte der fremden Herren mit den venezianischen Damen waren das wohlgehütete Geheimnis der Gondolieri, und brach einer von ihnen dieses Vertrauensverhältnis, so landete er am Grund der Lagune. In Rom gab es keine Gondeln, man zirkulierte notgedrungen offen. Heute nur fallweise von wirklicher politischer Bedeutung, hatte damals jede Gesandtschaft in Rom neben politischen und religiösen Aufgaben auch die in Rom besonders gut erfüllbare Aufgabe der Kontaktpflege, weil an keinem anderen Ort der Alten Welt praktisch alle zählenden Mächte präsent waren. Der Handel von Informationen war in der Heiligen Stadt so selbstverständlich wie heute in Wien oder Brüssel. Als zweihundert Jahre nach Maximilian Bonneval-Pascha seinen Übertritt in türkische Dienste und damit den Wiederaufbau der türkischen Artillerie vorbereitete, vollzogen sich diese Anbahnungen in Italien, und als Maximilian nach seinen ersten flandrischen und schwäbischen Kriegserlebnissen den Wert des jungen Geschützwesens erkannte, mußte er feststellen, daß die größte Vielfalt an Konstruktionen, Typen und Prototypen auf der italienischen Halbinsel zu finden sei, wo Informationen und Einflüsse aus West und Ost einander begegneten und Fachleute oder vermeintliche Spezialisten aus dem ganzen Mittelmeerraum mit der neuen Wissenschaft Geld zu machen versuchten.

Das Wort, Maximilian sei der letzte Ritter gewesen, ist angesichts seiner persönlichen Turniererfolge kaum zu bestreiten; seine Fußsoldaten schätzten ihn seit Guinegate als Landsknecht, aber sein persönliches Interesse galt wohl in erster Linie den mauerbrechenden und den Fernwaffen. Diese waren, als Maximilian seine ersten Belagerungen in Flandern bewältigen mußte, schon nicht mehr neu. Zwar waren die ersten Explosionen im Verlauf der Schlacht von Liegnitz 1241 sicherlich kein Geschützfeuer, sondern eher chinesische Stinktöpfe, wie sie bis ins neunzehnte Jahrhundert im Dschunkenkrieg immer wieder auftauchten. Aber es gab eine europäische Werkstatt, in die niemand Einblick hatte und wo schon im vierzehnten Jahrhundert von den geschicktesten Technikern der Alten Welt an Schiffsartillerie experimentiert wurde, das war das berühmte Marine-Arsenal der Republik Venedig, am Ostrand der Stadt leicht abzuriegeln und von Sanpietro di Castello überdies von oben her kontrolliert. Nur die Erzgießer aus Ragusa hatten Zutritt, anderen Nicht-Venezianern starrten nur hohe Mauern entgegen. Als sich aber in Brügge und Augsburg ebenfalls tüchtige Gießer bemerkbar machten, verpflichteten die Venezianer einen deutschen Fachmann, der zu seinem Schutz anonym blieb und seit 1376 seine italienischen Helfer anlernte. Die verblüffendste dieser frühen Konstruktionen war ein Orgelgeschütz, ein Prinzip, das sich bis zu den furchtbaren Stalinorgeln des Zweiten Weltkriegs hielt und mit seinen nebeneinander montierten Rohren und dem Reihenfeuer von einer gewissen Ungeduld zeugt: Noch wußte man nicht sicher, ob die besten Geschützrohre aus Bronze oder aus Eisen seien, noch wechselte man zwischen dem Gießen eines Hohlrohres und dem Aufbohren, aber ein Kodex von 1488, also zwei Jahre, nachdem Maximilian König geworden war, erläutert zu den Orgelgeschützen schon „man sol sy prauchen unter die thor und wo der feyndt zum Sturm laufen mag, auch in der Wagenburg seyndt sie nutz". Daraus geht hervor, daß Orgelgeschütze vor allem zur Verteidigung gegen unerwartete Überfälle vor den Toren von kleineren Städten eingesetzt wurden oder aber, wenn ein Dorf sich gegen die Türken einigeln und Wagenburgen errichten mußte.

Bei allem persönlichen Interesse an der Entwicklung von Fernwaffen war Maximilian auf die engeren Fachleute des Metallgewerbes angewiesen, wenn es um die Beurteilung von Baumustern und Möglichkeiten und um den technischen Ernstfall des Gießens ging. Es ist bekannt, daß der König sich die Beutegeschütze aus den siegreichen Begegnungen mit Venedig bringen, zerlegen und erläutern ließ. Die Venezianer waren auf ihre Erfindungen auf diesem Gebiet so stolz, daß sie schon zu Beginn des vierzehnten Jahrhunderts einzelne Geschütze für ein künftiges Museum aufbewahrten und andere, spätere Konstruktionen, bis ins achtzehnte Jahrhundert nicht im Arsenal ausstellten, sondern im ehrwürdigen Dogenpalast.

Der Erzbergbau in Tirol und die Italienroute des Handels rückten zwei Städte in die natürliche Mitte des Rüstungs-Geschehens: Innsbruck wegen der Nähe zu Hall und Schwaz, wo es Industriearbeiter zu Tausenden gab, und Augsburg, wo alles bekannt und sichtbar wurde, was aus dem Süden nach Deutschland hereinströmte. Das heute noch bestehende große Innsbrucker Zeughaus an der Sill entstand in wenigen Jahren nach 1500 und verfügte außer den Schauräumen über eine eigene Pulvermühle, eine Bohrwerkstatt für Geschützrohre, eine Stellmacherei für Laffetten und Munitionskarren, wozu noch ein Gelände zum Einschießen neuer Fertigungen kam, wie Volker Schmidtchen ermittelt hat, der seit 1977 vier Arbeiten diesen Fragen und den speziellen Interessen des Kaisers gewidmet hat. Erfahren wir noch, daß die Eisenkugeln für verschiedene Typen der Feuerwaffen im heute so friedlichen Absam gegossen, die Geschütze aber in Mühlau und Hütting hergestellt wurden, dann präsentiert sich uns das Herz von Tirol als eine einzige große Waffenschmiede.

Damit war natürlich das Problem der Logistik nicht gelöst. Was im Kernraum der österreichischen Länder hergestellt wurde, konnte im Bedarfsfall nur in wochenlangen Transportvorgängen an den Einsatzort gebracht werden. Deswegen nennt uns Volker Schmidtchen die für die Stoßrichtungen der maximilianischen Politik sehr aufschlußreiche Verteilung der anderen Depots über den kaiserlichen Machtbereich: Trient hielt bereit, was für die Italienzüge gebraucht wurde, Lindau läßt ahnen, daß Maximilian die schwäbisch-schweizerischen Probleme noch nicht als endgültig bereinigt ansah, und Breisach am Rhein, in Vorderösterreich gelegen, wurde von Frankreichs Königen als Herausforderung angesehen. Aber gerade die Verteilung von Waffen, Munition und Transportgerät war in jenem Jahrhundert, da der Zustand der europäischen Straßen einen Tiefpunkt erreicht hatte, eine absolute Notwendigkeit. Breisach zum Beispiel lag jenseits des schwer passierbaren Schwarzwalds; jede Aktion von dort aus bedeutete damit im Fall eines Konflikts oder auch nur einer Drohgebärde in Richtung Frankreich einen möglicherweise entscheidenden Zeitgewinn. Reine Bevorratung ohne offensiven Charakter lag den späteren Zeughäusern und Depots in Wien und Graz zugrunde. Arsenale in Görz und Laibach waren speziell für Alarmeinsätze ausgerüstet, da die nahen Türken selbst unter dem friedlichen Sultan Bajezid stets dann zu schnellen Überfällen neigten, wenn sie sich aufgrund anderer Inanspruchnahme der kaiserlichen Kräfte von gefahrlosen Einzelaktionen Erfolge versprachen. Konnten sich im Raum Görz und Gradisca die Bevölkerung auch meist in die befestigten Städte flüchten, so ging doch Vieh verloren, und es war wichtig, das Vertrauen der Bewohner dieser südlichen Provinzen in die kaiserliche Autorität wiederherzustellen, da die Felder sonst unbestellt blieben. (Gradisca bedeutet in seinen slawischen Wurzeln soviel wie Festung; die erste Festung an diesem Ort erbauten aber die Venezianer gegen die Osmanen, noch ehe Maximilian König wurde. Maximilian erbte Gradisca im Jahr 1500.)

Herr über diese weitverteilten Rüstungsgüter war seit 1493 ein schon unter Sigmund von Tirol mit ähnlichen Aufgaben betrauter Hauszeugmeister namens Bartholomäus Freysleben aus einer angesehenen Familie, der sich nach einigen Jahren erfolgreicher Tätigkeit zusichern ließ, daß der jeweils älteste Sohn der kommenden Familiengenerationen wieder zum Zeugmeister ausgebildet und mit vergleichbaren Aufgaben betraut werden sollte. Daraus sieht man, daß auch die Feuerwaffen an den Traditionen der Hofämter nichts geändert hatten.

Freysleben enttäuschte seinen Herrn nicht; erhaltene Inventare beweisen, daß er den vollkommenen Überblick besaß und pflegte, wobei er – wie Schmidtchen betont – nicht nur technisch, sondern auch militärisch dachte und die Vorratshaltung in den Zeughäusern auf die Bedürfnisse der zunächst liegenden, in Konflikten vermutlich gleichzeitig involvierten Festungen und Schlösser abstimmte. Da es damals noch keine Groß-Serien-Fertigung gab, da eine Vielfalt von Geschützen mit unterschiedlichsten Munitionstypen versorgt werden mußte, war trotz der Vereinheitlichungsbemühungen des Kaisers sein Obrist-

Feldzeugmeister um diese Aufgabe nicht zu beneiden. Als Freysleben für die vielen Reisen und anderen Aufgaben zu alt geworden war, stellte ihm Maximilian einen Mann aus wenig bekannter Familie, aber mit großen Kenntnissen an die Seite. Er hieß Michael Ott von Aechterdingen, trat im eigentlichen Adelsumkreis um den Kaiser wenig in Erscheinung, wurde jedoch in den tiroler Gießereien wegen seiner Fachkenntnisse geschätzt, von denen niemand so recht wußte, wo er sie sich erworben hatte.

Ein Bezirk für sich war nach der friedlichen Lösung der böhmisch-ostösterreichischen Probleme das große Niederösterreich, also der zum Teil erst seit einigen Generationen besiedelte waldige Mittelgebirgsbezirk des heutigen Niederösterreichs. Die dort liegenden Depots hatten eigene Verwalter, seit 1501 den steirischen Freiherrn Christoph von Mindorff, auch Mintorff geschrieben, dessen Geschlecht 1723 mit der Tochter von Johann Christoph Freiherrn von Mintorff erlosch (seit 1664 war sie eine Gräfin Wildenstein).

Die Verteilung der Arsenale und Waffenplätze läßt erkennen, daß der Kaiser nicht nur mit äußeren Feinden rechnete. Als Kind hatte er die Kämpfe rings um seine wohlbefestigte Geburtsstadt Wiener Neustadt und um die Wiener Burg erlebt; in der Folge waren schnell Detachements der Türken mit empörender Selbstverständlichkeit tief ins steirische Hinterland eingedrungen oder hatten in Kärnten selbst entlegene Täler heimgesucht. Die schlimmste Prüfung für Maximilians innere Ordnung brachten aber die sozialen Unruhen, die über die Grenzen der Stämme hinweg vom äußersten Westen des Reiches bis in den Südosten für blutige Zeiten sorgten. Bis ins zwölfte Jahrhundert hatten die deutschen Landschaften unter Adelsrivalitäten und Rachefeldzügen gelitten, die zwar durch allerlei alte Bräuche ein wenig geregelt waren, aber speziell bei hartnäckigem Besitzstreit auch den kleinen Leuten viele Gefahren und Verluste brachten. Diese Fehdebräuche, die

154

als Gewohnheitsrecht schwer zu kanalisieren waren, hatte Frankreich schon 1413 durch das Gebot des Landfriedens außer Kraft gesetzt, sie waren im Grunde ja nichts anderes als eine Spätform der Blutrache gewesen.

Maximilian war 1495 bei seinen Vereinheitlichungsbemühungen auch hinsichtlich des Landfriedens erfolgreich, er hatte Friedensregelungen einzelner deutscher Provinzen zu einem deutschen und ewigen Landfrieden zusammengefaßt und diesen proklamiert, auf eben jenem Reichstag zu Worms, auf dem auch die Schaffung eines Reichskammergerichts durchgesetzt werden konnte, ohne das die Landfriedensordnung ja wenig Erfolg gehabt hätte. Ergänzt wurde dieser „ewige" Landfriede dadurch, daß die bisherigen Friedensgebote weitgehend in Kraft blieben, also der uralte Stadtfriede, den auch slawische Städte bis hin zu den Moskowitern zum Schutz des Handels kannten, und der Bannzaun.

Auf jenem Reichstag war aber auch die Erhebung des ,Gemeinen Pfennigs' beschlossen worden, eine Steuer, die vom Reich unmittelbar den Untertanen auferlegt wurde wie schon 1422 in den Notzeiten der Hussitenkriege. Obwohl diese Steuer bis 1551 insgesamt nur elfmal ausgeschrieben wurde, schuf sie 1495, als die Erträge dem Reichskammergericht zugute kommen sollten, mit einemmal große Unruhe in breitesten Schichten, möglicherweise vor allem, weil der Modus der Erhebung undurchsichtig war und fast überall die Geistlichen mit dem Einsammeln der kleinen Steuer beauftragt waren. Die öffentliche Geltung der Geistlichkeit war durch den Ablaßhandel am Vorabend der Reformation auf einem Tiefpunkt angelangt, und nun sollte diese in allen Satiren und Schmähschriften so derb beurteilte, das heimlichen Wohllebens verdächtige Priesterschaft auch noch Akteure der Steuer-Raubzüge werden.

Es ist bei Unruhen nicht immer einfach, den ersten Herd zu eruieren, doch dürfte er in diesem Fall, beim Bauernprotest gegen den Gemeinpfennig und andere Lasten, im Elsaß gelegen haben. Das Rheintal hatte den emsigsten Fluß an Informationen von allen Teilen des Reiches. Aus Basel kamen sie stromabwärts, aus Köln stromaufwärts, und die lebhafte Stadt Straßburg mit ihrer gleichsam republikanischen, gut funktionierenden Stadtverwaltung galt seit geraumer Zeit als ein Vorhof der Freiheit, in dem man allerlei sagen durfte, was anderswo zu Ärger geführt hätte. Der Rhein als frequentierte Nordsüdstraße zog natürlich auch allerlei Gesindel an, entlassene Soldaten, entlaufenes Herrschaftspersonal, Schiffervolk aus den verschiedensten Gegenden. Was der eine nicht wußte, glaubte der andere zu wissen, und schließlich fand sich in dem Dorf Untergrumbach und bald darauf im Großraum um Bruchsal ein Geheimbund von erstaunlicher Zahl der Teilnehmer und Verschworenen zusammen, angeblich bis zu siebentausend Männer und nicht weniger als vierhundert Frauen. Einen, den bei aller Adelsfeindschaft die Frömmigkeit nicht verlassen hatte, drückte das Gewissen, er verriet, was er wußte, in der Beichte, und das Pfäfflein hatte nichts Eiligeres zu tun, als Grafen und Fürsten zu informieren. Obwohl Wilhelm Zimmermann sogar den Namen des Verräters nennt und Lukas Rapp ein guter elsässischer Name ist, verdient die Geschichte, 1891 in dieser Form in die Welt gesetzt, keinen Glauben. Die Herren hatten kein Alarmsystem, die Leutpriester nicht die nötige Bildung und schon gar nicht die Verbindungen, um auf eine Äußerung von ganz unten schon umfassende Maßnahmen auszulösen. Vor allem aber bedurfte es eines einzelnen Verräters gar nicht, das ganze Land wußte längst, was kommen mußte.

Die Jahre 1483, 1492 und 1502 waren durch gestiegene Getreidepreise gekennzeichnet, und die Weinernten, von denen das Elsaß lebte, waren 1485, 1491 und 1511 so schlecht gewesen, daß es keine nennenswerten Ausfuhren gegeben hatte. In den Städten aber saßen die wohlhabenden Bürger auf großen Vorräten vor allem an Brotgetreide und diktierten die Preise, was von der Landbevölkerung nur den wenigen Bauern zugute kam, die es geschafft hatten, Vorräte anzulegen. Es kam zu Verschuldungen, zu Zwangsversteigerungen, zu Landflucht und einem Bettlerelend in den reichen Städten, so daß nicht nur der Magistrat von Straßburg dagegen einschreiten mußte, sondern daß die grassierende Verelendung ein Thema für berühmte Kanzelredner wie Geiler von Kayserberg wurde. Nach vereinzelten Weigerungen, die Steuern zu bezahlen wie zum Beispiel in dem Städtchen Schliengen, waren die Zusammenschlüsse in Not geratener Landleute rund um Schlettstadt, Bliensweiler und Nothalten nicht mehr zu übersehen. Ein Nahziel waren die Amtsräume des Reichshofrats in Rottweil, eine allgemeinere Initiative richtete sich gegen die Juden als Gläubiger und Inhaber der Hypotheken auf den bäuerlichen Anwesen.

Der Reichshofrat war das von Maximilian 1498 für die habsburgischen Erblande eingerichtete (später von Kaiser Ferdinand ausgebaute) *Iudicium aulicum*, ein kaiserliches Gericht in Konkurrenz zum Reichskammergericht für die nicht habsburgischen Länder. Während das Vorgehen gegen die Juden zunächst keine Folgen hatte, schlug die kaiserliche Gerichtsbarkeit mit aller Härte zu: Drei Verschwörer wurden hingerichtet, eine Reihe anderer nach schweren Körperstrafen zu Geldbußen verurteilt. Diese Härte, der keinerlei Verhandlungen vorausgegangen waren, trieb nun die großen Massen dem charismatischen Rebellen Jocely Fritz, kurz Joss genannt, in die Arme. Bis dahin hatte er vor allem im Raum Bruchsal, also auf der heute deutschen Seite, mit seinen Aufwiegelungen nur begrenzten Erfolg gehabt.

Während Fritz bald emsig gesucht und von Dorf zu Dorf getrieben wurde, erhielt die neue Bewegung, für die sich die Bezeichnung Bundschuh durchsetzte, Zuzug selbst aus bürgerlichen Schichten, ja ein ehemaliger Bürgermeister der Gelehrtenstadt Schlettstadt und ein anderer von Blienswiller erhoben den bäuerlichen Schnürschuh zum Symbol einer neuen Ordnung, in der freiheitslüsterne Tendenzen aus dem Bistum Speyer und von den Hängen des Rheintales zusammenflossen. Die junge Reformation tat ein übriges, die Priester, die Klöster und die Juden, kurz alle, bei denen Geld vorhanden war oder vermutet wurde, sahen sich plötzlich als Ziele und Opfer des großen Volkszorns.

Maximilian, durch die Unruhen in der Heimat der Habsburger in besonderem Maß betroffen, befahl die härtesten Unterdrückungsmaßnahmen, Vermögensverfall aller Verdächtigen, Depossedierungen großen Stils, dazu Vertreibungen aus der Heimat und gegen die Rädelsführer Todesurteile mit Hinrichtungen wie im Fall von Kriminellen: Vierteilungen, Zu-Tode-Schleifen durch Pferde und Ähnliches aus dem grausamen Strafenarsenal des Mittelalters.

Indessen setzten sich die Exekutivkräfte, ob mit Absicht oder weil sie insgeheim mit dem Landvolk sympathisierten, nur langsam in Bewegung. Die Rädelsführer hatten fast alle Zeit, in die Vogesenwälder zu verschwinden. Immerhin blieben genug übrig, die das Kriegsvolk vor aller Augen zur Abschreckung folterte und hinrichtete. Joss Fritz entrann ebenfalls, fühlte sich als Sieger, kleidete sich stutzerhaft und heiratete eine Else Schmid, was wohl bedeutete, daß er sich sicher fühlte.

Am persönlichen Format dieses Fritz Joss ist ebensowenig zu zweifeln wie an der schließlich verhängnisvollen Tendenz, zuviel zu wollen, ja eigentlich alles, selbst wenn man die Ordnung dieser spätmittelalterlichen Welt, gewachsen und gefestigt, als gottgegeben ansieht. Jossens besonderer Zorn galt Maximilians Gerichtshaus in Rottweil, es war für ihn wie ein Geßlerhut, den die ganze Landschaft stets vor Augen hatte, und auch die geistlichen Gerichte wünschte er strikt auf klerikale Streitsachen beschränkt zu sehen.

Das Volk, das ihm zulief, verstand dies alles nur zum geringsten Teil. Es gab in der damals noch dünn besiedelten Mittelgebirgs- und Hochflächenlandschaft im deutschen

158

Südwesten viele kleine Orte, die von der Obrigkeit nicht beobachtet werden konnten, dazu vereinzelte Fuhrmannstreffpunkte, in denen man sich unauffällig auch spätabends noch versammelte. Immer blieb aber die Bewegung in ihrer langsamen und lange Zeit tatsächlich geheimen Bildung links- und rechtsrheinisch, sie griff bis nach Zabern aus, im Norden bis nach Orten am Mittelrhein und in verschwiegenste Regionen des Schwarzwaldes wie den 960 Meter hohen Kniebis. Dadurch kamen einzelne Männer in den Kreis, die in Frankreich das Waffenhandwerk gelernt hatten. Die Fahne, die neue Bundesfahne nach den Ideen des Joss Fritz, malte den Verschwörern ohne Böses zu ahnen ein Künstler aus Heilbronn, der an dem Bundschuh keinen Anstoß nahm, weil Joss um reichliche religiöse Symbole wie die Heilige Mutter Gottes und Johannes den Täufer als Rundherum gebeten hatte.

Das erste Ziel der Verschwornen sollte die Stadt Freiburg sein, wo man alles zu finden hoffte, was an Ausrüstung noch fehlte, doch sickerte der Plan durch, und während die Bauern auf Joss warteten, der wie der beste Kopf aus Österreich, der Tiroler Hieronymus, noch Hilfstruppen zusammenholte, machten die Freiburger mit zweihundert entschlossenen Bürgern einen Ausfall und ergriffen im Dorf Lehen, über das man offensichtlich einiges ermittelt hatte, nicht nur ein paar Einwohner mit verdächtiger Gesinnung sondern auch die junge Ehefrau Else geborene Schmid des Joss Fritz.

Das Spiel der Nachrichtendienste an dieser Wende vom fünfzehnten zum sechzehnten Jahrhundert funktionierte in beiden Lagern erstaunlich gut. Joss und seine Entourage erfuhren, was sich ergeben hatte, und suchten ihr Heil im fernen Zürich, aber Maximilians Polizeistation in Ensisheim hatte mit ganz unkaiserlicher Eile Amtshilfe aus Basel erbeten und Joss eine Streife auf den Hals gehetzt. Ein paar engste Gefährten Jossens wurden verhaftet, darunter ein als militärisch erfahrener Berater wichtiger

Mann namens Jakob Hauser. Joss selbst und ein paar andere schafften es wieder, zu entrinnen.

Daß die Schweizer, obwohl ganz und gar nicht habsburgisch gesinnt, den Häschern aus Ensisheim so bereitwillig halfen, hat seinen Grund in einem leisen Gären selbst in schweizer Talschaften; auch dort murrten manche Bauern bereits gegen den alten Reichtum der Herren und der Klöster, und so gab es für die Ergriffenen auch diese Fluchtmöglichkeit nicht mehr. Man folterte damals ausgiebig und routiniert, mangels subtilerer Verhörmethoden oder Erkenntnismöglichkeiten. Die Gepeinigten bekannten sich wohl alle zum Bundschuh und sprachen in allgemeinen Auskünften über die Organisation, aber es sollen wenig Namen genannt worden sein, was dafür spricht, daß in dieser provinziellen Intimität ohnedies jeder von jedem wußte, wie er gesinnt war.

Die großen Biographien des Kaisers zählen seine Räte auf und führen uns mit lesenswerten Einzelheiten in die Familien ein, die zum Teil seit frühen burgundischen Zeiten die Majestät umgaben. Vielleicht hat man ihm auch die Namen der bäuerlichen Verschwörer mitgeteilt, die nun für eine Revolte büßen mußten, die noch gar nicht begonnen hatte und in der noch niemandem ein Haar gekrümmt worden war: Im Oktober 1513 wurde in Badenweiler ein Marx Stüdlen gevierteilt; gleiches geschah einem Altvogt namens Hans Enderlin mit seinem Sohn in der sonst so freundlichen Münsterstadt Freiburg. Selbst in Basel fühlte man sich bemüßigt, kaiserliche Justiz zu üben, aber man ersetzte die Vierteilung wenigstens durch die Enthauptung. Jene, die man am Leben ließ, zeichnete man für Lebenszeit dadurch, daß ihnen am Schwurfinger, also an der rechten Hand, das oberste Fingerglied abgeschlagen wurde. Ein kaiserlicher Rat namens Rudolf von Blumeneck, adelig, aber unedlen Angedenkens, leitete die Fahndung tief hinein in die Schweiz, aber jene, die er zu fassen vermochte, schwiegen über den Verbleib von Joss.

Erstaunlich menschlich betrug man sich gegenüber der jungen Frau des Gesuchten, gegenüber Else Joss, die damals ihre eigene reizvolle Person vor Folter und Pressionen rettete. Ihr wurden nur die Kosten für ihre kurze Haft auferlegt, dann entließ man sie gegen die Versicherung, nichts gewußt zu haben und sich auch fürderhin an rebellischen Umtrieben nicht zu beteiligen. Die Fama will wissen, daß Joss es schaffte, sich ihr im Dunkel des Schwarzwaldes immer wieder zu nähern und unerkannt zu entkommen.

Flacker- und Feuerzeichen wie diese Begebenheiten im Südwesten kündigten quer über den ganzen Süden des Reiches jenen großen Bauernkrieg an, den 1525 die Enkel Maximilians zu bestehen haben werden. Es flammt überall auf, bald zu früh, weil der Verrat dies erzwingt, bald zu spät, weil die Führung fehlt, selten im günstigen Augenblick, zwischen 1502 und 1514, meist nicht abgesprochen und in wirrer Abfolge, weil nur zu oft ein örtlicher Übergriff, eine lokale Auseinandersetzung den blutigen Ausbruch herbeiführte. Es war unter solchen Verhältnissen eigentlich jegliche Zusammenrottung schon ein Risiko, und als zehn Jahre nach den ersten Feuerzeichen sich wortmächtige Propagatoren eines neuen Kreuzzugs in Ungarn zeigten und unerwarteten Zulauf nicht immer aus den frömmsten Schichten hatten, da war auf einmal ein Heerhaufen beisammen, der durchaus auch Unheiliges im Sinn haben oder dafür begeistert werden konnte.

Als im April 1514 binnen drei Wochen an die 60.000 Menschen aus allen Teilen Ungarns zusammenströmten, um gegen die Türken zu ziehen, hatte das Land schon zwölf Jahre der Not, der örtlichen Unruhen und der Strafmaßnahmen hinter sich, aber auch Zwischenfälle und Mißstimmungen, für die der Adel nichts konnte, etwa, wenn die deutschen Bauern in der Gottschee fleißiger und erfolgreicher waren als ihre slowenischen

Nachbarn und darum nicht nur scheel angesehen, sondern auch angefeindet wurden. Die da und dort aufbrandende Volkswut hatte erst als Gerücht, dann in Berichten auch den Kaiser erreicht, und Maximilian, der, völlig frei von Adelsdünkel, sich über die Grundbesitzer keine Illusionen machte, empfing geduldig und verständnisvoll Abordnungen aus den südöstlichen Vorlanden in Augsburg, hörte beide Parteien an und befahl ihnen, miteinander ins Reine zu kommen. Er verbot alle Neuerungen, die den Bauern das Leben erschwerten, konnte aber wohl nicht verhindern, daß ohne sein Wissen weitere Lasten eingetrieben und den Leibeigenen oder auch den Pächtern auferlegt wurden.

So kam es zu Aktionen, von denen die Flugblätter bis hinein ins Reich berichteten, weil die Bauern von Krain, der Steiermark und Kärnten in ihrem zornigen Aufruhr allerlei vollführt hatten, woran die Phantasie der Unbeteiligten sich laben konnte – wenn nämlich die Burgen berannt und erobert wurden, obwohl die Bauern kein schweres Gerät zur Verfügung hatten und die Herren einander zu Hilfe eilten. Den Brüdern von Mündorf zu Maichau in Krain hatte ihre Tapferkeit nichts genützt, vor allem Balthasar, der Ältere, war bei seinen Leibeigenen so verhaßt, daß nach der Erstürmung des Schlosses keine Gnade waltete. Beide Brüder wurden enthauptet, ebenso ein Marx von Klissa, mit dem sein Geschlecht ausstarb, und fünfzehn andere Adelsherren, die sich hinter die Ringmauern der hochgelegenen Burg geflüchtet hatten. Balthasars Söhne, zwei Kinder, die von den Vorgängen kaum etwas begriffen, wurden erschlagen, eine Tochter konnte eine alte Amme in den Wald retten. Mit der Burgherrin, sie hieß Marthe und war eine geborene Pfaffloitsch, und den großen Töchtern vollführten die Bauern ihre eigene Siegesfeier: Die Frauen mußten sich bis auf die Haut entkleiden, und als man sich an ihnen sattgesehen hatte, warf man ihnen Lumpen zu, damit sie einmal wüßten, wie man sich in so rauhem Gespinst fühle.

In der schönen Landschaft von Unterkrain flammte ein Dach nach dem anderen auf: Schloß Arch, aber auch die auf einem hohen Felsen schier unangreifbar gelegene Burg Sauenstein, das im Wald verborgene Schloß Thurn am Haardt und viele andere. Doktor Wilhelm Zimmermann hat ihr Gedächtnis getreulich bewahrt, die Familien, die dort lebten, sind aber so gründlich ausgelöscht, daß die Kompendien des Adels nichts mehr von ihnen wissen. Jene, die rechtzeitig erfuhren, was sich in der Umgebung begab, hatten wohl auch Zeit für Verhandlungen. Es gab einen Herrn Joseph von Lamberg, kriegserfahren und weitgereist, der nicht vorhatte, sich wie seine schlichteren Adelsgenossen abschlachten zu lassen. Auch hatte er seine Bauern rund um Schloß Orteneg besser behandelt als die meisten anderen Herren, und so ließen sie ihm Zeit, wie sich zeigte zuviel: Als sie Orteneg das Schicksal der anderen Schlösser bereiten wollten, starrte der Platz von Waffen, und die Bauern zogen ab.

Inzwischen hatte sich auch Maximilian zum Eingreifen entschlossen und Sigmund von Dietrichstein, Landeshauptmann der Steiermark, hundert Reiter und vierhundert Landsknechte für eine Befriedungsaktion zur Verfügung gestellt. Dietrichstein hatte eben durch eine sehr ehrenvolle Verbindung das große Rottalsche Vermögen in seine Familie geholt und war seiner Majestät, die diese Hochzeit angebahnt hatte, besonders verpflichtet. Aus Villach und Friesach machten sich Dietrichsteins Leute nach Krain auf, hatten jedoch den Auftrag, bei Unterwerfung menschlich vorzugehen. Die Bauern kamen jedoch nicht, um sich den Kommissarien zu präsentieren, sondern belagerten in der kleinen Stadt Rain am Lech den kaiserlichen Hauptmann Kiss Marco, der schließlich gezwungen wurde, sich im Schloß zu verbarrikadieren. Auch dort aber rückten die Bauern ihm auf den Leib, so daß er sich mit sechs Gefährten aufs Pferd schwang und einen Ausbruch versuchte: Die Bauern aber hatten die Zugbrücke angesägt, die Reiter fielen in den Graben und wurden gnadenlos getötet, angeblich haben die Bäuerinnen mit den nagelbewehrten Hecheln auf sie eingeschlagen, bis keiner sich mehr rührte.

Inzwischen hatte Dietrichstein seine Truppe auf achthundert Reiter verstärkt, wozu fünf Fähnlein Landsknechte kamen und einige kleinere Feldgeschütze für den Fall, daß die Bauern sich in den eroberten Burgen verschanzen sollten. Bei Pettau führte Dietrichstein seine Truppe über die Drau und überraschte die Bauern, die unzureichend bewaffnet ihr Heil in der Flucht suchten. Es begann ein furchtbares Strafgericht; jene, die Dietrichstein als Anführer bezeichnet wurden, erlitten die grausame Vierteilung, viele andere wurden an die Bäume gehängt. Die Häuser und Familien der Aufrührer wurden auf Dauer mit Strafsteuern belegt, weil es den Grundbesitzern Schaden zugefügt hätte, wären die Anwesen niedergebrannt worden; dennoch verödeten ganze Talschaften.

Nach solchen Vorkommnissen am westlichen Rand des ungarischen Flachlandes war klar, daß bei nächster Gelegenheit die große, geschlossene, organisierte Rache der Unterdrückten kommen mußte. Zwei Haßprediger – sie hießen Laurentius und Barnabas – fanden offene Ohren, und ein Szekler aus Erdelli übernahm die Gesamtführung, er hieß Georg Dosza.

Die Namensschreibung ist eines der Probleme jener Jahrhunderte, schon gar, wenn es sich um einen ungarischen Namen handelt. Hermann Wiesflecker schreibt Georg Dozsa, Wilhelm Zimmermann Georg Dôsza, J.M. Bak im Lexikon des Mittelalters György Dózsa. Er setzt hinzu, daß dies ein herkömmlicher Name sei, also nicht dokumentarisch gesichert, und daß der schnell berühmt werdende Bauernführer meist Georg der Szekler, also Georg Szekely genannt wurde. Bak vermutet als urkundlich verläßlichen Namen György Dosa de Makfalwa: nach einer militärischen Heldentat an der Türkengrenze sei Dozsa geadelt worden, er kann also den Kanzleien in Pest und Innsbruck nicht ganz unbekannt gewesen sein. Als sich das Kreuzheer zum Zug gegen die Türken oder durch die Türken hindurch sammelte, scheint es keine Alternative zu ihm gegeben zu haben; er wurde zum Führer des Heereszuges bestimmt, ein schon namhafter Befehlshaber also von etlichen vierzig Jahren (die Rumänen feierten 1973 seinen 500. Geburtstag, die Ungarn 1974).

Ende Mai wandte sich das aus den verschiedensten rechtlosen und armen Bevölkerungsteilen zusammengesetzte Kreuzheer offensichtlich nach kurzem Zaudern gegen die Herren im Land selbst; die zunächst ausersehenen Gegner, die Türken, sah man als eine Art Rückendeckung an, weil sie nicht Miene machten, in den sich abzeichnenden Bürgerkrieg einzugreifen. Erstaunlich ist, daß die großen Geschlechter von Krain, der Steiermark und Kärnten, obwohl durch Burgen-Überfälle gewarnt, die Gefahr nicht erkannten, die in der Zusammenrottung von Zehntausenden Unzufriedenen, unterdrückten Heimatlosen, ganzen Scharen von Marodeuren und davongelaufenen Leibeigenen gegeben war. Zu der verhängnisvollen Unterschätzung des zusammengelaufenen, aber sehr starken Heerbanns trug wohl auch bei, daß etwa die Herren von Lamberg kurz zuvor aus eigener Kraft mit den Bauern fertig geworden waren, ein niederösterreichisches Geschlecht mit weiten Besitztümern in Krain und der Steiermark.

Wilhelm I. von Lamberg hatte schon 1322 bei Mühldorf in Bayern an der Seite Friedrichs des Schönen von Österreich gefochten, dann hatten die Lamberg sich mit den Zobelsperg, den Wodwein, Abfalterer und anderen Geschlechtern verbunden, die schon in der Nähe Friedrichs III. und des jungen Maximilian gewesen waren, als es noch um Karl den Kühnen und um das burgundische Erbe ging. Es hätte mit ihnen auch im Südosten, an der gefährdeten Türkengrenze, ein solides, kaisertreues österreichisches Vorland entstehen können, ein Plan, den schon Friedrich III. im Kopf hatte.

Dennoch nahm, wohl nicht ganz unerwartet und ungehemmt, das große blutige Schauspiel des Bauernaufstands seinen Lauf und wurde zu einer schweren Krise der ostösterreichisch-ungarischen Landschaften, die seit dem Tod des Matthias Corvinus nicht viel Waffenlärm gehört hatten. Dosza war im besten Alter für diese Aufgabe, erfahren genug, jung und mutig zudem. Er übte seine Pilger im Waffenhandwerk, wobei manche sich nach Hause trollten, jene, die blieben, aber um so eifriger bei der Sache waren. Die Arsenale von Pest und Ofen, wie damals Budapest noch genannt wurde, waren vergleichsweise schwach gesichert. Hier wehrten sich etwa vierhundert Ritter im Dienst des schwachen Wladislaw II. von Böhmen, der sich König von Ungarn nennen durfte aufgrund eines Vertrages aus dem Jahr 1490, der im Grunde nur soviel Wert hatte, als Kaiser und Reich ihm zumessen wollten. Im Herzen von Ungarn brannten die Burgen bald wie wenige Jahre zuvor in Krain und in den südlichen Alpengauen Österreichs.

Es war wohl die Erinnerung an die Waffentaten von Großvater und Vater Zapolya in früheren Zeiten ungarischer Macht, daß König Wladislaw den jungen wilden Fürsten von Siebenbürgen zu Hilfe rief, Johann Zapolya aus einem Geschlecht, das gelegentlich selbst nach dem Thron gestrebt und sich schon unter Matthias Corvinus durch Waffenruhm ausgezeichnet hatte. Johann Zapolya war eine harte und entschlossene Natur und in einem Siebenbürgen aufgewachsen, das wir uns als noch halbwild vorstellen müssen, eine Landschaft, die bei aller Schönheit es ihren Bewohnern nicht leicht machte und viel Blut getrunken hatte. In der gebotenen Eile hatte Zapolya nur eine kleine eigene Truppe mit gegen Ofen geführt, aber da er Hoffnung, ja Rettung bedeutete, krochen die Diener und Knechte der Adeligen, die sich vor dem Bauernsturm verborgen hatten, aus ihren Verstecken. Die Stadtbürger aus Pest und aus Ofen kamen hinzu, die Kreuzfahrer aber genossen Sieg und Beute unbesorgt auf einem Feld, das ihnen keinen Schutz bot und auch keine Fluchtmöglichkeit.

Als die Leute eines Unterführers namens Ambros Szaleresi angesichts des heraufziehenden Unwetters in Verhandlungen eintraten und zum Adel übergingen, war das Schicksal der übrigen besiegelt. Während Georg Dosza weit im Süden gegen Szegedin zog, trieb man die Kreuzfahrer vor Budapest zu Paaren. Der Zorn in den Reihen des Adels war frisch und echt; da sie vielfach miteinander verwandt und verschwägert waren, hatte bei dem Burgensturm der Pilger jede Familie Opfer zu beklagen. Man kannte die Frauen und Mädchen, die den Bauern in die Hände gefallen waren und ihr Schicksal, man kannte die Besitztümer, die geraubt worden waren oder in Flammen aufgingen.

Was unausweichlich kam, wird sich bis hin zum Haushamerfeld im siebzehnten Jahrhundert immer wieder ereignen: Eine Zeit, die noch keine Fahndungslisten kennt, schützt sich gegen den Wiederholungstäter, indem sie ihn zeichnet. Das harte Wort ‚Hüte dich vor den Gezeichneten' stammt aus der Zeit, da man dem Übeltäter, auch wenn er zum erstenmal auf seiner Untat betroffen wurde, die Wange aufschlitzte, Fingerglieder abhackte, Brandmale in die Haut setzte. Die Wüteriche vom Zapolya-Heer taten ein Übriges, sie schnitten Nasen ab oder Ohren, und die Henker hatten viel zu tun.

Das Gerücht trug alles, was geschah, schnell durch die ungarische Ebene nach Süden, wo die Armee des Georg Dosza in der schwierigen Auenlandschaft zwischen Theiß und Maros die Stadt Szeged berannte. Sie war nicht nur befestigt, sie hatte sich im Lauf der Jahrhunderte auch mit Schutzbauten gegen die Hochfluten der beiden Flüsse umgeben und war für eine noch so große Armee, die kein Pioniergerät und keine Artillerie mitführte, so gut wie uneinnehmbar. Es zu versuchen, erwies sich als ein verhängnisvoller Irrtum. Dosza brach zwar die Belagerung ab, ging über die Theiß, nahm die Festungsstadt Csanad

167

im Handstreich und schlug in einer mörderischen, zwei
Tage währenden Schlacht den Bischof Grafen Csaky, der
sich beim Versuch, Szeged zu entsetzen, zu nahe an Doszas Hauptmacht gewagt hatte. Istvan Batory, der gräfliche
Herr der Stadt Temesvar, kam mit seinen Truppen zu spät
auf das Schlachtfeld, Doszas Männer aber nahmen Rache
für das, was Zypolya ihren Gesinnungsgenossen angetan
hatte. Der Bischof, zugleich Herr großer Güter, wurde seiner Rüstung beraubt und in der Sonne über der Theiß gnadenlos gepfählt, wie man es von den Türken gelernt hatte.
Noch verhaßter war der königliche Schatzmeister Teleki,
dessen Leute weit und breit die Abgaben hart eingetrieben
hatten. Was er als Mann des Geldes auf einem Schlachtfeld
zu suchen hatte, weiß bis heute niemand, vielleicht wollte
er die Kriegskasse nicht aus den Augen lassen. Gereizt von
seiner Beleibtheit, hingen sie ihn an dem auf, was man bis
von hundert Jahren das Gemächte nannte; schwerverletzt,
hatte er einen langsamen Tod. Erst 1685 wurde seine Familie mit seinem frühen Unglück und historischer Schan-
de versöhnt, als Kaiser Leopold I. die Teleki zu Grafen
machte. Es gibt Flugblätter, in denen Teleki grausig an
einem hohen Galgen leidend, vom umringten Volk mit
Steinen beworfen und mit Pfeilen beschossen wird.

Graf Bathory, der vor Csanad nichts für ihn hatte tun
können, rächte Teleki und den Bischof auf eine so furcht-
bare Weise, daß man all die Geschichten glauben möchte,
die über Erszebeth Bathory, die Blutgräfin umgehen. In der
weiten Theiß-Ebene kämpften und raubten die nach dem
Sieg von Csanad in allen Richtungen ausgeschwärmten
Bauern und schwächten so das Hauptheer, weil der Adel
seine freien Truppen von der Budapester Donau inzwischen nach Süden führte. Dosza selbst aber bekam Zuzug
durch die Reitertruppe des Anton Hosszu und durch ver-
sprengte Bauern, die bei Erlau beinahe den Schergen des
Adels in die Hände gefallen waren. Angesichts dieser so
plötzlich auftauchenden Übermacht brachte Bathory Ma-

168

ros und Theiß zwischen sich und die umgebenden Bauern-
haufen und zog seine Truppen in der Stadt Temesvar zusammen, einer königlichen Freistadt und Festung inmitten
ausgedehnter Sümpfe, die gegen die Türken in den letzten
Jahren mit starken Außenwerken versehen worden war.

Dosza belagerte Temesvar zwei Monate lang und vertrieb sich die Zeit dadurch, daß er sich die Verfassung einer
neuen Republik ausdachte, einer Hungarischen Republik
ohne Adel, in der auch die Geistlichkeit nicht viel zu sagen hatte, außer einem einzigen Landesbischof, der müßte
genügen. Er saß bei einem ausgiebigen Mal, als ihm schrei-
ende Boten die lautlos aus dem Norden heranrückenden
Siebenbürger des Johann Zapolya meldeten. Zahlenmäßig
unterlegen, aber durch das Moment der Überraschung begünstigt, konnten die Siebenbürger Doszas Leute an ge-
schlossener Gegenwehr hindern. Man kämpfte erbittert,
denn inzwischen kannten beide Parteien das Schicksal
der Besiegten. Als sich der Sieg Dosza zuneigte, erkannte
Bathory in der Stadt, daß es um alles ging und trieb die
Seinen aus den Toren hinaus in das Getümmel, seine Festungstruppen, die sich innerlich schon auf die Übergabe
von Temesvar eingestellt hatten.

Dosza sah sich verloren und hegte keine Zweifel über
das Ende, das man ihm bereiten würde; also schwang er
sich mit dem Schwert in das dichteste Geschehen, aber der
Stahl zersprang und man fing ihn lebend.

Als der Mann, der ihn besiegte, gilt Stephan III. Bathory, der Woiwode von Siebenbürgen und natürliche Rivale des mächtigen Zapolya-Clans, aus dem die Prinzessin
Barbara 1512 König Sigismund I. von Polen geheiratet
hatte. .Die Entsatzarmee für Temesvar aber hatte Johann
Zapolya geführt, und ihm wird in der einschlägigen Geschichtsschreibung die Regie zur Last gelegt, die zu einer
der grausamsten Hinrichtungen der Geschichte führte:
Zuerst hatte er vor Doszas Augen dessen Bruder Gregor enthaupten lassen. Für ihn, einen Mitläufer, der dem

energischen Bruder hörig gewesen war, hatte Dosza um Gnade gebeten, Gregor vor seinen Augen sterben zu lassen, entsprach dem alten byzantinischen Ritual, die Söhne und Töchter vor den Augen der entthronten Eltern abzuschlachten. Zapolya ließ die vierzig Mann, die aus der Leibgarde Doszas am Leben geblieben waren, in einem Verließ ohne Nahrung, angeblich zwei Wochen lang, was neun von ihnen überlebten. Diesen wurde ihr einstiger Hauptmann dann auf einem glühenden Eisenthron als Henkersmahlzeit serviert; wollten sie ihr Leben retten, so sollten sie ihn mit ihren Zähnen zerfleischen.

Drei weigerten sich und starben unter den Schwertern der Adelsknechte, die anderen sechs bereiteten Dosza, der für sie nur ein Wort hatte, sie kurz Hunde nannte und danach nicht mehr sprechen konnte, jenen Tod, der Geschichte machte und den biedere Lexikographen kannibalisieren nennen. Man richtete grausam in jener Zeit. Vierteilen, auf das Rad flechten waren, gegen Kriminelle ausgeübt, gängige Hinrichtungsarten, Cartouche, der große französische Robin Hood, erlitt diesen Tod. Im Krieg und gegen Adelige derlei sich einfallen zu lassen, blieb dem Heldenkönig Karl XII. von Schweden vorbehalten, der den livländischen Freiherrn von Patkul rädern ließ. Marco Antonio Bragadin, der venezianische Edelmann, der Famagusta auf Zypern elf Monate lang gegen die Übermacht der Türken unter Mustafa gehalten hatte, wurde gegen die Kapitulationsvereinbarung am 18. August 1571 bei lebendigem Leib geschunden und verstümmelt, und als ein armer Teufel namens Damiens den schönen Ludwig XV. mit dem Messer die Haut am Ellbogen ritzte, wetteiferten die Damen der Pariser Gesellschaft im Erdenken von grausamen Torturen, ehe sie in wohliger Erregung am Grèveplatz der Hinrichtung des Unglücklichen und seiner Vierteilung durch kräftige Pferde beiwohnen durften.

Das war zweihundertfünfzig Jahre später, und zweihundertfünfzig Jahre vorher war es auch nicht anders gewesen, als sich die Mamelucken erhoben, als Ottokar von Böhmen seine Reiter gegen die Pruzzen an der Ostsee führte. Mitten in einem Halbjahrtausend der Unmenschlichkeiten und des Elends war Ungarn, das unter dem großen Matthias Corvinus Reformen und Ordnung kennengelernt hatte, in die Adelswillkür zurückgefallen. Die Söldnerheere mit denen er Friedrich III. das Leben schwergemacht hatte, waren jahrelang durch das flache Land gezogen, hatten sich von den Magnaten anwerben lassen und das, obwohl die Osmanen auf ihre Zeit warteten und über die Donau hinweg in des gärende Land hineinblickten, wo soeben ausgebildete Soldaten und todesmutige Bauern einander abgeschlachtet hatten. Das war der Südosten, den die Habsburger für ihr Reich gewinnen mußten, weil sie an Thurzo dachten, der hier seinen Reichtum aus den Böden geschürft hatte, weil sie wußten, daß die Einkünfte der ungarischen Krone in guten Jahren an die 8000.000 Gulden betragen hatten, die Maximilian I. von allen Sorgen befreit hätten.

Maximilian hatte dem Untergang Doszas zusehen müssen, weil es für ihn zu spät geworden war. Dosza ging ihm ja nur fünf Jahre im Tod voraus, aber man muß bezweifeln, daß der Kaiser den wilden Habenichtsen vor Szegedin viel Mitleid gewidmet hat. Die habsburgischen Bauern waren die stummen Träger der Volkswirtschaft, dank der Ernährung und der Versorgung der großen Gemeinschaft. Rechte erwuchsen ihnen, auch unter den christlich gesinnten Habsburgern, daraus noch nicht. Die Bauern wurden gegen Adel und Klöster soweit geschützt, wie nötig war, um ihre Arbeitskraft und die Gesundheit der Familien zu sichern; dies schränkte die Auswüchse der Leibeigenschaft ein. Gut ging es den Bauern aber nur dort, wo das ganze Land reich war, wie Tirol, wo die Werkstätten und Bergwerke die überzähligen Bauernsöhne beschäftigten, oder in Niederösterreich, wo der Weinbau den Landmann gut zu ernähren begann. Indessen waren die habsburgischen Länder zu vielgliedrig und zu unterschiedlich von den aargauischen Grafschaften bis in die Krainer Vorlande, als daß man mehr tun konnte als die Förderung der guten Geister unter den Edelleuten und die Entmachtung der Unbelehrbaren unter den Unzufriedenen.

Maximilian hatte das große Reich im Nacken, und es wurde ein alljährliches unerfreuliches Rechenexempel, die reichen Erträge aus den blühenden österreichischen Ländern aufzurechnen gegen die Lasten des großen, so unterschiedlich entwickelten Reiches. Die großen Kenner des kaiserlichen Lebens haben einander darum auch bitter widersprochen. Leopold von Ranke, der Preuße, unterstellt dem Habsburger Sonderwirtschaft und Sonderinteressen für seine Erbländer; Hermann Wiesflecker sieht andere Ziele in der habsburgischen Tradition, ein Königreich Österreich schon unter dem letzten Babenberger, dem an der Leitha gegen die Ungarn gefallenen Friedrich II., oder aber – vielleicht auch zusätzlich – ein Kurfürstentum Tirol, eine Rangerhöhung, einen Zugang zur Stimmberechtigung, die dieses reichste Land und emsigste Gemeinwesen des ganzen großen Reiches wohl auch verdient hatte.

Was daraus wurde, waren die seit jeher habsburgisch-typischen Winkelzüge, die Heiraten, am besten gleich *vice-versa*, weil so oft und so schnell gestorben wurde, schließlich war Juana la Loca wahnsinnig genug gewesen – wie man oft geschrieben hat: aus Liebe zu ihrem Gemahl – ein Kind nach dem anderen in die Welt zu setzen. Und obwohl es eine grausame Wahrheit ist, daß sich Geisteskrankheiten ungleich häufiger von den Müttern auf den Nachwuchs vererben als von den Vätern, betrugen sich die sechs zu verfolgenden Kinder dieses Paares nicht absonderlicher als die gleichzeitigen Generationen anderer Herrscherhäuser und als der bedeutende Großvater selbst. Daß Maximilian und seine Räte die Möglichkeiten der Familienpolitik den kostspieligen und blutigen Feldzügen in Richtung Südosten vorzogen, entsprang zwar der konstanten Finanzmisere des großen Kaisers, hatte aber seinen höheren Sinn zweifellos in dem frühen österreichisch-ungarischen Zusammengehörigkeitsgefühl. Der Wien-Korrespondent einer großen Süddeutschen Tageszeitung riskierte im Sommer 2006 das Bonmot, die legendäre K.u.K. Monarchie habe im Grund nicht länger existiert als die DDR, was nach den spätesten Ziffern auf dem Papier stimmen mag. Im Grunde aber war Österreich-Ungarn schon eine Realität, als Matthias Corvinus in Wien residierte und eine Geliebte aus Krems hatte und als Maximilian, trotz aller deutschen und römischen Würden, sich nicht zu gut war, als Wahlkönig von Ungarn eine schwer zu zähmende Menge von Schweinezüchtern und Kukuruzbaronen um ihre Stimmen zu bitten.

Den maßgebenden Biographen Maximilians haben seine französischen, burgundischen und italienischen Aktivitäten nie den Blick für dieses habsburgerische Zentralinteresse getrübt, obwohl es für ein aargauisches Geschlecht mit ein paar Vogesenburgen vollkommen unverständlich ist. Heinrich der Löwe und Friedrich I. Barbarossa haben um Deutschland gekämpft, um die Mitte des Kontinents; Friedrich II. der große Staufer, erlebte die Welt seiner Zeit in Sizilien, Italien, im Nahen Osten und war doch ein deutscher König. Wenn Hermann Wiesflecker *expressis verbis* formuliert „Im Vordergrund standen stets die habsburgischen Interessen in Ungarn" (V, 443), dann erklärt sich das nur aus einem dem Erzhaus immanenten Sendungsbewußtsein oder, wenn man das Dokument bevorzugt, aus den frühen Ermahnungen, die Maximilian von einem der erlauchtesten Geister seiner Zeit zuteil wurden: Nach einem Hinweis auf Mithridates, König des Pontus (weil es ohne Antike eben nicht ging) schreibt Enea Silvio Piccolomini, lange ehe er als Pius II. zum Herrn der Christenheit wurde, an seinen Zögling: „Ich möchte auch nicht, daß Du den Österreichern mehr zugetan bist als den

Böhmen und Ungarn. Sie gehören alle zu Dir und müssen mit der gleichen Anteilnahme regiert werden. Unwürdig handelt nach dem Zeugnis Platos jener, der einen Teil des Gemeinwesens so betreut, daß er dabei einen anderen vernachlässigt. Das war für Fürsten oft die Ursache des größten Unglücks" (u.v.a. bei Rommel, „Wiener Renaissance").

Tatsächlich hat die Treue böhmischer Fürsten Friedrich III. und Maximilian I. wiederholt aus Krisen erlöst, und es war der sonnige adriatische Südosten der habsburgischen Sphäre, die Türkengefahr im Rücken und die venezianischen Perfidie vor Augen, der Wissenschaftler und Poeten aus dem geschichtsträchtigen Adriawinkel bis heute inspiriert: Als hätte er die Mithridates-Anspielung gelesen, sagt der vor wenigen Jahren verstorbene Triestiner Schriftsteller Fulvio Tomizza: „Mitteleuropa ist in erster Linie ein kultureller Begriff, das heißt, man kann nicht auf die Landkarte zeigen und sagen: ‚Hier ist Mitteleuropa und hier nicht'. Mitteleuropa ist nicht genau definierbar, seine Wurzeln liegen in der österreichisch-ungarischen Monarchie, in dieser gemeinsamen geistigen Haltung aus Ironie, Reife, Kultur und Gelassenheit gegenüber den kleinen Mißgeschicken des Lebens und Skepsis in Bezug auf die großen Hoffnungen, die großen Utopien. Im Grunde ist es eine Welt … die fast immer gezwungen war, eher im Abglanz eines vergangenen Wohlstandes zu leben, als in dem Wohlstand, den sie im Augenblick ihres Daseins hatten, oder in dem, der in Zukunft zu erwarten wäre". Und dann berichtet Fulvio Tomizza von einem ausgerechnet in Moskau abgehaltenen Symposion über die einstige Hausmacht-Utopie Maximilians I.: „Es entstand das Bild eines Mitteleuropa, wie es auch heute noch existiert, und dessen Präsenz über das vorwiegend (sic) deutschsprachige Österreich hinausgehend, verstärkt im osteuropäischen Raum aufgetreten ist: In Ungarn, in Jugoslawien, in Polen, der Tschechoslowakei, in einigen Teilen Rumäniens und der Ukraine".

Istrien, die ähnlich wie Sinai geformte Halbinsel zwischen Italien, den julischen Alpen Sloweniens und den dalmatinischen Inseln, ist die Nußschale, in der die Menschen erlebten, was sich im habsburgischen Südosten begeben wird. Die gnadenlose Spät-Diagnose heutiger Wissenschaftlergenerationen leugnet den mythischen Auftrag und das utopische Sendungsbewußtsein der aargauischen Nobodies nicht, sie wären nicht die erste der großen Dynastien, die aus dem Nichts aufgetaucht ist. Ganz Asien und ganz Südamerika sind voll von archaischem Charisma, dessen Ursprünge niemand kennt. Renate Lunzer sagt es in ihrer Habilitationsschrift über Triest (Klagenfurt-Celovec 2002) deutlich und dennoch ohne einen Hauch von Blasphemie: Es gehe ‚zunächst und zuvörderst um die religiös aufgeladene Vorstellung eines im Zeichen einer höheren Idee gegründeten wahren Reiches, das allerdings das *sacrificium nationis* und den Verzicht auf das erregende Aufgehen in den Instinkten des eigenen Blutes erforderte. In diesem Element, das das Fehlen eines dynamischen Staats-Kernes verschleierte, ging ... auch die deutsch-mitteleuropäische Funktion des Habsburger-Staates als Kulturbringer in Osteuropa auf so wie die Verteidigungsstrategien seiner prekären Werte".

Enea Silvio Piccolomini erlebte dies noch ein wenig anders und erscheint uns in seinen verläßlich überlieferten Lehrbriefen als einer der Urheber der unseligen Italienpolitik, die Maximilian oft die Kraft für alle Vorstöße in den Südosten nahm. Enea bedauert die Unbildung Kaiser Friedrich III. und setzt damit eine Legende in die Welt, die sein eigenes Licht heller leuchten lassen soll, und er mahnt zur Begegnung und Vereinnahmung Italiens, notfalls nur im Geiste, woran aus heutiger Rückschau nur eines überzeugt: Die Gefahr für die habsburgische Südostpolitik, die weniger von den an der Donau verharrenden Türken ausging als von der verwaltungsmäßig, intellektuell und diplomatisch überlegenen unsäglich reichen Lagunenrepublik. Diese Bastion, die Maximilian siegreich, aber ruhmlos zu entmachten suchte, wird bis in die Zeit eines Napoleon wie ein großes, gleißende Geschwür Österreichs natürliche Wege zum Meer auf den Golf von Triest beschränken und auf das hinter Inseln schwer erreichbare Fiume.

Erschreckt von der Wildheit der eigenen Magnaten, hatte sich Ungarns König Wladislaw II. allen Bestrebungen geneigt gezeigt, die seine Dynastie näher an Habsburg heranbringen mußten, ihn gegen die Türken absichern (was sich als Illusion erweisen sollte) und seine Autorität gegenüber starken Geschlechtern mit eigenen Herrschaftsauspizien wiederherstellen sollte. Die Herren, die für den alten Kaiser das komplizierte Heirats- und Vertragswerk vorbereiteten, waren Maximilian nicht zu allen Zeiten sympathisch, an ihren Verdiensten ist jedoch nicht zu zweifeln: Dr. Johannes Cuspinian (1473–1529) und Matthäus Lang (1468–1540), wohl wirklich der bedeutendste Ratgeber des Kaisers, Leiter seiner Außenpolitik, zum Ausklang des kaiserlichen Lebens Doppelagent, um die Gunst Karls V. bemüht, verhaßter Erzbischof von Salzburg, Kardinal und am Sterbelager Maximilians nicht mehr anwesend.

Obwohl man für das Jahr 1515 oft von einer Doppelhochzeit lesen kann – selbst in 500 Seiten starken Habilitationsschriften – ging es zunächst um nichts anderes als um einen Absichtsvertrag, in dem nicht einmal die beiden Paare eindeutig definiert waren. Die Urkunde vom 22. Juli 1515 bezieht sich auf Prinz Ludwig von Ungarn, Sohn von König Wladislaw, im Vertragsjahr neun Jahre alt, und Erzherzogin Maria, Enkelin Maximilians, ein Jahr älter, und auf das zweite Paar: Prinzessin Anna, Tochter König Wladislaws, zwölf Jahre alt und einem der beiden Enkel Maximilians, Karl oder Ferdinand, wobei Karl schon fünfzehn Jahre alt war, Ferdinand, der Anna schließlich heiraten wird, erst zwölf.

Die einzige wirkliche Hochzeit dieses Tages vollzog sich nicht zwischen Enkeln Maximilians, sondern zwischen seiner unehelichen Tochter Barbara von Rottal und Sigmund von Dietrichstein. „Sigmund von Dietrichstein war ein hoher Favorit Maximilians. Das junge Paar feierte das Fest am Abend nach der habsburgischen Doppelhochzeit (sic) 1515 in Wien. Maximilian selbst befand sich neben König Wladislaw II., Fürsten und Kardinälen unter den Gästen ... Der junge Dietrichstein war plötzlich ein einflußreicher erster Rat" (Heinz Noflatscher). Der Rahmen für diese Hochzeit und die Gästeschar haben wohl jeden Zweifel an der Herkunft der Barbara von Rottal beseitigt. Zudem ist das Interesse Maximilians an dem großen Rottalschen Vermögen aufschlußreich und daß er eine frühere, glänzende Heirat Barbaras durch seinen Einspruch verhinderte. Dietrichstein war im Jahr zuvor vorsorglich geadelt worden, als er gerade dreißig Jahre alt geworden war, und rechtfertigte das Vertrauen, das Maximilian in ihn setzte, in Kämpfen an verschiedenen Fronten. 1525 widerfuhr es ihm als Statthalter der Steiermark, von aufständischen Bauern gefangengesetzt zu werden, woran sich die Schladminger gerne erinnern, weil das Städtchen sonst nur in Österreichs Sportgeschichte eine Rolle spielt. Die Bauern ließen den Freiherrn schließlich frei, weil er ihre einzige Chance war, in friedlichen Verhandlungen angehört zu werden. Nur in Paranthese sei erwähnt, daß die auffälligen Gunstbeweise Maximilians den jungen Freiherrn unausweichlich zum Zentrum vieler Gerüchte machten; selbst das seriöse Meyersche Lexikon kann nicht umhin, anzudeuten, daß Dietrichstein für viele seiner Zeitgenossen ein unehelicher Sohn Maximilians war. Er hätte dann aber in Barbara von Rottal eine seiner Halbschwestern geheiratet, und solch eine Todsünde wäre nicht nur im Haus Habsburg undenkbar gewesen.

Ein Doppel-Heiratsvertrag, bei dem noch nicht alle endgültig Beteiligten feststehen, zu dem obendrein Einverständnis von Kindern eingeholt werden muß und ein Großvater noch nicht weiß, welchen seiner beiden Enkel er in diesem Fall eigentlich vertritt, ist selbst für geduldige und wohlausgebildete Juristen eine harte Nuß, und man kann sich vorstellen, daß auch die Übersetzung aus dem Lateinischen noch ein eigenes Problem schuf. Dank der Freiherr-vom-Stein-Gedächtnisausgabe und Frau Inge Wiesflecker-Friedhuber besitzen wir diese Urkunde vom 22. Juli 1515 heute Wort für Wort zugänglich und auf fünfeinhalb Seiten Aufschlüsse gebend, die für die Zeit, die Sitten und die Herrscherfamilien der österreichischen, ungarischen und böhmischen Länder und Herrschaften nicht ihresgleichen haben. Man hat von einem Wiener Kongreß des Jahres 1515 gesprochen, und vielleicht konnte er es an Glanz und europäischer Bedeutung mit dem bekannteren Ereignis gleicher Bezeichnung, das genau dreihundert Jahre später ebenfalls in Wien in Szene ging, nicht aufnehmen. Aber es wird zumindest in der österreichischen Geschichte kein Dokument mehr geben, das man in seinen menschlichen Bezügen und Absichten mit diesem Werk vergleichen kann. Es beginnt mit Gott, Frieden, Eintracht und Freundschaft, es spricht weiter von Ehre und Wachstum und beschließt den ersten Absatz mit einer Formel, die allein schon hinreicht, die Fürsten jener Zeit noch mit einer echten Aureole zu umgeben:

„Daher haben wir, vor allem zu Gottes Lob und Ehre, zum nützlichen Wachstum der Religion, zum ewigen Frieden, zur Sicherheit und Erhaltung nicht sosehr unserer Königreiche, Herrschaften und Untertanen als vielmehr jener unserer Enkel und Kinder die folgenden Verträge geschlossen".

Die mannigfachen Erwähnungen des Allerhöchsten mögen darauf zurückzuführen sein, daß man erstens bei Handlungen dieser Art des Segens mehr bedarf als bei Kriegszügen und daß zweitens Matthäus Lang, nach einigen Hindernissen Kardinal geworden, auf der Höhe seines unheiligen Lebens allen Grund hatte, hinter den Herrn im Himmel, den er so oft verraten hatte, deutlich zurückzutreten. Die eigentlich zählenden Formulierungen, der verbindliche und unsterbliche Text dieses Jahrhundertwerks, war nicht das Ergebnis gemeinschaftlicher Arbeit, sondern hatte einen besonders und vielseitig begabten Gelehrten viele schlaflose Nächte gekostet, der kein Wiener war, ja nicht einmal ein Österreicher. Er hieß Hans Spießheimer und war der Sohn eines Schweinfurter Ratsherrn, Ende Dezember 1473 geboren und nach Studien in Leipzig und Würzburg wohl der Meinung, daß ihm die Latinisierung seines ehrlichen Bürgersnamen die Welt öffnen würde. Als Johannes Cuspinianus kam er zwanzigjährig nach Wien, wo noch heute eine Gasse nach ihm benannt ist, allerdings heißt sie weder Cuspinian- noch Spießheimergasse sondern, für Unkundige rätselhaft, Spießhammergasse und liegt im zwölften Wiener Gemeindebezirk, wo seit 1894 offenbar noch niemand eine Berichtigung angeregt hat.

Cuspinian machte an der Donau auf so vielen Gebieten Karriere, daß man eigentlich drei Biographien von ihm schreiben könnte. Am meisten Wert legte er wohl auf seinen Ruf als Dichter, und als solcher ist er am vollständigsten vergessen. 1499 wurde er zum Doktor der Medizin promoviert und zählte bald zu den Leibärzten des Kaisers, hatte aber auch beinahe dreißig Jahre lang hohe Universitätsämter inne. Über seinen Verdiensten am Hof Maximilians wird oft vergessen, daß die allgemeine Geschichtsschreibung ihm wie erwähnt die Auffindung und Sicherung von Quellenschriften höchster Bedeutung verdankt: Wesentliches aus dem Werk des Cassiodorus (490–583), des Geheimschreibers von Theoderich dem Großen, und die sichernde Herausgabe der heute berühmten Chronik des Otto von Freising, Babenberger, Bischof und einer der bedeutendsten Geschichtsschreiber des Mittelalters überhaupt.

Cuspinian, der zweimal verheiratet war und inmitten von Kinderscharen lebte, ist in seinem Auftreten nördlich der Alpen ein Gegenstück zu den auf das Universalwissen

hinarbeitenden Gelehrten einer neuen Generation. „Ohne
das Unruhige und Vagantenhafte, das Celtis anhaftete,
verkörpert Cuspinian in Haltung und Ausdruck eine monumentale Erscheinung, eine im Sinn der Renaissance universale Persönlichkeit … Sehr schön kann man bei ihm beobachten, wie der Gesichtskreis der Renaissancebewegung
in der Philologie und Geschichte immer wieder ausgreift
… Dadurch, daß er bereits in jüngeren Jahren in die Umgebung Maximilians I. gezogen wurde, vermochte er sich
zum Staatsmann und im Zusammenhang mit seinen diplomatischen Aufgaben allmählich zum Hervorragendsten
der Hofgeschichtsschreiber des Kaisers zu entwickeln"
(Otto Rommel in „Wiener Renaissance").

1508 starb Konrad Celtis, noch keine fünfzig Jahre
alt, Dichter und Gelehrter in damals nicht seltener Ver-
einigung der Begabungen und Ziele und ebenso aus dem
Fränkischen an die Donau gekommen wie Cuspinian. Er
war der erste Vertraute der noch unsicheren kulturellen
Pläne und Absichten des späteren Kaisers, er baute die
Wiener Universität in Richtung der jungen exakten Wissenschaften aus und begründete den bis heute trotz Josef
Nadler und Otto Rommel noch nicht wirklich etablierten
Begriff einer Wiener Renaissance, die in Vadianus, dem
Schweizer Joachim von Watt, schon wenige Jahre später
zur vollen Blüte gelangen wird. Für das große internati-
onale Verlobungs-Geflecht zwischen so unterschiedlichen
Dynastien brauchte Cuspinian Wissen, Scharfsinn und
Mut und schließlich doch fremde Hilfe, da er kein Theologe war. Ein solcher war Matthäus Lang als Augsburger Dompropst, später Bischof der altberühmten Diözese
Gurk und endlich – 1513 – Kardinal. Aber Lang war kein
Diplomat, so oft er auch in Rom für seinen Kaiser auftrat,
ja Wiesflecker sieht in diesem nicht sonderlich tugend-
samen Prälaten den eigentlichen Kriegstreiber der kaiserlichen Politik und Befürworter einer Anlehnung an Frankreich, für die nichts hinderlicher war als der Abschluß

jener beiden Ehen, die 1505 erstmals anvisiert worden waren und 1515 als Absicht und Entschluß zu Papier gebracht wurden. Auch hätte Lang, als er 1506 in wichtiger Mission ins gärende Ungarn reiste, beinahe sein Leben verloren, welche Gefahr ihm bei seinen römischen Missionen nicht drohte.

Ob Maximilian sich durch die von allen Seiten einlaufenden Berichte über das sittenlose Leben Langs schließlich doch gestört fühlte, ob es ihm nach Jahren der Duldsamkeit lästig wurde, seinen Kardinalminister als großen Hurenjäger bezeichnet zu finden (etwa in der „Chronik von Augsburg"), läßt sich heute schwer sagen.

Auch mag die schroffe Art Langs zur späten Entfremdung beigetragen haben. Er war ein Kardinal, der sich Fürst nennen ließ, was etwa bei den Rohan oder auch den Fürstenberg berechtigt war, bei dem aus dem Bürgertum aufgestiegenen, einer verarmten Familie des Stadtpatriziats entstammenden Lang aber doch wohl starke Eitelkeit und Geltungssucht verriet. Die 24 adeligen Ahnen, die er als Augsburger Dompropst hätte nachweisen müssen, hatte Maximilian ihm erlassen, und der Wiener Kongreß von 1515 war noch ein unbestrittener Höhepunkt im Leben des harten Mannes, dessen Kardinalspurpur die gewagte Konstruktion eines Cuspinian ebenso zudeckte wie die Stellvertreterrolle eines kaiserlichen Großvaters für einen Enkel. Seinen letzten Kampf lieferte Fürstbischof Lang in Salzburg dem unbotmäßigen Armenarzt Paracelsus, der zu seinem Leidwesen seinen hochgestellten Gegner nur um ein Jahr überlebte.

Ob Kaiser Maximilian, in jenem großen Jahr 56 geworden, bei allen Festlichkeiten überzeugt war, den Vollzug, die Ehen nach diesen Verlöbnissen noch zu erleben, wissen wir nicht, aber er scheint mehr für die sehr jugendlichen Enkel gefürchtet zu haben denn für sich selbst, denn zu viele junge Fürsten und Prinzessinnen waren um ihn herum gestorben, seit er die dicken Mauern von Wiener Neustadt verlassen und die Welt mit ihren Gefahren kennengelernt hatte. Enkel Karl war mit seinen fünfzehn Jahren nach den hochadeligen Gewohnheiten jener Zeit beinahe schon heiratsfähig; er wird im März 1526 heiraten, aber nicht im Sinn der habsburgischen Ostpolitik, denn dem Erzhaus ist inzwischen ein zweiter großer Schauplatz zugewachsen, die Neue Welt, und die Ehe mit Isabella von Portugal wird auch in Sevilla geschlossen werden, der Stadt, in deren *Torre Giralda* sich die ersten Schätze aus Übersee häuften. Karls jüngerer Bruder Ferdinand hat weniger politische Probleme auf dem Weg zum Traualtar zu überwinden, er löst das in Wien gegebene Versprechen schon im Mai 1521 ein. Im Januar 1522 wurde schließlich Enkelin Marie die Gemahlin König Ludwigs II. von Ungarn und Böhmen.

Von diesem Paar darf man vermuten, daß es keine sonderlich tüchtigen Hofastrologen beschäftigte, denn nur fünf Jahre, nachdem Ludwig die Regierung übernommen hatte, nahm er an der Spitze des ungarischen Adels, der ihm nur widerwillig folgte, bei Mohacs die Schlacht gegen Suleiman den Großen und sein gewaltiges Türkenheer an. Gegenüber der großen Margareteninsel fielen 24.000 Ungarn, und ihr junger König, den ein paar Getreue retten wollten, ertrank in dem Flüßchen Csele. Man schrieb den 29. August 1526, und das, was nach dieser Niederlage von Ungarn noch übrig war, erbte mit Böhmen Ludwigs II. Schwager Ferdinand von Habsburg. Die Türken, die Maximilians Majestät auf so rätselhafte Weise respektiert hatten, wie es unter Karl dem Großen bei so manchem anderen Reitervolk der Fall gewesen war, die Türken hatten in Suleiman nun einen großen Herrscher, und Europa zitterte.

Neue Zeiten — neue Welten

Selbst in einem so kleinen Kontinent wie Europa verläuft die Trennungslinie zwischen dem Mittelalter und der frühen Neuzeit in einem wilden Bogen und nicht in sanften Kurven oder gar Geraden. Nimmt man den Aufstieg des Hauses Medici mit seinen Politikern, Bankiers, Mäzenen und Kirchenfürsten eines neuen Stils als den Anfang des neuen Zeitalters und den Tod Iwan IV. des Schrecklichen 1584 als vergleichbares Datum für Rußland, dann erstreckt sich dieser Übergang über beinahe zweihundert Jahre, und die Jahreszahl 1492, mit der unsere Schulbücher das Mittelalter enden lassen, erscheint ziemlich willkürlich. Überzeugender ist der geistesgeschichtliche Ansatz neuer Zeiten und Entwicklungen von jenem Jahr 1517 an, in dem der Mönch Martin Luther seine berühmten Thesen an das Tor der Schloßkirche von Wittenberg nagelte, weil die davon ausgelösten Auseinandersetzungen eindeutig an diese Tat anknüpften und die inzwischen erfundene Kunst des Buckdrucks den Feuerbrand einer lang überfälligen Diskussion durch alle Bildungsstätten trug. Diese nämlich hatten von Krakau bis Lissabon noch die eine gemeinsame Gelehrtensprache, das Lateinische, zur Verfügung und als Verpflichtung.

Man kann sich vorstellen, daß in jenen Jahren auf ein einzelnes Monarchengehirn mehr zukam, als selbst ein solider Verstand zu verarbeiten vermochte. Maximilian wurde mit der neuen Welt jenseits des Ozeans vergleichsweise früh konfrontiert, denn die beiden großen Entdeckernationen Portugal und Spanien hatten sich mangels höherer Autoritäten an den Papst gewendet, er solle mit seiner geheiligten Hand die Trennungslinie rund um jenen Globus ziehen, den die alleinseligmachende Kirche einst als eine Scheibe angesehen und dieses Unwissen zäh verteidigt hatte. Der Papst, dem diese wohl einmalige Ehre zuteil wurde, war Alexander VI., ein Spanier aus dem weitverzweigten Haus Borgia, dem maurische Einsprengsel in der Ahnentafel nachgesagt

183

werden, Neffe des Papstes Calixtus III., schon als Kardinal seiner Reichtümer und Liebschaften wegen berüchtigt und als Weltenrichter denkbar ungeeignet. Sein erster Schiedsspruch vom Jahr 1493 hatte die Demarkationslinie 100 Seemeilen westlich der Azoren durch den Ozean gezogen, womit Spanien begünstigt gewesen wäre, weswegen eine Revision vom 7. Juni 1494 im Vertrag von Tordesillas zu einer neuen Abgrenzung führte. Maximilian hatte in jenen Jahren noch kein gutes Verhältnis zu Spaniens König Ferdinand, dessen wankelmütige und verschlagene Politik ihm zuwider war, und begünstigte in seinen Sympathien und Stellungnahmen Portugal. Zugleich war er durch seine enge Verbindung zum Haus Fugger an den neuen Möglichkeiten des Fernhandels mehr interessiert als an den Machtsphären als solchen: Geplagt von Geldsorgen und in genauer Kenntnis aller Kosten für selbst begrenzte Expeditionen und militärische Unternehmungen, wünschte er für seine Länder zunächst keine eigenen Kolonien, sondern billigte das System der Fugger, sich mit einzelnen Handelsschiffen und limitierten Warenmengen und Kapitalien an den großen Flottenfahrten etwa nach Indien nur zu beteiligen.

Eine besondere Beziehung zu jenem Cathay, das ganz woanders lag, als man es vermutet hatte, eröffnete sich Maximilian deutlich und unwiderleglich durch seine persönliche Bekanntschaft mit einer ebenso reizvollen wie geheimnisvollen Gelehrtenpersönlichkeit der Zeit, mit Johannes Trithemius (1462 bis Dezember 1516), Abt von Sponheim, der Schwarze Abt genannt. Es war, wenn man nichts beschönigen will, Maximilians Einstieg in die Geheimwissenschaften, der ihn aber auch den Umgang mit den neuen Denkweisen lehrte, ihm ein gewisses Training in der Lektüre gelehrter Schriften vermittelte und ihn über den Schülerkreis des Schwarzen Abtes zu Koryphäen der exakten Wissenschaft führte: zu dem naturwissenschaftlich sehr beschlagenen Theologen Gregor Reisch und zu dem Reisch-Schüler Martin Waldseemüller (1470–1521) aus

184

Radolfzell, der als Gymnasiallehrer in der lothringischen Stadt Saint-Dié, gefördert von Herzog René II. und im Gedankenaustausch mit Philesius Ringmann und Georg Reisch eine Kosmographie, also eine Weltbeschreibung erstellte. Auch schuf er jene inzwischen berühmte Karte des neu entdeckten – oder wieder entdeckten – Doppelkontinents, in die Waldseemüller für den Südteil den Namen *Amerika* eintrug (nach dem mit ihm korrespondierenden Gelehrten und Entdecker Amerigo Vespucci).

Aus diesem Kreis erfuhr Maximilian, was seine eifersüchtigen Vettern in Lissabon und Madrid als Staatsgeheimnisse hüteten. Eleonore von Portugal, die Mutter Maximilians, hatte als Prinzessin am Hof in Lissabon die Erfolge ihres berühmten Onkels mitverfolgt, der als Dom Enrique *el Navigador* in die Entdeckungsgeschichte eingegangen ist. Er starb 1460 in Sagres, wo er eine berühmte Seefahrer- und Pilotenschule begründet hatte.

Dieses Erbe und die vielen Gespräche mit Reisch ergänzten das naturgemäß in den Süden und den Südosten gerichtete Weltbild Maximilians. Die Vorbereitung der Kreuzzüge ins Heilige Land und gegen die Türken, die oft minutiöse Ausarbeitung solcher Unternehmungen, hatte das Realienwissen über die Alte Welt nicht nur bei Maximilian, sondern auch bei seinen Räten angehäuft und zementiert. Man glaubte auch noch die Gerüchte über Indien und den Priesterkönig Johannes, von dessen christlicher Streitmacht im Rücken des Islam die immer wieder scheiternden Kreuzfahrer sich den endlichen Sieg erhofften.

Dazu kam nun, dank der spanischen Verflechtungen und der spanischen Königswürde des Enkels Karl, ein ganzes ungeheures neues Wissensgebiet, von dem man bezweifeln muß, daß Maximilian in seinen letzten Lebensjahren noch einen zutreffenden Begriff der so plötzlich eintretenden Möglichkeiten erhalten konnte.

Für Maximilian, der gezwungenermaßen wirtschaftlich dachte, waren die Entdeckungen zunächst Handelswege und die erträumten Schätze Waren. Er mochte zumindest summarisch die Briefberichte kennen, die Christoph Columbus seinem Monarchen aus der neuen Welt geschickt hatte, Visionen von versklavten Völkern und unerschöpflichen Goldadern, aber seither waren große Flotten über den Atlantik gesegelt, sie hatten wohl den einen oder anderen verängstigten Indianer mitgebracht, der im europäischen Klima alsbald an Tuberkulose zugrunde gegangen war, und statt der Heere braunhäutiger Arbeitskräfte, die den Hidalgos ein bequemes Leben verschaffen sollten, überquerten nun die ersten Schiffe mit in Westafrika zusammengefangenen armen Geschöpfen den Ozean in westlicher Richtung, weil die Indios in den Bergwerken unter der ungewohnt schweren Arbeit dahinstarben wie die Fliegen.

Als Großneffe des in Ceuta zu Ruhm gelangten Prinzen Heinrich, genannt der Seefahrer, interessierte sich Maximilian weniger für ferne und sagenhafte Gefilde denn für die überschaubaren Aktivitäten Portugals an den nahen Nordwesträndern des großen schwarzen Kontinents. Sein eigenes kaiserliches Leben läßt nicht erkennen, ob seine Mutter Eleonore ihm jene große Ungeduld vermittelt hatte, mit der das lusitanische Königshaus seine Suchflotten auf den Afrikafahrten begleitete. Prinz Heinrich hatte als Oberhaupt eines reichen Ordens seine großen Mittel für immer neue Expeditionen eingesetzt, die großen, den eigentlichen Ertrag bringenden Gewürzfahrten zu den Molukken erlebte er jedoch nicht mehr, auch nicht die Niederlassungen in Indien, die Entdeckung eines Seeweges in eine Welt, die schon Alexander der Große betreten und beschrieben hatte. Das war jenes Wissen, dem Maximilian vertraute. Gewürze und andere exotische Güter, Ingredienzien für Medikamente und für Schönheitsmittel, das waren greifbare Dinge, auf die man Zölle legen konnte, das waren Güter, die mit der Überschreitung der Hafenzonen in den vertrauten Binnenhandel einflossen und das Einkommen der Länder und der Krone steigerten. Es gibt nur wenige Zeugnisse dafür, daß Maximilian den großen Umbruch des Weltbildes und des Welthandels in seinen vollen Auswirkungen erkannt hatte, und wenn dem dennoch so war, so nahm er wohl aus persönlichen Gründen die große Westorientierung Europas nur zaudernd zur Kenntnis.

Burgund hatte ihm kein Glück gebracht, die holländischen Städte hatten sich ihm nie wirklich geöffnet, Spaniens Ferdinand machte, kaum daß seine fromme Gemahlin 1506 die Augen geschlossen hatte, eine halbirre Politik, statt sich auf die überseeischen Aufgaben zu konzentrieren, die seinen Rittern weißgott genug Betätigungsmöglichkeiten boten. Er legte sich Neapel zu, ein Königreich, das ihm außer einigen Tausend Straßenräubern wenig einbrachte, und eroberte Navarra, das damals ein imposantes, über die Pyrenäenkämme ausgreifendes Reich war und sein Spanien nach Norden absicherte, denn die engen Pässe und Schluchten waren schon seit karolingischen Zeiten selbst für tapfere Soldaten kaum passierbar.

Warum Maximilian sich in so auffälliger Weise von einer Welt distanzierte, die doch offensichtlich auf seinen Enkel Karl, auf einen jungen, begabten, frühreifen Habsburger wartete, hat Karl Brandi in seiner monumentalen Biographie Karls V. vorsichtig umschrieben. Er betont, daß große Teile des brabantischen Adels sich mehr zu Frankreich als zu Habsburg hingezogen fühlten, „aber man darf auch nicht vergessen, daß Maximilian dauernd von tausend anderen Händeln im Reich und in den Erblanden in Anspruch genommen wurde, und daß gerade er sehr menschliche Schwächen hatte; daß er sich nicht damit begnügte, das Land innerlich und äußerlich zusammenzuhalten; daß er vielmehr, behende und sprunghaft wie er war, allen Versuchungen seines raschen Temperaments nur zu leicht verfiel. Wie manchem reichbegabten Menschen war ihm die innere Zuverlässigkeit des Wesens versagt ... Eine Verbindung zwischen Maximilian und Aragon lag aber angesichts der Wendung der französischen Politik nach Italien erst recht nahe. Eine entsprechende Abrede war schon am 5. November 1495 getroffen worden und wurde im nächsten Jahr durch Philipps des Schönen Besuch in Innsbruck im Sinne seines Vaters Maximilian bekräftigt. So kam die denkwürdigste dynastische Verbindung der Neuzeit zustande, durch die auch die Niederlande weit über den Kanal hinaus ihr Gesicht von Deutschland weg der Welt des Ozeans zukehren sollten".

Warum dies alles, diese Erschließung des neuen Kontinents und die Umorientierung der europäischen Wirtschaft, so langsam ging, beantworten uns nicht die Historiker, sondern die Erforscher der frühneuzeitlichen Wirtschaft. Unsere Schulen preisen seit Generationen die deutsche Hanse, den Städtebund der Fernkaufleute, als die große, bahnbrechende, umwälzende Initiative des deutschen Bürgertums. Blickt man aber in die mit ungelenker Handschrift geführten Auftrags- und Warenbücher des Ostseehandels, so nimmt man verblüfft von winzigen Warenmengen Kenntnis und macht sich auch klar, wie klein die beteiligten Kapitalien waren. An den Hansekoggen, sofern sie nicht Paradekriegsschiffe der einen oder anderen Handelsstadt waren, mußten oft vier Eigner ihr Scherflein zusammenlegen. Ging einer dieser Pötte verloren, so bedeutete dies Elend für Familien; wurde eine Fischereiflotte von Piraten aufgebracht oder im Neufundlandsturm zerstreut, so verelendete eine ganze Region, nicht nur an den deutschen Küsten, auch in Skandinavien. Einzig in der Bretagne gab es Großunternehmer, die mit eigenen Schiffen und mit Pilotenschulen das taten, was die Krone mangels Geld nicht zu leisten imstande war.

Eine gewisse Befriedigung bedeutete es Maximilian, daß der alte und in seinen Reichtümern unverwundbare Gegner Venedig nicht mehr Mittelpunkt der europäischen Wirtschaft war. Noch waren die Venezianer unentbehrlich mit Banken, Beziehungen und dank der souveränen Kenntnis der Wirtschaftswelt, aber die kostbaren Galeeren waren für das Weltmeer so untauglich, als wären sie simple Gondeln. Welche Rolle sie im europäischen Bewußtsein gespielt haben, geht daraus hervor, daß es die „Verurteilung zur Galeere" noch bis ins achtzehnte Jahrhundert gab, als die imposanten Schiffe selbst im venezianischen Marinearsenal längst langsam verfaulten. Es waren damit dann die Arbeiten in den Docks gemeint, die sich in der Erinnerung immer noch mit den Ruderschiffen verbanden, die sich seit Römerzeiten nicht nennenswert verändert hatten. Canaletto und andere haben den Bucintoro, das Staatsschiff des Dogen, für uns im Bild festgehalten.

Neben dem überragenden Geist des Enea Silvio Piccolomini aufgewachsen, der als Papst und Mensch an seinen Kreuzzugsideen zugrunde gehen wird, hatte Maximilian ein Weltbild, das geographisch gesehen mittelalterlich war. Er glaubte an die christlichen Inseln im Rücken des islamischen Erzfeindes, ob es nun die de facto existierenden Thomas-Christen waren, die seit dem sechsten Jahrhundert urkundlich an der Malabar-Küste erwähnt werden, oder aber der Priesterkönig Johannes mit seinem waffenstarrenden Großreich, das selbst Saladin dem Prächtigen hätte gefährlich werden können. Für einen österreichischen Monarchen paßte dies alles gut zusammen. Die Piraten der Barbareskenstädte waren soviel wichtiger als die ganze signifikante Flottenrüstung etwa Heinrichs VII. von England, weshalb wir in der Optik eines zweifellos gebildeten Kaisers den Grund dafür erblicken dürfen, daß Österreich auf den Weltmeeren nie eine Rolle gespielt hat. Erst in der Abenddämmerung der Kaiserlich-königlichen Herrlichkeit wird die Fregatte *Novara* um den Globus fahren, wird mit Payer und Weyprecht an zu entdeckenden Inseln das erreicht werden, was die glücklicheren Mächte Österreich übriggelassen hatten.

Da man nicht vermissen kann, was man gar nicht kennt, schwingt nicht wenig Ungerechtigkeit im Urteil Karl Brandis über diese kaiserlichen Bewußtseins-Grenzen und Maximilians „Vorstellungen von einem universalen, glanzvoll-ritterlichen Kaisertum mit all den Unwirklichkeiten seiner Ansprüche und Kriege, die nur zu oft aller Vernunft spotteten und wie geräuschvolle Turniere anmuten. In der sonderbarsten Verwirrung wirbelten bei ihm die Gedanken vom Hause Habsburg und seiner Herrlichkeit, von dem damit verbundenen über alles heiligen Kaisertum, seinen phantastischen Pflichten in der Gegnerschaft gegen die Ungläubigen und der ihm unklar vorschwebenden Begriffe von der Ehre und dem Vorteil der deutschen Nation durcheinander. Dabei war ihm die englisch-niederländische so gut wie die moderne italienische Welt zeitig nahe genug getreten, um für ihn Majestät, Ehre und Geld in eine peinlich notwendige Verbindung zu bringen. Wie das (sechzehnte) Jahrhundert an seinem Beginn überhaupt reicher war an politischen Plänen als an Gestaltungen, so ergriffen auch Maximilians Geist und Gemüt unendlich viel mehr, als er zu halten und zu ordnen vermochte."

Die Härte dieser Urteile wird dadurch relativiert, daß Maximilian, obwohl schon alt und krank, die neuen Gegebenheiten insofern in ihrer Bedeutung erkannte, als er hervorragende Berater mit der Verfolgung der transatlantischen Entwicklungen betraute. Wir werden in dem wenige Jahre nach Maximilians Tod zusammengetretenen, mit allen Befugnissen ausgestatteten Indienrat Mercurino Arborio Gattinara finden, der Maximilian und seine Tochter Margarete schon hinsichtlich des Herzogtums Burgund sachkundig und mitentscheidend beraten hatte. Hinzu kam Gérard de la Plaine, Sieur de la Roche, seit 1511 Mitglied von Maximilians Geheimem Rat für Burgund und die Niederlande. Gérard war der Sohn jenes Thomas de la Plaine, Sieur de la Roche, der 1497-1507 Kanzler für Burgund gewesen war. Auch Adrian von Utrecht, deutscher

Bischof von Tortosa, Kardinal und Vertrauter Kaiser Maximilians, hatte bis zu seinem Tod dem Indienrat angehört und hatte den ihm gewogenen Monarchen verläßlich unterrichtet; sein Nachfolger wurde allerdings ein Spanier.

Wichtiger für die Kaisertochter Margarete als für Maximilian selbst war der piemontesische Kleinadlige Mercurino Arborio de Gattinara (1465–1530), dessen Treue und Tüchtigkeit allerdings schließlich dazu führten, daß manche alterprobten Räte Maximilians wie der lange Zeit quasi allmächtige Zyprian von Serntein sich Kritik gefallen lassen mußten und ermahnt wurden, zu neueren Methoden und reichlicherer Dokumentation überzugehen. Gattinara war eine Entdeckung Margaretes in ihrer schwersten Zeit, als sie nach dem frühen Tod Philiberts von Savoyen als junge Witwe Gefahr lief, in der damals noch recht stillen Idylle von Chambéry ein unbeachtetes und einsames Leben führen zu müssen. Gattinara verkaufte sein kleines Gut im Piemont und den ganzen Familienschmuck, um in der Franche-Comté, die damals ein vielbegehrtes Ländchen mit umstrittenen Grenzen zwischen Burgund und Savoyen war, die Seigneurie Chévigny ewerben zu können, was ihm die Untertaneneigenschaft unter der Herzogswitwe Margarete einbrachte und das Recht, sie zu vertreten. Da Chévigny nahe bei Dijon lag, der einstigen Residenz Karls des Kühnen, war dieser Erwerb eine gute Wahl und brachte den an italienischen Universitäten gebildeten Gattinara mit der berühmten Juristenschule von Dijon in Berührung. Frankreiches Unterhändlern erwies sich Gattinara ebenso überlegen wie den Rivalen Margaretes in Savoyen oder in Flandern.

Im Gegensatz zu so manchem anderen Höfling, der sich die persönlichen Sympathien der Kaisertochter durch Charme und Komplimente sicherte, war Gattinara „der Typ des sittenstrengen Puritaners, ein Gegner der genußfreudigen, macht- und geldgierigen Höflinge und Herren. Er war Politiker und Jurist, aber nicht der geniale, erd-

und himmelstürmende Schwung der Renaissance, sondern scharfsinnige Logik und minutiöse Genauigkeit prägten seine Arbeitsweise und sein Leben", schreibt Elsa Winker in ihrem Buch über Margarete von Österreich und fährt fort: „Seine zahlreichen Briefe und Manuskripte geben Zeugnis davon, daß er Wichtigstes und Geringstes mit der gleichen Sorgfalt behandelte."

Man muß von Margarete und ihren Räten sprechen, weil sie es sein wird, die Maximilians Politik nach Westen dirigiert, jenes grausamen Schicksals wegen, das wir in neuen Zeiten in dieser Form nicht mehr kennen: Das Schicksal der brüsken, schnellen, frühen Tode, das alle Planungen zunichte, alle jahrelang vorbereiteten ehelichen Verbindungen illusorisch macht, als wolle der Himmel zeigen, daß sich die Politik und die Sakramente doch nicht so gut vertrügen, wie ein paar habsburgische Sprichworte standhaft behaupten:

Maximilians Sohn Philipp war so schön geworden, wie es seine Mutter, Maria von Burgund, gewesen war, *the handsome* nannten ihn die Briten, als ein Sturm ihn nach Falmouth verschlug und er am Hof Heinrichs VII. festlich empfangen wurde. Philipp, 1478 geboren, hatte Juana, die Thronerbin von Kastilien und Aragon geheiratet, bekannter als Johanna die Wahnsinnige, glücklicherweise aber die Mutter gesunder Kinder. Nur Philipp selbst hatte nach seinem strapaziösen Marsch durch das karge und bergige Galizien im September 1504 der Tod ereilt, vielleicht durch Gift, weil sechs Tage lang verschiedene Ärzte Zeit hatten, sich um ihn zu bemühen, ohne ihn retten zu können.

Margarete hatte zu diesem Zeitpunkt schon zwei Gatten in sehr jungen Jahren verloren: Johann von Aragon, der nicht einmal zwanzig Jahre alt war, als ihn im Oktober 1497 der Tod ereilte, und im September 1504 Philibert von Savoyen im Schloß Pont d'Ain. Zwei Jahre trennen die Tode der beiden jungen, wegen ihres prächtigen Aussehens bekannten und beliebten Fürsten, die Frauen scheinen den Miasmen der Zeit besser widerstehen zu können, waren wohl auch nicht den Seuchen und Infektionen der Feldlager, den Strapazen der Feldzüge ausgesetzt. Johanna wird 76 Jahre alt, jahrelang hinter Mauern, oft unzureichend gepflegt, oft von Feinden und Mißgunst umgeben, und Margarete, nur sie, wird ein glanzvolles Leben von immerhin fünfzig Jahren führen, in jenen Zeiten ein respektables Alter.

Maximilian steckte wie immer in tausend Händeln, als seine Umgebung vom Fieber- oder Gifttod seines Sohnes erfuhr. Nach langem Zaudern erst, Ende Oktober 1506, wagte man Maximilian, der über Ladungen zu einem neuen Reichstag brütete, die grausame und doch kaum glaubliche Nachricht mitzuteilen. Es hatte Gegensätze zwischen Vater und Sohn gegeben, die über die Generationen-Spannung hinaus gingen; Philipp hatte gerne auf französische Verführungen gehört, die französische Lebensart geliebt, das Italienengagement des Vaters, das so viele Schwierigkeiten mit sich brachte, oft nicht verstanden. Aber eben, als man sich geeinigt hatte, als Philipp die spanischen Interessen entschlossen wahrgenommen, Flotten und Truppen nach Nordspanien geschickt hatte, kam dieses plötzliche Ende, das ja auch hinsichtlich der politischen Ansprüche alle Hoffnungen mit einemmal einem kindlichen Enkel auf die Schultern legte.

Wohl gab es ein Totenmahl, dann aber zog Maximilian sich nach Sankt Lambrecht zurück, die inzwischen vierhundert Jahre alte Benediktinerabtei in elfhundert Metern Höhe, damals noch in dicken Mauern einer der stillsten Orte der Steiermark: Auf die Fundamente aus romanischer Zeit hatte man eine gotische Stiftskirche gesetzt, Wandmalereien mochten den tief getroffenen Fürsten abgelenkt haben. Später wird man auf den Entwürfen für die Ladungen zum Reichstag Randnotizen finden, die vermuten lassen, daß in diesen Stunden der Trauer der Gedanke

an die Kaiserkrone reifte, als sei diese Krone ein Trost für
das Schlimmste, was einem Vater widerfahren kann – nämlich den Sohn und Erben zu verlieren in einer Lage, in der
es nicht einmal Ansätze einer Planung ohne Philipp gegeben hatte – warum auch!

Die Reaktion des tief getroffenen Kaisers sagt uns, daß
er die drei Tage in Sankt Lambrecht nicht nur schmerzvoll
meditiert, sondern auch mit alarmiertem Verstand die Lage
überdacht hatte. Der König, dem man zuviel Phantasie und
zu wenig Ordnungssinn nachsagt, war brutal auf die Erde
zurückgeholt worden. Neben dem Schicksalsschlag im
Sehnsuchtsland Spanien verblaßten die italienischen Abenteuer, verstummten auch die innerdeutschen Querulanten.
Es gab in Maximilians Umgebung nach wie vor verläßliche
Ratgeber, alte Freunde, bewährte Herren aus den schweren
Jahren nach dem Reitunfall der Maria von Burgund und
den Widerständen in den Niederlanden. Aber Maximilian
hatte in seiner intensiven, auf französisch geführten Korrespondenz mit seiner Tochter in Savoyen die neuen Sicht-
weisen ihres Ministers Gattinara kennengelernt, er hatte
Distanz zu seiner eigenen zentral-europäischen umzirk-
ten Politik gewonnen und den Tod des Sohnes im fernen
Südwesten wohl als Signal verstanden: Er mußte wählen,
er mußte sich klar machen, daß Venedig, daß Italien, daß
das intrigante Frankreich an den Substanzen des Reiches
genagt, durch Jahre viel Kraft gekostet hatten. Kronjuwel
der burgundischen Erbschaft waren die reichen Niederlande, und das Land der Zukunft war Spanien mit seinen einer
neuen Welt zugewandten Küsten.

Es gibt nicht viele so schöne und einleuchtende Beispiele für väterliche Einsichten und töchterliche Hilfe wie
das nun anhebende Kondominium zwischen Maximilian
und seiner Tochter Margarete. Daß sie ihm geblieben war,
ja daß zwei Gatten an ihrer Seite früh verstorben waren
und diese Tode sie frei gemacht hatten für eine große selb-
ständige Aufgabe, das war nur als Fingerzeig des Himmels

zu verstehen. Der König rief Margarete, er übertrug ihr die Statthalterschaft der Niederlande und die Erziehungsverantwortung über die Enkelkinder Eleonore (geboren 1498), Karl (geboren 1500) und Isabella (geboren 1501), die in den Niederlanden aufwuchsen. Eine sechste Enkelin, Katharina, trug Juana la Loca unter dem Herzen, als Philipp den Schönen der frühe Tod ereilte. Hier sei gleichsam in Parenthese bemerkt, daß die geistige Gesundheit dieser sechs Kinder, von denen vor allem die beiden männlichen Enkel überdurchschnittliche Geistesgaben bewiesen, das Hauptargument gegen den vielfach behaupteten und nur durch Verhaltensstörungen sichtbar gewordenen Wahnsinn der Johanna oder Juana ist.

Daß Maximilian seine wertvollste Stütze in die Niederlande entsandte, war wirtschaftlich und militärisch gesehen der rettende Entschluß. Noch hatte sich die europäische Wirtschaft nicht wirklich nach der neuen Welt ausgerichtet. Man rüstete Flotten aus, man empfing Flotten, aber die wirtschaftliche Hauptachse des alten Europa verlief von den flandrischen Handels- und Industriestädten, Tuchwebereien und Marktstädten nach Italien, seinen Konsumzentren, seinen Banken, seiner hochentwickelten Stadtkultur. Dieser Strang war nicht nur für das Reich unentbehrlich, er war auch die nährende Hauptader für das Blühen des Hauses Fugger, das in immer höherem Maße Maximilian den Schatzmeister und zugleich den Wirtschaftsminister ersetzte. Maximilian mußte in seinem Gegensatz zu Venedig auf Fugger Rücksicht nehmen, der dort einen Aktionsschwerpunkt errichtet hatte, denn noch war Venedig Ziel- und Ausgangspunkt des gesamten Levantehandels. Maximilian riskierte sogar Unwillen und Beschwerden der Hansestädte, indem er die fuggerschen Interessen auch in der hansischen Handelszone an Ost- und Nordsee unverblümt begünstigte. Vielleicht ahnte er, daß unter den Augen seiner klugen Tochter Antwerpen und Brügge zu echten Konkurrenten des arroganten

Venedig aufwachsen würden, und so blieb sie denn auch mit einer Unterbrechung von nur drei Jahren von 1507 an Statthalterin und Herrin der Niederlande bis zu ihrem Tod im Jahr 1530.

Bemerkenswert ist immerhin, daß Maximilian offenbar nie ernstlich daran dachte, eines seiner elf unehelichen Kinder – ich spreche nur von den bekanntgewordenen – zur Übernahme von Verantwortung heranzuziehen, sobald sie erwachsen sein sollten, was ihr Vater freilich nur ansatzweise mit ansehen konnte. Die Reihe der unehelichen Söhne und Töchter hob erst an, als die Entfremdung von seiner zweiten Gemahlin Bianca Maria Sforza offenkundig geworden war und sie an seinem Leben kaum noch oder doch nur ausnahmsweise teilnahm. Keiner dieser Söhne hatte jedenfalls die Chance, wie später Karls V. unehelicher Sohn Don Juan d'Austria, geschichtliche Bedeutung über die Jahrhunderte hinaus zu erlangen oder wie der Maréchal de Saxe in Frankreich jenen Schlachtenruhm zu erwerben, der seinem Vater, dem starken August von Sachsen und Polen, stets verwehrt geblieben war.

So blieb also Margarete, die sich zeitlebens darüber beklagte, daß ihr Vater die Niederlande nicht verstand, und der biedere Kreis der Augsburger und Innsbrucker Kaufleute, die sich auch fügten, wenn die unstete Italienpolitik des Königs ihnen ihre traditionellen Verbindungen komplizierte. Die Fugger erreichten immerhin, weiterhin mit Venedig Handel zu treiben, das heißt aus Venedig importieren zu dürfen, gleichgültig, ob gerade Frieden herrschte oder Krieg. Nur das, was wir heute kriegswichtige Güter nennen, durften sie in die Lagunenstadt nicht liefern. Auch aus den Papieren der Paumgartner zu Augsburg, die durch Generationen mit den Habsburgern aufs engste zusammenarbeiteten, geht hervor, daß sie sich jede Kupferlieferung genehmigen lassen mußten. Am 28. September 1502 zum Beispiel, als die kriegerischen Handlungen weit im Süden, in Neapel und damit ohne Maximilian vor sich gingen, durften Hans Knöl von Salzburg und Hans Paumgartner von Kufstein für 4373 rheinische Gulden Schwazer Kupfer im Venedighandel einsetzen, ähnliche Genehmigungen werden Hans Paumgartner, Pfleger zu Erenberg ausgestellt.

In den Schweizer-Kämpfen geht es um größere Summen, da muß Maximilian das Schwazer Silber heranziehen, um mit einer Verspätung von zwei Jahren 1501 Kriegsschäden zu begleichen, die oft hilfreiche Kaufleute wie Franz und Hans Paumgartner, aber auch Ulrich Hutten und seine Brüder erlitten haben (Anweisungen vom 11. Februar 1501 über unterschiedliche Summen, die sich zusammen auf über 20.000 Gulden beliefen).

Liest man, was alles diese Kaufleute, weil sie das Vertrauen Maximilians besaßen, in ihren Warenkatalog aufnahmen, dann versteht man, daß sich vor allem in den Jahren dauernder Kriege bis 1510 so große Verbindlichkeiten allein aus dem innerösterreichischen Bedarf anhäufen konnten. Maximilian kaufte für seine Zeughäuser in Lindau und in Innsbruck bei den Fuggern Waffen aller Art, wenn es schnell gehen mußte und die königlichen Werkstätten nicht genug liefern konnten. In den Fuggerschen Büchern tauchen Hellebarden und Spieße auf, Streitäxte, als würden die Wikinger versorgt, aber auch schon von einem Mann handzuhabende Büchsen. Die Hauptfertigungsstätte für Schußwaffen blieb aber Straßburg, wohin die Fugger unter anderem Zinn liefern mußten.

Die Waffen waren für die Fugger nur ein Handelsgut unter vielen, aber ein Waffenhändler hatte naturgemäß mehr Einfluß als die Tuchverkäufer, die Wollweber oder die Salzhändler, und so drangen die Fugger dank dieser wichtigen Position an der Seite eines immerzu kriegführenden Monarchen tief in die Hansebereiche ein, sogar – wenn auch nicht mit imposanten Umschlagzahlen – in den Ostseehäfen, die seit Jahrzehnten gut funktionierende Salzlieferungen aus Frankreich bezogen, dazu Wein für die Deutsch-Ordensherren. Das Haus Fugger lieferte auch ausgesuchte Luxusgüter, schließlich hatte sich der Ritterorden inzwischen voll etabliert, viel westdeutscher Adel war ins Ordensland nachgekommen, und auch im Baltikum entwickelte sich eine anspruchsvolle Adelsgesellschaft, die von den Fuggern über die alten Handelsplätze Nowgorod, Pleskau, Reval und Riga beliefert wurde. Rückfracht war, was die unterworfenen Pruzzen und Kaschuben aus den Wäldern gewannen, Bienenwachs für die zahllosen Kerzen der deutschen Kirchen, Honig, dazu Heilkräuter und von der Volksmedizin geschätztes Pech. Wegen der Eifersucht der hansischen Ostseestädte machten die Fuggerschen Handelszüge und Flotten den Umweg über Ingermanland im Vorfeld der Moskowiter und hatten damit rechtzeitig zur See aufgerüstet, als der Welthandel über den Atlantik sich auch hinsichtlich der transportierten Mengen voll entwickelte.

Margarete saß in einem Land, in dem man sie achtete, aber nicht liebte; sie war außerstande, den Handel von Brügge oder Antwerpen gegen die mächtigen Interessen der Maximilian nahestehenden Welthandelshäuser zu schützen und mußte zusehen, wie selbst das Silber für ihre Münzen aus Schwaz kam. Auch der König von Dänemark und Herzog Bogislaw von Pommern kamen nicht darum herum, den Fuggern Sicherheit zu gewähren und besondere Vergünstigungen, ging doch ein beträchtlicher Teil etwa der Kupferlieferungen auf dem Landweg nach Norden, was den Kleinstaaten, die dabei passiert wurden, wichtige Einnahmen an Durchfuhrzöllen brachte. Allerdings vermochten die Fugger diese in Grenzen zu halten – sie brauchten ja nur zu drohen, eine andere Route zu wählen.

Es gibt sichere Anzeichen dafür, daß dieser praktisch ganz Mitteleuropa in zahllosen Fuhren durchquerende Verkehr auch nachrichtendienstlich genutzt wurde, nicht mit Hilfe der schlichten Fuhrleute, die ja zumeist gar nicht lesen und schreiben konnten, sondern mit Hilfe der Filialen und Faktoreien, die zwar im allgemeinen nur Gerüchte kolportierten, welche aber in der Umgebung Maximilians dann doch geprüft und ausgewertet werden konnten. Ernst Hering zitiert in seinem bewährten Buch über die Fugger einen Wendel Iphofer, der am 21. Mai 1509 dem inzwischen Kaiser gewordenen Maximilian Berichte über die Kriegführung der Franzosen übermittelte, die er selbst von einem Fugger-Faktor namens Hans Koler bezogen hatte, der in der Lombardei tätig war.

Während im Amerikahandel die Warenmengen noch lange unbedeutend blieben und Kuriosa – Kunst- und Kultgegenstände, Goldarbeiten, Edelsteine – den Kern der Importware bildeten, kam es auf dem Markt der Gewürze, Spezereien, Heilmittel und exotischen Früchte zu einer Verlagerung von Ost nach West, sobald sich die Kenntnis des Seeweges nach Indien praktisch, d.h. in Gestalt großer Handelsflotten auswirken konnte. Vasco da Gama hatte ja nicht Indien entdeckt, sondern den Seeweg dorthin, und da das Schiff das einzige Verkehrsmittel jener Zeit war, das nennenswerte Warenmengen befördern konnte, erwuchs dem längst bekannten Karawanenhandel und dem Landtransport der aus dem Osten in die ostmittelmeerischen Häfen bestimmten Waren nun eine übermächtige Konkurrenz. Portugal hielt die Kenntnis der inzwischen erreichten Gewürzinseln – der Molukken – strikt geheim, aber das Haus Fugger schaffte es dennoch, sich als Finanzier einiger Schiffe an den großen Flotten zu beteiligen, die nun den Hafen von Lissabon verließen.

Im Gegensatz zu dem intriganten Ferdinand von Aragon, der nach dem Tod Philipps des Schönen eine kränkende Kälte an den Tag legte und sich selbst als Haupterben des Schwiegersohnes ansah, öffnete sich das kleine und kapitalarme Portugal nolens volens den süddeutschen Fernhändlern, hinter denen Maximilian stand. Einigermaßen frei auch in Spanien zu agieren, war selbst den Fuggern erst möglich, als der listenreiche und geldgierige Ferdinand von Aragonien das Zeitliche gesegnet hatte; danach aber hatte Maximilian nur noch drei Jahre zu leben. Angesichts der Schwächen in den Verwaltungen von Spanien und Portugal, der Schlamperei und Korruption im kaufmännisch unerfahrenen Adel beider Entdeckerländer, war es für die Fugger ein verlustreicher Weg, vor allem, da die großen Erwartungsländer eben diese Erwartungen nicht erfüllten: Das riesige Kanada empfing die ersten französischen Konquistadoren zwar nicht feindselig, aber mit Kälte, Hunger und Seuchen; unter den vielen Toten war auch der Fuggersche Faktor Hans Prunbecher.

Der unerwartete Tod Philipps des Schönen hatte in den Augen Ludwigs XII. von Frankreich die Gefahr, von habsburgischen Ländern umschlossen und eingeschnürt zu werden, zunächst beseitigt. Der vermutliche Erbe der Spanien-Ansprüche, der spätere Karl V., war, als sein Vater starb, sechs Jahre alt, Frankreich konnte sich also ein Jahrzehnt des Friedens erhoffen und partizipierte an dem wirtschaftlichen Aufschwung. Er erfaßte den ganzen Raum des heutigen Belgien mit den Niederlanden und Nordfrankreich, wo die Märkte und die Handelsverbindung mit England schon vor Kolumbus das Land reich gemacht hatten.

Unter dem klugen Regime der neuen Statthalterin gediehen die Städte, das schöne Brügge in seiner alten Pracht, vor allem aber die als Freihandelszone ähnlich wie etwa Livorno begünstigte Stadt Antwerpen. Sie zählte zu Beginn des sechzehnten Jahrhunderts beinahe 100.000 Einwohner, unter denen sich allerdings – ähnlich wie in Danzig oder Königsberg – beinahe 20.000 Zuzügler befanden. Ein großer Schub war wegen Ferdinands des Katholischen Judenverfolgungen aus Spanien gekommen und hatte in Antwerpen eine der stabilsten Judengemeinden der Welt begründet. Das Genie dieser Heimatlosen, die nur retten konnten, was sie an Gold oder Edelsteinen auf dem Leib tragen konnten, verwies sie auf den reinen Geldhandel als

200

Existenz, Waren und Immobilien besaßen sie ja zunächst nicht. So entstand unter den Augen der Erzherzogin Margarete die erste Börse der Welt, ein Institut, das nun als Hauptaufgabe übernahm, was in London seinerzeit die Goldschmiede erledigt hatten, in Florenz die Medici und im übrigen die Templer mit ihren geheimen Geldkanälen.

Es herrschte für Geldhändler und Fernkaufleute absolute Niederlassungsfreiheit, was naturgemäß auch manche windige Existenz auf den Plan rief und den Unternehmungsgeist von Abenteurern weckte. Ambroisius Hochstätter war einer der ersten und findigsten und erwarb schon 1486 Grundstücke im Vorort Kipdorp, 1505 gehört ihm der ansehnliche *Cour de Berchem*, ein großer Handelshof, geeignet für Tuche ebenso wie für Kupfer und Mineralien. Bei allem Wagemut erscheinen die Hochstätter-Brüder später sogar unter den Gläubigern eines Paumgartner. Der Kupferimport deutet darauf hin, daß Maximilian auch in den Niederlanden Kanonen gießen ließ. Den Hochstätter folgten die Fugger und die Welser.

Die Briten hatten sich mit der sehr aktiven Vereinigung der *Merchant Adventurers* bald auch in Antwerpen Sonderrechte erkämpft, was in der Freihandelsstadt nicht sonderlich schwer war und sich nur auf die günstigsten Liegeplätze für die Schiffe bezog; sie hatten mit Leinenimporten begonnen, waren dann auf Tuche übergegangen und dafür vor allem Gewürze aus Portugal und Weine aus Frankreich und Deutschland geladen.

Die besten Verbindungen unterhielt Margarete mit dem unter seinen Königen politisch stabilen, wenn auch kleinen Portugal, ja es kam später sogar zu unmittelbaren Vereinbarungen zwischen Beauftragten der portugiesischen Krone und Vertretern des Hauses Fugger. Dabei geht es dann schon um Fertigwaren wie Messer für die überseeischen Gebiete, in denen Portugal sich inzwischen etablieren konnte. Es blieb allerdings deutlich, daß es Portugal an Kapital und sogar an menschlichen Ressourcen fehlte.

Fugger wie Welser waren willkommene Partner bei den kostspieligen Unternehmungen mit großen Handelsflotten, und schon 1503 hatte König Manuel ein eigenes Amt geschaffen, das nur die Niederlassung deutscher Kaufleute und die Interessen deutscher Investoren bearbeiten sollte, geleitet von einem Mährer namens Valentin Ferdinand, von den Portugiesen nur *Alemao* (der Deutsche) genannt. Der deutsche Wirtschaftshistoriker Horst Wagenführ hat diesen interessanten Mann der Vergangenheit entrissen und seine Fahrtenberichte erwähnt.

Nach diesem noch viel reisenden Mährer entstand in Lissabon eine Art Handelskammer, denn die Augsburger Lucas Rem und nach ihm sein Bruder Hans hatten trotz zeitweise fremdenfeindlicher Strömungen in Lissabon Positionen inne, wie sie die seefahrende Nation der Portugiesen den Deutschen in späteren Jahrhunderten nicht mehr eingeräumt hat. Lucas Rem figurierte als Handelsattaché und als Reeder, er rüstete ganze Flotten im Auftrag von König Manuel aus und durfte nebenbei ungescheut für das Handelshaus der Welser große Geschäfte tätigen, wofür es eigentlich nur die Erklärung gibt, daß in einem so engen Bereich wie dem Hof von Lissabon Intrigen und Unterschleife schwer auszuschließen waren und daß die großen Familien des Landes weniger ehrliche Männer stellten, als Manuel gebraucht hätte. Zu Ostern 1506, dem Todesjahr Philipps des Schönen, kam es zudem zu dem großen Massaker an gläubigen und an getauften Juden in der Hauptstadt. Angeblich ohne Wissen des Königs wurden über zweitausend Juden hingeschlachtet, die anderen des Landes verwiesen wie ein paar Jahre zuvor in Spanien. Nun fehlten Portugal auf einmal die geschickten Geldleute, die schnellen Importeure, die sprachenkundigen Fernhändler mit den weltweiten Verbindungen, was die Deutschen vollends unentbehrlich machte, zugleich aber einen Zustrom jüdischer Flüchtlinge für die Niederlande brachte.

Vor allem die Augsburger Brüder Rem waren erstklassige Informanten für die Welser, für die vorsichtigeren Fugger und damit natürlich auch für König Maximilian. Man berichtete ihm von den Studien, denen sich der um zehn Jahre jüngere Monarch im fernen Westen widmet: daß er kaum entdeckte Länder wie Brasilien schon planmäßig kolonisieren läßt, obwohl Cabral es eher zufällig entdeckt hat. Der weit nach Osten vorspringende Teil des südamerikanischen Kontinents liegt östlich jener Trennungslinie, die Papst Alexander VI. zwischen den Interessenzonen der beiden iberischen Mächte um den Erdball gezogen hat. Tausende Juden sterben in Lissabon, aber der Astronom des gelehrten Königs ist der Rabbiner Zacut!

Trotz der natürlichen Rivalität zwischen den Entdeckernationen und dem ungleichen Größenverhältnis hatte Manuel I. für eine Verbindung mit Spanien gesorgt, wie sie enger kaum sein konnte, indem er in erster Ehe die Infantin Isabella, Tochter Ferdinands des Katholischen, geheiratet hatte, die allerdings nur achtundzwanzig Jahre alt wurde, und nach ihrem frühen Tod ihre Schwester Maria, die es immerhin auf fünfunddreißig Jahre brachte, worauf dann eine Habsburgerin folgte, und zwar Eleonore, die ältere Schwester Karl V., am 5.3.1519, also im Todesjahr Maximilians. All dies vollzog sich unter den Augen Margaretes und ihrer klugen Räte, und dennoch hat man den Eindruck, daß die eigentliche große Weltgeschichte an ihr und Gattinara vorbeigeglitten sei wegen lokaler flämischer Händel und der ewigen italienischen Querelen, bei denen das ganze große Reich des nunmehrigen Kaisers von eigenen Gnaden auf der Stelle trat.

Man möchte meinen, daß Vater und Tochter aus ihren binneneuropäischen Verstrickungen erst erwachten, als die guten Beziehungen nach England unter dem jungen und wagemutigen achten Heinrich jene Früchte trugen, die der sparsam-bedächtige Heinrich VII. den Habsburgern immer nur vor die Nase gehalten hatte. Zwar vermag ich der großartigen Margaretenbiographie von Else Winker nicht zu glauben, wenn sie sagt, Heinrich VIII. sei im Juni 1513 mit 45.000 Mann bei Calais gelandet, denn das ist eine logistische Unmöglichkeit; erst im zwanzigsten Jahrhundert wurden solche Truppenmengen über den Kanal transportiert. Aber es ist sicher richtig, daß in dem endlich wieder entstandenen englisch-habsburgischen Bündnis die Briten die Stärkeren waren, weil Maximilian ganz einfach die Geldmittel nicht hatte, um ein vergleichbares Kontingent gegen den alten Ludwig XII. von Frankreich auf die Beine zu stellen, ein Stück Vorgeschichte zu Marignano (vgl. S. 123 ff.).

Eher ist die Überlegung begründet, daß Heinrich VIII. Kerntruppen und Gerät über den Kanal brachte und mit englischem Geld dann Soldtruppen anwarb; als Söldner sind auch die 30.000 Mann, die er im August 1513 gegen Thérouanne führte, plausibel, ebenso die Wiederkehr der Schauplätze für die nun abermals blutige und nun überzeugend siegreich beendete Schlacht von König und Kaiser gegen einen lebenslang streitbaren französischen König, dem Alter und Krankheit freilich die Kräfte geraubt hatten. Was sich nach der Eroberung der Festung am Straßenkreuzungspunkt Thérouanne und auf den Feldern von Guinegate begab, erhielt in der Geschichte, die angesichts der engen Räume Unterscheidungsmerkmale suchte, die Bezeichnung Sporenschlacht, weil die französische Reiterei ihren Pferden sehr bald die Sporen gegeben haben soll, um sich vom Feld der Niederlage zu retten.

Ludwig XII. war im Juni bei Novara geschlagen und aus Italien vertrieben worden und nun, um August 1513, bei Guinegate, eine Schmach, die er nur um eineinhalb Jahre überlebte, eine Niederlage, die in dem damals noch sehr jungen Nachfolger, dem späteren Franz I., den unauslöschlichen folgenreichen Haß gegen Habsburg begründete. Die Strategie von Guinegate war der großen Erfahrung Maximilians zu danken, der Impetus des Sieges und die reichen Mittel, mit denen er errungen war, hingegen Hein-

204

rich VIII. Die beiden Herrscher sollen einander nicht, wie üblich, Bruder genannt haben, sondern Vater und Sohn, und wenn Heinrich VIII. seinem Temperament nach auch prunkte und großspurig auftrat, wie es so manchen jungen Monarchen auch späterer Jahre noch gefiel, so war es doch ein Augenblick späten Triumphes auch für den Habsburger, dem die Franzosen durch Jahrzehnte das Leben schwer gemacht hatten.

Dabei waren Deutschland wie Frankreich im Grunde genommen in der gleichen Lage. Sie hatten beide den Anschluß an das Zeitalter versäumt, sie hatten es – trotz einiger privater Initiativen der Fugger, Welser, Paumgartner, Jacques Coeur oder der Neufundlandfahrer von Saint-Malo – nicht geschafft, sich wie England spät aber doch in den großen Wettlauf einzubringen; erst im Jahrhundert darauf wird die heroische Kanada- und Louisiana-Politik französischer Könige das Bild zugunsten Frankreichs verschieben.

Ohne schon Weltpolitik zu betreiben oder auch nur die Notwendigkeit globaler Umsicht wirklich zu erkennen, hatte Maximilian für das Reich und seine Länder zwei Entwicklungen von größter Bedeutung in Gang gebracht: Dank der burgundischen Rückendeckung hatten die flandrischen Grafschaften und die Seestädte der niederländischen Kanalküste eine Kraftposition erreicht, wie sie die mittelalterlichen Binnenmärkte seit karolingischer Zeit zwar vorbereitet, aber nicht wirklich ermöglicht hatten. Und die maritime Großmacht Venedig, die Handelsmetropole zwischen Orient und Abendland, war in widerwilligem Zusammenwirken von Kaiser und Sultan nicht erst durch den Atlantikhandel, sondern schon durch die Niederlagen auf der *Terra ferma* ins zweite Glied gerückt.

Venedig war die Flanken-Bedrohung, die Maximilians Italienpolitik durch viele Jahre blockiert hatte. Obwohl zu Lande auf Söldner angewiesen, konnte sie jeden Italienzug aus Tirol nach dem Süden in ein Desaster verwandeln, die Versorgung behindern, den Troß gefährden. Diese Gefahr war nicht nur durch die Siege in zwei Schlachten gebannt worden, sondern durch die handelspolitische Entwicklung, die weitere Zuwächse an Reichtum und Geltung verhinderte, Antwerpen aufwertete und den komplizierten Adriaweg nach und nach überflüssig erscheinen ließ.

Die deutschen Handelsgesellschaften hatte dank der guten britischen und portugiesischen Verbindungen einzelner großer Familien ihr Stück vom großen Kuchen bekommen; die oft recht kleinmütig agierenden oder untereinander zerstrittenen Hansestädte waren ähnlich Venedig durch die neuen Verkehrslinien und Märkte geschädigt. Die Ostsee, ein Binnenmeer wie die Adria, begann dank der aufstrebenden russischen Exporteure und des Schottlandhandels ihr fruchtbares Eigenleben; Hamburg wurde 1510 von Maximilian zur Reichsstadt erhoben und blickte nicht mehr nach Dänemark.

Die habsburgischen Vorstöße in Welt- und Weltseemachtpolitik bleiben bis zum Tod Maximilians vereinzelt, punktweise; das Reich verdankt sie Einzelpersonen wie Pining und Pothorst, die sich erfolgreich dem Nordatlantik zuwenden, auch sie aber zunächst in portugiesischen Diensten, und der friesische Walfang wird die Kenntnis der Islandsee und des nördlichen Polarmeers um vereinzelte Stützpunkte wie das Kuriosum Jan Meyen erweitern. Wahre Weltpolitik aber wird erst Karl V. gleichauf mit Heinrich VIII. oder Elisabeth I. sehen. Venedig wird dann selbstzufrieden zurückgefallen sein in die Rolle eines Handelsplatzes mit ganz besonderen Freiheiten und Findigkeiten.

Die klugen Gelehrten der Lagunenrepublik werden ihre Nobili damit trösten, daß die neuen Mächte, die seefahrenden Nationen der atlantischen Welt, im Grunde nur eine Welt der Inseln und der Ränder kennen. In einen Kontinentalkoloß wie Afrika einzudringen vermag das kleine Portugal ebensowenig wie über ein paar indische Küstenstädte ins Innere vorzustoßen. In Florida, so schlicht und einladend die Halbinsel sich darbietet, werden Steinzeit-

206

menschen wie die Seminolen den hochgerüsteten Konquistadoren katastrophale Niederlagen bereiten, und in den Weiten des Mississippibeckens wird es noch Jahrhunderte brauchen, ehe sich ein paar Händler und Missionare aus den Forts herauswagen können.

Der ruhige Atem der Weltgeschichte schenkt dem Wunderwerk Venedig noch eine Frist, bis ein Mann von einer wilden Insel, bis ein Jahrtausendgenius wie Napoleon I. auch vor den großen Traditionen der Dogenrepublik nicht zurückschreckt; wenn es soweit ist, werden auch Spanien und Portugal nur noch im Schatten neuer Seemächte stehen. Deutschlands erste Kolonie, Groß-Friedrichsburg auf dem Manfro-Berg an der Goldküste, ist dann immerhin 120 Jahre alt und längst niederländisch.

Recht und Gerichte

Gewiß bin ich nicht der Erste, der den vergleichsweise stillen Ruhm des Gesetzgebers über das die Jahrhunderte durchschallende Getön der Siegesfanfaren und des Feldherrenruhmes stellt. Aber man könnte Millionen befragen, ohne eine Antwort zu den Begriffen Gortyn, Zwölftafelgesetz, Hammurapi oder Solon zu erhalten, und doch gibt es keine größere Wohltat für eine Gemeinschaft, als sie mit einem tauglichen Gesetzbuch auszustatten. Gleich danach freilich gebietet die Vernunft die Umsetzung der Paragraphen, die Anwendung der Gesetze, den Vollzug der Sanktionen.

Die vielen Länder des Heiligen Römischen Reiches hatten, als Friedrich III. die Bedeutung eines ordentlichen Rechtssystems erkannte, alle schon ihre eigenen Volksrechte, wenn sie auch in so manchem Randgebiet im Osten oder Nordosten noch nicht auf dem Papier standen. Es gibt nicht viele Argumente gegen das gewachsene, aus dem Volksleben gewonnene Rechtsempfinden, auch wenn sich manches, was wir in Eike von Repgows Sachsenspiegel lesen, reichlich seltsam ausnimmt, von der derben und gelegentlich obszönen Ausdrucksweise ganz zu schweigen: Eben diese Urwüchsigkeit bis ins Wort hinein ist jener Herkunftsnachweis, ist jene Legitimation, die gerade das Rechts-Gebot braucht.

Als Kaiser Friedrich III. 1471 das noch nicht sehr effektive Reichshofgericht ehrwürdigen Alters durch ein fest organisiertes Reichskammergericht ersetzte, war Maximilian I. ein Knabe von zwölf Jahren. Dennoch wird dieser damals begonnene Versuch, ein 250 Jahre altes mittelalterliches Königsgericht durch eine taugliche moderne Organisation, durch eine Kammer, ein Fach-Gremium abzulösen, als eine der Ruhmestaten Maximilians gleichbedeutend neben seinen persönlichen Tugenden und künstlerischen Interessen genannt. Es scheint, daß der verhaßte

Erzherzogin Margarete von Österreich als Witwe, Gemälde eines unbekannten niederländischen Künstlers. © KHM, Wien.

Berthold von Henneberg, Kurfürst und Erzbischof von Mainz, Stich eines unbekannten Künstlers,
© ÖNB, Wien.

Matthäus Lang, Kardinal, Erzbischof von Salzburg, Stich von Hieronymus Hopfer.
© ÖNB, Wien.

Jakob Fugger (der Reiche) in seinem Kontor, Zeichnung aus dem Kostümwerk des M. Schwarz, 1518. © AKG, Berlin.

König Franz I. von Frankreich, Gemälde von Joos van Cleve, um 1520. © AKG, Berlin

Johannes Cuspinian, Gemälde von Lukas Cranach d. Ä., um 1502/03.
© ÖNB, Wien

Konrad Celtis mit der Mütze eines poeta coronatus, Schabblatt von Johann Jakob Haid.
© ÖNB, Wien.

Spottbild auf Johannes Trithemius, kolorierte Federzeichnung, entworfen von Johannes Stabius, Anfang 16. Jahrhundert. © ÖNB, Wien.

Ritter, Tod und Teufel, Kupferstich von Albrecht Dürer, 1513.
© AKG, Berlin.

Kaiser Maximilian I., Gemälde von Albrecht Dürer, 1519.
© KHM, Wien.

Fiskal, an den manche Maximilianforscher nicht so recht glauben wollen, schon 1471 in die Welt trat, und zwar in der unschuldigen, ebenso kleinen wie tapferen Stadt Wiener Neustadt, die Besseres verdient hätte. Haberkerns mit Josef Friedrich Wallach verfaßtes Hilfswörterbuch für Historiker definiert den Fiskal als „Advokat mit Beamtencharakter zur Wahrung der Interessen der Krone, insbesondere des Fiskus (d.h. des Königsgutes), woraus sich teilweise eine Tätigkeit als öffentlicher Ankläger (Generalprokurator) entwickelte". Fiskale wurden in Jahrhunderten nach Maximilian zum Teil mit polizeilichen Befugnissen ausgestatte. „In Österreich", schließt der Artikel, „erhielten sich Finanzprokuratoren im alten Sinn bis heute."

Obwohl Wiener Neustadt durch seine Grenzlage zu Ungarn und als unbezwungene Festung sich als Aktenburg und Rechtszentrum empfahl, wanderten die wirtschaftlichen Vorgänge doch langsam, aber unaufhaltsam nach Westen ins reiche Tirol, wenn auch nicht ganz aus der Reichsmitte hinaus nach Flandern. Das *Reichskammergericht* sollte seinen Gründungs-Bedingungen nach einen unverrückbaren Platz haben, sich mit einem Ort verbinden und mit dem Namen jener Stadt zu einem Begriff werden wie heute etwa Den Haag für Kriegsvergehen oder Flensburg für die weit harmloseren Verkehrsdelikte und deren Archivierung. Aber noch waren die Habsburger nicht wirklich seßhaft, das Reichskammergericht wurde von Maximilian I. selbst mehrmals neu und an verschiedenen Orten begründet und vor allem gelegentlich der Reichstage durch Vorschriften neu definiert, die neben Maximilian auch die hervorragendsten Persönlichkeiten des Reiches mitunterzeichneten und bis ins Detail hinein bestätigten. Diese Phase der Unsicherheit oder Wandelbarkeit erstreckte sich von 1495 bis 1527, also über den Tod des Kaisers hinaus, und wurde erst durch Karl V. damit beendet, daß nun Speyer als Sitz der Institution bestimmt wurde. Die grundlegende neue Ordnung von 1555 für alle deutschen Gerichte erlebte Karl V. eben noch, 1689 bis 1806 hatte Wetzlar die Ehre, das Gericht zu beherbergen, an dem sich unter so mancher Berühmtheit auch Goethe juristische Sporen verdiente.

Gerichte schaffen kein Recht, sie wenden es an, doch werden Urteile, Berufungen, Kommentare und Ausführungsbestimmungen in ihrer Gesamtheit zu einem Fundus der Rechtsprechung, zu Hilfe und Pein für Richter, Staatsanwälte und Advokaten und füllen die Bücherschränke, so daß es zu einer Wohltat für alle Beteiligten wurde, als in den letzten Jahren die mechanischen Gehirne ihrer Speicherkapazitäten anboten.

Der Reichskammerrichter mußte ein Fürst oder Graf sein, also dem Hochadel entstammen, doch finden sich im Lauf der Jahrzehnte auch gebildete und tüchtige Freiherren oder Barone in dieser Position. .Daß diese Herren im juristischen Detail etwa in Zivilrechtssachen nicht sehr bewandert waren, fiel nicht sonderlich ins Gewicht, denn dieses hohe Gericht hatte sich vor allem mit dem Delikt des Landfriedensbruches zu befassen, mit Prozessen gegen reichsunmittelbare Institutionen und Städte, mit Fällen von Rechts-Verweigerung oder erheblichen Rechtsverzögerungen. Den vorsitzenden Kammerrichter ernannte der König selbst, weitere Richter und Beisitzer teils der lokale Souverän, teil die Reichsstände, also Personen oder Korporationen, die Sitz und Stimme im Reichstag hatten. Kompetenzstreitigkeiten zwischen Reichskammergericht und dem vor allem für die habsburgischen Erblande zuständigen Reichshofrat waren häufig, erledigten sich aber dadurch oft besonders schnell, daß bis 1559 der König oder Kaiser den Vorsitz des Reichshofrats selbst innehatte. Der Reichshofrat hatte eine Gelehrten- und eine Herrenbank, auf beiden saßen nicht wenige Adelige. Konnten sie alle sich nicht einigen, wofür die Institution bald sprichwörtlich wurde, erfolgte das sogenannte *votum ad imperatorem* (Vorlage an den Monarchen), womit man in vielen Fällen am besten begonnen hätte.

Alle deutschen Gerichte hatten eine unschätzbare Basis der Rechtsprechung in dem bis ins Detail bekannten römischen Recht und den *Pandekten* Justinians, was zahlreiche übliche Fälle überzeugend entschied. Aber wo waren die Männer, die diesen Wissensschatz zur Verfügung, die ihn sich auf hohen Schulen einverleibt hatten? Heinz Noflatscher, der in seinem inhaltsreichen und streckenweise ausgesprochen unterhaltsamen Buch sogar die Frage stellt, wie weit man in der Umgebung des Kaisers lesen und schreiben konnte, hat mit dankenswerter Akribie nachgewiesen, daß der Adel der Erbländer sich weitgehend auf die Chancen verließ, die eine hohe Geburt oder gute Beziehungen zum Hof eröffneten. Am meisten studiert wurde in dem durch ein gutes Schulsystem begünstigten Südwestdeutschland. „Ein Befund, der sich dadurch erhärtet, daß gerade in Schwaben der Adel aus Konkurrenzgründen zum Bürgertum relativ früh akademische Grade erwarb; anders als in Bayern etwa, wo noch für das 16. Jahrhundert für keinen (!) Angehörigen des reichsfreien Adels und der Turniergeschlechter ein juristischer Grad nachzuweisen ist." Sehr viel höher war der Prozentsatz studierter Räte in der Umgebung des alten Kaisers Friedrich III. gewesen: Er hatte wenige, aber fähige Räte, die denn auch viele Jahre lang an seiner Seite blieben; dies hatte in Nieder- und Oberösterreich, trotz relativ geringer Verstädterung, einen gewissen Sog zu den Bildungsstätten ausgelöst.

Man braucht nicht gleich an schottische Verhältnisse zu denken, wo im achtzehnten Jahrhundert auf manchen Burgen das Alphabet angeblich so unbekannt war wie die Seife, nur muß man sich vergegenwärtigen, daß an der Wende zum sechzehnten Jahrhundert die Dichte der hohen Schulen im Reich nicht sehr eindrucksvoll war. Juristen mit der Reife, die etwa das Hofkammergericht oder der Reichshofrat verlangten, mußten ihre Examina zwischen 1460 und 1490 abgelegt haben. Georg Kaufmanns zweibändiges Standardwerk der Universitäten nennt uns die folgenden Gründungsjahre (und diese sind nicht einmal immer gleichbedeutend mit dem Beginn des Studienbetriebes in allen Fakultäten): Basel 1460, Breslau 1505, Erfurt 1392, Frankfurt an der Oder 1506, Freiburg im Breisgau 1460, Greifswald 1456, Heidelberg 1386, Ingolstadt 1472, Köln 1389, Königsberg 1366, Leipzig 1409, Lüneburg 1471, Mainz 1477, Prag 1348, Rostock 1419, Trier 1472, Tübingen 1477, Wien (zeitweise in Wiener Neustadt residierend) 1365, mit theologischer Fakultät 1384, Wittenberg 1502, Würzburg 1402, voller Betrieb 1410.

Das nahe Krakau lockte mit einer schon 1364 gestifteten Universität und lebhaftem städtischen Leben, doch war die Unterrichtssprache entgegen oft gehörten Behauptungen polnisch, was natürlich nicht ausschloß, daß Gasthörer und Gastprofessoren sich lateinisch miteinander verständigten. In Paris studierte nach Noflatschers Unterlagen nur ein einziger von Maximilians Spitzenbeamten, und zwar ein Theologe.

Die weite Streuung der deutschen Hochschulen, soweit sie überhaupt schon existierten, funktionierten und einen gewissen Ruf hatten, machte sie im Verein mit den schwierigen Verkehrsverhältnissen und den unterschiedlichen landschaftlichen Dialekten für die überwiegend süddeutsch-österreichische Beamtenschaft der Habsburger unattraktiv. Soweit die jungen Herren, die zum Teil den Kaiser seit seinen lebhaften flandrischen Frühzeiten kannten, überhaupt zu studieren vorhatten, gingen sie nach Italien. Südtirol war damals in einem heute noch gut vorstellbaren Maß die europäische Kernzone mit schönen alten Kleinstädten, Burgherrschaften, Weintälern und passabel unterhaltenen Straßen in den Süden, auch wenn Verona nicht immer dem Kaiser gehörte. Padua und Bologna lagen nahe beisammen und waren altberühmte, vollausgebaute Universitäten. Man begann zu Hause, wohl auch, weil die Eltern die Jungmänner nicht so schnell von der Kandare ließen und weil das Ausland teuer war; den Gelehrtenglanz, den akademischen Grad, die Aura der hohen Wissenschaft holte man sich dann in Salerno, Perugia, Bologna oder Padua. Für ein besonderes Fach, die Beredsamkeit (Eloquenz), die bei Hof und international sehr geschätzt wurde, galt das *Gymnasium illustre* von Straßburg im Elsaß als besonders erfolgreiche Ausbildungsstätte. „Die genannten Professionalisierungsprozesse liefen nicht ohne Konflikte und Opposition ab", gibt Heinz Noflatscher zu bedenken, „strukturell wie im persönlichen Bereich. Wir kennen die Vorbehalte der bäuerlichen Untertanen, aber auch des Adels gegen das neue Recht und die Juristen als böse Christen. Zu Kontroversen kam es auch zwischen sozialer Rangposition und Amt … Der veränderte Stil, das Gewicht der Professionalisierung, das Regiment der Technokraten erfuhr nach dem Tod des Kaisers die Kritik durch die ständische Öffentlichkeit im Reich."

Noflatscher bringt als Beispiel die brüske Ersetzung eines altgedienten, unter Kaiser Friedrich III. bewährten Fachmannes, des Johann Waldner, Leiter der Reichskanzlei, durch einen graduierten jungen Kleriker, der Jus studiert und auswärtige Erfahrungen gesammelt hatte – in Budapest und am Reichskammergericht, das uns damit als Sprungbrett für Karrieren erscheint.

De facto aber war der Anteil der wirklich zweckmäßig ausgebildeten Juristen sehr gering. Nimmt man sechzehn der besser bekannten Karrieristen aus Maximilians nächster Umgebung genauer unter die Lupe, so darf man nur bei drei von ihnen mit einiger Sicherheit annehmen, daß ihr Fachwissen, ihre Rechtskenntnisse und ihre Beherrschung der Masse der wichtigsten Gesetze entscheidend für ihren Aufstieg gewesen sei – ein Aufstieg, der an diesem Kaiserhof beinahe regelmäßig auch mit einem Zuwachs an Vermögen verbunden war. Unsere Beispiele sind der Hofkanzler Konrad Stürtzel, der Hofrat Niklas Ziegler und Blasius Hölzl, den man heute salopp wohl den Schammes des Kaisers nennen würde, weil er es nun einmal war.

Stürtzel war wohl der am besten Ausgebildete unter ihnen, hatte sich vom Magister zum Rektor der Universität Freiburg hochgedient und wurde 1481 wegen seiner hervorragenden juristischen Kenntnisse ins kriselnde Tirol gerufen, wo Herzog Sigmund im vollen Ausverkauf und Verpfänden seiner ererbten Länder begriffen war. Die Abtretung Tirols an Maximilian im März 1490 war das Werk Stürtzels und Beginn zahlreicher diplomatischer Erfolge. Auf dem durch mancherlei Schwierigkeiten gekennzeichneten Lindauer Reichstag von 1496/97 hatte er die Ehre, Maximilian zu vertreten, der schon wegen fehlender Unterbringungsmöglichkeiten mit seiner großen Suite lieber ferngeblieben war. Aber der Versuch ging ganz schlecht aus, der Adel nahm den Emporkömmling überhaupt nicht ernst, und der sonst so gewandte Mann wurde auf beschämende Weise in die Enge gedrängt, was freilich auch beweist, daß bei aller Bildung und großem Geschick der Bürger doch einsehen mußte, daß seine Zeit noch nicht angebrochen sei.

Von Stürtzels Rückzug im Jahr 1500 profitierte der Nördlinger Niklas Ziegler, obwohl Stürtzel auch später noch zu Sonderaufgaben herangezogen wurde und als genauer Kenner der Schweizer Verhältnisse wertvoll blieb. Ziegler hatte – wie damals die Regel – nur eine Lateinschule besucht, entwickelte aber, ohne daß man eigentlich weiß, aus welchen Gründen, ein besonderes Interesse für Formulierungen, Vokabular und Sprachgestaltung, vermutlich, weil seine besondere Begabung für Verwaltung und Beamtenführung ihm die Notwendigkeit zeigte, an der Sprachbasis der internen Kommunikation zu arbeiten und Klarheiten zu schaffen.

Tatsächlich ist so manches schriftliche Zeugnis der Epoche, auch von adeliger Hand, nichts anderes als mutmaßliche phonetische Transkription. Ziegler war mit dem schärfsten Gegner von Martin Luther, dem katholischen Theologen Johann Mayr von Eck (1486–1543) befreundet,

214

der ihn förderte und durch seine eigene scharfzüngige und geschliffene Polemik gegen Luther zweifellos entscheidend dazu beitrug, daß Ziegler die Bedeutung der Sprache und ihre Möglichkeiten erkannte und in den höfischen Kanzleien auf besondere Pflege achtete. Daß auf diesem Umweg die Sprache eines Doktor Eck jene Luthers und damit die Bibelübersetzung beeinflußt habe, ist aus dem Deutsch der Lutherbibel nicht zu erkennen. Ziegler selbst blieb lebenslang ein erklärter Gegner der Reformation, aber auch der Juden und gab bei der Austreibung der Juden aus Nördlingen seinen Mitbürgern ein schlechtes Beispiel. Daß er sich bei dieser Gelegenheit auch bereicherte, wird dadurch wahrscheinlich, daß er wenig später die elsässische Herrschaft Barr nahe dem Odilienberg erwarb, eine der reizvollsten Lagen im Elsaß. Daß er dort an die siebentausend weitgehend protestantische Untertanen hatte, scheint ihn nicht gestört zu haben, wie überhaupt das ganze Elsaß, in gewissem Sinn schon damals eine Art Vorder-Österreich, sich bei Höflingen und hohen Räten der größten Beliebtheit erfreute. Die Lokalkenntnis kam Ziegler zustatten, als er gemeinsam mit Stürtzel die Reichsvogtei Hagenau für die Krone erwarb, eine Stadt, die unter den Streifscharen nach dem Hundertjährigen Krieg sehr gelitten hatte. Barr ging erst 1517 wirklich in den Besitz Zieglers über (vorher war es Pfandgut gewesen, also von Rückkauf bedroht). Die beiden Söhne Zieglers konnten sich über das wertvolle, aber entlegene Vorland nicht einigen und verkauften Barr für 90.000 Gulden an die Stadt Straßburg, in deren Besitz Barr bis zur Revolution blieb.

Ziegler wurde wegen seiner Tüchtigkeit als einer der ganz wenigen Räte Maximilians in die Kanzlei Karls V. übernommen, war allerdings beim Tod des Kaisers erst 47 Jahre alt, also nicht, wie Wiesflecker meint, ein alter Mann, der sich nicht mehr einfügen konnte. Was ihn über seinen nun geminderten Einfluß getröstet haben mag, ist der Umstand, daß einem jeden, der den ganzen Umfang der Herrschaft Barr kannte, bei ihren wohlklingenden Dörfern und Weinlagen das Wasser im Mund zusammenlief: Das Baillage, also die Herrschaft des kreuzbürgerlichen Rates Ziegler, umfaßte neben dem Städtchen Barr noch Burgheim, Gertwiller, Goxwiller und einen Teil von Heiligenstein, wo 1525 die Bauernunruhen im Elsaß ausbrachen.

Bauerntum und Südtirol finden sich am Hof vertreten durch Blasius Hölzl (1470–1526), den Fiskal par excellence. Er stammte aus dem heutigen Grenzort Sillian. Schon sein Vater war für die Grafen von Görz und deren Bauernschaft tätig gewesen und wollte den Sohn Priester werden lassen, ein Fehlstart, dem Blasius aber immerhin eine gewisse Bildungsbasis verdankte. Sein guter Bauernschädel half ihm schnell in das Raffinement der burgundischen Finanzwirtschaft hinein, also in jene Mysterien der Haushaltsführung, die Maximilian und seiner schönen Maria stets verschlossen geblieben waren, was ihnen die Kaufmannschaft der Niederlande denn auch verübelte. Blasius Hölzl lebte sich auch dank einer günstigen Heirat im Kreis der Finanzreformer schnell ein, was den Schluß zuläßt, daß er Französisch erlernte, denn Jean Bontemps, flandrischer Finanzexperte von hohen Graden, sprach kein Deutsch. Leichter hatte er es mit den Herren aus dem Hause Hackenay, Kölner Ratsherren, Juweliere und Goldschmiede, deren habsburgische Verbindung bis auf Kaiser Friedrich III. zurückreichte: Nicasius Hackenay war 1507 königlicher Rechenmeister und als solcher ein Vertrauter der Kaisertochter Margarete.

Hölzl hatte ebenso wie Ziegler mit dem Adel Probleme, was das Auftreten und den höfischen Schliff bedeutet. Wiesflecker weiß von „eher komischen" Streithändeln mit Untergebenen, wobei man vermuten darf, daß der Umgangston in den spätmittelalterlichen Kanzleien noch ziemlich rauh war. Diese Äußerlichkeiten nehmen uns Wunder, weil Hölzl sich aus eigener Neigung eine solide humanistische

Bildung erworben hatte und sich zumindest schriftlich gut ausdrückte. Bei den Verhandlungen mit den großen Fernhandelshäusern war er eine wichtige Autorität; wir finden ihn auf Sondermissionen vor allem in den Westen. Kam er mit seiner Beredsamkeit nicht zum gewünschten Erfolg, mußte er gelegentlich selbst in die Tasche greifen, etwa um die Bagage der Königin auszulösen, wofür er kleinere Güter zugesprochen erhielt und schließlich sogar Schloß Vellenberg im tiroler Inntal als festen Wohnsitz erwerben konnte. Das war wohl auch eine kaiserliche Prämie für Hölzls Herkulesarbeit bei der Finanzierung der italienischen Feldzüge. Seinen Sohn ließ er freilich die ungleich ruhiger geistliche Laufbahn beschreiten.

Alle diese studierten oder angelernten Juristen wirkten durch Jahre und Jahrzehnte in verschiedenen Institutionen wie Kanzleien, Gerichten, dem Hofkammergericht und dem Reichshofrat, wobei Maximilian keine Bedenken trug, eine nicht ganz kleine, ihm aber vertraute Schar von verläßlichen Ratgebern, Helfern und Vollstreckern hin und her zu schieben, wie er und wo er sie brauchte. Was zählte, war die persönliche Verbindung zum Monarchen und zu einer kleinen hochadeligen oder geadelten Gruppe, die Maximilian offensichtlich ein Leben lang nicht entbehren konnte, Herren wie Matthäus Lang, Zyprian von Serntein, Paul von Liechtenstein oder der Kampfgefährte, Jugendfreund und verläßlich-tapfere Kumpan Wolfgang von Polheim, der aber mehr seine Person als seine Gaben in die Waagschale warf und historisch später nicht mehr so sichtbar bleibt wie die anderen Genannten.

So gut wie alle haben sich im Dienst für den Kaiser bereichert, was Maximilian nicht viel kostete – er arrangierte ihnen vorteilhafte Ehen, die erstaunlich oft auch den Namen Liebesheirat verdienten: Man vertrug sich gut in den Erblanden, man kannte einander schon von den Hoffesten, und wenn Maximilian irgendeine begüterte Tochter für einen seiner Kavaliere brauchte, war die Auswahl so groß,

217

daß die legendären reichen Witwen nur selten zum Zug kamen. Im Lauf der Karriere wuchsen den Herren kleine und größere Güter zu, und wenn sie starben, schuldete beinahe jedem von ihnen der Kaiser nicht ganz kleine Summen.

Der Vorgang, der Austausch von Gunst und Geld, war so allgemein und so undiskutabel etabliert, daß man zögert, von Korruption zu sprechen. In Frankreich zum Beispiel war der Kauf von Offizierspatenten offizieller Usus: Ein Leutnantpatent kostete so viele Livres, eine Obristenstelle, mit der Ausrüstung und Bewirtschaftung eines Regiments verbunden waren, schon erheblich mehr. Aber auch Notariate und Hofämter, sofern sie nicht erblich waren, hatten ihren Preis. Den Ruf, ein guter Geldbeschaffer zu sein, trugen hohe und höchste Herren am Kaiserhof vor sich her wie eine ganz besondere gottgegebene Fähigkeit, statt die damit verbundenen Betteleien, Intrigen und Demarchen als demütigend zu empfinden.

Da Maximilians Geschöpfe, Freunde und Aufsteiger, dies in Treue, Ergebenheit und vielleicht auch aus Berechnung allesamt auf sich nahmen, kam er weitgehend ohne jene Hof- oder Kammerjuden aus, die seinem Vater noch den Ruf eines Judenkaisers eingetragen hatte. Das Verhältnis der Habsburger zu den Juden wäre eine eigene Studie wert und präsentiert sich in jeder ihrer Stammlandschaften und in jedem Jahrhundert anders, angefangen von den elsässischen Habsburgern, die ein besonders alertes, zwischen Frankreich, der Schweiz und Deutschland agierendes Judentum um sich hatten, bis zu Friedrich III., der mit Wiener Neustadt eine der traditionsreichsten Rabbinerstätten zu seiner Residenz erkoren hatte und zu Rudolf II. in Prag, der heute gemeinsam mit dem Judentum dieser Stadt eine Legende voll von Geheimnis und eigenem Reiz bildet. Maximilian I. hatte, vielleicht weil die Juden der reichen niederländischen Städte ihm zu selbstbewußt entgegengetreten waren, eine früh entstandene Aversion gegen die Juden, wobei das Wort keineswegs Haß oder gar Verfolgungsabsichten umschließt. Er war als Persönlichkeit ohnedies so vage organisiert, daß Imponderabilien in allen seinen Entschlüssen mitsprachen. „Als die Verfolgungswelle während der Neunzigerjahre (des fünfzehnten Jahrhunderts) Innerösterreich wieder erreichte, opferte er die Juden den Forderungen seiner Landstände auf, wenn man ihm nur seine finanziellen Schäden ersetzte" (Wiesflecker unter Bezugnahme auf zwei Grazer Dissertationen aus der Zeit seines Ordinariats an dieser Universität). Es läßt sich denken, daß moderne Verwaltungstechniker und Diplomaten wie Gattinara diese sehr österreichischen Verfahrensweisen nicht goutierten.

Nonchalance und regionale Varianten solcher Rechtspflege lassen uns daran zweifeln, daß die österreichischen Erblande Rechtsstaatlichkeit im heutigen Sinn für sich in Anspruch nehmen konnten, und das ganze Heilige Römische Reich mit seinen machtverliebten Fürsten und höchst unterschiedlich entwickelten Ländern muß überhaupt rechtlich als Entwicklungsland angesehen werden. Die Begründung des Hofkammergerichts zielte auf Sicherung der Rechtslage vor allem in einem Punkt ab, nämlich im Landfrieden. Daß es um ihn ging und nicht um juristische Finessen erklärt auch, daß persönliche Tüchtigkeit und Weitblick bei den einzelnen Räten wichtiger waren und schwerer wogen als Paragraphenkenntnis. Die kaiserlichen Hinweise zur Rechtsprechung sind denn auch keine formulierten Gesetze, sondern Gebote im Sinn der alten Volksrechte und oft auch in ihrer Melodie (nach Bestimmungen über Befehlsverhältnisse in Abwesenheit des Kaisers): „Wo wir aber in eigner Person im Reiche wären und dieselben Fürsten von dem (d.h. durch das) kaiserlichen Kammergericht zu uns fordern, daß sie dann zu unserem kaiserlichen Hof kommen und bei uns da seien, so die hernach angezeigte Ordnung und Hilfe ausweisen, helfen, handeln und vollziehen." Sollten die Herren weiterhin zaudern und mit ihren Leistungen im Rückstand bleiben,

„so hat genannter unser Schatzmeister von uns Gewalt und Befehl, an unserm kaiserlichen Kammergericht gegen und wider euch deshalben strenglich zu handeln und für (vor) zunehmen" (Texte aus der Sammlung von Inge Wiesflecker-Friedhuber, dem heutigen Deutsch angenähert).

Der Landfrieden, um den es mit den wichtigsten Aktivitäten des Reichskammergerichts ging, war paradoxerweise durch adelige Gruppierungen gefährdet, die historisch als *Rechtshelfer* erscheinen mit einem Begriff, den die Brüder Grimm in ihrem Wörterbuch nicht führen; er ist also eine Konstruktion der heutigen Geschichtsschreibung zum Verständnis der damaligen Situation im Reich. Mit den Fürstenfehden, die es im Reich stets gegeben hatte, und nicht zu knapp auch durch die geistlichen Fürsten, hatten die Rechtshelfer in der Regel nichts zu tun: die Herren zogen nämlich selbst das Schwert und hatten in der Regel auch die Macht, selbst längere Feindseligkeiten durchzuhalten. Der Rechtshelfer hatte die wenig angesehene Funktion, wie wir sie aus den Gorillas heutiger Inkassobüros kennen: Sie nahmen sich plausibler oder konstruierter, mitunter auch bereits erledigter Ansprüche an, wenn ihnen der Rechtshandel in seinen Gegebenheiten behagte, und führten ihre einträglichen Lokal-Feldzüge ohne sonderliches Risiko, weil irgendwelche Rechtstitel sich doch immer wieder erfinden oder ausgraben ließen.

Der Herzog von Württemberg etwa mußte in seiner hohen Position Rücksichten nehmen, der Ritter Götz von Berlichingen, der ihm zu Diensten war, hingegen nicht. Wiesflecker stellt die Frage: Rechtshelfer oder Raubritter? und macht damit deutlich, daß in jeder dieser Auseinandersetzungen ein Punkt kam, an dem sich die erbetene oder herbeibefohlene Hilfe verselbständigte – im Reich wie anderswo, die Geschichte kennt dafür seit der Antike unzählige Beispiele. Namen sagen dabei wenig über Recht und Unrecht, denn wie in der Zeit der Condottiere in Italien heftete ein und derselbe Mann in einem Jahr Ehre an seine Fahnen, im nächsten Jahr steht er seinem Kaiser als Landfriedensbrecher gegenüber.

Die Fehden dieser Art sind endlos, ob die Initiatoren nun der Götz von Berlichingen sind, ein Franz von Sickingen, ein Kuenringer oder die Flußpiraten vom Oberrhein bei Straßburg. Dauernde Unruheherde bildeten weniger die Dörfer, denn wenn die Bauern schon einmal unzufrieden waren, fehlte es immerhin noch an der Möglichkeit, dies anderen Dörfern mitzuteilen. Schneller brannte die Revolte in den Städten auf, im Tempo vielleicht etwas lauer als etwa in Florenz oder in Paris, dafür aber mit deutscher Zähigkeit und von dem Patrizierstolz alter Geschlechter getragen, somit vielen Kaisern ein Ärgernis.

Die Crux war bei all dem, daß die mit Mühe zur Ruhe gebrachten, abgefundenen und befriedeten Unruhestifter oft die einzigen Herren waren, die über einigermaßen schlagkräftige, geübte und schnell einsatzfähige Truppen verfügten. Die Situation glich in gewissem Sinn der heutigen: Die an sich kleine israelische Armee war in jahrzehntelangem Dauereinsatz auch größeren Verbänden anderer Staaten, etwa Syriens, an Know How, an Eintrainement weit überlegen, auch die Bürgerkriegshorden aus Somalia haben die Amerikaner aus dem Land gejagt, trotz aller technischen Überlegenheit und harten Ausbildung der US-Truppen. Nur Georg von Frundsberg machte Maximilian keinen Ärger. Ihn und den Kaiser verband die Liebe zu den Landsknechten, und Frundsberg drillte seine Truppe, bis sie den gefürchteten Schweizer Söldnern ebenbürtig war. Maximilian schlug den Schwaben aus Mindelheim im Jahr 1504 zum Ritter und erlebte es 1511, daß diese hervorragende Truppe den Peutelstein-Paß in den Ampezzaner Dolomiten eroberte, eine der venezianischen Wegsperren, die als unbezwinglich gegolten hatten. Allein die Leistung, achtzehnhundert Mann mit Tragetieren und Gerät in diesen Höhen zu bewegen und zu versorgen, wäre auch unter heutigen logistischen Bedingungen erwähnenswert. Gegen die Raubritter von Hohenkrähen hatte das Reichskammergericht unter anderen Frundsberg aufgeboten, weil der enge Hegau eben auch besondere Findigkeit und Disziplin erforderte, und Frundsberg machte dort 1512 reinen Tisch. Ein Jahr später stand er auf dem Feld vor Vicenza gegen eine auf den ersten Blick furchterregende zahlenmäßige Übermacht und tat den von Friedensfreunden aus allen Zitatenlexika getilgten Ausspruch ,Viel Feind, fiel Ehr', der sich in den zwei Weltkriegen des zwanzigsten Jahrhunderts blutig relativierte. Die Schlacht von Vicenza am 7. Oktober 1513 gewann Frundsberg übrigens für seinen Kaiser, weil das zusammengewürfelte Heer der Gegner gegen die geschlossenen Reihen der Landsknechte nicht lange standhielt, ja die venezianische Niederlage war so vernichtend, daß die stolze und nie sonderlich katholische Stadt sich um Vermittlung an Papst Leo X. wenden mußte.

Es gab noch so manchen, der, vom Goldglanz der Sforza oder Malatesta geblendet, sich für eine deutschen Condottiere hielt, aber über die Grenzen der umliegenden Herrschaften nicht hinauskam, bekriegt, besiegt und vergessen wurde, ein Heinz von Baum, der zeitweise mit Berlichingen marschierte, ein Lichtenstein im Schatten Frundsbergs, ein Hans von Selbitz aus Oberfranken und damit einmal ein Baier neben einigen rührigen Schwaben, von dem wir wenigstens das adelige Wappen kennen, womit er sich aus den Strauchrittern heraushebt: Ein Schild, fünfmal quergeteilt, mit drei aneinandergeschobenen Balken, von denen der mittlere schwarz ist, die beiden anderen jedoch silbern.

Kurios an diesen örtlichen Fehden ist, daß der Kaiser nicht selten nur wegen seiner Heiratspolitik in die Händel einbezogen war. Er stiftete nämlich leidenschaftlich Ehen, nicht nur im engsten höfischen Umkreis, sondern selbst bei Stadtgeschlechtern, was so mancher Patrizier ihm denn auch verübelte. Er hatte wohl den überzeitlichen Heiratsruhm der Habsburger schon im Blut. Auf diesem

Gebiet der Anbahnungen, der Ratschläge, des sanften Druckes hatte Maximilian unbestreitbar Erfolg, nicht weil er ein großer oder gar raffinierter Diplomat gewesen wäre. Maximilians Erfolge auf dem unübersehbaren Terrain der Beziehungen, Förderungen und Gefälligkeiten flossen aus einem Charisma, das nach Tugenden und Talenten nicht fragte und das im Grunde bis heute nicht erloschen ist. Er war der Kaiser einer großen Wende, der Kaiser einer Macht, die ins Licht trat, und während andere geblendet die Augen schlossen – Isabella von Spanien, Ludwig XII., Siegmund von Ungarn – gehörte Maximilian mit allen Sinnen jener neuen Zeit und zu jenen Fürsten, die sich ihr mit Glück öffneten wie Heinrich VIII. von England oder Franz I. von Frankreich.

Beide hatten es leichter als er, weil er die Doppelbürde der Erblande und des Reiches trug, und man kann es drehen und wenden wie man will, das Heilige Römische Reich hatte sich überlebt, die zusammenführenden und zusammenhaltenden Kräfte reichten nicht mehr aus. Maximilian verbrauchte seine Kräfte und seine Siege für eine Karkasse. Alles, was die beiden Höchstgerichte anbefahlen, hatte nur dann Chancen, verwirklicht zu werden, wenn Maximilian völlig unabhängig von den zu verhandelnden Rechtsgeschäften auf den Schlachtfeldern gesiegt oder günstige Ehen gestiftet hatte.

Es sollen sich an die 70.000 Aktenstücke erhalten haben, die bis ins Ende des fünfzehnten Jahrhunderts zurückreichend einen Überblick über die Aktivitäten des Reichshofrats und des Reichskammergerichtes gestatten – einen Überblick, keine Bilanz. Füttert man – was im Mai 2006 begann – einen geduldigen Computer mit Argumenten und Urteilen, wird sich auf Knopfdruck zeigen, was als banale Weisheit nicht anders sein konnte: Nicht das Urteilen, aber der Vollzug setzte Macht voraus, Zentralmacht, kaiserliche Macht, Reiches-Macht. Ging es um Fehden zwischen Fürsten oder zwischen einem Fürstentum und einer reichen Stadt, dann riskierten nicht nur die Beteiligten den Ruin, sondern auch der ungebetene Schlichter. „Unfriede, Unrecht und Fehdehändel waren eine der großen Geißeln dieser Zeit", schreibt Hermann Wiesflecker in seinem Kapitel über den Landfrieden. „Schon Friedrich III. hatte 1485 einen allgemeinen Landfrieden verkündet, den Maximilian 1494 verlängerte, ehe er zusammen mit den Ständen den allgemeinen Wormser Landfrieden 1495 zustandebrachte. So schön sich dieser Landfriede als Reichsgesetz ausnahm, so wenig kümmerten sich die Mächtigen darum ... Es dauerte noch ein gutes Menschenalter, bis der trotzige Anspruch der hohen Herren auf Selbsthilfe allmählich gebrochen war."

Eine dieser Erfolgs-Phasen mit dem Erwachen neuer Friedenshoffnungen hatte der damals noch nicht zum Kaiser gekrönte Maximilian 1505 auf dem Kölner Reichstag eingeleitet, aber nicht, weil es bei irgendeinem der Reichsfürsten oder bei den Räten der Reichsstädte Einsichten und Einkehr gegeben hätte, sondern nur, weil Maximilian in diesem Jahr über eine gewisse Machtfülle gebot. Es entstand sogar der Plan einer Reichs-Miliz, das heißt einer jederzeit verfügbaren, von der Fürstengunst und der Sympathie der Herren unabhängigen Reichsarmee, aber sie wird erst unter einem großen und charismatischen Feldherrn wie dem Grafen Montecuccoli bei seinem Türkensieg an der Raab bei Mogersdorf in Erscheinung treten, hundertfünfzig Jahre nach Maximilian, dessen Idee und Wunschvorstellung sie war.

Selbst die Besetzung der Oberstrichterlichen Stühle mit Herren von großem Namen garantierte noch keinen Erfolg im Sinne der Achtung und Umsetzung des Richterspruches. So erfreuten sich die Fürsten von Anhalt seit den ersten Tagen von Maximilians Alleinregierung seines besonderen Vertrauens. Rudolf Fürst von Anhalt gehörte zu den Männern, die nach dem Tod Friedrich III. den niemandem bekannten kaiserlichen Schatz aufzunehmen und zu verzeichnen ausersehen wurden. Rudolf von Anhalt erwarb dann auch ein Haus in Innsbruck, um dem Kaiser nahe zu sein. Es war nur natürlich, daß Magnus Fürst von Anhalt als eine Person besonderen Vertrauens zum obersten Kammerrichter erhoben wurde, und dies, obwohl er dem Erzkanzler aus Mainz nahegestanden hatte. Hier wirkten wohl die Verdienste Rudolfs von Anhalt, eines Vetters des gelehrten Richters, der auf verschiedenen Kriegsschauplätzen bedeutende Erfolge für Maximilian errungen hatte. Magnus und ein weiterer Verwandter zogen sich übrigens 1508 aus der Politik, ja von ihrem Besitz der sogenannten Albrechtschen Linie zurück und traten in den geistlichen Stand. Daß sie bei dieser Gelegenheit ihren Landbesitz an die Siegmundsche Linie abtraten, spricht gegen die Vermutung, daß es die einträglicheren geistlichen Ämter, also simple Geldgier gewesen sei, die diesen Entschluß begründet hätten. (Das Amt des obersten Hofkammerrichters hingegen scheint tatsächlich unzureichend dotiert gewesen zu sein.)

In seinen letzten Lebensjahren, als Maximilian sogar einen Abenteurer wie Sickingen gegen Reichsfürsten hatte einsetzen müssen, drängt die Reform des langsam und lückenhaft arbeitenden Reichskammergerichtes so sehr, daß Maximilian an die mittelalterliche Form des Rittergerichtes denkt. Auf der Basis von zwanzig durchwegs zutreffend und überzeugt formulierten Reformartikeln sollte der Ritterstand selbst Urteile durchsetzen und den Landfrieden sichern, aber dafür waren die Fürsten natürlich nicht zu gewinnen. Erst zwei Jahre nach Maximilians Tod, 1521 und durch Karl V., lebten die Reformbemühungen neu auf.

STURM VON WEST – LICHT IM OSTEN

Alt und jung sind Begriffe, die in der frühen Neuzeit mit anderen Lebens-Jahren verbunden sind als in unseren Tagen. Vermählungen finden zwischen Kindern statt, und Monarchen, die eben erst die Fünfzig hinter sich haben, werden als Greise behandelt, auch wenn in ihnen noch gute oder böse Gluten wirken. 1515 bis 1519, die letzten vier Lebensjahr Maximilian I., hätten einigermaßen friedlich verlaufen können, wäre sein Widersacher auf dem französischen Thron, König Ludwig XII., noch ein paar Jährchen älter geworden. Aber Ludwig, der drei Jahre jünger war als Maximilian und das solide Erbe der Marie von Kleve in den Adern hatte, die sechzig Jahre alt geworden war, Ludwig, der seit Jahren kränkelte, heiratete dennoch ein drittes Mal, die außerordentlich hübsche Maria Tudor, Tochter Heinrich VII. von England. Sie war zwar nicht, wie man da und dort lesen kann, erst sechzehn Jahre alt, sondern achtzehneinhalb, aber eben dieses neunzehnte Lebensjahr beschert manchen Evastöchtern einen Eclat, eine Strahlkraft an Schönheit und Verlockung, gegen die auch die heilige Königswürde Frankreichs nicht schützt. Ludwig jedenfalls, so wird berichtet, ließ alle Rücksichten fahren, er ritt ohne Mantel wie ein junger Galan, er warf sich in die neue Ehe mit dem Impetus eines Wiedergeborenen und war 82 Tage nach der Hochzeitszeremonie, am Neujahrstag 1515, mausetot.

Es waren drei Monate, die bei einem gesunden Fünfziger wohl hingereicht hätten, die schöne Engländerin guter Hoffnung zu machen; aber Ludwig XII., den man nach seinem keineswegs plötzlichen Tod mit allen Mitteln der damaligen Autopsien zerlegte, war offensichtlich nicht mehr imstande gewesen, für einen Erben seines königlichen Haupt-Stammes zu sorgen, andererseits aber zu verliebt, um Marias *Cicisbeo*, den jungen Herzog von Suffolk, in ihre Nähe zu lassen. Als Ludwig starb und an

226

seiner Witwe keine Schwangerschaft festgestellt werden konnte, war Franz I., Graf der Bretagne, Herzog von Angoulême der Thron nicht mehr zu nehmen.

Er entstammte der nie sonderlich hervorgetretenen Nachkommenreihe jenes Ludwig von Orléans, den Johann der Unerschrockene von Burgund 1407 hatte ermorden lassen. Karl (1459-96) der Enkel des Ermordeten, lebte eher bescheiden auf Schloß Cognac, also weit von den Orten, an denen sich Frankreichs Schicksal entschied, als ihm die noch nicht zwölfjährige Louise von Savoyen angetraut wurde (aus unerfindlichen Gründen gelegentlich auch Ludovica genannt). Sie brachte mit achtzehn Jahren als zweites Kind Franz I. zur Welt; zwei Jahre vorher hatte sie Margarete geboren, eine lebhafte und hochintelligente Prinzessin, um die sich Heinrich VII. von England bemühte. Aber anders als ihre Kollegin aus London lehnte Margarete die Chance, Königin zu werden, ab.

Um einen Sohn aus einer etwas abseitigen Position ins Spiel und auf einen Thron zu bringen, hat es stets besonderer mütterlicher Energien bedurft. Als Maria, Witwe König Ludwigs XII. andeutete, sie sei vielleicht trotz allem guter Hoffnung, zeigte Luise von Savoyen, was später nicht nur den großen Schwarzkünstler Agrippa von Nettesheim zu der Überzeugung bringen wird, sie sei eine Hexe. Die an der Autopsie des königlichen Leichnams tätigen Ärzte wurden auf die Aussage eingeschworen, Ludwig hätte keine Kinder mehr zeugen können, angesichts seiner Kinder aus der Ehe mit der über jeden Zweifel erhabenen Anna von der Bretagne eine relativ kühne Behauptung, doch hatte keines dieser Kinder die ersten Jahre überlebt.

Franz I. erbte also den Thron und hatte wie Maximilian frühe prägende Eindrücke, der Habsburger am Hof Karls des Kühnen und angesichts des spektakulären Untergangs einer glanzvollen Persönlichkeit, bei Franz I. war es das Erlebnis des Sporengebens gewesen, das Illusionen über Schlachtenruhm so lange zerstieben ließ, bis – wie erwähnt

– der französische Feldzug gegen Mailand glückte (vgl. S. 122 ff.). Franz, aus einer nicht sonderlich angesehenen Seitenlinie unter Ängsten aufgestiegen, erlebte die Gefangennahme des Mailänder Feldherrn Prospero Colonna, eines Fürsten, dessen Geschlecht bis in römische Zeiten zurückzuverfolgen ist. „Franz I. gab diesmal selbst Beispiele seiner Unerschrockenheit", schreibt Chledowski, „seiner Tapferkeit im Kampfe; er schlug sich wie ein Wilder, aber von seinen Freunden geschützt, kam er unverwundet aus der Schlacht und schrieb sofort – am 14. Oktober 1515 – einen triumphierenden Brief an seine Mutter".

Das heißt: jeder hatte seine Jungschar um sich, Maximilian die steirischen Grafensöhne, Franz die jungen Ritter, denen Ludwig XII. kein Vorbild mehr gewesen war. Franz wie Maximilian kommen damit noch deutlich aus dem Mittelalter, sie sprechen und schreiben die gleiche Sprache – das Französische –, sie haben die Essenzen der alten Zeiten im Blut, einen zählebigen, bedächtigen und beinahe fehlerfrei agierenden Vater in Wiener Neustadt, Graz oder Linz, und Franz Louise-Ludovika, die Hexe aus den Hochtälern Savoyens, die für ihren Sohn das höchste Amt erreicht hat. Für sich will sie den begehrtesten Mann des erwachenden Erdteils, den Connetable de Bourbon, der auf der Flucht aus ihrem Bett die Fronten wechseln und auf den Sturmleitern an römischen Mauern sterben wird – am 6. Mai 1527, im Alter von 37 Jahren, letzter Bourbone des älteren Stammes und Herr unendlicher Liegenschaften.

Über Maximilian wie Franz scheinen Flüche und Segenssprüche so deutlich zu walten wie über wenig anderen Herrschern, und man versteht, daß Maximilian sich zwischen seinen Feldzügen im stummen Gespräch die Bücher seines Vaters vornahm, sie aus Wiener Neustadt nach Innsbruck bringen ließ oder auch den Fährnissen eines Feldlagers aussetzt, und dies, obwohl er vor Büchern die größte Achtung hatte und sich beglückwünschte, in den beginnenden Buckdruck hineingeboren worden zu sein, italienische Drucker für Wien und für Freiburg verpflichten zu können.

Schon die Luxemburger hatten das gesammelt, was man damals Buch nennen konnte, und es spricht für Friedrich III., daß er bei allem Streit um Länder und Städte die Bücher-Schätze nie aus den Augen verlor, auf ihrem langen Weg von Kaiser Sigismund zu Albrecht V. und schließlich zu Ladislaus Postumus, für den Friedrich als Vormund alle Güter zu verwalten hatte. Friedrichs geistige Interessen reichen ins Jahr 1441 zurück, da war er fünfundzwanzig Jahre alt und ließ Buchbestände von König Wenzel neu binden. 1447 wurde im Auftrag des jungen Monarchen die deutsche Bibelübersetzung, die für König Wenzel geschaffen worden war, in drei Bände fest gebunden, eine Kostbarkeit nicht nur durch Hunderte von handgemalten Miniaturen und ungleich wertvoller als jene andere, oft mit ihr verwechselte Wenzelsbibel der Jesuiten Konstanz, Steyer und Bamer, eine Übersetzung ins Tschechische auf der Grundlage einer katholischen Übersetzung von 1593, die erst 1715 vollständig vorlag und nun natürlich, zum Unterschied von den drei Bänden Friedrichs III., im Druck.

Fest steht, daß Friedrich III. die Bibel sowohl lateinisch als auch deutsch las, daß er aber keine Zeit an belletristische Werke wandte. Die mit dreitausend Gulden als besonders wertvoll eingeschätzten sogenannten Judenbücher in hebräischen Schriftzeichen hat er wohl nur aus abergläubischer Liebe zum Geheimnis der alten Schriften aufgehoben. Da seine Bibliothek auf höchstens 165 Titel geschätzt wird, darf man glauben, daß er von jedem Buch wußte, zumindest nimmt Franz Unterkircher, der sich mit der Frage befaßt hat, dies als sicher an.

Ein Konvolut für sich bildeten die hebräischen Schriften, die in der späteren Aufnahme des Gesamtschatzes durch den Humanisten Dr. Fuchsberger als Sonderposten bewertet wurden. Die handschriftlichen Vermerke auf diesen

Inkunabeln sind noch nicht entziffert, so daß auch nicht feststeht, ob sie von Friedrich III. selbst stammen. Sicher ist jedoch, daß er sich bei seinen Studien zur Jahrhundertseuche Pest besonders für die Forschungen jüdischer Ärzte interessierte, unter denen ja einige relativ erfolgreiche Behandlungsmethoden dieser Geißel der Alten Welt entwickelt und auch beschrieben hatten.

Im allgemeinen stimmen die Forscher, die sich mit dem selten behandelten Kaiser beschäftigt haben, darin überein, daß er ein starkes historisches Interesse an den Tag legte und auch die Lehrer seines Sohnes Maximilian in diesem Sinn beeinflußte. „Friedrich III. selbst hat Thomas Ebendorfer (1388–1464) zur Abfassung einer Kaiserchronik aufgefordert, dann aber das umfangreiche Werk abgelehnt und vom Verfasser eine Art *Abregé* (d.h. eine Kurzfassung) gefordert. Die Vergangenheit war auch, nach allem, was man dazu weiß, sein liebster Gesprächsgegenstand … Des Kaisers Anschauungen vom Naturzusammenhang und Kosmos waren aber zweifellos veraltet. Von den aufregenden Erkenntnissen der naturwissenschaftlichen Wiener Schule, der Astronomie seiner Ära … hatte er keine Ahnung, dazu fehlte ihm das mathematische Rüstzeug" (Günther Hödl in ‚Habsburg und Österreich 1273–1493, Wien 1988).

Die nicht nur wirtschaftlichen Beziehungen Friedrichs III. zum Judentum und der Zufall einer berühmten Rabbiner-Tradition in einer Festungsstadt wie Wiener Neustadt begründeten das Gerücht von geheimwissenschaftlichen Studien Friedrichs und Maximilians, Annahmen, für die sich in der Bibliothek und in den Büchern mit dem charakteristischen Eigentumszeichen des Kaisers keine Anhaltspunkte finden. Astrologie und die damals noch recht abenteuerlichen medizinisch-philosophischen Schriften zählten zum Kernbestand aller Bibliotheken des Jahrhunderts.

Dazu ist zu sagen, daß das sogenannte goldene Zeitalter der Wiener Universität eben noch nicht angebrochen war, und daß Friedrich III. Wien so wenig liebte wie sein Sohn. Die Wiener hatten beiden zuviel angetan, waren zu unruhig, und wenn jemals ein Kaiser nach Linz gepaßt hat, dann war es zweifellos Friedrich III. Nur sehr zaudernd fanden sich bedeutende Lehrer in Wien ein, das ja doch sehr weit östlich lag, und es ist ein besonderes Verdienst Maximilians, daß er bei all seinen Sorgen, von denen die um das liebe Geld ihn Tag und Nacht nicht losließen, die Universität an der Donau unverdrossen ausbaute – wenn auch das Lob eines Schweizer Gelehrten, daß Wien Paris nicht mehr nachstehe, wohl als pure Schmeichelei zu verstehen ist.

Maximilian interessierte sich auffallend früh für die Universität, vielleicht war es die Verpflichtung, den Nachlaß des Vaters zu ordnen, die ihm diese an sich nicht dringende, auf jeden Fall aber ungewohnte Aufgabe nahelegte. Britische oder französische Beispiele gab es für diese Initiativen nicht, hier stand er auf habsburgischem Boden in der sich festigenden Umrißlinie einer künftigen Donaumonarchie, deren natürliches Zentrum zwischen Prag und Graz, zwischen Budapest und Salzburg nur Wien mit seinen Bildungsanstalten sein konnte. Es gab viele Interessenten an den Lehrstühlen, das war damals nicht anders als heute, aber nur wenige vertraute Räte hatten einen wirklichen Überblick. Der erste war wohl Dr. Johann Fuchsmagen, noch mit dem alten Kaiser bekannt, obwohl er über Freiburg und Tirol in den Gesichtskreis Friedrichs gekommen war, und 1485, als Matthias Corvinus sich Ostösterreich unterworfen hatte, kam Friedrich III. dem begabten Gelehrten bis Innsbruck entgegen.

Fortan diente Fuchsmagen, wie Noflatscher sich in einem gewagten, aber zutreffenden Bild ausdrückt, als Scharnier zwischen den Habsburgerhöfen und war bei Friedrich III. der Mann Maximilians, also ein vielseitig verwendbarer Gelehrter und Diplomat, dem nach dem Tod des alten Kaisers neue Aufgaben zuwuchsen. Auch

Bernhard Perger muß als Mann der Modernisierung alter Bildungseinrichtungen angesehen werden; Humanist wie Fuchsmagen, wirkte er ab 1490 an der Universität Wien als deren Superintendent, er war auch der Verfasser einer bedeutenden Leichenrede auf Friedrich III.

Die Bemühungen all dieser Herren und ihrer beiden Souveräne galten einer Institution, die – wenn man es genau nimmt – auf eine schon 1237 begründete Lateinschule zurückgeht, Bürgerschule genannt, ein Zentrum von damals, im dreizehnten Jahrhundert, einzigartiger Bedeutung. Man kann es sich trotz der modernen Verbauung ganz gut in dem Innenstadtwinkel zwischen Wollzeile und Postgasse vorstellen. Herzog Rudolf IV., der Stifter (1339–1365) erreichte die Erhebung dieser alten Schule in den Rang einer Universität in seinem Todesjahr, er wurde ja nicht einmal dreißig Jahre alt: Von Todesahnungen erfüllt, hatte er schon 1364 versucht, Rom für den Gedanken dieser Gründung zu gewinnen, die damals auf deutschem Boden ja nur das Vorbild der Prager Universität hatte, die der Luxemburger Karl IV. gegründet hatte.

Rudolf IV., ein bizarrer Monarch, der sich den Titel eines Königs der Lombardei zulegte und ein Reich vom Elsaß bis nach Ungarn beherrschen wollte, hatte in Ludwig IV., dem Bayern, einen Kaiser, der ihm in all diesen nicht ganz harmlosen Eitelkeiten keinen Spielraum ließ. Dieser bot sich im letzten Augenblick mit der Gründung einer Universität an einem Schicksalspunkt des Abendlandes, auch wenn sie in den ersten zwanzig Jahren ohne theologische Fakultät auskommen mußte und damit Paris keine Konkurrenz machen konnte.

Am Vorabend der großen Polemiken zwischen Katholiken und Protestanten, die an allen deutschen Hochschulen den eigentlich fruchtbaren Studiengang bald lähmen sollten, erlebte die Wiener Universität eine Erneuerung nach ihrem allzu schnellen Aufblühen unter Albrecht III. ‚mit dem Zopfe' (1365–95), einem der nicht sehr zahlreichen friedfertigen und hochgebildeten Habsburger. Seinen gelehrten Helfern Hembuche von Langenstein und Heinrich Totting von Oyta gelang die Bewilligung der zusätzlichen theologischen Fakultät, die dazu führte, daß Wien in der Spätscholastik noch eine bedeutende Rolle spielen konnte.

Auf Albrecht III., diesen ersten Bücherfreund aus dem Haus Habsburg, geht auch die älteste österreichische Landeschronik zurück, verfaßt von dem Augustiner und Hofkaplan Leopold von Wien; mit anderen Koryphäen diskutierte Albrecht Fragen der Erd- und der Himmelskunde, was in jenem vierzehnten Jahrhundert wohl zu ziemlich abenteuerlichen Erkenntnissen geführt haben mag. Das nimmt sich alles sehr löblich aus, und Friedrich III. beschäftigte sich auch eingehend mit den Leistungen seiner Vorgänger. Aber weder er noch Maximilian, der auch diese Quellenschriften studierte, konnten übersehen, daß nach 1370 in den österreichischen Ländern das Faustrecht herrschte, daß wie hundert Jahre später im deutschen Reich Strauchritter, adelige Wegelagerer und ihre Gefährten mit kriegsstarken Verbänden Kaufmannszüge überfielen und Städte belagerten.

Maximilian, der in seinem bewegten Leben dennoch immer wieder zu den Bildungsstätten von Freiburg und Wien zurückkehrte und seine Bibliotheken in Wiener Neustadt, Graz und Innsbruck pflegte und schätzte, muß diese große Unsicherheit einer Welt, über die er als Kaiser gesetzt war, als ein satanisches Übel und als einen tiefen Vorwurf an sein Regiment empfunden haben. Es gibt Anzeichen dafür, daß er die Gegenkräfte, selbst wenn sie ihm deutlich und farbig auf den Reichstagen entgegentraten, als dämonische Kräfte empfand und deutete und gegen sie nicht nur die Hilfe der Kirche suchte, mit der er sich nicht immer gut stand, sondern den Rat jener Männer, die man im Besitz der wahren und tieferen Weisheiten vermutete.

Die Päpste übten diese Funktion kaum jemals für deutsche Könige aus, eher sehen wir sie in beratendem Kontakt mit Spanien oder Frankreich. Der große Renaissancepapst Julius II. bezeichnete Maximilian als schwierig, Alexander VI. Borgia wollte Maximilian absetzen lassen (was allerdings auch Maximilian mit ihm vorhatte und zwar aus besseren Gründen). Der große Staufer Friedrich II. hatte seine Hofastrologen gehabt und mit einzelnen von ihnen sogar arabisch parliert; das dreizehnte Jahrhundert war von Albertus Magnus erleuchtet worden, ungarische und polnische Könige hatten mehr oder weniger windige Schwarzkünstler und Sterndeuter beschäftigt, aber der Abt von Sponheim genoß, als Maximilian in seinem fünften Lebensjahrzehnt an einer Wende stand, den größten Ruf der Weisheit und des tieferen Wissens, nicht zuletzt dank der berühmten, von ihm aus dem Nichts geschaffenen vorbildlichen Klosterbibliothek von 2000 Bänden. Eingedenk der 150 Bände seines Vaters sah Maximilian sich darum in Sponheim einer Fülle des Weltwissens gegenüber, an der ihn nur enttäuschte, daß die Mönche, die mit dem vielen Geld gern anderes angefangen hätten, den Schöpfer dieses Bücherwunders eben aus den Klostermauern hinaus und nach Würzburg vertrieben hatten.

Trithemius war, als es zu dem berühmten Gespräch mit dem Kaiser kam, etwa ebenso alt wie sein hochgestellter Besucher. Die acht Fragen, die uns erst Jahrzehnte später in einem Ingolstädter Druck deutsch zugänglich wurden, betrafen Grundfragen des Tages und der Regierungspraxis, weswegen berichtet wird, daß es sich um ein Gespräch unter vier Augen gehandelt habe, nach manchen in Innsbruck, nach anderen in Würzburg und insofern eine Sensation für die Zeitgenossen, als sich selbst Luther herbeiließ, die kuriosen Händel zwischen dem Kaiser und dem Schwarzen Abt mit erstaunlichen Glossen zu versehen.

Ob auch Nichtchristen in den Himmel kommen könnten, sei eine der ersten Fragen gewesen und eigentlich überflüssig angesichts Tausender Gerechter aus dem Alten Testament.

Hundert Jahre vor dem Ausbruch des großen Hexenwahns fühlte der Kaiser sich schon veranlaßt, nach Existenz
und Behandlung der Hexen zu fragen, wobei bezeichnenderweise das Vorhandensein von Hexen, die Möglichkeit
der Hexerei nicht in Frage gestellt wurde, es ging nur um
ihre Natur und um die Verantwortung eines Fürsten im
Umgang mit diesen außernatürlichen Mächten.

„Die *maleficae* (Bösen, Übeltäter) sind eine höchst
schädliche Gattung von Wesen", soll Trithemius geantwor-
tet haben, „weil sie Pakte mit den Dämonen geschlossen
haben oder durch feierliche Gelübde selbst zum Eigentum
dieser Dämonen geworden sind, denen sie ewigen Gehorsam schulden. Man darf sie daher nicht dulden, sondern
muß sie ausrotten, wo immer man auf sie trifft, denn Gott,
der Schöpfer aller Dinge, will es so".

Damit Seine kaiserliche Majestät dies auch alles richtig verstünde, wiederholte Trithemius diesen Befehl auch
noch auf deutsch, was sich in der Ingolstädter Niederschrift des denkwürdigen Frage- und Antwortspiels mit
einem Lutherwort findet: ‚Die Zauberinnen soltu nicht leben lassen'. Der Jurist Benedikt Carpzow hatte denn auch
tatsächlich, in strikter protestantischer Frömmigkeit, die
Genugtuung, an seinem Lebensende 1666 auf etwa 20.000
Todesurteile zurückblicken zu dürfen.

Trithemius wäre damit wohl zufrieden gewesen, denn
in einer Schrift von 1508, also aus dem Jahr des Kaierge-
sprächs, äußert er sich besorgt über die geringe Zahl von
Hexen- und Ketzerrichtern und den Mangel an Verfol-
gungs-Eifer, würden doch so viele Verbrechen von Hexen
und durch Hexenkraft begangen. Es gab wohl auch die
riskante Frage nach Gottes Allwissen, aber nicht weniger
als drei weitere Fragen über Schadenszauber, Dämonen-
macht und Machtlosigkeit des braven Christen gegenüber
den dunklen Mächten. Das zeigte eine Konzentration auf
übernatürliche Themen, die beweist, daß Maximilian den
schwarzen Abt nicht sosehr wegen seiner Gelehrsamkeit

235

aufsuchte als wegen der ihm allgemein nachgerühmten Fähigkeiten, selbst zu zaubern und zu hexen, wenn auch im Guten.

Noch einige Generationen von Herrschern werden den Glauben an übernatürliche Kräfte und für sie besonders begabte Personen in ihr Weltbild einbeziehen, ohne zu zweifeln, ohne sich dessen zu schämen, denken wir nur an die Medicäerin auf Frankreichs Thron, für die Nostradamus die Schemen ihrer Söhne aufmarschieren ließ, denken wir an die erschreckende Genauigkeit, mit der Heinrich II. von Frankreich den ihm von Nostradamus vorausgesagten Tod sterben wird, und wir werden es nicht mehr unglaubwürdig finden, daß Maximilian, da er dem Schwarzen Abt gegenübersaß, seine früh aus dem Leben gerissene erste Liebe, nämlich Maria von Burgund, noch einmal zu sehen wünschte.

Ein früher Verehrer des Wundermannes war Augustin Lerch(h)eimer von Steinfelden, er folgte seinen Reisen und kannte zahlreiche Begebenheiten, setzte auch die Mär von dem dienstbaren Teufel in die Welt, der Trithemius mit allem versorgte, was dieser brauchte. Lerchheimer weiß, daß der Kaiser auch Jahre nach dem Tod der Maria von Burgund, ,sich hefftig umb iren Tod bekümmerte' und dankbar zusagte, als der Abt sich erbot, Maria für ein paar Augenblicke aus dem Reich der Toten heraufzurufen, ,damit Seine Majestät sich ein letztes Mal an irem Angesicht ergetze so es im gefalle ... und so kam vor den Augen der beiden und eyner dritten persona Maria hereingegangen wie der gestorbene Samuel zu Saul, spatzirt fein säuberlich für jnen über (an ihnen vorüber), der lebendigen, wa(h)ren Maria so ähnlich daß gar kein Unterschied nit war und nit das geringste daran mangelte' (zitiert nach Joan P. Culianu, „Eros und Magie in der Renaissance", Frankfurt am Main 2001).

Begegnen zwei der bekanntesten Gestalten einer Epoche einander bei einem so sensationellen Vorhaben, dann verbreitet sich die Kunde davon im ganzen Reich, und so braucht es uns nicht zu verwundern, ein Echo des Vorgangs im Luthers Tischreden zu finden. Der wußte über die Szene sogar noch mehr als Lerchheimer: Maximilian habe die Gelegenheit benützt, sich von Trithemius auch große Herrschergestalten wie Alexander den Großen und Julius Cäsar zeigen zu lassen, die freilich nichts gesprochen hätten, was Maximilian in seinen Nöten hilfreich gewesen wäre. Unglaubwürdig ist es nicht, weil wir auch von Friedrich III. wissen, wie sehr ihn die antiken Vorbilder, die Kaiser vergangener Jahrhunderte beschäftigten, ließ er doch eine kunstvolle und umgangreiche Genealogie ausarbeiten, die von den Habsburgern bis zu den Gebietern des Römerreiches zurückreichte.

Lerchheimer, dessen biederer deutscher Name ein Pseudonym für den bürgerlichen Namen Wilken gewesen sein soll, wird ausführlich in den Schriften eines Mannes behandelt, den wir gut kennen und dessen Bild in der Geistesgeschichte ohne Makel ist: des Arztes Johann Weyer (1516–88), Hofarzt des Herzogs von Jülich und erster erfolgreicher Bekämpfer des Hexenwahns. Er berichtet über die Szene mit vielen Einzelheiten, ohne allerdings den Namen des Abtes von Sponheim zu erwähnen und läßt statt der großen Feldherren den Propheten David ins Leben zurückkehren und die großen Zweikämpfer Hektor und Achilles. Bezweifelt wird das Ereignis nach all dem nicht, und schon der Trithemius-Schüler Cornelius Agrippa von Nettesheim liefert eine Erklärung mit seinen Auskünften über die optischen Versuche des Abtes, über Spiegelanordnungen, *Camera obscura* und andere magische Hilfsmittel.

Diese Täuschungen, von denen wir nie erfahren werden, ob der Kaiser sie durchschaute, interessierten ihn möglicherweise weniger als die Geheimschriften, über die Trithemius ganze Traktate verfaßt hatte. (Schon Kaiser Friedrich III. war stolz auf eine Geheimschrift, die er selbst erdacht und ausgearbeitet hatte.) Sicher ist, daß Trithemius fortan den Schutz des Kaisers genoß – er war der Kirche ja ein Dorn im Auge und wiederholt als Schwarzkünstler denunziert worden.

Hermann Wiesflecker ist seinem Helden durchaus gewogen, betont aber stärker als etwa Manfred Holleger diese lebenslange Abhängigkeit von der Astrologie und ihren uralten Weisheiten, und auch Dr. Jan-Dirk Müller, Professor für mittelalterliche Sprache und Literatur an der Universität München, ist überzeugt, daß Maximilian sein Herrschertum nicht rational verstanden wissen wollte, ähnlich der Interpretation der Ehrenpforte von 1517 nach antiken Vorbildern: „Im Zentrum gibt ein *mysterium hierogliphicum*, ein Geheimbild in Phantasie-Hieroglyphen, Auskunft über das *Arcanum* kaiserlicher Herrschaft" (Katalog 2002).

Arcanum wurde zu Zeiten Maximilians, also vor Paracelsus, noch wörtlich nach dem Lateinischen als „das Geheime" schlechthin verstanden, vor allem hinsichtlich der Natur. Maximilian wußte zweifellos von den Adepten der Geheimwissenschaften, die im fünfzehnten Jahrhundert schon eine gewisse Rolle spielten: Thomas Norton (1433–1514) bei Edward IV. von England und Melchior Szenebi am Hof Ladislaus II. von Ungarn. Die 1451 gestorbene Barbara von Cilli, Gemahlin Kaiser Sigismunds, war eine geheimnisvolle Autorität aus der nächsten Umgebung von Maximilians Eltern gewesen. Maximilians Berater in diesem schwer zu ergründenden Bereich waren keine Dunkelmänner, auch Scharlatane hatten in seiner Umgebung offensichtlich keine Chance. Astrologische, ja alchemistische und gewisse magische Kenntnisse galten damals als das legitime Randgebiet exakter, ja christlicher Wissenschaften, weswegen eine der ungnädigen Fragen Maximilians an Trithemius sich auch auf die Kompliziertheit und Vielgestalt der christlichen Lehrer bezog.

Das Halbdutzend in diesem Zusammenhang immer wieder auftauchender Männer wirkt seriös, wenn es auch eine wirkliche Kompetenz in den Geheimwissenschaften natürlich nicht geben kann. Es mag wohl der gesunde Hausverstand eines Johannes Stöberer (ca. 1460–1522), genannt Stabius gewesen sein, der nach bitteren Italienerfahrungen dem Kaiser wohltat, denn der Mann aus Steyr, etwa gleich alt wie Maximilian, war das bedächtige Element im oft recht lebhaften Kreis um den Kaiser. Er war Geistlicher, was ihn nicht an humanistischen Studien gehindert hatte, warnte als Geschichtsschreiber vor allzu phantastischen genealogischen Konstruktionen und war ein hervorragender Mathematiker, dem eine ebene Transponierung der Erdkugel gelang, für hochadelige Köpfe also eine wertvolle Verständnishilfe. Maximilian schätzte Stabius als Begleiter, aber neben seinen wissenschaftlichen Diensten auch dessen poetische Ader. Die Krönung zum Dichter, die 1502 Konrad Celtis vornahm, also einer der großen Gelehrten des Jahrhunderts, war wohl mehr eine Formsache, die wohlgedrechselten Poesien waren sprachlich-handwerkliche Leistungen ohne sonderlichen Schwung. Aber da Maximilian sich ja selbst als Dichter fühlte, sah er in Stabius eine verwandte Seele.

Stabius ist zweifellos ein Schritt über Joseph Grünpeck hinaus, der in lateinischer Sprache eine erste Lebensgeschichte Maximilians verfaßte, von den schweren Monaten und Jahren in den Niederlanden angefangen bis zu sehr persönlichen Beschreibungen der Gestalt, der Vorlieben und der Vorzüge des Kaisers, die sich selbst in der glättenden Übersetzung durch Inge Wiesflecker-Friedhuber mitunter peinlich lesen. Immerhin ist es aber Grünpeck, der uns mitteilt, daß sich Maximilian eingehend mit der bekanntermaßen zu klein geratenen Erdkugel des Ptolemaios beschäftige. „Die Lage der Örtlichkeiten, die Verhältnisse der Länder und Meere, wußte er nach den Karten des Ptolemaios aufs genaueste anzugeben. Auf die Ruhmestaten seiner Vorfahren kam er besonders gern zu sprechen. Daher hielt er auch jene Fürsten der tiefsten Verachtung für würdig, die ihre eigenen und ihrer Vorfahren Taten aus Nachlässigkeit und Trägheit un(auf)geschrieben ließen, indem er versicherte, kein Fürst, wenigstens nicht einer, der seinen Staat liebe, dürfe die so heilsame Kenntnis des Geschehens ... unerschlossen lassen; das sei der Grund des Untergangs vieler blühender Staaten".

Joseph Grünpeck gilt als einer der literarischen Sekretäre, und tatsächlich begann seine besondere Rolle schon sehr früh, als die burgundischen Schriftstücke am Genter Hof zu sichten waren und mit dem Tod der ersten Gemahlin eine bestürzende Fülle alter wie aktueller Fakten auf den sehr jungen Monarchen zukam. Gleichzeitig muß man aber annehmen, daß es Grünpeck war, der schon damals Maximilian ganz nah an den Aberglauben heranführte, an den Glauben an einen bestimmten wundertätigen Ring, und als der berüchtigte *Hexenhammer* erschien, das bis heute immer wieder aufgelegte Kompendium über Hexerei, Hexenkraft, Strafen und Foltern, war Maximilian immerhin schon alt genug, um sich mit den dort glaubwürdig ausgebreiteten, keinen Widerspruch duldenden Schauergeschichten auseinanderzusetzen.

Der als Hof-Historiograph gut plazierte und umworbene Grünpeck brachte es fertig, sich inmitten kerngesunder flandrischer und tiroler Maiden mit der Syphilis zu infizieren, gegen die es damals zwar schon Wunderkuren gab, die jedoch für den Patienten meist gefährlicher waren als die Krankheit selbst. Jedenfalls mußte Grünpeck 1501, auf dem Höhepunkt seiner Karriere, den Hof verlassen und konnte seine biographischen Kompilationen nicht vollenden. Damals „fand sich offenbar niemand, der es sich zutraute, aus den holperigen, ungehobelten Originaldiktaten des Kaisers eine lateinische Biographie zu gestalten, die sich sehen lassen konnte. Daher entschloß sich Maximilian, die lateinische Autobiographie aufzugeben und auf eine deutsche Fassung überzugehen" (Wiesflecker).

240

Wenn es stimmt – wie Karl V. später gesagt haben soll – daß Maximilian nur mit seinen Pferden deutsch sprach, war dies ein großer Entschluß, nur faßte er ihn gewiß nicht, um selbst mitarbeiten zu können, war ihm doch das Französische ungleich vertrauter durch seine geläufige Korrespondenz in dieser Sprache. Eher kann man Wiesflecker in der Überlegung folgen, daß eine deutsche Fassung der Lebensbeschreibung auf breitere Wirkung in den Erbländern hätte rechnen können.

Ging es ihm darum, sich dem Volk als ein Dichter zu präsentieren, als ein dichtender Cäsar? Bestimmt nicht, er hatte zuviel von seinem Vater in sich, vom väterlichen Pragmatismus, der auf das Dokument abzielte, auf Erklären, Verstehen, Rechtfertigen, und dazu bestand schließlich auch so mancher Grund, nicht, weil Maximilian gelegentlich übellaunig zwei Dutzend Aufrührer en suite hinrichten ließ, sondern weil das Jahrhundert inzwischen von kritischen Geistern erfüllt war: Eine höhere Vernunft, die keineswegs göttlich, sondern zeitgenössischen Köpfen frech entsprungen war, hatte ziemlich pünktlich mit dem neuen, dem sechzehnten Jahrhundert dem letztlich doch einsamen Kaiser die schlimmsten Zweifel ins Gebein gejagt.

1501, als die Franzosenkrankheit den armen Grünpeck in die Einsamkeit vertrieb, hatte Konrad Celtis (1459–1508) in Wien ein Dichter- und Mathematikerkolleg gegründet, und im Jahr darauf hatte er sein Hauptwerk veröffentlicht, jene vier Bücher Liebesgedichte (*Quattuor libri amorum*) zyklisch miteinander verbundene Erzählgedichte, die Maximilian gewidmet waren und mit denen er sich folglich auseinandersetzen mußte. „Vom Frühlingsmorgen im Osten (an der Weichsel) wandert der Dichter nach Süden, in mittäglich-schwüle Sommerstimmungen am Donaustrom, trifft im goldenen Herbst am Rhein ein und erlebt schließlich kalte Winternächte am Nordmeer" (Rommel). Zugleich mit dem Reich und der Wanderung von den Flüssen zum Meer altert der Held dieser Poesien, und man muß sagen, daß dies ein großer Wurf ist, wenn er auch das Österreich jener Jahre weder mit einem Ronsard noch mit einem Rabelais ausstattet. Die vielen Biographen des Kaisers haben sich denn auch um dieses umfängliche Werk kaum gekümmert: Die ersten Übertragungen von Teilen daraus ins Deutsche entstanden erst 1947, mehr als vier Jahrhunderte später in einem Augenblick, da Wien allen Grund hatte, sich auf sich selbst zu besinnen. Ich zitiere aus den Übertragungen von Franz Wellner in der gebotenen Kürze:

Donaustrom, der du siebengespalten zum Pontus dahinstrebst,
und in gewaltigem Lauf vielfache Völker berührst:
Hoch im Schwarzwald entspringst du aus kleiner, doch ständiger Quelle
Wo auf dem Berg den Altar Caesars das Tempelchen birgt.
Heimisch in Schwaben betrittst Du sodann das Vorland der Alpen
Wo ihre Äcker mit Fleiß bayerische Siedler bebauen.
Ingolstadt läßt sich dort sehen mit der Mauern bunter Bemalung
und auf geräumigem Markt hört man die brüllende Kuh
...
Weiter bespülst du die Mauern von Regensburg, später von Passau
Wo durch die Ilz und den Inn mächtig dein Wasser sich mehrt ...
Also vergrößert, kehrst du dich eilends zu Österreichs Ufern,
Wo als Eroberer jüngst grausam der Ungar geherrscht.
Überall sahn wir die Häuser zerstört und die Siedler vertrieben,
traurig und unbebaut lag rings die verwüstete Flur.
Doch wir sahen auch Friedrichs, des Kaisers, herrliche Gärten

Und, die er fürstlich gepflanzt, Eichen in mächtiger
Zahl.
Und dann sahn wir das Grabmal, aus riesiger Masse ge-
meißelt,
Das meines Kaisers Gebein, heute, des Siegreichen,
birgt.
Älpler auch sahen wir dort, mit geblähten Hälsen be-
haftet,
Männer, die tölpisch und stumpf ihre Gehöfte bebaun.
Solcherlei kommt von der dickeren Luft, die im Alpen-
land lastet,
und von dem nebligen Naß, dunkel vom Wasser des
Schnees.
Dort auch streben zu Tal die Drau und die rauschende
Save,
beide von mächtiger Flut, die in die Donau verströmt.
Ruhmreiche Städte erheben sich nächst ihren älpischen
Ufern:
Friesach nenn ich und Graz, Laibach und Julichum.
Belgrad war's, wo dem Ansturm erbitterter Türken
Oftmals in schwerem Gefecht unsere Männer getrotzt ...
Nichts ist an Größe der Stadt im Gelände der Reben
vergleichbar,
die von der Fülle des Weins stolz ihren Namen emp-
fing.

Konrad Celtes oder Celtis, Weinbauernsohn aus Wip-
feld und zu seinem *Nom de Guerre* schon dadurch berechtigt, daß er eigentlich Pickel hieß, war – was sich aus den
Übertragungen heute nicht mehr erkennen läßt – tatsächlich ein berühmter Dichter mit frühen Erfolgen in Erfurt,
ging dann nach Rom und wurde 1487 von dem greisen
Friedrich III. als erster deutscher Poet mit dem Dich-
terlorbeer gekrönt. Das Donaugedicht und alle anderen
Schriften lassen denn auch die Verehrung des Humanisten
Celtis für den spröden, wenig umgänglichen Monarchen
erkennen. Nach Aufenthalten in Krakau, Prag, Olmütz

und Budapest, wo er Gruppen Gleichgesinnter zu kleinen Dichtergemeinschaften zusammenschloß, war er 1494 in Wien, danach aber wieder mit Unterbrechungen in Ingolstadt, dem er die Ehre der Erwähnung im Donaugedicht darum nicht verweigern kann.

1497 fixiert er sich in Wien, von Maximilian entscheidend gefördert, und beginnt eine Tätigkeit, die in ihrer Bedeutung und in so manchem überraschenden Ergebnis bis heute von größter geistesgeschichtlicher Relevanz geblieben ist. So glaubte man zunächst an Fälschungen, als Celtis im Kloster von Sankt Emmeram bei Regensburg die Dichtungen der Hroswitha von Gandersheim auffand und 1501 in Nürnberg herausgab, und nicht minder wichtig war die Auffindung einer römischen Straßenkarte mit eingezeichneten Entfernungen und Reisezeiten, deren Kommentierung und Edition der eher geisteswissenschaftlich orientierte Gelehrte seinem erdkundlich bewanderten Kollegen Konrad Peutinger überließ, so daß wir die Celtis-Entdeckung seither als *Peutingersche Tafeln* bezeichnen.

Das Donau-Gedicht ist für den geschichtlich interessierten Österreicher ein Kuriosum von größtem Reiz. Celtis kennt die Donauquellen ebenso wie die Deltamündung ins Schwarze Meer, bleibt allerdings dann nicht konsequent an den Ufern des großen Stromes und nähert sich einem Julichum an, vermutlich anstelle von Juvavum (Salzburg). Er deutet den verbreiteten Kropf als Folge einer wohl durch die Berge verdickten Luft, was man ihm trotz seiner bekannten Allgemeinbildung nicht verübeln kann. Offensichtlich auf Augenzeugenberichten oder auf eigenen Eindrücken beruht die Schilderung des durch die Ungarneinfälle in Mitleidenschaft gezogenen Ostösterreich und der durch Jahre nicht wiederaufgebauten, in Schutt und Asche gelegten Städte, in denen die Truppen des Matthias Corvinus gewütet hatten. Das ist Dichtung ohne mythischen Schnickschnack, das ist Erlebnis und Zeitzeugnis in der Art des Rufius Festus Avienus, der die

Geschichtsschreibung so oft und mit so vielen sonst nicht bekannten Einzelheiten ergänzt hat.

Einen besonderen Hinweis widmet Celtis dem Grabmal Kaiser Friedrichs III., obwohl Celtis den Zeitpunkt, da der Kaiser in ihm beigesetzt wurde, gar nicht erlebte. Friedrich, von Natur aus bescheiden, widmete dennoch seinem Grabmal schon früh soviel Interesse wie einst Cheops und andere Pharaonen. Nach Autoren, die sich mehr mit der äußeren Gestalt des Kunstwerkes beschäftigen, hat Alois Kieslinger 1966 der Geschichte und Entstehung dieses Denkmals eine eigene Studie gewidmet, die erklärt, warum das bedeutende Vorhaben nicht nur die Lebenszeit des alten Kaisers, sondern beinahe auch noch die Maximilians I. ausfüllte.

Schon 1463, also noch keine fünfzig Jahre alt, schreibt Friedrich III. an den Rat der Stadt Straßburg, den Bildhauer und Steinmetzen Niklas für Arbeiten in Österreich freizugeben, aber es vergehen noch vier Jahre, ehe der Handel geschlossen und Meister Niklas einer Anzahlung gewürdigt wird. Nach einem weiteren Jahr kommt es zum Ankauf eines großen, fehlerfreien Marmorblocks aus den Brüchen von Adnet oberhalb Hallein, und am 2. Juni 1469 – Sohn Maximilian ist inzwischen zehn Jahre alt – zahlt der Bischof von Passau 200 Gulden, die er dem Kaiser schuldete, an Meister Niklas aus, der nach Kieslingers Vermutung den ungefügen Block aus Adnet nicht so gewaltig, wie er die Salzach und den Inn herabgeschwommen ist, nach Wien verladen will, sondern schon in Passau, wo offenbar eine geeignete Werkstatt zur Verfügung steht, wegschlägt, was nur Übergewicht wäre. Für Meister Niklas bedeutete dies alles eine Lebenswende, er verließ Straßburg endgültig, arbeitete in Passau auch an anderen Vorhaben und erwarb dort Grundbesitz, aber auch ein Weingut bei Wiener Neustadt, wo das Grabmal aufgestellt werden sollte. Meister Niklas mußte – das Schicksal der Künstler jener Zeit – viel reisen, wenn auch die Donau dies erleichterte, und für seine Investitionen können wir nur hoffen, daß der Wein aus Wiener Neustadt damals besser war als das, was heute zwischen Leitha und Rax gedeiht. Die Stadt scheint der Bildhauer gemocht zu haben, denn er ist in der Neustädter Liebfrauenkirche begraben worden, und das schon 1473 oder wenig später.

Damals muß er aber bereits einen kundigen und in das Vorhaben eingeweihten Mitarbeiter gehabt haben, denn ein Max Valmet erhält 1478 von Friedrich III. Geld, und schon ein Jahr darauf ist die acht Tonnen schwere Grabplatte auf der Donau nach Wien unterwegs. Ein Straßentransport nach Wiener Neustadt beginnt, bei dem man an vergleichbare Riesenfuhren für den Straßburger Dom denken muß, über die noch heute Sagen umgehen. Alois Kieslinger weiß, daß für den Zweck auf den vierzig Kilometern von der Donau nach Wiener Neustadt die Heerstraße ausgebessert werden mußte – denn wer hätte eine Acht-Tonnen-Last aus einem Schlagloch heben können – und daß die Brücken über den Burggraben rings um die Stadt Wien, soweit sie passiert werden mußten, verstärkt wurden. Es war in gewissem Sinn überflüssige Liebesmüh, weil nach dem Ende der Feindseligkeiten mit Matthias Corvinus und dem Tod des großen Ungarnkönigs die Stadt Wien wieder österreichisch wurde und als so sicher gelten konnte, daß das Grabmal den Rückweg nach Wien antrat!

Im August 1493 stirbt Friedrich III. in Linz, aber glücklicherweise kommt Maximilian nicht auf den Gedanken, auch das Grabmal dorthin transportieren zu lassen. Alois Kieslinger, der heute als bester Kenner der verworrenen Materie gilt, betont, daß der ursprüngliche Aufstellungsort die Georgskirche in Wiener Neustadt sein sollte, „mit ihrer umlaufenden Empore, von der aus man den wesentlichen Teil, die Tumbaplatte mit der Gestalt des Kaisers, hätte sehen können" – ein 44 Tonnen schweres Denkmal in einer Kirche, die selbst auf eine Torhalle gesetzt ist!"

Die Aufstellung im Apostelchor des Wiener Stephansdomes ist überaus unglücklich. Freilich kann man über einige Stufen an der Ostseite des Denkmals die Balustrade ersteigen, aber auch von dort aus die großartige Plastik nur in seitlicher Verkürzung und nicht im Ganzen besichtigen. Konrad Celtis, der das Werk des Niklas Gerhaert van Leyden bedichtet, hat das „Grabmal aus riesiger Masse" selbst nie an Ort und Stelle gesehen. Meister Niklas hat die liegende Figur Friedrichs III. mit 212 Zentimetern deutlich überlebensgroß dargestellt und offensichtlich für die Gesichtszüge den Kaiser selbst als Modell vor sich gesehen mit allen Charakteristika eines früh verbrauchten Mannes von 55 Jahren.

Die poetische Ader des Konrad Celtis veranlaßt den Dichter bald darauf zu den kühnen geographischen Sprüngen aus dem Donautal nach Westen in die heutigen Bundesländer Tirol und Kärnten und in Richtung Adria, wo allerdings die Geographen der Antike lange Zeit die Mündung der Donau vermuteten. Nach Wien zurückkehrend, fühlt sich Celtis verpflichtet, die Wiener vor dem Wein zu warnen, und dies gleich in einem Dutzend von Distichen, in denen er auch den Frauen den Spiegel vorhält, Wienerinnen und Zugereisten:

Ist's doch Bachus, der stachelnd die Kräfte der Venus erstehn macht

Und auch Matronen fürwahr häufig des Anstands entwöhnt;

Vollends sind Österreichs Bäder, die warmen, den Frauen gefährlich,

Welche nicht ferne von dir, herrliches Wien, man erreicht

womit das idyllische Baden bei Wien uns als Sündenbabel vorgeführt wird wie 1414–18, während des Konstanzer Konzils, Baden bei Zürich.

Ernsthaft bemüht, lehrhaft und in der Moral untadelig, mußten diese Dichtungen einem beweglichen Verstand wie dem Maximilians I. als nicht unerreichbar erscheinen. Gewiß, die Urheber solcher wohlgedrechselten Strophen hatten eine höhere Allgemeinbildung als der Kaiser und sprachen ein besseres Latein, regten ihn aber eben darum dazu an, es ebenfalls zu versuchen. Noch stärker mochten zeitgenössische Darstellungen jener Ereignisse gewirkt haben, an denen Maximilian erfolgreich oder leidvoll selbst beteiligt gewesen war, wie die schon 1499 erschienene, vielfach kopierte Geschichte des Schweizerkrieges von dem Nürnberger Gelehrten Willibald Pirckheimer (1470–1530), der mit all seiner Gelehrsamkeit das Nürnberger Landsknechtskontingent in den Schweizerkrieg geführt hatte und in seiner Historie unverblümt sagt:

„Dies war die Hauptursache des Krieges: Die Österreicher begannen die Nachbarn in Chur, Engadin und Graubünden mit vielen Gewalttätigkeiten zu plagen und besetzten einige Schlösser des Bischofs von Chur und taten manches andere, was die Schweizer reizte … Die Schuld daran gaben die Schweizer hauptsächlich Paul von Lichtenstein und Gossembrot, der einst Kaufmann in Augsburg gewesen war. Diese beiden waren aus bescheidenen Verhältnissen zu Macht und Reichtum aufgestiegen, genossen einen Vorrang in der Umgebung des Königs (Maximilian) und wünschten, wie man sagte, ihrer Nichtigkeit durch eine berühmte Tat Glanz zu verleihen".

Pirckheimer schonte die eigene Partei nicht, berichtete von den Verwüstungen, die Maximilians Truppen zum Beispiel in einem wunderschönen und stillen Tal wie dem Engadin anrichteten „bis zum Dorf Zernez mit Feuer und Schwert; dann suchten sie das Münstertal mit Brandstiftung und Rauben heim, nahmen die Äbtissin (des berühmten Benediktinerinnenklosters im Val Mustair) gefangen und führten sie weg". Auch das Desaster vom 22. Februar 1499 wurde schonungslos geschildert, als die Österreicher, mangels guter Späher, unversehens einer schweizerischen Hilfstruppe von 20.000 Mann gegenüberstanden, ohne die Stärke dieser aus den geübten Reisläufern unerwartet schnell aufgebotenen Kontingente überblicken zu können:

„So kam es zur offenen Flucht. Die Feiglinge zwangen auch die Tapferen, mit ihnen zu fliehen, und alle nahmen Richtung auf Bregenz. Dort (bei Hard am Bodenseeufer, zwischen den Mündungen von Rhein und Bregenzerache in den See) war ein ungeheurer Sumpf, in den der See zur Sommerszeit, und wenn der Alpenschnee schmolz, zurückfloß; damals aber hatte er kein Wasser, sondern war angefüllt von tiefem Schlamm. Als die Fliehenden dorthin kamen, wagten sie, den Sumpf zu durchschreiten, weil von dort der weitere Weg geradeaus nach Bregenz führte. Aber der Graben war so breit und der Schlamm so tief, daß niemand durchkommen konnte. Die ersten stürzten sich hinein und wurden von den Nachfolgenden niedergetreten und bei diesem grausigen Ringen vom Schlamm verschlungen, bis der Sumpf endlich von den Leichen ganz gefüllt war und den Nachfolgenden den Übergang ermöglichte … Die Schweizer folgten ihnen auf dem Fuß und machten die Letzten nieder; aber sie wurden von der Reiterei, welche sie sehr fürchteten, daran gehindert, den aufgelösten Haufen noch weiter zu verfolgen".

Die Geschehnisse waren Maximilian natürlich nur allzu bekannt, aber die Überlegungen, die Pirckheimer nach der Sitte der Zeit daran knüpfte, die Ursachensuche, die Aufzählung der Fehler, dies rief Maximilian als den obersten Herrn und Verantwortlichen zu einer allerhöchsten Stellungnahme auf. Pirckheimer war nichts vorzuwerfen. Obwohl 1499 Maximilian noch keineswegs Kaiser war, spricht der Nürnberger standhaft von den Kaiserlichen und vom Kaiser. Er macht die Geringschätzung des Gegners für die Niederlage verantwortlich, was man hinnehmen kann, weil ein Feind, den man fürchtet, vermutlich sorgfältiger ausgespäht worden wäre. Pirckheimer benennt unerschrocken die Ulmer als besonders hasenherzig und attestiert den Schwei-

249

zern genaueste Einhaltung der Kriegsordnung, sie waren nach dem heutigen Sprachgebrauch eben die Professionellen, während Maximilian ‚mit der Sammlung der Truppen aufgehalten wurde', das heißt, er hatte Mühe, kampffähige Männer aufzutreiben und mußte nehmen, wer immer sich greifen ließ. Pirckheimer deutete an, daß diese zusammengerafften Truppen allenfalls für Überfälle und räuberische Unternehmungen geeignet gewesen wären, nicht aber für eine Feldschlacht gegen einen geübten Gegner.

Fünf Monate später, abermals an einem 22., kam es zum Ende durch den Schweizersieg bei Dornach, unweit Basel; Maximilian weilte unweit dieser Begegnung mit dem ganzen Hof in Lindau und Pirckheimer war – was das Zeugnis so wertvoll macht – an der Seite des Monarchen. Er erwähnt den Brief, in dem die Schweizer sich beinahe für den Sieg entschuldigen (*Pardon, wir haben gewonnen*) und Maximilian eine Brücke der Versöhnung bauen durch die kaum aufrichtige Vermutung, daß unter den Augen Maximilians dies alles wohl nicht geschehen wäre. Aber Pirckheimer selbst hatte genug gesehen; er schildert herzergreifend den Hungermarsch von vierzig kleinen Mädchen, geführt von zwei alten Frauen, aus einem niedergebrannten Dorf hinaus auf eine hochstehende Wiese, wo die Ärmsten Grashalme abreißen und zu sich nehmen, weil es weit und breit keine Nahrung gibt (gut gewählte Auszüge bei Inge Wiesflecker-Friedhuber).

Die Kaiserlichen waren von einem sehr jungen Feldherrn geführt worden, von Heinrich Graf Fürstenberg, ein paar Jahre zuvor in Ungnade gefallen und dann mit seinem Bruder doch wieder an den Hof geholt, um den schwäbischen Adel in habsburgische Einflüsse einzubinden. Fürstenberg fiel gegen die Schweizer, hatte sich selbst also nicht geschont, Maximilian aber findet zumindest gegenüber Pirckheimer kein Wort des Bedauerns über diesen frühen Tod, sondern rügt nur die unkluge Truppenführung des Grafen und seine Unvorsichtigkeit. „Der

Kaiser nahm im Vorgarten die Abendmahlzeit ein und zeigte keine Spur von Mißmut. Nach dem Mahl, als schon die Nacht anbrach, trat er an ein Fenster, schaute in die Sterne und sprach über deren Natur und Gesetze, so daß er den Anschein erweckte, als ob er an die erlittene Niederlage nicht mehr dächte … Am nächsten Tag fuhr der Kaiser wiederum nach Konstanz; obwohl auch ich auf dem gleichen Schiff mitfuhr, konnte ich beim Kaiser nicht die geringste Spur einer Gemütsverstimmung wahrnehmen; vielmehr verbrachte er den ganzen Tag fröhlich mit Spiel, Gesprächen und Scherzen".

Pirckheimers Schweizerkrieg, als *Bellum helveticum* und gelegentlich auch unter anderen lateinischen Titeln sehr verbreitet, liest sich in der flüssigen, aber allzu modernen Übersetzung von Frau Wiesflecker-Friedhuber streckenweise wie eine Reportage, und die Nähe zum Kaiser wird in dieser Version ebenso deutlich wie die Authentizität, die man – von kleinen Ungenauigkeiten abgesehen – dem großen Geschichtswerk auch nie abgesprochen hat.

Das Geschehen gewinnt eine neue Dimension dadurch, daß wir erfahren, wie Maximilian es aufnahm und verarbeitete, ohne daß man mit Sicherheit sagen könnte, ob der alternde Monarch noch Gelegenheit hatte, das Werk zumindest in Teilen kennenzulernen. Zum Unterschied von Grünpecks subalternen Ausführungen, zum Unterschied aber auch von der Historiographie unter Friedrich III. bewegt sich Pirckheimer selbstbewußt neben seinem Herrn. Verehrung und Wertschätzung sind gleichermaßen deutlich, werden aber nie zu störenden oder glättenden Einflüssen auf die Darstellung. Eine Erklärung dafür liefert die allgemeine Situation, die im Jahrhundertbeginn den Aufstieg des Bürgertums zu einer allgemeinen und inzwischen selbstverständlichen Tatsache macht, aber auch die Familie Pirckheimer selbst, die aus dem Donauried stammte, nach Nürnberg übersiedelte, schon um die Mitte des vierzehnten Jahrhunderts Vermögen und Ansehen erwarb und im Venedighandel, aber auch im Bergbau erfolgreich aktiv war.

Es war ein Aufstieg ähnlich dem der Fugger, weil der Metallhandel und die Gründung von vielen Niederlassungen ebenso eine Rolle spielten wie der Bruch des Venedig-Embargos. Dem Haus Fugger, bei dem Maximilian tief in der Kreide stand, hatte der Kaiser eine Ausnahme für kriegsunwichtige Güter gestatten müssen; die Pirckheimer fragten niemanden, trieben weiter Handel mit dem Erzfeind und das, obwohl sie schon 1419, also lange vor Maximilian, für den Verstoß gegen das Embargo bestraft worden waren. Es kam danach auch kein Pirckheimer mehr in den Rat der Stadt Nürnberg, und vielleicht war dies – obwohl das Vermögen der Familie sich weiterhin stetig mehrte – ein Motiv für jene Wendung zum Geist, die zum Beispiel bei den Fugger und bei den Welser, auch bei Thurzo und anderen großen Häusern ausblieb: die Pirckheimer-Söhne studierten in Italien die Rechte, die Familie suchte die Verbindung zum Bischof von Eichstätt und zu humanistischen Kreisen, eine Tendenz, die keineswegs nur die Männer der Familie erfaßte: Caritas Pirckheimer (1467–1532) studierte die Kirchenväter, lebte in fruchtbarem Gedankenaustausch mit Konrad Celtis und namhaften Theologen und spielte eine bedeutende Rolle in der Grundlegung der Frauenbildung.

Willibald, drei Jahre jünger als sie, war noch ein Kind, als sie ins Klarakloster eintrat. Ihr Vater verkehrte längst an den Höfen und war Rat Herzog Albrechts IV. von Bayern, aber auch des Herzogs Sigmund von Tirol und hatte eine juristische Vollausbildung, auch bedeutende humanistische Kenntnisse, so daß man Pirckheimer eigentlich nicht mehr dem Kaufmannsstand zuordnen kann, aus dem manch anderer Berater Maximilians hervorgegangen war. Seine kurze militärische Funktion, die Führung eines eigenen Kontingents, ist ein kurioses Beispiel für die Möglichkeit eines *uomo universale* auch nördlich der Alpen. Im übrigen aber gehörte Pirckheimer mit einer Pause von nur drei Jahren, zwischen 1496 und 1523, also über Maximilians Tod hinaus, dem regierenden Ratskollegium an mit besonderen Aufgaben im Bereich Bildung, Schulwesen und gelegentlichen diplomatischen Aufträgen. Bekannt war auch seine große ererbte Bibliothek.

Nicht immer hatte Maximilian bei schlimmen Nachrichten einen Pirckheimer an der Seite. Nicht immer genügte ein Blick zum Sternenzelt, um die allerhöchste Seelenruhe wiederherzustellen, wir kennen seine Ausbrüche vor allem aus dem sehr offenherzig geführten Briefwechsel mit seiner Tochter Margarete in der Zeit, da sie Statthalterin der Niederlande war; dort findet sich auch hemmungsloser Jubel, der uns zeigt, daß dieser Habsburger in einem höheren Maß als viele seiner Nachfahren noch Soldat war und das Glück aus den Erfolgen auf den Schlachtfeldern empfing. Seine Reaktionen sind unverblümt, ritterlich, hart und pragmatisch, ohne menschliche Begleittöne, wie sie bei Maria Theresia zu vernehmen sind, wenn Friedrich II. eine Schlacht gewonnen hatte, und zum Unterschied von Franz Joseph I. sieht er nicht gleich einen Kontinent wanken, wie der vergleichsweise noch junge Herr der Donaumonarchie, als in einem Winkel des bergigen Böhmen Moltke den Sieg von Königgrätz errang.

Man muß Maximilian zugute halten, daß in jenen schweren Tagen des Jahres 1499 weitreichende Folgen noch nicht sichtbar waren. Die siegreichen Schweizer Landschaften überboten einander in Versöhnungsangeboten. Der mit einigem Recht um seine usurpierte Herrschaft Mailand bangende Lodovico Sforza setzte seine Goldschätze ein, um die Schweizer und das Reich zu versöhnen, ehe Frankreich die Lage ausnützte. Dies alles war auf dem Bodenseeschiff, als Maximilian von seinen Räten umgeben die Niederlage von Dornach erfuhr, noch nicht abzusehen, aber es hatte begonnen: Die Eidgenossenschaft wurde nicht nur durch diese Erfolge geschmiedet, sondern auch angesichts der Gefahren, vor denen offensichtlich die Berge nicht hinreichend schützten. Um leben, um die Familien ernähren zu

253

können, mußten die Schweizer Kriegsdienste nehmen und ihre engen Täler verlassen. Das seine Männer entbehrende Ländchen durfte nicht länger Beute sein und Fremdbesitz, es mußte zu einer sicheren Heimat werden.

Daß alle europäischen Mächte, Spanien ausgenommen, um die Schweizer Reisläufer buhlten, beweist die Prävalenz der schlichten militärischen Entscheidung in der spätmittelalterlichen Politik. Was immer Maximilian und seine Waffenmeister erdachten und konstruierten, es hatte den Landsknecht ebensowenig überflüssig gemacht oder neutralisiert wie die Schweizer Pikeniere. Das Gold der Sforza, die Pensionen, die Franz I. von Frankreich an schweizer Dörfer bezahlte, das Fuggergeld für widerwillige Reichstruppen oder bei Anwerbung zu allem bereiten Gesindels, das alles färbt ein großes Tafelbild, auf dem der Nationalismus noch keine Rolle spielt. Er wird erst bei den Eidgenossen erwachen, weil sie mit dem Versuch, rein militärische Macht für politische Geltung zu halten, immer wieder bezahlen mußten – dann nämlich, wenn Schweizer gegen Schweizer standen und der erschlagene Familienvater zuhause bitter beklagt wurde, ob ihn eine französische Büchse getötet hatte oder eine kaiserliche Feldschlange.

Maximilian wird es nicht mehr erleben; unter einem jungen, aber überraschend starken Enkel wird sich alles vollziehen, als müsse es so sein: „Der durch fürstliche Heiraten zustande gekommene Staatsverband Österreich-Spanien nahm den Kampf gegen Frankreich wieder auf und riß nach der Entscheidungsschlacht von Pavia 1525, in der abermals Tausende von Schweizersöldnern verbluteten, die Lombardei wieder an sich. Die Eidgenossenschaft als solche aber mischte sich nicht sehr in diese Händel. Sie verzichtete auf die Großmachtpolitik, zu welcher ihr noch lockerer Bund nicht taugte, und bekannte sich zu jenem Grundsatz der Neutralität, dem sie in allen folgenden Jahrhunderten treu geblieben ist" (Ernst Fischer, ‚Illustrierte Schweizergeschichte', Schaffhausen 1947).

DER KAISER UND DIE KÜNSTE

Maximilian war von frühester Kindheit an von gebildeten und im Sinn des Zeitalters kultivierten Menschen umgeben. In seiner Umgebung fehlten jene Haudegen, die dem Prinzen kriegerische Tugenden einbläuen sollten, die bis ins neunzehnte Jahrhundert, ja bis in unsere Tage unter Prinzenerziehern nicht seltenen Pseudopädagogen, die aus eigenem oder im allerhöchsten Auftrag das ihnen anvertraute Menschenkind vor allem hart machen sollen, stählen für ein Leben, in dem der Stahl das gefährlichste aller Elemente sein wird.

Auch die ersten Eindrücke waren noch nicht im engeren Sinn martialisch. Wie alle aufgeweckten Knaben interessierte sich Maximilian, wir haben schon davon gesprochen, für Gegenstände, Objekte, Handwerkliches, Verwendungszwecke, für Herstellungsvorgänge, Kunsthandwerk und geschickte Hände in Werkstätten aller Art, ob es nun um Harnische ging, um Kanonen, um Waffen oder um Kunst.

Dann kam die Begegnung des halbwüchsigen Prinzen mit Karl dem Kühnen und dem Prunk dieses Hofes, der auch im Vergleich zum übrigen Europa selbst als ein Kunstwerk gelten konnte, durchgestylt von einem kunstsinnigen und selbstherrlichen Herrscher, begünstigt vom Wohlstand eines blühenden Konglomerats von Handelsstädten. Eine schöne junge Erbin, hold und verlockend in einem heute kaum noch erlebbaren Zusammenklang spätmittelalterlicher Superlative, tat das Übrige. Die Welt erlebte, wie ein junger Älpler inmitten steirischer und tiroler Kumpane die Contenance verlor, innerhalb der filigranen Stadtmauern der Niederlande von der gewohnten Gamsjagd auf die Mädchenjagd verfiel und ins Bodenlose stürzte, als wie ein Blitz aus heiterem Himmel der Reitunfall seiner Gemahlin Maria von Burgund Wirklichkeit, Ernüchterung und Einkehr in sein Jünglingsleben hineinzwang.

255

Er ist dreiundzwanzig Jahre alt. Um ihn herum sind die Lichter erloschen – hatte er wahrgenommen, wie hell es in der übrigen Welt geworden war? Hatte er Memlings Christophorus-Altar in Brügge gesehen mit dem Bildnis der Barbara Moreel oder die Tafelbilder im Johanneshospital zu Brügge? Hat man ihm von Botticelli gesprochen, von Mantegna, von Antonello da Messina? Aber selbst, wenn der junge Fürst sich für nichts anderes Zeit genommen hätte als für das Gebetbuch seiner so früh verstorbenen Frau, mußte ihm aufgegangen sein, daß er in eine Zeit hineinging, die Farben und Erleuchtungen in das Spiel des täglichen Lebens einbrachte, wie sie zwischen den dräuenden Festungsmauern von Wiener Neustadt, in den beschützenden Kellern von Wien nicht einmal vorstellbar gewesen waren.

Es wird ein Leben werden, das die Bezeichnung kaiserlich verdient, weil auf einen Kaiser alles zukommt, auch wenn er sich nicht bewegt, und weil einem Kaiser alles nacheilt, anhaftet, zu Füßen fällt, auch wenn er so unstet über Bergstraßen und Schlachtfelder stampft wie dieser Jäger und Ritter, von dem sein klügster Zeitgenosse sagen wird, „daß seine Verschwendungssucht alles übersteigt, was man in unserer und in früheren Zeiten gesehen hat" (aus einem Gesandtschaftsbericht des Niccolo Machiavelli). Nun ist die Neigung zum Verschwenden nicht die übelste Eigenschaft, wenn sich ein Monarch den Künsten und ihren schöpferischen Persönlichkeiten nähern will, vor allem, weil es die offene Hand eines Mannes war, der diese dem Künstler auch zu reichen wußte, der mit Auftrag und Honorar nicht die Vorstellung verband, es mit subalternen Kreaturen zu tun zu haben, sondern das Gespräch, ja die Freundschaft dieser Fürsten des Pinsels oder der Schreibfeder suchte. Maximilian wird sich ihnen dankbar öffnen, in dem Bewußtsein, daß seichte Naturen nichts Großes hervorbringen, und er wird miterleben wollen, was vor seinen Augen auf den Leinwänden und als Fresko an den

Wänden entsteht. Nicht alle Anekdoten, die uns dies versichern und in Szenen vorführen, können erfunden sein, und Maximilians Korrespondenz beweist ein übriges.

Vieles, was man in der Beziehung zu den Künsten Maximilian zugute halten könnte, gedieh erst unter seinen Kindeskindern wie Karl V. und Ferdinand, oder unter seiner Tochter, die es zeitweilig trotz manch arger Sorgen zuwege brachte, den Niederlanden einen Abglanz jener Blüte zu schenken, die mit dem Tod der Maria von Burgund erloschen war. Dies gilt etwa für Erasmus von Rotterdam und für Agrippa von Nettesheim, zwei unbestreitbare und eigentlich unumgängliche Größen des Zeitalters, zu denen Maximilian jedoch kein echtes Verhältnis fand. Erasmus (1465–1536) griff sogar die kaiserliche Kriegspolitik an.

Mit Trithemius und Agrippa auf der einen Seite, einem berühmten Gelehrten wie Erasmus auf der anderen, ist der Horizont abgesteckt, den Maximilian zu erobern versuchte, wobei er zwei Felsen unter den Füßen wußte, die Universität Wien, ein Vätererbe (vgl. S. 230 ff.), und die Bildungsstätten im Elsaß und in Vorderösterreich, die zu ungeahnter Produktivität erwachten, als sich die Glaubensspaltung der deutschen Länder und Höfe bemächtigte und die unsäglichen Diskussionen an allen Hochschulen von Königsberg bis Basel nicht nur den natürlichen Fortschritt der Geisteswissenschaften hemmten, sondern – was ernster genommen werden mußte – erstmals die Diskutanten selbst gefährdeten. Maximilian, an diesem Faktum wird bis heute nicht gezweifelt, war persönlich an den schnell zum unverständlichen Kleinkram vordringenden religiösen Polemiken nicht interessiert. Es war in seinem Leben auch schon sehr, sehr spät, als Luthers Auftreten aus den verdeckten, mehr oder minder gelehrten Reformbestrebungen eine offene Kampfansage machte: Im Februar 1516 hatte Luther sich in sehr scharfen Worten gegen den Unfug des Ablasses, also des materiellen Freikaufs von der eigenen Sünde und gegen den marktschreierischen Ablaßprediger Tetzel geäußert, am

Tag vor Allerheiligen 1517 hatte er seine berühmten Thesen an das Tor der Schloßkirche zu Wittenberg angeschlagen, 95 Absätze, lateinisch, an der Nordpforte. Da aber hatte der Kaiser nur noch 14 Monate zu leben ...

Deswegen ging es, als sich in Schlettstadt, Straßburg und Freiburg die Federn von Mönchen und Professoren eifrig über die Pergamente bewegten, noch um die großen Themen dieser Landschaft, die in einem glückhaften Nebeneinander der Sprachen und der Stämme selbst ein Abbild der großen kaiserlichen Aufgabe gewesen ist. Das eine Thema war, langsam von den Kanzeln herab das ganze Reich erfassend, die zunehmende Verweltlichung der Stände und des Lebens in den aufblühenden Städten im Zusammenhang mit den läuternden Pflichten der Kunst. Das andere aber war die natürliche Rivalität benachbarter Kultursprachen, die nicht – was manches vereinfacht hätte – durch einen breiten und gewalttätigen Strom getrennt waren wie in den Donauländern, sondern die sich in freundlichen Auen und alten, wenn auch kleinen Klöstern und Städten seit beinahe tausend Jahren immerzu vermengt hatten, gipfelnd in den Eiden von Straßburg: Als die Karolinger Ludwig der Deutsche und Karl der Kahle gegen ihren Bruder Lothar auftraten, wurde dieses Dokument im Jahr 842 in altfranzösischer und in althochdeutscher Sprache schriftlich niedergelegt, womit die Trennung der Hauptsprachen unseres Kontinents Wirklichkeit geworden war – fünf- bis sechshundert Jahre, ehe der Ärmelkanal die endgültige Trennung zwischen dem Englischen und dem Französischen erlebte, sehr zögernd in den Hafenkneipen der Cinqe Ports und in den normannischen Häfen.

Der zeitliche Zufall wollte es, daß der Kaiser hier im Westen eine ebenso lebhafte Szene vorfand wie am anderen, am östlichen Ende seines Reiches, nur daß es in Wien allenfalls darum ging, die deutsche Sprache an den Lehrkanzeln durchzusetzen, während am Rhein Dichter, die diese Bezeichnung tatsächlich verdienten, gegen die bunte

Fülle des franco-keltischen Sagengutes ihre teutonische Tiefe setzten wie Gottfried von Straßburg.

Es ist ein Hauptverdienst Maximilians und zudem als geistige Leistung erstaunlich, daß er aus den Erblanden hinaus so weit nach Westen blickt, im oberen Rheintal bemerkenswert engagiert in Begegnungen, Förderungen, ja selbst in Besuchen, was bei dem allseits in Anspruch genommenen Monarchen eine besondere Leistung ist. Böhmen, Ungarn, die Türkenhändel haben nicht das Band zerschneiden können, das ihn an die alte Heimat der Habsburger erinnert, und tatsächlich hat ja die Grafschaft Pfirt gemeinsam mit anderen kleineren Herrschaften auch genealogisch lange eine Rolle für die längst kaiserlichen Habsburger gespielt.

Diese familiäre Vertrautheit hinderte Maximilian, vorschnell Partei zu ergreifen und damit ungerecht zu werden. Das, was wir heute einen Redenschreiber nennen, einen Propagandisten wie für andere Fürsten Aretino, hatte der Kaiser in dem Dichter und Ratsherrn Sebastian Brant (auch mit nn geschrieben). Das Hauptwerk dieses Wirtssohnes und gebildeten Juristen, die gewaltige Satire *Das Narrenschiff* lag schon beinahe zehn Jahre vor, als der Habsburger um 1503 auf Brant aufmerksam wurde. Zu Brants Heilsvorstellungen gehörte ein geschlossenes, mächtiges, regierbares und zukunftsträchtiges Reichsgebiet, weswegen er sich mit seinem ganzen Temperament und der Macht seines Wortes für Maximilian einsetzte, in jenen ersten Flugschriften und Pamphleten, die damals noch gleichberechtigt neben dem gewichtigen Buch einhergingen. Sobald es zu persönlichen Kontakten kam, teilte sich Sebastian Brant allerdings auch die tiefe Skepsis mit, die Maximilian vor allem vor und nach den Reichstagen anwandelte und erst recht nach der Abspaltung der schweizer Gaue. Selbst die utopische Vorstellung eines großen Sieges über die Türken mit der endgültigen Beseitigung dieser Gefahr machte Brant sich zu eigen, wobei allerdings sein Christenglaube gewichtiger mitsprach als sein Einblick in die politischen Realitäten. Im großen Gedicht vom *Narrenschiff* nahmen sich so hohe Ziele allerdings sehr zugkräftig aus, denn die Leser waren offensichtlich leichter zu überzeugen als die Reichsfürsten.

So lebhaft die Hafen- und Handelsstadt Straßburg auch war, räumlich brachte sie alle, die etwas zu sagen hatten, in einer gewissen Enge zusammen, und wenn auch die große Unruhe der Reformatoren und ihrer Gegner noch nicht ausgebrochen war, so genügten doch die Predigten eines Geiler von Kaysersberg, um für intensive Stadtgespräche zu sorgen. In einer in ihrer Modernität verblüffenden Konsequenz erläuterte der berühmte Prediger abschnittweise das Buch vom *Narrenschiff* und hatte damit die Themen von vielen Predigten, die zu eben so vielen Stadtgesprächen führten und dem Buch in den Jahren 1498/99 zu einzigartiger Popularität verhalfen, die sich wiederum in Holzschnitten und anderen Illustrationstechniken niederschlug.

Für Maximilian, der bis dahin vor allem unter dem Eindruck der höfischen Buchkunst von Burgund gestanden hatte, war diese publizistisch neue, wirksame und breit verständliche Form der Druck-Nutzung ein Erlebnis von fortwirkender Bedeutung. Wie oft hatte er Mühe gehabt, Aufmerksamkeit und Verständnis zu finden; wie oft hatte er verdrossen auf Reichstagen andere für sich sprechen lassen oder von vorneherein gar nicht teilgenommen. Das intensive, ja unentrinnbare Dauergespräch der Geister in Straßburg wies neben vereinzelten Druckwerken aus Augsburg und Basel den Weg, der zu den Gesamtkunstwerken aus Maximilians eigener Feder führte. Diese waren als Trilogie gedacht und werden 1502 erstmals erwähnt, also zu einem Zeitpunkt, da der Kaiser Pirckheimer, Geiler von Kaysersberg, Sebastian Brant und andere große Literaten der Jahrhundertwende schon eine Weile kennt.

Der erste Teil, bekannt unter dem Titel *Freydal*, sollte Feste und Turniere behandeln, was die Möglichkeit reichlicher Bebilderung voraussetzte. Der Roman *Theuerdank* erzählt in durchsichtiger Verschlüsselung die burgundische Brautfahrt unter Einbeziehung von astrologischen Einflüssen und teuflischen Gegenwirkungen. Der dritte Teil, *Weißkunig* überschrieben, behandelt kriegerische und friedliche Leistungen des Monarchen.

Gewiß tauchte Maximilian nicht in die brandenden Diskussionen, Polemiken, in die aus Predigten Geilers von Kaysersberg erfließenden Betroffenheiten ein, war er doch nie lange genug am Ort, riefen ihn doch immer wieder Pflichten und Ärgernisse aus dem Capua der Geister fort, zu dem sich das Rheintal zwischen Hagenau und Basel inzwischen entwickelt hatte. Aber die Männer, die dieses Geist-Feuer entfacht hatten, wußten, daß die Sympathie des Kaisers sie alle umfaßte, daß er Partei ergriff, aber die Gegner nicht verdammte, daß er Wimpheling ebenso auszeichnete wie seinen Kontrahenten Murner und daß er die Freundschaften achtete, die sich innerhalb dieser begnadeten Gruppe angesponnen hatten.

Der Brückenschlag wurde vollkommen, als Geiler von Kaysersberg (1445–1510) Dekan in Freiburg war, den Dr. theol. in Basel machte, Rektor in Freiburg wurde und als berühmter Prediger von Straßburg aus den deutschen Süden eroberte. Thomas Murner (1475–1537), nach Studien in Paris in Freiburg, Krakau und Prag nachgewiesen tätig, stößt in Basel und Straßburg zu anderen Gegnern der Reformation, aber Maximilian schätzt seine frühen Schriften wegen ihrer Sprachkraft und weil Murner in einigen Flugschriften gegen die Schweizer auftritt und für die Sache des Habsburgers. Ähnlich wirkt auch einer der ganz feinen Gelehrten, nämlich Beatus Rhenanus, der sonst nicht in die Tiefen der politischen Diskussion hinabsteigt, aber sich für Maximilian ausspricht und in ihm einen idealen Herrscher sieht. Seine Geschichte des Reiches bricht er freilich mit dem hohen Mittelalter ab, um sich nicht der Tagespolitik zu nähern, es muß reichen, daß er (1485–1547) die Türken und ahnungsvoll auch die Franzosen verurteilt und sich im übrigen mit seinen alten Schriften, die er in Basel übersetzt und drucken läßt, über manche Unbill hinwegtröstet. Die starken Worte überläßt er dem Schlettstädter Wimpheling, der für das Deutschtum im Elsaß eintritt, und das dreihundert Jahre vor dessen ernsthafter Gefährdung – solches aber haben die wahren Patrioten eben im Blut.

„Die Realisation der Buchtrilogie nutzte scheinbar wie selbstverständlich zwei Reproduktionstechniken, die wohl noch immer als neuartig empfunden wurden: den etwa hundert Jahre alten Holzschnitt und die etwa sechzig Jahre alte Buchdrucktechnik. Interessanterweise zeigt die Gestaltung der Holzschnitt-Bildseiten klare Renaissance-Merkmale, während die gewählte Schrift – dies wird besonders am *Theuerdank* deutlich – sich an der Handschrift zum Beispiel der kaiserlichen Hofkanzlei orientierte."

Die Feststellung, an den erhaltenen Originalen getroffen, stammt von Hartmut Schmidt, der die Gesamtleitung der großen Ausstellung hatte, die im Jahr 2002 im Museum des Reichskammergerichts in Wetzlar Kaiser Maximilian als Bewahrer und Reformer darstellte. Die in gewissem Sinn – trotz subalterner Helfer und gelehrter Berater – dem Kaiser zuzuschreibenden drei Werke stehen bei Unternehmungen dieser Art mit Recht im Mittelpunkt und sind in ihrer Aussagekraft allenfalls durch die Bildnisse der größten zeitgenössischen Meister zu übertreffen. Vor allem einem so umtriebigen Monarchen, der seine Lebenszeit und seine Herrschaftsjahre ausfüllte wie kaum ein anderer, mit Aktionen überfrachtete, in buntem Wechsel zwischen Siegen und Niederlagen ein wirres Bilde *in politicis* hinterließ, muß die Nachwelt für jede Zeile der Selbstzeugnisse dankbar sein. Und offensichtlich hatte Maximilian geahnt, ja wohl erkannt, daß sein Dasein zu jenen Lebensläufen gehöre, zu denen nur der Ablauf der folgenden Zeiten einen Schlüssel werde liefern können. Immerhin: In den drei mehr oder minder vollendeten Werken hat Maximilian I. versucht, der Nachwelt nicht nur Wege zu weisen, sondern auch mildere Urteile über ihn nahezulegen. Das Wort, daß jeder, der sich selbst kommentiert, damit unter sein Niveau geht, war damals noch nicht gesprochen. Aber ein anderes wird auf dieses Leben zutreffen, das unbarmherzige Bekenntnis des Michel de Montaigne, daß wir jene Taten, die wir am meisten bedauern, auch am intensivsten in Erinnerung behalten, untilgbar und wider Willen.

Ein Schrein, zur Aufnahme und Bewahrung der Werke gekrönter Häupter bestimmt, wäre vermutlich nicht größer als so manches Rokokoschränkchen einer gebildeten Dame. Den nicht nur dem Historiker unschätzbaren antiken Fundus meisterlicher Darstellungen über den Gallischen Krieg oder den Bürgerkrieg oder den Selbstbetrachtungen eines Marc Aurel hat das Mittelalter – sofern man sich auf die Fürsten beschränkt – nichts entgegenzustellen. Selbst die Großen, die Könige, die etwas bewegten und sich Reiche schufen wie Ludwig XI., empfanden allenfalls auf dem Totenbett und unter dem Ansturm sündiger Erinnerungen das Bedürfnis, auf das eigene Leben zurückzublicken und den Nachfahren eine Handhabe zu bieten, oder sie hatten große Chronisten an der Seite wie Froissart, Commynes, Einhard, Otto von Freising.

Die sprachliche Gestalt der drei dem Gedächtnis (sic) dienenden Werke hat mit dem Kaiser nicht allzuviel zu tun, und man kann ihm dies nicht einmal vorwerfen, denn er fand nicht wie Cäsar eine seit Jahrhunderten durchkonstruierte, fixierte und erprobte Sprache vor (die übrigens fünfhundert Jahre später, bei Gregor von Tours, den metallischen Glanz der großen Zeiten nicht mehr aufweist).

Während liebedienerische Höflinge behaupten, Maximilian habe fließend und fehlerlos das Lateinische beherrscht, bekennt der Kaiser selbst, er habe eine Art ritterliches Latein gesprochen für den Gebrauch in Feld, Festung und Friedensverhandlung, und die Einführung dieses Begriffes ist nicht uninteressant: So wie die mittelmeerische Seefahrt sich über das lästige Sprachenwirrwar hinwegsetzte und mit italienischen, arabischen und jüdisch-syrischen Elementen eine *Lingua franca* des Mittelmeeres fabrizierte, so hatte der vazierende Offizier des mittleren Europa im Ritterlatein seine Lingua Franca, sein Pidgin-English, und noch im achtzehnten Jahrhundert traf man im Westen auf ungarische Offiziere, die sich lateinisch verständigten, denn wer sprach schon ungarisch.

1502, als Joseph Grünpeck seiner Syphilis wegen als Redakteur ausfiel, ging Maximilian von dem Plan ab, die Bücher seines Lebens in der lateinischen Sprache zu verfassen, die er zwar nicht hinreichend selbst beherrschte, die aber in seiner Umgebung gesprochen wurde, ja für deren Umsetzung in untadelige Schriftform an der Wiener Universität zweifellos Helfer vorhanden gewesen wären. Französisch, die Sprache, in der Maximilian sich im Briefwechsel mit Verwandten fließend ausdrückte, war als Sprache des Erbfeindes und Gegners in vielen Schlachten außer Diskussion.

Offensichtlich waren die habsburgischen Kanzleien in Wien und Innsbruck hinsichtlich der deutschen Sprache noch nicht so weit wie die luxemburgische des Kaisers Karl IV. (1316–78) in Prag, und noch heute wird das kultivierte Wienerisch, populär als Kaiserwienerisch oder Schönbrunnerdeutsch bezeichnet, von den Germanisten Prager Deutsch genannt, weil Karl IV. in seiner herkulischen Ordnungsarbeit die deutsche Sprache gebührend herangezogen hatte. (Er hat noch vier andere Sprachen beherrscht und seine eigene berühmte Autobiographie – Vita Caroli IV. ab ipso consripta – selbst verfaßt, ja bis zum Jahr 1346 wie eine Chronik geführt.) Diese Vorarbeiten in Prag, Dresden, Meißen und an den ersten Universitäten ermöglichten es Luther, für seine Übersetzung ein Deutsch zu wählen, das man nicht mehr die Mundart eines einzelnen, wenn auch wichtigen oder gar dominierenden Stammes nennen konnte, sondern „das Deutsch, das bereits damals in gewissem Sinne ein Einheitsband um alle Stämme bildete" (Buchwald in seinem Lutherbuch).

Beim Auftakt der Trilogie, dem *Freydal*, spielte die Sprache noch eine untergeordnete Rolle. Maximilian, wegen seiner großen Ausgaben für Feste und Turniere oft gescholten, dokumentierte mit einem gewissen Trotz den spätmittelalterlichen Kosmos der Bräuche, Spiele und der Vergnügungen des Adels. „*Freydal* bedeutet vielleicht Freydal, den klugen, unternehmungslustigen jungen Mann, vielleicht auch den allerfröhlichsten Helden und zugleich auch das Buch aller ritterlichen Freuden, so wie Kaiserall alles über die Kaiser oder Papstall alles über die Päpste." Hermann Wiesflecker führt diese Deutung neu in die Diskussion ein, wobei er, wenn er von den ritterlichen Freuden spricht, dieses Wort in Anführungszeichen setzt und damit eine gewisse Unschärfe schafft. Was war noch ritterlich im alten, ungeschmälerten Sinn? Was galt schon um die Wende zum sechzehnten Jahrhundert als antiquiert, was machte den Kaiser vor einigen seiner spottlustigen Zeitgenossen lächerlich?

Ich selbst hörte dazu 1938 und 1939 noch Hans Rupprich in seinen relativ schwach besuchten Wiener Vorlesungen. Der zarte, stille Mann hatte sich vor den nationalsozialistischen Eroberern der Wiener Universität tief in sein eigenstes Arbeitsgebiet, die deutsche Barockdichtung zurückgezogen; den Namen *Freydal* aber deutete er uns als ‚Freude für alle', was von Kaiser-All und Papst-All dem Brauch nach nicht so weit entfernt ist. Ich konnte leider nicht mehr feststellen, ob er diese Deutung aus den Vorlesungen in sein Standardwerk über das Wiener Schrifttum des ausgehenden Mittelalters übernommen hat; das 1953 erschienene Buch ist von der Bildfläche verschwunden.

Im allgemeinen kann man sagen, daß die Historiker dem Kaiser größere Anteile an diesen drei autobiographischen Werken zubilligen als die Germanisten, und das ist wohl auch berechtigt. Die *histori*, wie der Kaiser, seinem Vater

265

folgend, diesen Wissensbereich nannte, hatte Maximilian im Kopf, er sprach und diktierte aus diesen Erinnerungen und Meinungen, wo immer er war, wann immer sich die Gelegenheit ergab, und die Schreiber, die diese Diktate aufnahmen, waren höchst unterschiedliche Naturen. So wie bis heute so mancher Lektor versucht, seine ungeborenen Werke zwischen den Zeilen eines Autors unterzubringen, hat zum Beispiel ein Nürnberger namens Melchior Pfintzing versucht, den lebensnahen, aber unbefangen-bunten Schilderungen des Kaisers dadurch eine tiefere Bedeutung zu verleihen, daß er alles Dargebotene als ein Gleichnis hinstellte und aus dem Bericht (der schätzenswert bleibt) eine große Allegorie machte.

Pfintzing hatte einträgliche Pfründe als Propst von Sankt Sebaldus in Nürnberg und als Domherr von Trient, aber gute Einkünfte sichern einen ehrgeizigen Mann noch nicht gegen unerwünschte Fleißarbeit, die ihm allerdings Germanisten wie Josef Nadler deutlicher vorwerfen als die Hochmeister der Maximilianforschung. Freilich ist vieles an diesen Überarbeitungen von Schreibern aus verschiedenen deutschen Landschaften eben dadurch erklärlich, wenn auch nicht voll gerechtfertigt, daß die ganze Arbeitsgemeinschaft, daß die mehr oder minder begabten und gelehrten Schreiber und Mitschreiber an den kaiserlichen Werken sich um eine neue, glatte, in allen Gauen verständliche deutsche Sprache bemühten. Liest man etwa die deutsch abgefaßte ausführliche Bergordnung von 1490 für den Schwazer Silberbergbau, dann erkennt man, daß der Weg zum neuen Hochdeutsch noch sehr weit war, und man versteht eine Feststellung wie die von Josef Nadler in seiner epochemachenden Literaturgeschichte der deutschen Stämme und Landschaften: „Die Sprache des Buches" (gemeint ist hier der Theuerdank) ist erstaunlich, denn es ist die ostmitteldeutsch-bairische Sprache der Reichs-Schreibstube. Und diese Sprachentwicklung war bei Hofe am weitesten vorgeschritten. Es sind die Bücher

266

eines handelnden Menschen mit all seiner Lust am Wagen und Sichaufsspielsetzen. Sie sind in verbürgtester Weise Urkunden der rasch aufdringenden neuen gemeindeutschen Kanzleisprache. In Prag, in den schwäbischen Städten, in Wien: überall das neue Schrifttum, aufblühend aus den staatlichen und städtischen Schreibstuben ... Maximilian I. verkörpert die neue Welt, die in Wien heranwuchs, weil er an ihr und wiederum sie an ihm lebendigsten Anteil hatte."

Prag und Wien also, und Luther wird das Sächsische Kanzleideutsch hineinfärben, ein Deutsch, an dem der *Spiegel* unsere Freude trüben wollte, als er in dem großen ungezeichneten Jubiläumsartikel von 1967 (450 Jahre nach dem Thesenanschlag) behauptete, Luther habe gesprochen wie Ulbricht – nur daß wir aus den Kommentaren zu den Tischgesprächen wissen, daß Luther wenn auch ein bergmännisch-kräftiges Sächsisch, so doch nicht mit einer Fistelstimme sprach wie Walter Ulbricht.

Der Nürnberger Pfintzing, der wegen seiner Trienter Pfründe sicherlich auch oft in Südtirol weilte, hatte es im *Theuerdank* mit einem Epos in Reimpaaren zu tun, in welcher Form Jagd-, Kriegs- und Reiseabenteuer berichtet werden, was Pfintzing eben zu unkaiserlich erschien. Eingedenk der großen Tradition mittelalterlicher deutscher Dichtung schlang er ein Band um die Abenteuer, eine angebliche Einladung der Königin Ehrenreich an Ritter Theuerdank, eine Geste, hinter der wohl der frühe Tod ihres Vaters, des Königs Ruhmreich als Motiv zu vermuten ist. Die Königin ist unschwer als Maria von Burgund zu erkennen, der früh verstorbene ruhmreiche König ist der in der Schlacht gefallene Karl der Kühne.

Getreu der Überlieferung der Artusromane überwindet Ritter Theuerdank die unter anderem als feindliche Hauptleute auftretenden Schwierigkeiten und läßt seinen tapferen Lebensweg in einem Kreuzzug gipfeln. In der Version, die uns – unserem Verständnis leicht angenähert – Otto Rommel präsentiert, liest sich eine Probe, ein Befehl der Königin an einen Boten, wie folgt:

Die Künigin einen treuen Man
Hieß herein zu ir in Sal gan,
Sprach: Hör, unser getreuer Knecht,
Wir haben dich bisher gerecht
In dein Handlungen gefunden
Und darum zu allen Stunden
Vor andern gesetzt ein Vertrauen
In dein Person, das magst du schauen.

Die kurzen Zeilen und die Reime lassen die Vermutung zu, daß aus ersten Niederschriften des Gedichtes vorgetragen wurde, und die genaue Schriftform mag in den ersten Jahren nach der Vollendung auch wiederholt Varianten unterworfen worden sein. Nach dem Druck im Jahr 1517, also noch zu Lebzeiten des Kaisers, wurde festgestellt, daß die Druckfassung nicht so farbig, lebendig und unmittelbar sei wie es die verschiedenen handschriftlichen Fassungen gewesen waren. Das ermutigte Burkard Waldis 1553 zu einer durchgreifenden Überarbeitung, die in Frankfurt gedruckt wurde. Ein Literat namens Schultes unternahm 1679 eine weitere Bearbeitung, während die Plochinger Ausgabe von 1967 ein Faksimile der ersten Druckfassung ist.

Über die reine Paraphrase der bekannten historischen und familiären Ereignisse hinaus sind die getreulich wiedergegebenen Fakten kulturgeschichtlich nicht ohne Reiz. So fällt es zum Beispiel auf, daß die Prüfungen, die dem Ritter Theuerdank auferlegt werden, in mehreren Fällen aus nichts anderem bestehen als dem Bewältigen von Alpenpässen (wie der berümbt Held Theuerdank an dritten Paß, den Neidelhart inn (innehält), kumbt, und was im für Gefährlichkeiten begegneten). Kaum ein anderer deutscher Monarch hat die Alpen so oft und an so vielen Stellen überquert oder zu Erkundungszwecken bereist wie Maximilian, und dies auch noch, als es ihm gesundheitlich nicht mehr sehr gut ging. Wir wissen aus anderen Akten, daß die Straßen ohne Schuld der Bevölkerung, einfach durch die Härten der winterlichen Witterung und die üblichen alpinen Ereignisse wie Bergrutsche, Lawinen, Muren und so weiter oft in desolatem Zustand waren, aber ein Heerführer hat noch weniger Möglichkeiten als ein Kaufmann, eine Unternehmung zu verschieben und bessere Bedingungen abzuwarten.

Besonderen Gefahren begegnete Held Theuerdank aber auch bei seinen Vergnügungen, schildert das epische Gedicht doch nicht weniger als fünfzehn Gemsjagden, also Jagdabenteuer im Hochgebirge. Eine Jagd (Jaid) aus dem zwanzigsten Kapitel des Theuerdank wurde besonders bekannt, weil Maximilian dabei in der Martinswand bei Innsbruck in Bergnot geriet, sein Ebenbild Theuerdank sich auf der Jagd nach einer behenden Gemse so verstiegen hatte, daß er nicht mehr vor noch zurück konnte:

Theuerdank thet ein sorglichen Stand
dann er auf einer Platten stund,
darin kein Eisen haften gunt.
Der Held wollt thun ein Schritt gar weit
auf ein Wasen über ein Gleit
der Hoffnung zu haften im Gras
als er sein Füeß aufheben was
weichen die fünf Zincken all gar
am hintern Fuß, und nemet war
ein Zink, der haftet allein
in dem harten, gelligen Stein …
Theuerdank wär kommen in groß Schwer
hett nichts Gewissers gehabt dann den Tod
aber ihm hulf der ewig Gott
daß er mit dem ein Fuß wider
haftet, da er ihn setzt nider.

Der Nürnberger Ghostwriter und Trienter Domherr Pfintzing sagt zu dem Ereignis nur, daß es nahe von Innsbruck stattgefunden habe, worin man immerhin eine Bestätigung dafür erblicken kann, daß der Vorfall sich zugetragen hat. 1538, also beinahe zwei Jahrzehnte nach Maximilians Tod, berichtete der Dichter Sebastian Franck (1499-1542) in seinem *Chronicon Germaniae*, man habe vom Tal aus die Lage des Kaisers erkannt und ihm, so weit man sich der Wand nähern konnte, die Hostie entgegengetragen. Der Anblick habe dem Kaiser neuen Mut gegeben, und der rettende Tritt gelang, nach der Legende mit der Hilfe eines Schutzengels.

Ein weiteres dramatisches Ereignis verursacht der Unfalo genannte ‚böse Hauptmann', als er den Versuch macht, den Ritter Theuerdank in einer Hütte zu verbrennen. Es ist ein besonders realistisches Stück in dem langen Bericht mit sehr vielen Einzelheiten, denen Erlebnischarakter anhaftet, als habe Maximilian selbst einmal aus solchen Nöten erst im letzten Augenblick einen Ausweg gefunden – vielleicht im Zusammenhang mit seinen Experimenten in den Schwarzen Künsten und an den alchemistischen Experimentierherden des Trithemius. Bisweilen gelüstete es ihn, ‚ein Handbreit Zukunft' zu erspähen, ein wenig über die Gegenwart hinauszublicken – für einen Kaiser ein nicht nur begreiflicher, sondern genau genommen sogar verdienstlicher Wunsch. „Wie den Theuerdank der Unfalo in einer hülznen Stuben verbrennt haben wollt" verdient ein paar Textproben:

Heimlich schlich er vom Held hinten
Zündt die Stuben durch die Kuchel an,
vermeint in seim bösen Sinnen,
wann das Gemach hub an zu brinnen,
möchte der Ritter nit entrinnen daraus,
sondern müßt verbrinnen im Haus
und von dem Rauch ersticken gar.
Theuerdank ward des Feuers bald gewahr.
Er schmecket den Rauch von Stund an,
denn von Natur schlief leis der Mann.
Er sprang bald von dem Bett herfür,

gleich stieß er auf die Kammertür.
Kein Leid dem Helden nit geschach.

Bei allem, was des Reimes willen hier an Gewalttaten gegen die Sprache geschieht, genießt man doch etwa den Genitiv bei gewahr werden oder die doppelte Verneinung; da ‚schmeckt' man die Alpen.

Der Kaiser soll – darin stimmen viele Berichte überein – auch für einfache Leute vergleichsweise leicht zugänglich und in Audienzen oft erstaunlich geduldig gewesen sein, das heißt, er hat, wie man so sagt, seinem Volk auf's Maul geschaut, und er hat zugehört. Trotz der Glättungen durch die gebildeten Helfer bei der Abfassung dieser Dichtungen klingt noch genug aus diesen Gesprächen an, und die Auffindung wenigstens einer Anzahl von Bruchstücken aus den Handschriften der Dichtungen gab der Forschung auch sprachgeschichtlich immer neue Anregungen, wenn auch klar ist, daß Maximilian alles diktiert hat.

Quellen wie Luthers Tischreden besitzen wir von Maximilian nicht, obwohl er nicht selten, wenn er im kleinen Kreis speiste, einen Gast oder ihn interessierenden Fremden dadurch auszeichnete, daß er ihn an seinen Tisch lud. Der trinkfeste Papst Julius II. soll – nach einer Mitteilung Wiesfleckers – gespottet haben, daß der Kaiser eines so großen Reiches nicht einmal mit einem Fäßlein Wein fertig werde, wodurch Maximilian zweifellos aus dem Rahmen eines zum Unmaß in Essen und Trinken neigenden Jahrhunderts fällt. Er lebte als Soldat auch auf zivilen Reisen am liebsten von einer Art Feldküche, einem mitgeführten Küchenwagen, was vielleicht auch eine Vorsichtsmaßnahme gegen die damals doch noch sehr häufigen und schwer nachweisbaren Vergiftungen war. Gesprächsaufzeichnungen existieren also – wie bei Pirckheimer – nur in Bruchstücken, und wir sind gezwungen, die Dichtungen des Kaisers als sein sprachliches Vermächtnis zu werten, auch wenn andere ihren Ton mit eingebracht haben.

Unter diesen weniger bekannten Helfern steht nächst Pfintzing der Innsbrucker Marcus Treitzsaurwein dem Werk am nächsten, einer jener alten, echten, ungeglätteten aus Haus und Arbeit abgeleiteten Namen, die heute noch in Teilen weiterleben, die sich leichter sprechen ließen (Treitwein, Treitz). Maximilians Interesse an der Plattnerei, dem Rüstungs-Schmiedehandwerk, hatte ihn auf den jungen Marcus stoßen lassen, und der Kaiser zog den jungen Mann in seine Umgebung, woraufhin erst eine gewisse Ausbildung einsetzte. Viele Jahre nur als Kanzleischreiber und Sekretär tätig, schaffte Marcus 1513, also erst wenige Jahre vor dem Tod seines Herrn, den Sprung nach Wien und hatte dort eine nicht näher bekannte Position inne, die ihm für den Übergang zu Karl V. eine günstige Situation schuf; man vermutet sogar seine Anwesenheit bei der Krönung Karls V. in Aachen. Es war auch erst Karl V., der Marcus Treitzsaurwein adelte, und unter Ferdinand, dem für die Erblande zuständigen Bruder Karls V., leitete Treitzsaurwein praktisch die Kanzlei des Herrschers für die spanischen Herren. Mit ihm war ein Mann aus dem Volk an der Redaktion des *Theuerdank* beteiligt, ebenso auch, wenn auch ungleich höher und intensiver gebildet, Konrad Peutinger, Jurist aus dem Umkreis der großen Fernhändlerfamilien, „des Kaisers wissenschaftliches und künstlerisches Orakel" (Wiesflecker), Besitzer einer großen Bibliothek und Humanist von hohen Graden. Da es keinen Bericht über die Redaktionssitzungen gibt, da Maximilian bald diesen, bald jenen, wie er sie zur Hand hatte, seines Diktates würdigte, hat die Germanistik im Entwirren der Theuerdank-Einflüsse eine jener unlösbaren Aufgaben, die von Generation zu Generation neue Deutungen auf den Plan ruft. Dabei fällt einiges Licht auf einen adeligen Helfer aus dem engsten privaten Umfeld des Kaisers, den wir schon kennen:

Sigmund von Dietrichstein war Kärntner, zeitweise oberster Silberkämmerer, also im heiklen Herzen des habsburgischen Vermögens tätig und seit 1514 Herr auf der Hollenburg an der Straße von Klagenfurt nach Süden, obwohl der kostbare Besitz seit Jahrzehnten den Wolkenstein zugesichert war. Das Vertrauen des Kaisers besaß Dietrichstein in höchstem Maß, der Kaiser ließ ihn, wie man weiß, an sein Sterbelager rufen.

Die urkundlich 1142 zum erstenmal erwähnte große Hollenburg stammt mit wesentlichen Bauteilen wie dem berühmten Arkadenhof aus jener Epoche, wurde im vierzehnten Jahrhundert begonnen und von den Dietrichstein im sechzehnten Jahrhundert vollendet, in einer einzigartigen Lage vor dem Loibl-Paß, der damals nach Krain führte, heute nach Slowenien und dank emsigen Fuhrverkehrs an Weggebühren, Straßenzöllen und je nach den Zeiten wechselnden Abgaben den Burgbesitzern laufende Einnahmen verschaffte. Zwischen Steinen aus der Römerzeit, wie sie im ganzen Kärnten häufig sind, sieht man noch die Wappen der Dietrichstein und der Starhemberg. In der Kapelle haben sich Fresken aus dem vierzehnten Jahrhundert erhalten.

Nach dem Erbmundschenkenamt in Kärnten stieg das weitverzweigte Geschlecht weiter auf, sie wurden 1631 Reichsgrafen und 1684 Reichsfürsten. Eine evangelische Linie wanderte nach Schweden aus, gelangte über Rußland nach Frankreich und existiert dort noch, während die katholische Hauptlinie 1864 im Mannesstamm ausstarb. Die weibliche Linie Mensdorff-Pouilly-Dietrichstein war bis 1945 im Besitz der Herrschaft Nikolsburg. Franz Graf (seit 1624 Fürst) Dietrichstein, als Diplomatensohn 1570 in Madrid geboren, wurde als Kardinal Präsident des Geheimen Rates, den Kaiser Rudolf II. auf dem Hradschin um sich versammelt hatte; er vermittelte auch mehrfach zwischen dem bizarren Kaiser und seinem Bruder Matthias in Wien, der auf eine Entmündigung Rudolfs hinarbeitete.

Sigmund, der Vertraute Maximilians I., Begründer einer der erfolgreichsten Aufsteigersippen der Erblande, war fünfundzwanzig Jahre jünger als sein Kaiser und im Gegensatz zu seinen vielreisenden Nachfahren ein standhafter Kärntner, 1484 auf Burg Hartnidstein bei Wolfsberg geboren, im Mai 1563 auf Burg Finkenstein gestorben, die er wie die Hollenburg in eine reichs-unmittelbare Herrschaft umgewandelt hatte.

Sigmund von Dietrichstein, der für Maximilian an allen Fronten kämpfte und als Kämmerer in Wien zeitweise seine eigene Politik machte, ist der Beweis dafür, daß Maximilian kein literarisches Kabinett beschäftigte, sondern seine Dichtungen als eine Aufgabe ansah, an der beteiligt werden konnte, wer auch sonst eine Rolle in seiner Nähe und in seinen Planungen spielte. Er hielt zu den einmal erkorenen Freunden, auch wenn sie in den unvermeidlichen Generationenkonflikten am Hof gegen die mächtige Kamarilla der etablierten Alten auftraten, sehr deutlich etwa in einer beinahe gelungenen Wiener Palastrevolution gegen den allzu geschäftstüchtigen, inzwischen steinreichen Paul von Liechtenstein und die graue Eminenz Zyprian von Sernstein, oberster Sekretär seit 1495, seit 1500 faktisch Hofkanzler. „Die Allianz eines intimen Kämmerers mit den informierten Sekretären war vermutlich eine der einflußreichsten Konfigurationen am Hof" (Heinz Noflatscher).

Es ist darum nicht verwunderlich, daß Dietrichstein wieder dabei ist, als es um das bedeutendste der kaiserlichen Werke, um den *Weißkunig* geht, wobei zu bedenken ist, daß auch der *Weißkunig* eine Gemeinschaftsarbeit verschiedener Sekretäre, Schreiber und Berater war. Es ging Maximilian ja nicht um seine Präsenz als Autor – oder doch erst in zweiter Linie. Hauptzweck war die Dokumentation eines Lebens und der kaiserlichen Taten. Darum kommt es zu der erstaunlichen, aus heutiger Sicht verwunderlichen Tatsache, daß der erste Teil des Romans *Weißkunig* eine beinahe reine Kompilation durch den uns schon bekannten Marcus Treitzsau(e)rwein ist, Geheimschreiber Maximilians gleichsam über den Tod des Kaisers hinaus, denn er setzte die Redaktion des Werkes getreulich fort, bis in das Jahr vor dem eigenen Tod, also bis 1526.

Treitzsaurwein arbeitete zweifellos mit Billigung Maximilians, nach vorhandenen Vorlagen zur Jugend- und Familiengeschichte, was den Kaiser der Mühe langer Diktate über Fernliegendes enthob, hatten doch in Wien schon unter Friedrich III. verschiedene Hofhistoriographen Aufzeichnungen über das Leben der Herrscherfamilie gemacht. Treitzsaurwein ging nach Belieben vor, durchaus unterschiedlich, je nachdem, wie gut ihm die Vorlagen gefielen und wie weit sie seine Billigung fanden. Die ältesten Aufzeichnungen über Maximilians Jugend verarbeitete er weitgehend frei paraphrasierend (so die Meinung von Dr. Alexander Hildebrand in Kindlers Literaturlexikon), übernahm eine andere, heute völlig vergessene Quelle aber nahezu wörtlich, nämlich die Geschichte Friedrichs III. und seiner Gemahlin Eleonore aus der Feder des Nicolaus Lanckmann von Valckenstein. Noch ausgiebiger bediente er sich bei einem bis heute nicht ermittelten zeitgenössischen Kriegsberichterstatter, der seinem Werk den Titel *Der Auszug von teutschen Landen gen Rom* gegeben hatte, nach Hildebrand, weil dieser Unbekannte in entscheidenden Partien ausführlicher war und zuverlässiger wirkte.

Erst im zweiten Teil mußte Treitzsaurwein sich selbst ins Zeug legen, nach dem Ende der genealogischen Vorgeschichte und zum Beginn der kaiserlichen Jugend, die Treitzsaurwein andächtig vor uns ausbreitet und schon in dem jungen Prinzen Sendung, göttlichen Auftrag und allerhöchste Ziele erkennen will. Dieser Panegyrikus wird immerhin dadurch gedämpft, daß – zweifellos auf Wunsch des Monarchen – Decknamen verwendet werden, wohlklingend und durchsichtig, wenn der alte Weißkunig für Friedrich III. steht, während seine Gemahlin den Namen Aronel von Lagutrop erhält, also der Ländername Portugal von rückwärts gelesen werden soll. Der *junge* Weißkunig ist natürlich Maximilian, während Maria von Burgund als die Königin von Feuereisen erscheint.

Die historischen Ereignisse weniger privater Natur, also die Kriegszüge, die Verhandlungen, die Friedensschlüsse werden erst im dritten Teil dargestellt und auch dies nicht vollständig, sie reichen von den Jahren 1478 bis 1513 (um Doppelanführungen zu vermeiden verweise ich hier auf die Zeittafel). Auch hier werden Decknamen verwendet, und zwar in beinahe märchenhaftem Ton, so daß Frankreichs Herrscher als blauer König aufscheint, der Grundfarbe seines Wappens entsprechend, Ungarn hat einen grünen König und Spanien einen schwarzen. Bei den Fürsten und Städten wird es schwieriger. Die Mailänder Sforza müssen sich gefallen lassen, als Könige vom Wurm zu paradieren, während der Doge von Venedig als der Fisch-König erscheint. *Wurmlage* hieß in altdeutschen Rittergedichten ein Saal, der sich für große Gelage oder auch Wettkämpfe ritterlicher Art, für Festivitäten und Gepränge eignete und bietet sich angesichts des sprichwörtlichen Reichtums der Sforza als Deutung für den Wurmkönig Lodovico il Moro an, doch sind für alle Decknamen im Weißkunig in der reichen Spezialliteratur sehr unterschiedliche Deutungen entwickelt worden. Hier hätte Maximilian selbst wohl noch einige persönliche Vorstellungen eingebracht, wie überhaupt der unvollendete dritte Teil des *Weißkunig*, also die nicht redigierten und nicht immer überzeugend eingeordneten Bruchstücke und Diktate, besonderes Interesse verdienen, weil man annehmen darf, daß hier der Wortlaut weitgehend von Maximilian selbst stammt, so umfangreich diese Materialien auch sind.

Ich zitiere als Textprobe aus der Weißkunig-Prosa den Abschnitt über die Geburt Maximilians in der Version, die uns Rommel in seiner Renaissance-Anthologie, also gemildert, aber verantwortungsvoll redigiert, vorgelegt hat:

„Als sich nun die Zeit nahend der Geberung des Kinds, da wurde je zu Zeiten gesehen und doch nit gar lauter ein

Comet, daraus manicherlei Berechnungen gemacht wurden. Der alt Weißkunig und alles Volk in dem ganzen Kunigreich rufeten zu Gott mit großer Andacht, daß durch sein götlich Gnad die Kunigin und alles Volk in irer Geburt erfreut wurde. Wann nun ein jegelich Christenmensch betracht die groß Gnad, so der almechtig Gott ihnen beiden in dieser Welt verliehen hat ... so mag ein jeder ohn Zweifel sein, das Gott sölich Gebet aus seiner Barmherzigkeit miltiglichen erhört hat. Und auf den Tag und die Stund der Geberung des Kindes, da erschien der oberurt (obenerwähnte) Comet viel größer dann gewöhnlich und gab von ime einen lautern lichten Glanz ... In sölicher Erscheinung des Comets, da gebar die Kunigin aus Zugebung und Verleihung der götlichen Gnaden in der Stadt genannt Tatsneuen (Wiener Neustadt) das Kind mit sanften Smerzen und war in irer Geburt hoch erfreut, dann (denn) das Kind was ein schöner Sun (Sohn). Sölichs ward dem alten weißn Kunig mit großer Frolockung verkundt. Da hub man aus Freuden alle Glocken an zu leiten, und wurden in dem ganzen Kunigreich unzalberliche (unzählige) Freudenfeur gemacht ... Als nun dasslebe Kind geboren was, da nam der Comit zu Stunden wiederum ab, daraus wol zu erkennen ward, das derselbe Comet ein Zeichen was (von) des Kinds kunftig Regirung und wunderlich Sachen und der vertriben Fürst (Nikolaus Ujlak, Wojwode von Siebenbürgen, Taufpate Maximilians) erkennt durch den Comet, das sein Red durch des Himmels Einfluß bestätigt wurde. Er begeret auch deshalb das Kind aus der Tauf zu heben, dazu er dann durch den alt weiß Kunig berufen ward."

In der späten Niederschrift dieses Geburts-Berichtes mögen die nahe beisammen liegenden Jahreszahlen von Geburt und Kometenerscheinung ineinander geglitten sein, es war ja ein Halbjahrhundert vergangen. 1456 hatte der Halleysche Komet die Bewohner der Erdteile, über die er hinzog, aufgeschreckt, wie er dies alle 76einhalb Jahre tut, und drei Jahre später war Maximilian in Wiener

Neustadt zur Welt gekommen. Man darf sicher sein, daß sogleich ein Geburtshoroskop (Nativität) ausgearbeitet wurde, alles andere wäre höchst ungewöhnlich. Hat Maximilian selbst ein solches Horoskop erstellt, so geschah dies natürlich Jahre später, und es lagen schon eine Reihe von Fakten vor, die eine Überprüfung der Sternenauskunft gestatteten. Andererseits wußte Maximilian nun, daß entscheidende Planeten bei seiner Geburtsstunde eine ungünstige Konstellation gebildet hatten, was ihn sein Leben lang beschäftigte. Heute weiß man, daß zwischen 1400 und 1500 nicht weniger als 35 Kometen beobachtet wurden; die besondere Betonung der Himmelserscheinung in der Weißkunig-Version der Geburtsgeschichte sollte offensichtlich den düsteren Konjunktionen am Himmel die Kraft oder doch die Bedeutung nehmen.

Im Jahr 1966 wurde in Sankt Peter an der Sperr, also am Nordeingang von Wiener Neustadt, in einer großen, Friedrich III. gewidmeten Ausstellung eine astrologische Tafel auf Pergament gezeigt. Der aus Ferrara stammende, damals namhafte Astrologe Ionnis Bianchini überreicht die Tafel Kaiser Friedrich III., der auf einer mit dem Wappen der Este geschmückten Bank sitzt. Borso d'Este (1413–71), Herzog von Modena und Ferrara, stellt dem Monarchen den Landsmann vor. Als Gegengabe wählte der sparsame Kaiser statt Bargeld eine Aufbesserung des Wappens, da er die zweckbedingte astrologische Vorschau Bianchinis im Kampf um Mailand zur Stimmungsmache gut brauchen konnte. Die Szene vollzog sich während eines Aufenthalts des Kaisers in Ferrara, beweist aber, da sie wenige Jahre vor der Geburt Maximilians stattgefunden haben muß, die große Rolle, die astrologische Expertisen bei Entscheidungen und Ereignissen aller Art gespielt haben, nicht nur damals, sondern auch noch ein Menschenalter später vor der Schlacht von Pavia und dem Sacco di Roma. Das Miniaturbild entstand nach Hanna Dornik-Eger (gemäß ihrem Aufsatz im Ausstellungskatalog) zwischen 1452 und

1457 und hat einen begabten Schüler des Carlo Crivelli als Urheber, dessen Namen wir leider nicht kennen; Crivelli war Venezianer, arbeitete aber meist in Neapel, wo ihm der König den Adel verlieh.

Trotz seiner vielverlästerten Sparsamkeit hatte Kaiser Friedrich III. durchaus wache Sinne für die Künste seiner Zeit, und die wenigen ihm gewidmeten Ausstellungen offenbaren zum Teil überraschende Bestände an Bildnissen, Bildkunstwerken und Altargemälden zu einer Zeit, da auch im übrigen Europa das Interesse am Gemälde erst nach und nach weitere Kreise ergriff. Es gibt ein sehr reizvolles, in weiß, gold und vor blauem Hintergrund gehaltenes Profilportrait Friedrichs, vor 1452 von dem sogenannten Barberine-Meister auf Pergament gemalt, später auf Holz aufgeleimt. Auch die Kaiserkrönung Friedrichs, gemalt von einem niederländischen Meister, ist eine der meisterlichen Reportagen, die schon der junge Maximilian vor Augen hatte und an die er sich natürlich erinnerte, als ihm daran lag, seine eigenen Werke, seinen Lebensrückblick, seine Herrschaftsbilanz sinnfällig, deutlich und farbig darzubieten. Vereinzelt gab es großartige Portraits von bis heute unbekannten Meistern aus den Alpenländern, etwa ein steirisches Bildnis Friedrichs als Erzherzog der Erblande, oder die erste Begegnung Friedrichs mit Eleonore von Portugal vor einer Teil-Stadtansicht von Siena mit einer erst Jahre nach der Zusammenkunft zu ihrem Gedenken errichteten Säule vor der Porta Camollia, die sich noch heute an dieser Stelle befindet. Der Schöpfer des Gemäldes ist einer der größten Künstler seiner Zeit, nämlich Bernardino Pinturiccio; auch Aeneas Silvio Piccolomini ist auf dem Bild zu sehen, das 1503 bis 1509 entstand, also eben in jenen Jahren, da Maximilian an seinen Erinnerungswerken diktierte. Solche Eindrücke kamen zu dem persönlichen Umgang mit Künstlern wie Albrecht Dürer oder Hofmaler Jörg Kölderer aus Tirol, Burgkmair, Schäufellein und vielen anderen. Jan-Dirk Müller zitiert in seinem Aufsatz über Maximilians Verhältnis zu Kunst und Literatur (Ramstein 2002) eine diese Haltung rühmende Stelle aus dem *Weißkunig*, die möglicherweise wörtliches Diktat ist:

„Er hat auch die großen Kinstler und Malerey und Schnitzerey underhalten und vil kunstliche Werck malen und sneiden lassen, die in der Welt in seiner Gedächtnis aber mit verkerten Namen bleiben werden".

Professor Jan-Dirk Müller von der Ludwig Maximilians-Universität in München hat uns in verschiedenen seiner Arbeiten Einblick in einen Betrieb gestattet, der als eine autobiographische Werkstatt bezeichnet werden kann, also eine Privatfabrik oder Offizin des Kaisers, die dem „Gedächtnis" dienen sollte. Der *Theuerdank* verlangte nicht weniger als 118 Holzschnitte, beim *Weißkunig* waren es gar 251. Insgesamt wurden, nach Maximilians genauen Anweisungen, an die tausend Holzschnitte hergestellt, der Kaiser selbst aber hat nur noch den Druck des *Theuerdank* erlebt, und zwar durch Hans Schönsperger in Nürnberg, dessen Unternehmen durch einen so anspruchsvollen Auftrag naturgemäß auch Vorteile erlangte und zu eigenen Entwicklungen angespornt wurde. Die typographische Leistung am *Theuerdank* wird bis heute bewundert. Dabei arbeitete damals längst, stark beachtet und hochgeehrt, Aldus Manutius, der im Kirchenstaat 1450 geborene Aldo Manuzio, der ab 1490 eine berühmte Offizin in Venedig unterhielt und damit den Ruhm seiner ganzen Familie begründete. Er starb 1515. Maximilian hatte aber wohl nie erwogen, so umfangreiche, Jahrzehnte erfüllende Druckaufträge nach Venedig zu vergeben. Schönsperger konnte im gleichen Jahrhundert noch sechs weitere Auflagen herstellen.

Die Kunsthandwerker und Künstler hatten es mit Maximilian nicht leicht. Da er technisch sehr interessiert war und etwa bei der Herstellung von Waffen, Harnischen und Geschützrohren sich für jede Einzelheit interessierte, übertrug sich diese Detailbesessenheit erst recht auf die künstlerischen Dokumente seines Lebens. Das führte zu jener Überfülle an sauber gezeichneten Einzelheiten, die wir allerdings auch an Bildern der Zeit feststellen, mit denen der Kaiser überhaupt nichts zu tun gehabt hatte oder die im Gedächtnis an seinen Vater geschaffen worden waren wie die Weihe des ersten Hochmeisters des Sankt Georgs-Ritterorden durch einen unbekannten Kärntner Meister. Das 3 x 2,3 Meter große Gemälde auf Holz besticht durch eine klare Gruppierung der vielen Figuren, durch Genauigkeit der Hintergründe und befreiende Raumwirkung im Zentrum. Die Hauptfiguren sind der Ordensgründer Friedrich III., Papst Paul II. und kniend der Hochmeister Johannes Siebenhirter.

Für das große Publikum ist als überwältigendes Beispiel dieser Emphase für das Detail Dürers Kupferstich *Ritter, Tod und Teufel* bis heute im Gedächtnis geblieben. „Man rufe einem phantasievollen Menschen die Worte zu: Ritter-Tod-Teufel. Wer nicht Dürers Stich kennt, wird die drei Vorstellungen zu einer Kampfhandlung, jedenfalls zu einer bewegten und lauten Szene verbinden. Dürer aber macht ein gespenstisch-stummes Beieinander daraus; und gerade das Unberührtbleiben des ritterlichen Mannes ist das Entscheidende" (Wilhelm Waetzold). Ist der Ritter, den nichts erreicht, an den nichts heranreicht, der Kaiser?

„Vom Jahre 1512 an greifen Kaiser Maximilian I. Ruhmespläne auch nach der künstlerischen Kraft Albrecht Dürers", schreibt Waetzold in seinem Standardwerk über den Beginn der Zusammenarbeit des Monarchen mit dem bedeutendsten deutschen Künstler seiner Zeit. Die Formulierung ist kennzeichnend und deutet eine Vereinnahmung an, aber Maximilians Ehrfurcht vor der echten Größe hält alles in Grenzen. Dürer wird nicht in einem Pavillon konfiniert mit unendlichen Aufträgen, wie es Leonardo da Vinci am Hof der Valois geschah. Die Sisyphusarbeit von hunderten von Holzschnitten machen Burgkmair und Schäufellein, wobei allerdings Schäufellein in Dürers Werkstatt

281

arbeitet, so daß eine gewisse Mitwirkung des großen Meisters zu vermuten ist. Sicherlich von Dürer stammen die zeichnerischen Vorlagen für vier Turnierszenen im *Freydal* und für einen Augsburger Fackeltanz.

Unklar ist, ob ein flankierendes Werk auf Anregung Maximilians zurückgeht, das kaum auf private Rechnung entstandene *Ring und Fechtbuch* der Wiener Nationalbibliothek mit seinen zweihundert Abbildungen. Das Fechten war ein Dauerinteressengebiet des Kaisers nicht nur im Hinblick auf eigene Übungen, sondern auch für die Ausbildung der Truppen, hatte er doch aus Spanien eine Fülle von Berichten über die Bedeutung des Fechtens im Nahkampf in den Kolonien, wo es keine Landsknechte gab und so gut wie keine Artillerie. Dürer war aber an diesem Buch, bei dem er untergeordnete Mitarbeiter hatte, auch textlich beteiligt, ebenso wie Willibald Pirckheimer, was ohne Billigung Maximilians kaum geschehen sein konnte.

Von 1512 bis zum Tod Maximilians im Jahr 1519 arbeitete Dürer an den höchsten Holzschnitt-Werken, die die Kunstgeschichte kennt und die ihre Entstehung dem unleugbaren Umstand verdanken, daß hölzerne Triumphbogen und Ehrenpforten weit weniger kosten als solche Monumente aus Stein. „Die Pforte der Ehren Kaiser Maximilians sei in der Gestalt vor ihm aufgerichtet, wie vor alten Zeiten die *arcus triumphales* den römischen Kaisern in der Stadt Rom", schreibt der 1501 in Maximilians engsten Kreis berufene gelehrte Sekretär Johannes Stabius und setzt weniger volltönend hinzu: „Monumente, deren etliche zerbrochen sind und etliche noch gesehen werden."

Das Unternehmen ist, weil höchst ungewöhnlich, schwer vorstellbar, und es ist jedenfalls keine Pforte aus 92 Holzschnitten, sondern wirkt turmartig oder auch wie eine Ehrenhalle; Pferde und Wagen hätten jedenfalls nicht durchfahren können. „Die Frage, aus welchem Material man sich eigentlich diese Ehrenpforte zu denken hätte, lag den Vätern der Idee ganz fern. Das Reich, in dem sich Blumen und Musikanten, Räucherschalen und Greife zusammenfinden, ist ein papierenes Reich. Der Gedanke eines wirklichen Bogens tritt völlig zurück hinter dem eines riesenhaften Bilderbogens, mit dem diese Scheinarchitektur bespannt ist. Auf die Bilder und die darunter gedruckten Texte kommt es an" (Wilhelm Waetzold).

Man kann sich vorstellen, welche Herausforderung diese Fülle der Bilder und auf den ersten Blick unverständlicher Allegorien für die Forschung darstellten, und mit Sicherheit ist zu sagen, daß ein Gutteil der Anspielungen bis heute ungeklärt geblieben ist. Maximilian war, soweit dies für einen von allen Seiten in Anspruch genommenen Verantwortungsträger überhaupt gesagt werden kann, ein Polyhistor. An Richtung, Auswahl, Entscheidungssicherheit hat er Großes geleistet, wirkt gelegentlich aber unsicher im Reich des Geistes und der von allen Seiten auf ihn eindringenden Informationen, Rätsel, Probleme und Wunderrezepte.

Die größte Fragenfülle werfen die Tiere und aus dem Tierischen abgewandelten Figuren auf, finden sie sich doch auch – und zwar von der Hand Albrecht Dürers – im Gebetbuch des Kaisers. Was sagen und bedeuten Hahn und Hund, Löwe, Stier und Kranich?

Einfacher war es bei den menschlichen Gestalten, angefangen von Maximilian selbst, der im Krönungsornat über der Mittelpforte thront, unter ihm der oft konstruierte Stammbaum flankiert von den Wappen der 102 Länder unter der Botmäßigkeit der Krone. Hier halfen natürlich Vergleiche und Bezüge zu der berühmten Wappenwand im Innenhof der Wiener Neustädter Burg, jener Pracht-Tafel an der Kirche des Architekten Peter Pusika von 1453. Vergleichsweise leicht zu deuten sind auch die zwölf Felder (neun davon ausgeführt), die sich mit Taten, Interessen und mit den Tugenden Maximilians beschäftigen, ähnlich wie gleich vierundzwanzig Bilder für die vielen Kriegszüge Maximilians. Hier sind die allegorischen Figuren, die kleinen Affen, die Kraniche und die Drachen nur Ornament, ein Diktum Waetzolds, das man nicht schlüssiger formulieren kann als der große Biograph Dürers es tat:

„Eine hemmungslose Schmuckfreudigkeit hat sich des ganzen Gebildes bemächtigt und es mit einer Ornamentik überzogen, die keinem ästhetischen Bereich, keinem Stil ganz angehört. Norden und Süden, Spätgotik und Renaissance, naturalistisch frei Bewegtes und streng Stilisiertes, tektonisch gefühlte und atektonisch behandelte Motive – alles ist da, und über alle Dissonanzen im Einzelnen schmettern die Pauken und Trompeten der maximilianischen Prachtentfaltung."

Die Kunsthistoriker waren vor allem daran interessiert, die einzelnen Künstler und ihren Arbeitsanteil zu ermitteln, aus welchen Bemühungen eine kleine Bibliothek entstand. Erschwert wird diese Sisyphusarbeit durch die Verteilung der verschiedenen mehr oder minder großen Bruchstücke und die Tatsache, daß wiederholt und an verschiedenen Orten nachgedruckt wurde, so daß sich viele Museen und Sammlungen in die Aufbewahrung des Riesenkonvoluts teilen, vom Germanischen Nationalmuseum in Nürnberg angefangen bis zu Augsburger, Innsbrucker und Wiener Sammlungen.

Mit Sicherheit von Dürer selbst stammt die Mittelpforte, diesen Auftrag konnte ihm keiner der Kollegen und Schüler streitig machen, es war wohl auch gar nicht beabsichtigt. Er schuf dafür eine Frauengestalt, die engelsgleich ausgestattet ist, zumindest hat sie Flügel und gibt ihrer Aufgabe, dem Tragen der Krone, damit die Billigung der höchsten Weisheit. Blumengewinde, Kleinode und der heraldische Supervogel Kranich fehlen nicht, so daß man sich bei dieser Gelegenheit nach der besonderen Bedeutung dieses Vogels fragen sollte, denn eigentlich war das Bedeutsame nicht der Vogel selbst, sondern sein Flug. Kraniche in der Luft wurden als Vorzeichen für Kriege aufgefaßt, auch wußte man schon früh, daß die Kraniche, wenn sich die Schar zur nächtlichen Rast niederläßt, einen Wächtervogel aufstellen wie Soldaten im Feldlager.

Die mit ihren wesentlichen Arbeitsanteilen in das Jahr 1515 fallende Ehrenpforte war noch nicht genug. Wo eine Pforte ist, muß ein Prunkwagen hindurchziehen, ihm waren aus der Triumphzug-Serie allein acht Holzschnitte gewidmet und 1522, also nach dem Tod Maximilians, eine gesonderte Edition im Druck. Da sehr viel anderes aus diesen Prunk-Editionen inzwischen schwer verständlich geworden ist oder an Bedeutung verloren hat, verdient der Triumphwagen – von Waetzold schon 1935 *kaiserliche Mailcoach* genannt – auch heute noch unser Interesse. Der Zufall wollte es, daß die Nürnberger Ehrenpforten für die Einholung Kaiser Friedrichs III. vor dem Haus der Familie Dürer errichtet wurden, ein Anwesen ‚unter der Vesten' genannt, von dem aus die festlichen Bauten und Ereignisse aufs beste zu sehen waren, ja zu unentrinnbaren Eindrücken wurden.

Den stärksten Eindruck aber hatte Albrecht Dürer, als er der prunkvoll-ausgelassenen Einholung Karls V. in Antwerpen beiwohnen konnte. Hans Makarts berühmtes Riesengemälde zeigt dieses Ereignis nach seiner Art, mit zahlreichen nackten Niederländerinnen garniert, für einen katholischen Habsburger durchaus unpassend, weil kaum verhüllt im Festzug und nackt in der jubelnden Menge. Franz I. von Frankreich hätte man solch eine Inszenierung zugetraut, bei dem noch kaum erwachsenen Karl V. ist sie unwahrscheinlich, hat das Bild aber berühmt gemacht, noch ehe es auf der Pariser Weltausstellung gezeigt wurde. Daniel Spitzer, damals Wiens führender Kritiker, sagt von Dürer: „Dieser war nämlich Zeuge des Einzugs, und aus einer kleinen Bemerkung in seinem Reisetagebuch, sowie aus einer Mitteilung an seinen Freund Melanchthon ... geht hervor, daß den Meister Dürer geradeso wie den Professor Makart am Fest weniger der epische als der lyrische Teil interessierte, der in unserer Zeit durch weißgekleidete Jungfrauen repräsentiert wird, die aber beim Einzug Karls V. weder weiß noch sonstwie gekleidet waren. Dürer vergisst in seinem Eifer für die schöne Sache sowohl die hohen und höchsten Herrschaften … zu erwähnen …, sondern er weiß nur von den schönen Jungfrauenbildern zu erzählen, welche die Triumphbogen zierten … und die fast ganz nackt und bloß von einem ganz dünnen und durchsichtigen Schleier umhüllt waren … Dürer berichtet seinem Freund ferner, daß der junge Kaiser zwar diese in hohem Grad lebendigen Bilder keines Blickes gewürdigt habe, ‚ich selber aber‘ fügte Dürer hinzu, ‚weil ich ein Maler bin, hab mich ein bißchen unverschämter umgeschaut.“ Makart hat übrigens Dürer in die Menge hineingemalt, mit todernstem Gesicht, als könnten all die optischen Versuchungen ihm nichts anhaben.

Dies ereignete sich am 23. September 1520, Maximilian war nun immerhin achtzehn Monate tot. Dürer hatte in den acht Holzschnitten des Triumphwagens an großartig-feierlichen Portraits nicht gespart. Die Pferde des Wagens zeigen mehr Temperament, als bei solcher Gelegenheit angebracht ist, aber die auf den Wagen geschlichteten Persönlichkeiten beweisen Standfestigkeit. Der Figurenreigen wird mit Maximilians Enkeln Karl und Ferdinand, beide später Kaiser, eröffnet und mit den vier Schwestern der großen Herren: Eleonore, zu diesem Zeitpunkt etwa zwanzig Jahre alt, Isabella, drei Jahre jünger, Maria, Königin von Ungarn und von den Türken 1526 zur Witwe gemacht, und Katharina, 1507-78, die alle ihre Geschwister überleben wird.

Nach den Schwestern wird es tragisch, denn hier zeigt der Wagen den früh verstorbenen Kaisersohn Philipp den Schönen, dessen Gemahlin Johanna die Wahnsinnige und Margarete von Österreich, langjährige Statthalterin der Niederlande und streitbare Vertraute ihres Vaters. Danach kommt nur noch Maria von Burgund, die schöne, reiche

Erbin mit dem tragischen Reitertod und Maximilian selbst. Als die entscheidende Zeichnung für den Triumphwagen geschaffen ist – im Jahr 1518 – hat der Kaiser noch einige Monate zu leben. Der Zwölferzug mit dem edlen Gefährt rast nicht dem Schicksal davon, sondern ihm entgegen. Pirckheimer weiß für Pferd, Wagen, Tempo und Richtung Erklärungen aus alten Sprichwörtern, vielleicht auch aus Gebeten:

„Damit, daß die Großmutigkeit und Keckheyt den Wagen nit verführen, so seind für dieselben zu vorderst zwey andere Rosse gespannt, die werden durch *experientiam* und *solertiam* gemaystert. Denn wo die Erfahrung und die Einträchtigkeit nit ist, da mag die Keckheyt und Großmutigkeit leicht Schaden bringen." Noch verwunderlicher als diese Vorsicht beim Bespannen der Wagen ist aber das Räderwerk der folgenden Fahrzeuge, die für jene Zeit geradezu futuristisch anmuten, weil Bewegkräfte kaum ersichtlich sind, will man nicht komplizierte Transmissionen über große und kleine Rädchen als solche deuten. Die allgegenwärtigen Landsknechte freilich greifen ein, wo ein Rad sich nicht drehen will, sie haben Kurbeln und Stangen zur Hand, und es gibt sogar ein Tretrad, als wolle Dürer mit Leonardo wetteifern und das Spielzeugparadies Nürnberg den Kaiser mit besonders ingeniösen Gerätschaften beschenken.

Waetzold bedauert, daß ein Jahrtausend-Genius wie Albrecht Dürer sich mit solchem Kinderkram befassen mußte, der bei aller natürlichen Verwandtschaft zwischen Spiel und Kunst doch sehr viel Zeit kostete und unendlich viel Kleinarbeit erforderte. Für den Kaiser und seine Helfer mag dies alles aber selbstverständlich gewesen sein, und vielleicht ahnte Maximilian sogar, daß es diese starke Einbindung kleiner Werke großer Künstler sein wird, die seinen kuriosen Dilettantismen ein Überleben sichern wird, ein aus den verschiedensten Interessen lebendes Fortbestehen der Existenz im Bewußtsein seines Volkes.

In dem Augenblick, da diese Zeilen geschrieben werden, offeriert der Versandkatalog 2006 eines renommierten Berliner Kunsthauses die Abenteuer des Ritters Theuerdank mit 295 farbigen Abbildungen, in Leder mit Goldschnitt auf 580 Seiten nach der Gesamtausgabe von 1517 mit einem Kommentarband von Stephan Füssel, als vorläufig letzter Akt einer eindrucksvollen Karriere quer durch die Jahrhunderte, durch Kriege, Umwälzungen, Untergang von Monarchien und Neugeburt eines geschichtlichen Bewußtseins.

Die echte, natürliche Beliebtheit des *Theuerdank* stellte sich schon früh ein, als es nicht mehr um den Kaiser ging, sondern um den Ritter. Burkhard Waldis aus Allendorf an der Werra ist mit einem Geburtsjahr um 1490 ein jüngerer Zeitgenosse des hochwohlgeborenen Ritters und stirbt 1557 in Abterode in Hessen. Liest man seinen Lebenslauf, dann versteht man zwar sehr gut, daß er sich für eine Folge ritterlicher Abenteuer lebhaft interessierte, aber man fragt sich, wann dieses unstete Dichtergemüt wohl Zeit und Gelegenheit zu der zeitaufwendigen Überarbeitung des maximilianischen Geholpers gefunden hatte. Von der Werra zog es ihn an die Ostsee, er reiste nach Riga, ist 1523 bei Karl V. und wenig später in Rom, weil er Hilfe für die alte Kirche sucht, die im reformfreundlichen Baltikum nicht mehr viele Chancen hat. Die lutherischen Ratsherren werfen den Italienfahrer denn auch prompt ins Gefängnis, und da er mit seinem Mönchstum nicht mehr glücklich ist, wird er fortan Zinngießer. Von 1536-40 setzt ihn der Deutsche Orden abermals ins Gefängnis, Jahre, in denen er sich wohl mit literarischen Arbeiten tröstete, und erst 1544 findet er seinen Frieden als Pfarrer der reformierten Kirche in Abterode, Kreis Eschwege, bis heute berühmt wegen seiner sehr alten evangelischen Kirche für nur tausend Einwohner. Die einst sehr beliebten vierhundert Fabeln des Waldis wurden noch 1862 in zwei Bänden neu aufgelegt, seine Fastnachtsspiele und Satiren sind hingegen vergessen. Die Arbeit am *Theuerdank* im Auftrag des Verlegers Egenolff wird der umgetriebene und vielseitige Mann, Geschäftsträger Rigas am Reichskammergericht, Münzgutachter und Demagoge, wohl als ein Nebenwerk angesehen haben, aber sie hatte immensen Erfolg mit Nachdrucken 1553, 1563, 1589 und noch 1596.

Der *Weißkunig* hatte es mit dem Publikum schwerer, das Genre war nicht erkennbar, die Anspielungen trotz eines kommentierenden *Fragebuches* von Treitzsaurwein vor allem für Spätere kaum verständlich. Die Chronologie stimmte nicht, da die verschiedenen Diktate des Kaisers nicht immer an den Platz gereiht worden waren, den der zeitliche Ablauf erfordert hätte. Immerhin blieb die Attraktion einer bei aller Gestelztheit lebhaften Erzählung mit sehr viel Farbe bei Ritterspielen und Schlachten. Daß sich in den Abschnitten, die Maria von Burgund mitbetreffen, ein Hauch echten Gefühls und die Jahrhunderte überdauernden Mitleidens erkennbar erhalten hat, darf angesichts der Umstände der Entstehung als ein gnädiges Wunder der Muse angesehen werden.

Die *Weißkunig*-Handschrift vom Jahr 1514 hatten ihre Schreiber und Redaktoren Karl V. und seinem Bruder Ferdinand gewidmet als ein Vermächtnis Seiner Majestät an die zur Herrschaft berufenen Enkel. Diese Handschrift von 1514 bildete auch die Grundlage für die Neuedition 1888 durch A. Schultz als Band 6 im *Jahrbuch der kunsthistorischen Sammlungen des allerhöchsten Kaiserhauses*. Vorher, 1775, hatte F.F. Hofstätter eine Ausgabe des *Weißkunig* herausgebracht, von der anzunehmen ist, daß Goethe sich im Rahmen weiterer Studien über die Literatur des Mittelalters mit ihr beschäftigte. In seinem Sturm-und-Drang-Drama über Götz von Berlichingen erwähnt Adelheid in der sechsten Szene des zweiten Aktes allerdings nur den *Theuerdank*.

Goethe hat sich in den Jahren 1808 und 1809, allerdings auf dem Umweg über Dürer und dessen Zeichnungen, mit beiden Werken des Kaisers beschäftigt, was aber ohne Folgen für das Schicksal der kaiserlichen Schöpfungen und für Goethes Verhältnis zu den Habsburgern blieb. Immerhin erscheint uns Maximilian I. im Götz „dem Ritter zugetan, ein leutseliger, humorvoller Monarch" (Elisabeth Frenzel, *Stoffe der Weltliteratur*) von dem im Rahmen der Ritterromantik eine gewisse Attraktion auf Goethe ausging. Der Kaiser im Zweiten Teil des *Faust* könnte demnach sehr wohl Maximilian sein, denn die deutlich selbstherrliche Naivität, die Mephisto so weidlich ausnützt, paßt zu Maximilian besser als zu Karl V., zu Ferdinand I. oder gar zu dem Luxemburger Karl IV.

Von der literarhistorischen Prominenz der deutschen Lehrstühle hat sich nur Heinz Otto Burger näher mit Maximilians Dichtungen befaßt, nicht die emsigen Franzosen und nur einige wenige Engländer. Auch die schöne Literatur hält Abstand, obwohl die inzwischen vorliegenden erschöpfenden Untersuchungen von Hermann Wiesflecker Ansätze für differenzierte Deutung bieten würden: die Vater-Sohn-Beziehung vor dem Schatten Groß-Ungarns, die Konfrontation mit dem betörenden Kunstparadies der Niederlande, die (zwei?) späten Liebschaften, die binnen wenigen Jahren zu einem Dutzend unehelicher Kinder geführt haben.

Werner Beumelburg, bekannter als Enthusiast des Ersten Weltkriegs, widmete Maximilian mitten im Zweiten Weltkrieg eine Novelle seiner Sammlung mit dem vielsagenden Titel *Pflicht und Schicksal*, Fanny Wibmer-Pedit, die zeitweise ein großes Publikum von Leihbibliothekskunden hatte, schrieb gar Maximilians Lebensroman unter dem Titel *Der erste Landsknecht*. Schon 1832 hatte sich die vielgewandte Karoline Pichler mit einem Turnier in Worms beschäftigt, und das Verhältnis zwischen dem Kaiser und Albrecht Dürer stellt Bernhard Faust 1942 in einer Erzählung dar. Die Jahreszahlen, die weitgehend im Zweiten Weltkrieg liegen, nähren die Vermutung, daß der vielgeprüfte, oft irrende Kaiser in diesen Jahren als ein unverdächtiges Pendant zu dem dilettierenden Führer des Deutschen Reiches gesehen wurde.

Auf einen Stoff aus Maximilians eigenen Dichtungen, auf seine Brautfahrt nach Gent und Brügge, geht der einzige große Dichter ein, der sich des Gedächtnisses dieses Dichter-Kaisers annahm, nämlich Gerhart Hauptmann in einem Dramolett, das Elisabeth Frenzel in das Jahr 1923 verlegt, das aber 1905 geschrieben wurde und die frische Bezauberung des Dichters durch die blutjunge Schauspielerin Ida (Idinka) Orloff in ein paar humoristisch-lasziven Szenen auslebt:

Der Kaiser verirrt sich in den Bergen auf der Suche nach dem Kloster, in dem er übernachten will, in dem er offenbar bereits Quartier genommen hatte, und das er San Laurentio nennt, woraus man auf eine Alpenüberquerung schließen darf. Gleichwohl spricht die alte Emmerenz schlesisch, wo es doch in Schlesien kein Hochgebirge gibt, und die Greisin am Spinnrad hat eine leckere fünfzehnjährige Tochter, um deretwillen die Szene in Agnetendorf wohl geschrieben worden ist. Nach einer kunstvollen Tirade, in der Maximilian sich mit einem Seiltänzer vergleicht „hoch über allen Menschenköpfen, und der Strick ist zwischen Rathausturm und Kirchturm festgeknüpft, doch golden ist mein Seil, und eine Kaisergruft empfängt den Leichnam, wenn ich falle" schneidet die alte Emmerenz dem *Theuerdank*-Dichter trocken das Wort ab und sagt ‚Hier ist Milch".

Maximilian, der im Lauf der Szene immer jünger wird, schickt sich an zu gehen, obwohl der Regen, der ihn durchnäßt hat, noch unvermindert anhält; da tritt die erst fünfzehnjährige Tochter Anna der uralten Emmerenz ein (‚hübsches Bauernmädchen'), vom Aufbruch ist keine Rede mehr, die nassen Kleider werden ungeniert abgelegt, nachdem Maximilian sich vorsorglich zum Bruder Annas erklärt und festgestellt hat, er habe sich in der Blumenwelt der Berge wohl zu wenig umgesehen: (Schönes Kind, wie heißt du denn? – Anna!). Emmerenz hat mit großen Herren offenbar schlechte Erfahrungen gemacht, drängt, da sie Fellkleidung herangeschafft hat, zum Aufbruch, aber Maximilian läßt Anna nicht aus den Augen: ‚Wenn ihr mich unter eurem Dach noch leiden mögt, soll der besternte Kanzler mittlerweile doch das Reich regieren. Meinst du nicht? Emmerenz (gutmütig, schalkhaft:) ‚Du Morchel du'!

Anna darf den Pseudobruder duzen und entkleiden, Vögel singen im Vorgarten, Anna ergreift die Hand der Mutter und bekennt, sie möchte daß ‚der Gast nie wieder von uns geht".

In der nun folgenden, sich schnell steigernden Liebesszene trägt der Kaiser die nach den häuslichen Ziegen stinkende Lederkleidung des verstorbenen Hüttenwirtes, das Mädchen sinkt ihm an die Brust, und er bekennt: „Dies tat ein Gott, der mächtiger ist als du und ich". Dieser Ausspruch und das Bekenntnis, er wolle für eine Locke ihres Haares alles hingeben, dies alles stimmt wörtlich überein mit Gerhart Hauptmanns Tagebucheintragungen nach seiner ersten Begegnung mit Ida Orloff auf einer Theaterprobe (*Ecce deus fortior me* steht dort noch lateinisch, weil er zaudert, sich die neue Leidenschaft einzugestehen, die zu der folgenreichsten Liaison seines Lebens werden wird). Auch in dem Schlüsselstück *Kaiser Karls Geisel* sieht der Dichter sich wieder als Kaiser: die Hauptrolle der lasziven heidnischen Geisel Gersuind wurde in der Premiere von Ida Orloff gespielt.

Maximilian, für die Deutschen der große Kaiser einer Wende, stets kriegerisch umleuchtet und allenfalls als Jäger vermenschlicht, öffnet sich dem Tiefenblick eines großen Dichters doch als Verwandter: „Ich bin ein Tor, ein Kaiser! Der nichts weiter will/als Krone, Thron und Szepter, Scharlach, Hermelin/für eine Locke hinzugeben deines Haars/für ein Berühren deines frischen Knospenmunds/ so leise wie der Flügel eines Schmetterlings".

Nicht nur in diesem Fall ist der junge Maximilian, also der Kaiser, vor der Demontage durch seine venezianischen und anderen Kriegs-Abenteuer, für geschichtskundige Autoren interessanter als die verworrene Situation nach der Wende ins 16. Jahrhundert. Gustav Freytag, Lieblingsautor des deutschen Bildungsbürgers und strammer Antisemit, erwärmt sich nicht für den Judenkaiser Friedrich III., sondern widmet dem jungen Maximilian 1843 ein Lustspiel (*Die Brautfahrt oder Kunz von der Rosen*).

Rosen, oft als Maximilians ‚lustiger Rat', also als ein besserer Hofnarr bezeichnet, stammte vermutlich aus dem flandrischen Geschlecht, das in Leeuw-Saint Pierre begütert war. Die weit verbreitete schwedisch-baltisch-russische Sippe gleichen Namens tritt erst später in Erscheinung, dann aber beinahe an allen Höfen und in allen Armeen des alten Europa. Kunz machte sich über die genealogischen Spekulationen lustig, die Maximilian von seinem Vater übernommen hatte („Dem Kaiser war jede Stammtafel recht, die seinem Hause berühmte Ahnen und neue Erbansprüche bescherte", Wiesflecker). Kunz versuchte dem Kaiser klar zu machen, daß in einem Stammbaum, so er nur weit genug zurückreiche, sich zwangsläufig auch Bettler und Dirnen finden müßten. Tatsächlich publizierten in den Jahren nach 1933, als die Ahnenforschung eine neue Blüte erlebte, nicht wenige Heimatzeitungen solche bis auf Karl den Großen zurückgehende Linien, wobei die Verbindungsglieder der interessanteste Beitrag waren, weil manches aktuelle und in verschiedenen Zweigen blühende Geschlecht wie etwa die Herren von Watzdorf oder von Glogau damit den Nachweis ihrer Abstammung von den Karolingern erhielten.

Dem vergessenen Stück von Gustav Freytag wird technische Unfertigkeit bescheinigt, ebenso aber frischer Humor. Die Tatsache, daß die Bürger von Brügge einen Kaiser eines Weltreiches zumindest für einige Wochen gefangenhalten konnten, ehe Vater Friedrich seine Truppen heranführt, inspirierte weiters nicht hervorgetretene

Randfiguren der dramatischen Szene wie A. Pannasch und A. von Tromlitz, die nicht einmal der geduldig-tolerante Brümmer verzeichnet, zu dramatischen Versuchen. F.W. Beielstein kennt Maximilians *Letzten Traum*. Den lesbarsten Maximilianroman schrieb schließlich 1955 die viel erfahrene Ann-Tizia Leitich (1891-1976), obwohl ihr Hauptthema die Stadt Wien war, die dieser Kaiser nicht sonderlich liebte.

Zu dem Anspruch, Maximilians letzten Traum zu kennen – einen Traum, der wenn er wirklich der letzte war, womöglich noch andauert – gesellt ein Autor namens Breitner den angeblichen Kaisertraum von der Weltmonarchie, eine Duplizität, die auffällig ist. Während andere Monarchen der Zeit erbittert und schonungslos mit der Wirklichkeit ihrer Zeit rangen wie Karl der Kühne oder Ludwig XI. wird Maximilian mit Träumen, Ideen und Wunschvorstellungen verbunden wie kein anderer Herrscher.

Die verschiedenen Ansätze der Überhöhung Maximilians blieben literarisch nicht sonderlich überzeugend, beinahe möchte man meinen, daß der erste Landsknecht, wie eine damenhafte Erzählerin ihn nennt, nicht weniger für sich hat als der erfolgreiche Romanzenzyklus des Anastasius Grün (1806–76), Pseudonym eines Grafen Auersperg, der schwache und gute, vor allem aber sehr viele Werke von sich gab und es erleben durfte, daß seine Romanzen acht Auflagen erlebten, woraus man schließen darf, daß die Österreicher sich einen letzten Ritter besser gefallen ließen denn einen ersten Landsknecht. Den zweihundertsten Geburtstag des Anastasius Grün, in ein Mozart-Gedenkjahr fallend, ließ seine Heimat jedenfalls unbeachtet vonstatten gehen.

Ähnlich ist es, und damit kommen wir zum Schluß eines langen literarischen Kapitels, dem Ambraser Heldenbuch ergangen, zu dem der Kaiser nicht viel mehr tun mußte als einem Bozener Schreiber und Literaten namens Hans Ried den Auftrag zu geben, an alten Heldenbüchern zu sammeln, was sich noch auf Schlössern, in Klosterbibliotheken und an anderen Orten an Pergamenten auftreiben lasse. Der Gedanke war nicht einmal neu, denn Herzog Balthasar von Mecklenburg (1451–1507), ein Zeitgenosse also eher Friedrichs III. als Maximilians, hatte kaum zwanzigjährig schon Befehl gegeben, alte Heldenbücher für ihn zu sammeln und zu sichern, was in Dresden geschah, nicht im kargen Mecklenburg, und einem Kaspar von der Rhön nebst einem unbekannten Helfer zugeschrieben wird. Die Deutschen aber waren ungeduldig; sie hatten zwar ausgezeichnete Vorlagen mitteldeutscher Klosterbibliotheken, kürzten aber in den Abschriften und verfuhren jedenfalls nicht so ehrfürchtig, wie es dieses alte Schriftgut verdient hätte. Darum kam der geduldigen und umsichtigen Bozener Arbeit das Verdienst zu, getreu den großen kulturellen Traditionen dieses Landes zwischen Etsch und Inn Wertvolles gesichert zu haben. Ein seither verschollenes *Heldenbuch von der Etsch* war wohl vorhanden gewesen und Professor Anselm Salzer vermutet in seiner Getreulichkeit, daß wir seine Erhaltung den in den südtiroler Bergen verbliebenen Resten des Gotenvolkes zu verdanken haben.

Ginge es wirklich danach, dann wären die Krimgoten als die letzten Überbleibsel eines großen Volkes die wichtigsten aller Bewahrer. Kleine Sprachinseln rätoromanischer und altgermanischer Splittergruppen haben sich in verschwiegenen Tälern der West- und Ostalpen tatsächlich erhalten und ihre Sprache bis zur Wiederbelebung in unseren Tagen standhaft bewahrt, aber im hohen Mittelalter war das Interesse an altdeutschen Dichtungen schon nicht mehr vereinzelt, und Maximilian hatte, auch wenn er sich nur bei Standesgenossen umsah, einschlägige Vorbilder genug.

Herzog Ludwig von Brieg hatte schon 1453 die Hedwigs-Legende aufschreiben lassen und wird uns als Besitzer zahlreicher Bücher gerühmt. Graf Eberhard im Bart, im Juli 1495 von Maximilian zum ersten Herzog Württembergs erhoben, sammelte nicht nur Handschriften und Bücher und lernte noch im Alter Latein; er beschäftigte auch Übersetzer, um sich in fremden Literaturen zu orientieren. Die Pfalzgrafen bei Rhein unterhielten eine große Schloßbibliothek, und die Erhaltung der Heidelberger Handschriften (Große Liederhandschrift bekannt als *Codex Manesse* nach einem Züricher Sammler) verdankt die Wissenschaft dem 1436 gestorbenen Ludwig III. und seiner Tochter Mechthild, die in ihrem Witwensitz in Rottenburg am Neckar an die hundert mittelalterliche Dichtwerke zusammengetragen hatte.

Wattenbach vermutet in seinem Standardwerk über das Schriftwesen im Mittelalter, daß die Winterabende auf einsamen Schlössern doch recht eintönig verliefen und führt als Beispiel einen sonst nicht sonderlich berühmten Ulrich von Rappoltstein an, der fünf Jahre lang zwei Schreiber damit beschäftigte, für ihn speziell eine Abschrift des *Parzival* herzustellen, des 15.000 Zeilen umfassenden großen Gedichtes, das Wolfram von Eschenbach zwischen 1200 und 1210 verfaßt hatte. In der Donaueschinger Bibliothek haben sich sogar die Korrekturstreifen erhalten, die uns zeigen, mit welcher Akribie der Rappelkopf von Rappoltstein die Arbeit überwachte.

Der Mann, dem Maximilian I. die verantwortungsvolle und schwierige Arbeit anvertraute, war bezeichnenderweise kein Gelehrter. Vielleicht fürchtete der Kaiser eigenmächtige Eingriffe und Umdichtungen, wie sie in seinem hochbegabten Stab ja nicht selten vollbracht wurden, und entschied sich für den Bozener Hans Ried, als Kanzleibeamter wohl einigermaßen mit Schreibkünsten vertraut, als Zolleinnehmer auch gut plaziert, denn der Brennerweg war die Kulturstraße des alten Europa *par excellence*. Ried starb noch vor seinem Kaiser im Frühjahr 1516. Seine Vorlage waren Bruchstücke jenes Heldenbuches von der Etsch, die oft ins dreizehnte, von der neueren Forschung aber ins vierzehnte Jahrhundert datiert werden, das gilt insbesondere für das kostbarste Stück der Sammlung, für das sonst nirgends (!) überlieferte Gudrun- oder Kudrunlied, um 1240 auf bayrisch-österreichischem Gebiet entstanden und in dem Heldenbuch von der Etsch in einer guten Niederschrift enthalten, die kaum älter als um 1320 ist. Insgesamt arbeitete Hans Ried von 1504 bis 1515 an den Abschriften auf feinstem Pergament, obwohl sich das Papier – begünstigt durch den Buchdruck – seit 1450 schnell durchgesetzt hatte.

Für verbreitete Heldenepen wie das Nibelungenlied bestand die Gefahr des Verlustes nicht; hier bieten verschiedene Fassungen und Niederschriften bis heute die Möglichkeit der wechselseitigen Erhellung der Textfassungen; das *Kudrunlied* hingegen war wenig verbreitet. Hatte es eine alte Niederschrift gegeben, so war diese dem christlichen Eifer Ludwigs des Frommen zum Opfer gefallen. Bis auf den Hauptteil, für den Hans Ried die 1502 bezeugte Sammlung von der Etsch als Vorlage besaß, war alles andere aus verstreuten Textsammlungen und Abschriften zusammengesucht, wie man vermuten darf auch auf den umliegenden Schlössern, in Südtirol Ansitz genannt, wo die literarische Kultur schon seit Walther von der Vogelweide viele lebhafte Zentren hatte. Norberg H. Ott, der den Ambras-Artikel in Walther Killys Literaturlexikon geschrieben hat, betont als kaiserliche Absicht den Verzicht auf jegliche Bearbeitung und auf zeitgenössische Versionen der alten Stoffe. Eine Bevorzugung des Sagenkreises um Dietrich von Bern (= Verona) erklärt Ott aus genealogischen Interessen des Kaisers, der ja auch mit einer Ahnenverbindung zu dem legendären König Artus liebäugelt. „Der Rückgriff auf literarisch geformte Geschichte wird zum Mittel der Selbstrepräsentation und -vergewisserung, dient als Möglichkeit der Sicherung des eigenen ‚gedächtnus' aber auch zur Begründung eigener Herrschaft" (Ott a.a.O.).

Die in ihrer Art unersetzliche Handschrift wurde bis 1806 auf Schloß Ambras bei Innsbruck verwahrt; die Annalen des Schlosses geben immer wieder Nachricht von dem ‚Puech', auch über die Entstehung liegen verschiedene Zwischenberichte vor. So erfahren wir zum Beispiel, daß Hans Ried von 1508 an von allen anderen Aufgaben freigestellt worden war und sich nur noch der großen Aufgabe widmen sollte, bis das Ganze, auf 234 Pergamentblättern dreispaltig geschrieben, vollendet war. Die 25 verschiedenen Texte wurden in ihrem Wert nicht sogleich erkannt, noch hatte man ja auch keinen Überblick, wieviel davon schon bekannt oder in anderen Versionen in Kloster- und Stadtbibliotheken vorhanden war. So erfolgte – um nur ein Beispiel zu nennen – der erste folgenreiche Hinweis auf das Unikat des *Gudrun-Epos* erst 1817, als das Heldenbuch nach Wien gelangt war, durch den nun zuständigen Kustos Anton Primisser, der sich in gewissem Sinn einem Wunder gegenübersah: Ein altgermanisches Dichtwerk, dreihundert Jahre nach seiner Entstehung niederschrieben, gerettet durch einen Unbekannten und ein zweites Mal gerettet durch einen Kaiser!

DER LETZTE RITT

Der großen, von Ahnungen geprägten Bemühung Maximilians um das eigene Bild in der Geschichte steht die unbarmherzige Wirklichkeit nicht zur Seite. Das einzige Mittel, sich dem großen Reich verständlich zu machen, ja eigentlich in Erinnerung zu bringen, waren die Reichstage, aber schon jener von Worms in der ersten Jahreshälfte 1513 war so dürftig besucht gewesen, daß dies einer Kränkung gleichkam, lag die Stadt Worms doch an einer großen Wasserstraße des Reiches und war leichter zu erreichen als die ostmitteldeutschen Zentren. In Uriel von Gemmingen hatte dieser Reichstag einen hohen Gast aus dem nahen Mainz, ein Erzbistum, das eben damals durch einen großen Silberschatz von sich reden machte. Aber die Gemmingen waren schon damals eine vielfach gespaltene und verbreitete Sippe, unter anderem mit den Fugger verschwägert, warum also sollte ein Gemmingen einem Habsburger zuhören – er reiste ab, und Worms wurde ein Mißerfolg wie die Versuche der nächsten Jahre.

Es bedurfte reichserschütternder Unruhen, um das Bewußtsein zu wecken, eine aktive Zentralgewalt sei vonnöten, und läge sie auch in den Händen des alten Kaisers. Abermals war Mainz ein Angelpunkt, das Mogontiacum der Römer, das sich seine Arroganz bewahrt hatte, dazu kam, daß die Nachbarstadt am Rhein, das alte Worms, eine zähe Fehde mit dem Söldnerführer Franz von Sickingen ausfocht, der sich bester Beziehungen zu Frankreichs König Franz I. erfreute und es in den letzten beiden Lebensjahren des Kaisers gegen Metz, Darmstadt und Stuttgart nicht minder gewalttätig treiben wird als gegen Worms.

Ulrich, von Maximilian zum Herzog erhobener Herrscher Württembergs, tötete am 7. Mai 1515 auf einer seiner häufigen Hofjagden seinen obersten Stallmeister Hans von Hutten, weil er trotz seiner zahlreichen Liebschaften die Ehefrau Huttens nicht entbehren zu können glaubte.

Die betrogene Herzogin floh zurück ins Elternhaus der Bayernherzöge, Ulrich wurde 1516 geächtet und im Juli 1518 ein zweites Mal: Das heißt, die Untat des achtundzwanzigjährigen Fürsten beschäftigte Maximilian bis wenige Monate vor seinem Tod und brachte dem Württemberger Landverlust, Verfolgung, Exil und kriegerische Rückkehr erst im Jahr 1550 – Folgen einer verbrecherischen Liebschaft mitten in Deutschland, unter den Augen des Kaisers.

Die politische Folge einer einzigen unbeherrschten Tat war, daß Maximilian sich mit dem Herrn der einzigen existenten schlagkräftigen Truppe einigen mußte, mit Franz von Sickingen. Der deutsche Condottiere versprach Schonung von Worms, stellte Hilfe gegen Ulrich von Württemberg und wurde, wie die Historie zeigt, die entscheidende deutsche Feldherrnpersönlichkeit bis zu seinem Tod wenige Jahre vor Pavia und vor dem *Sacco di Roma*; sein treuester Freund wurde Ulrich von Hutten, der ihn für die lutherische Lehre gewann.

Es gab für Maximilians letzte Jahre ein großes Ziel und eine Aufgabe, die man auch als eine Verpflichtung verstehen konnte. Das Ziel war – ernsthafter als die vage Idee, selbst Papst zu werden – die Erhebung der österreichischen Erblande der Habsburger zu einem eigenen Königreich gleich den Nachbarn, dem Königreich Böhmen und den Königreich Ungarn. Und die Verpflichtung, die war mit dem hochbegabten Enkel Karl gegeben, er sollte noch zu Lebzeiten seines kaiserlichen Großvaters zum deutschen König gekrönt werden. Wir wissen, daß beide Ziele nicht erreicht wurden, so sehr sich auch Maximilian selbst und seine klügsten Helfer in dieser Richtung bemühten.

In der großen Dokumentation, die wir Inge Wiesflecker-Friedhuber verdanken, ist der aus dem Jahr 1516 stammende Urkundenentwurf enthalten, den kein Geringerer als Dr. Konrad Peutinger entworfen und der „geheiligten kaiserlichen Majestät zur Begutachtung und Korrektur" vor-

300

gelegt hat; zu einer rechtswirksamen Ausfertigung ist es jedoch nie gekommen. „Unser berühmtes Erzhaus Österreich mit seinen Ländern, Herzogtümern, Fürstentümern, Markgrafschaften, Pfalzgrafschaften, Grafschaften, Herrschaften, Landgerichten und Ämtern ist überreich an allen Früchten, von denen Menschen zu leben pflegen, überreich an Gold, Silber und Metallen aller Art, an herrlichen Landschaften, überaus starken Festungen, an reichen Städten, Städtchen, Burgen, Schlössern und Dörfern, und was das Wichtigste ist, es besitzt eine sehr große Zahl von Stämmen und Völkern, (so)daß es nicht mit Unrecht (ohne allen Neid) mit jedem anderen Königreich verglichen werden kann". Peutinger erklärt dann, daß es unverständlich und undankbar wäre, würde dieses einzigartige Konglomerat wertvollster Gebiete nicht ,mit königlicher Würde, Vorrang und Titel' beschenkt. Er hat auch schon Vorschläge für den König, ohne den ein Königreich nun einmal nicht denkbar ist. Da Don Karolus an Spanien vergeben ist soll Don Ferdinandus, Erzherzog von Österreich, Herzog von Burgund und Brabant, als Ferdinand I. König jenes Österreich werden. Schließlich wird eine hohe Geldstrafe jenen angedroht, die diese Urkunde in Zweifel ziehen sollten.

Es überrascht, daß der dank Maximilians Geduld im Sommer 1518 doch noch zustande gekommene Augsburger Reichstag wenn schon nicht für die in gewissem Sinn abstrakte Erhebung Österreichs, so doch für die künftige Königswürde Karls genutzt wurde. Es gab eine ordentliche Abfolge der Themen, die zum Teil vom Vorjahr her anstanden wie die hochaktuell gewordene Problematik des Landfriedens und damit verbunden die Funktionen und Möglichkeiten des Reichskammergerichts. Keine Chance hatte die Idee eines Kreuzzugs, eigentlich vor allem, weil es ganz einfach zu spät geworden war für so naive Wanderungen durch die Länder, und weil man vom Kriegführen, von Belagerungen und amphibischen Operationen inzwischen genug wußte, um sich klar zu machen, daß die von einem Erfolg zum anderen eilenden Türken im Nahen Osten nicht geschlagen werden konnten.

Immerhin hatte der Kaiser auf dem Reichstag verschiedene Begegnungen mit Thomas de Vio aus Gaëta, bekannter unter dem Namen Cajetan. Der eben zum Kardinal erhobene bedeutende dominikanische Theologe ging in die Geschichte der deutschen Reformation durch die Gespräche ein, in denen er versuchte, Doktor Martin Luther von seinen Reformen abzubringen. Maximilian, der sich bis dahin dem Gedankengut des Reformators kaum hatte widmen können, empfing so kurz vor seinem Tod noch eine Vorstellung von der großen Glaubensspaltung, die sein Reich in den nächsten Jahren mehr beschäftigen würde als alle Kriege vorher. Es hatte allerdings mit Luther selbst wenig zu tun, daß dieser letzte große Reichstag Maximilians in den Höhepunkt der Regierungszeit Leo X. fiel, des Papstes aus dem kunstsinnigen und großzügigen Haus Medici, dessen Amts- und Lebensführung sich aus deutschen Landen gesehen reichlich sündhaft ausnahm – obwohl Leo, persönlich hochbegabt, nichts anderes tat, als was er in Florenz, der Residenz seiner Familie, auch getan hätte. Leo hatte eine kostspielige Instandsetzung der Peterskirche zu bewältigen, die er mit einigem Recht als Hauptkirche der Christenheit bezeichnete und darum nicht allein aus päpstlichen Kassen retten wollte. Darum hatte er 1517 den Ablaßprediger Johannes Tetzel (1465–1519) auf fromme Betteleien durch Europa geschickt.

Trotz allem: ein wenig zu feiern hatten die Deutschen auch, und dies ließ sich seit jeher in Augsburg besonders gut inszenieren. Maximilian ließ noch einmal Turniere und Wettschießen anberaumen, neben den ohnedies unvermeidlichen Gastmählern, zumal da es eine bayrische Hochzeit zu feiern galt: Die erst sechzehnjährige Prinzessin Susanne, Tochter Herzogs Albrechts IV. von Bayern, wurde Kasimir zu Kulmbach angetraut, einem Markgrafen von Brandenburg, der zwar nie zur Herrschaft gelangte, aber in den neun Jahren der durch seinen frühen Tod beendeten Ehe viel für den Fortbestand des Hauses Brandenburg tat: Neben drei Töchtern setzten die beiden den später als Albrecht Alkibiades zu einigem Ruhm gelangten begabtesten Abenteurer aus diesem Haus in die Welt, einen Malatesta auf deutschem Boden, als die Zeit der Condottieri längst vorbei war.

Maximilians Enttäuschungen kamen aus dem engsten familiären Bereich. Enkel Karl, erstaunlich frühreif, agierte mit größter Selbständigkeit, da ihm das spanische Königtum sicher war, und zeigte keine Eile, König des gärenden Deutschland zu werden, woher ihm nicht nur wegen der huttenschen Händel schaurige Nachrichten in Fülle zukamen. Müde und krank, hätte Großvater Maximilian sich vermutlich gerne ins üppig-friedliche Flandern geflüchtet, wo zärtliche Erinnerungen ihm Jugendkräfte verhießen, aber Karl und seine tüchtige Tante Margarete brachten dem Gedanken, des Kaisers Ausgedinge zu sichern, wenig Sympathie entgegen. Flandern war und blieb mit einer erstaunlichen Beständigkeit eine Art Paradiesgarten für Verfolgte aus allen Himmelsrichtungen. Die von den Sieger-Königen Ferdinand und Isabella schon bald nach dem Ende der Reconquista vertriebenen Juden hatten zwar Nordafrika, Griechenland, Konstantinopel, ja Sarajevo mit Pflanzgemeinden erfüllt, die bald prosperierten, aber die wirtschaftliche und handwerkliche Blüte, die sie in den flandrischen Städten zustandebrachten, ist genau genommen bis heute nicht erloschen, wie etwa das Diamantenviertel von Antwerpen zeigt.

Noch trennten die Habsburgerkaiser dreihundert Jahre von der großen Zeit ihrer Residenz, aber es war doch, als Maximilian enttäuscht in seine Erblande zurückreiste, die Beethovenstadt Baden bei Wien, die ihn aufnahm und wo er sich Frieden gönnte und Erholung fand wie einst die römischen Legionäre. Dieser Kuraufenthalt läßt erkennen, daß es mehr als ein Übel war, das dem alten Kaiser zu schaffen machte. Der in Baden heiß und rein auf die Glieder geklatschte Schwefelschlamm vermochte wohl manches Zipperlein zu heilen, das der ewige Feldherr sich an der feuchten Erde geholt haben mochte. Das geheimste und gefährlichste Übel aber saß tief in seiner innersten Natur: die Lustseuche, *morbus gallus, morbus gallicus* oder kurz ‚die Franzosen' genannt.

Die Forschungsgruppe von Professor Wiesflecker in Graz hat Maximilians Leben gleichsam in Scheiben geschnitten und in Jahresdissertationen ein weitgehend vollständiges Lebensspektrum, ein Bild der tageweisen Abläufe erarbeitet, das uns aber mit der Universitäten gut anstehenden Diskretion doch über die venerischen Beziehungen des Monarchen weitgehend im Unklaren läßt. Immerhin gibt es eine Äußerung des Kaisers über seinen Aufenthalt in der Paß-Stadt Füssen, daß er dort nach einem Glas Wein erstmals jene Finnen, Blasen oder Emphiseme in der Mundschleimhaut verspürt habe, die neben der Alteration der Penishaut selbst als erste Anzeichen einer syphilitischen Infektion gelten. Das sei 1497 gewesen, mehr als zwanzig Jahre vor dem nach Augsburg einsetzenden Kräfteverfall.

1497 war für die Kenntnis dieser Krankheit eine noch sehr frühe Zeit, und man wußte noch nichts über das in Schüben wirkende Dauerdasein des Giftes in allen Körperteilen bis schließlich hinauf ins Gehirn. Man kannte bei Hof den auf peinliche Weise publik gewordenen Infektionsfall des in vielerlei Beziehungen genannten Joseph Grünpeck, den man nicht erst nötigen mußte, sich auf seine Besitzungen zurückzuziehen, aber er nahm eben nur seine eigene Krankheit mit sich. Erst 1530 wird das bahnbrechende Werk über die Syphilis von dem paduanischen Arzt Girolamo Fracastori erscheinen, und abermals Jahre später, 1536, kam die Sarsaparillarinde aus Südamerika nach Europa, ohnedies auffällig schnell: Ein ganzer Kontinent wartete offensichtlich auf ein Heilmittel, das in den spanischen Besitzungen jenseits der Anden angeblich Wunder gewirkt hatte.

Es war das Glück des Kaisers, daß er sich gerne und oft im Freien bewegte, daß er in den Grenzen der Zeit als Sportsmann gelten konnte und daß er – dies war wohl ausschlaggebend – zwar von Ärzten umgeben war, es aber mit der Volksmedizin hielt, die schon sehr viel weiter war in ihren Heilerfolgen als die gelehrten Jünger des Hippokrates. Schon aus Sympathie für den von ihm zum Dichter gekrönten Ulrich von Hutten mochte Maximilian das Buch *Von der wunderbarlichen Artzney des Holzes Guajacum* gelesen haben, das Hutten 1509 veröffentlichte, als er, eben Magister geworden, ernsthafte Selbstversuche unternahm, um sich von der Krankheit zu befreien, die er sich als Studiosus zugezogen hatte. Das eher philosophische denn medizinische, in Straßburg erschienene Buch wußte noch nichts von der seltsamen Duplizität syphilitischer Spätfolgen, von der bizarren, für Zeitgenossen oft genialisch wirkenden sich steigernden Veränderung der Geisteskräfte unter der Einwirkung der durch das Blut überall hin gelangenden Droge. Heute weiß man, daß es etwa Goyas überraschendes Alterswerk und die Gemälde der Casa del Sordo nicht gegeben hätte, ohne seine frühe Infektion durch die Lustseuche; auch eine Deutung des Spätwerkes von Egon Schiele oder Vincent van Gogh ist ohne Berücksichtigung dieser Infiltrationen nicht schlüssig möglich.

Maximilian hat sich, wie nach ihm der bedeutende Habsburger Rudolf II., unter Einwirkungen, die noch niemand zu beurteilen verstand, seine Triumphpforten zeichnen lassen, hat seinem gequälten Feldherrngehirn literarische Aufschwünge abverlangt und sich eine zweite Existenz in erdichteten Figuren erschaffen, die man heute als Fantasy-Lösungen für narrativ unlösbare Vorhaben bezeichnen würde. Es ist charakteristisch für syphilitische Albträume, daß sich Fabelwesen einstellen, und wenn wir auch kaum Anhaltspunkte dafür haben, daß Maximilian dauernd darunter gelitten hat, so findet in seinem letzten Lebensjahrzehnt doch die auffällige Flucht in die Arme seiner späten und persönlich bedeutendsten Gefährtinnen statt. Der Krieger, der Mann der Zeltlager und Belagerungsgräben, sucht im Spätstadium eines gescheiterten kaiserlichen Lebens neben Unbekannten vor allem jene Salzburger Gräfin, die, als Anna von Helfenstein überliefert, dennoch weitgehend im Dunkel geblieben ist. Sie erhielt ganz offensichtlich in den Zeiten innerer Krisen den Vorzug vor Mademoiselle Brimeau de Meghen, die Maximilian nachher zwei Söhne geboren hatte und aus Gent stammte.

Über die vollbürtigen Brüder Georg und Cornelius und ihre vermutlich flämische Mutter ist immerhin soviel bekannt geworden, daß eine Erbkrankheit ausgeschlossen werden kann. Georg von Österreich (dies die ebenso großzügige wie praktische Namensregelung) kam um 1505 in Gent zur Welt und starb am 4. Mai 1557 in Lüttich, hatte also eine für jene Zeiten normale Lebensdauer und einen angesichts der vielfältigen Möglichkeiten, die das Herrscherhaus seinen Bastarden bot, einen relativ bewegten Lebensweg. Man findet ihn in den Niederlanden unter der zärtlichen Obhut seiner Halbschwester, die für den Kaiser getreulich Statthalterpflichten wahrnahm, er ist 1524 als Jurastudent an der Universität von Alcala de Henares nachgewiesen und wird 1526 von Papst Klemens VII. (der selbst ein Bastard, und zwar aus dem Hause Medici war) als Administrator des südtiroler Bistums Brixen eingesetzt.

Maximilian ist nun längst tot, aber sein Gedächtnis schwebt noch über Tirol, und Georg von Österreich beginnt unbescheiden zu werden: Weder der Erzbischofstuhl der ehrwürdigen Stadt Toledo noch der von Burgos sind für ihn erreichbar, und auch die Bemühungen um eine Inthronisation in Salzburg schlagen fehl, ein Scheitern, über das diplomatische Verwendungen hinweghelfen. Georg von Österreich ist offensichtlich in der politischen Szene voll akzeptiert, wird aber im Alter von etwa dreißig Jahren von einer rätselhaften, zumindest den Ärzten jener Zeit mysteriösen Lähmung der Gliedmaßen befallen, die an die zwei Jahre währt. Es ist, nach allem, was man weiß, ein eher rheumatischer Schub als eine der typischen Erbfolgen der Syphilis, obwohl Erweichungen und Entzündungen der Knorpel als Erbfolge der Lustseuche sich ebenfalls als Erklärung für die Lähmungen Georgs von Österreich anbieten. Er hatte seinerseits einen natürlich unehelichen Sohn, der ähnlich wie sein Vater ein Leben zwischen Religion und weltlichen Aufgaben führte und als Kanzler der berühmte Universität Leuven 1619 in Brüssel starb, hundert Jahre nach seinem Großvater, dem Kaiser.

Cornelius von Österreich, zwei Jahre jünger als Georg, offenbart die große Unsicherheit auch bei intimsten Kennern der habsburgischen Familiengeschichte, denn es liegen zwar eindeutige Äußerungen der verschiedenen Korrespondenten darüber vor, daß Georg und Cornelius vollbürtige Brüder seien, also von der gleichen Mutter stammen, nur ist Cornelius in Salzburg zur Welt gekommen und es gibt Vermutungen hinsichtlich einer Salzburger Mutter. Selbst ein so vorsichtig gewichtender und auf der Höhe der Materie urteilender Biograph wie Manfred Hollegger kommt um vage Formulierungen nicht herum, wenn er zum Unterschied von der etablierten Universitätsforschung auf die uneheliche Nachkommenschaft des Kaisers eingeht, sich allerdings der Kommentare und Deutungen enthält:

„Seinen unehelichen Verbindungen, die längste und intensivste hatte er wohl mit Anna von Helfenstein, entstammen zumindest (!) sechs Töchter (Margarethe, Martha, Dorothea, Anna, Elisabeth und Barbara, alle bis auf Margarethe und Martha mit Anna von Helfenstein) und fünf Söhne (Georg, Cornelius, Maximilian Friedrich, Leopold und Christoph Ferdinand, die drei letzteren wieder mit Anna von Helfenstein)". Georg ist im Register von Wiesfleckers großem Maximilianwerk als Erzherzog bezeichnet, wofür sich anderswo keine Anhaltspunkte finden.

Ähnlich geheimnisvoll begegnen uns die Grafen von Helfenstein, weil es nicht nur ein rheinländisches altadeliges Geschlecht dieses Namens gibt, das für die Kinder des Kaisers nicht in Frage kommt, sondern eine mitten im alten Österreich liegende ausgedehnte Burg Helfenstein, fünf Kilometer vom mährischen Leipnik in 406 Metern Höhe gelegen und eine Sehenswürdigkeit, auf die der unschätzbare Baedeker von Österreich-Ungarn in seinem 600-Seiten-Band von 1910 ausdrücklich hinweist. Dennoch kann man mit großer Wahrscheinlichkeit die gebärfreudige Gräfin einem schwäbischen Grafengeschlecht mit dem Stammsitz unweit von Ulm zuordnen, weil jene Grafen im sechzehnten Jahrhundert und während des Kindersegens ein doch recht ungewöhnliches Wappen verliehen wurde, nämlich „auf einem goldenen Dreihügel ein einwärts schreitender silberner Elephant".

Ernst Heinrich Kneschke, dessen Adelslexikon die vorstehende Beschreibung entnommen ist, setzt auch noch einen auf beiden Seiten gezahnten roten Balken hinzu, der eine Beziehung zum Städtchen Gundelfingen herstellen soll. Hingegen ist die Deutung des silbernen, über goldene Hügel schreitenden Elefanten in den Tierfiguren der Ehrenpforte und der Illustrationen vorgegeben, mit denen der Kaiser seine eigenen Werke so reichlich ausstattete: Im traulichen Gehäuse der gebärfreudigen schwäbischen Adeligen trat Seine Majestät in jenen frühen Jahren des sechzehnten Jahrhunderts mit der Wucht eines kostbaren Dickhäuters auf. Die Comtesse Helfenstein kam ja bei dem ihr auferlegten Rhythmus kaum zum Atemholen, und es wäre ein Wunder, daß all diese Jungherren und Damen offensichtlich klaglos aufwuchsen, wüßte man nicht von der Lebenskraft eben jenes Nachwuchses, der ohne Pflicht und aus purer Neigung gezeugt wird. Solchermaßen zugunsten der Habsburger strapaziert, erloschen die legitimen helfensteinischen Linien beinahe gleichzeitig, die zu Möskirchen 1626, jene zu Wiesenstein am 20. September 1627 durch den Tod des Grafen Rudolph, der leider keine Aufzeichnungen hinterließ.

Es ist die große Lücke im persönlichen Bild dieses Monarchen, daß wir ihn auf dem Augsburger Reichstag und vorher, auf einem von Ziffern und Schuldenzahlen durchschwirrten Innsbrucker Landtag, am Ende seiner Tage sehen, aber das Ausmaß seiner inneren Beteiligung, den Charakter seiner persönlichen Reaktion und die allerhöchste Antwort auf den anbrechenden letzten Augenblick nicht heraufrufen können. Es gibt Frauen in diesen schweren letzten Jahren, und es gibt Kinder, die sie ihm geboren haben. Aber fand er bei ihnen auch ein Forum, einen Herd, ein paar friedliche Tage? Schon in Innsbruck könnte man in der Wortwahl moderner Aktionärssitzungen sagen, daß dem Kaiser die Entlastung verweigert wurde. Die Schlachten sind geschlagen, die Schulden sind geblieben. Ehen und Erbgänge haben kein neues Reich geschaffen, sondern Anhängsel, Vorlande, Neuterritorien und Verheißungen, einen bunten Gobelin, dem gegenüber sich die Nationalstaaten England und Frankreich dunkel, glatt und gefestigt wie Stahlplatten ausnehmen.

Sicherlich waren die zwei Doppelhochzeiten Ergebnisse jahrelanger Vorbereitung, sorgfältiger Überlegung, mühsamer Intrige; manche frühen Tode aber waren – obwohl in jenen Zeiten nicht selten – doch Zufälle zur rechten Zeit: Albrecht VI., jüngster Bruder Kaiser Friedrichs III., Rivale und Belagerer Wiens, stirbt, als Maximilian erst vier Jahre alt ist; Ladislaus Postumus, der durchaus nicht unbegabte Erbe der ungarischen und böhmischen Gebiete, stirbt als Jüngling, Matthias Corvinus, bis heute weit unterschätzter Renaissancefürst und kriegstüchtiger Einiger Ostmitteleuropas, stirbt im Bett einer Konkubine so plötzlich wie einst der Hunnenkönig an der Seite der jungen Ildico. Die Todesliste wird noch länger, wenn wir Spanien, Portugal, die Schlachtfelder hinzunehmen.

Es wird durch das Wüten der Blattern im Frankreich des achtzehnten Jahrhunderts der Fall eintreten, daß nicht ein Königssohn und nicht ein Königsenkel den Thron erbt, sondern daß Ludwigs XIV., des Sonnenkönigs, Urenkel Europas glanzvollsten Thron besteigen wird. Im Fall Maximilians haben die frühen Tode für den Sprung zu den Enkeln gesorgt. Maximilian stößt sich an der kalten Jungherrenvernunft Karls, der auch für den jüngeren Ferdinand schon einen Platz hat, nur für den irrenden Ritter nicht mehr, dem in Innsbruck und in Augsburg wenig Trost zuteil wird, kaum ein Minimum an Achtung, nicht das, was ein Großer in der Abendneige dieser Größe wirklich brauchen würde.

„Im Juni 1518 entstand eine furchterregende Sonnenfinsternis" schreibt Johannes Cuspinianus in seiner Lebensbeschreibung Maximilians, „die den Sternenstand für Maximilian stark verfinsterte und ihm Lebensgefahr und Tod brachte. Als diese Himmelserscheinung nun zu Wien an dem Himmel erschien, ist zu derselben Stund eyn groß Feuer zu Wien auffgangen, und ist die allerlustigste Straß der Stadt, die man nennet die Sengergaß (heute Singerstraße, führt zum Stephansplatz), der größte Theyl verbrunnen. Maximilianus, der zu der selben Zeyt mit den Seinen zu Innsbruck sich (auf)hielte, ist auß Zorn bewegt in ein verborgen Fieber gefallen. Dieß Fieber hat seines Gemüts Angst und Sorg gemehret, also daß er (als er) göhn (gegen, nach) Wels in Oberösterreich kommen ist, er offenbarlich anfing, kranck zu sein. Hat deßhalben von allerley Klöstern geystliche Menner zu sich beruffen und fieng an, nach seyner Seelen Heyl gantz sorgfältig zu trachten, schlug von sich alle zeytlichen (d.h. weltlichen) Gescheft und hat denen seine Sünd(en) gebeichtet".

Diese und die folgenden Zeilen stammen aus dem *Kayserbuch*, der Lebensbeschreibung, die Johannes Cuspinianus seinem verehrten Kaiser Maximilian gewidmet hat. Cuspinian (1473–1529), „in Haltung und Ausdruck eine monumentale Erscheinung, eine im Sinn der Renaissance universale Persönlichkeit" (Rommel), kennen wir schon als Gelehrten. Er war selbst Arzt, vermag aber natürlich den Wissensgrenzen seiner Zeit nicht zu entrinnen. Das Unheil, das sich über dem alten Kaiser zusammenbraut, hat, wie die Konsiliarärzte annehmen, seinen Ursprung nicht in einer weit zurückliegenden venerischen Infektion, sondern in einer Sonnenfinsternis, die ihr Dunkel über das allerhöchste Horoskop legt und den Düsternissen die Herrschaft gibt. Die erste gedruckte Ausgabe des *Kayserbuches* veranstaltete der Straßburger Verleger Gerbel im lateinischen Original, die erste Übersetzung ins Deutsche erfolgte unmittelbar darauf durch Caspar Hedian.

Der heutige Leser wird den von tiefster Anteilnahme geprägten Bericht Cuspinians in der sorgfältigen, alle Schwierigkeiten erläuternden Übertragung von Inge Wiesflecker-Friedhuber (Quellen, pp. 295 ff) mühelos und dankbar für die Aufbereitung aufnehmen. Angerührt vom schweren Lebensende eines Monarchen, mit dem ich mich so lange beschäftigt habe, vermag ich mich von dem todkrank durch seine Länder reisenden Maximilian nicht in die sprachliche Gegenwart zu entfernen und zitiere die dem Geschehen und den Zeiten beinahe halluzinatorisch nahe Übersetzung des Caspar Hedio, nicht zuletzt, um auch seiner zu gedenken:

„So seer aber ist ihm seiner Seelen Seligkeit angelegen, daß, sobald er seines Leibes Blödikeyt (Hinfälligkeit) befunden … er gön Friburg nach einem seer gelehrten und geystlichen, der genannt war Georgius Reischius … gesandt. Als nun dieser kommen und Maximilianus zu Bett liegend gesehen hat, ist er (der Kaiser) frölich worden und hat das Haupt ein wenig aufgehoben und gesagt: Dieser Mann wird mir den Weg in den Hymmel zeigen".

Der Kartäuser Gregor (nicht Georg) Reisch (um 1468–1525) aus dem württembergischen Balingen war einer jener universal gebildeten Theologen wie Trithemius oder Geiler von Kaysersberg, deren Umgang und Gespräche der Kaiser zunächst der Erdkunde wegen geschätzt hatte. Nach der Darstellung Cuspinians hatte Maximilian die Sterbesakramente vorsorglich schon aus den Händen der herbeigerufenen Klosterbrüder empfangen, dennoch gilt Reisch als der Mann, der sie ihm – vielleicht ein zweitesmal – reichte. Maximilian kannte und schätzte wie viele Zeitgenossen die *Margarita Philosophica*, eine Enzyklopädie, die Reisch entweder in Heidelberg oder wenige Jahre später in Freiburg hatte drucken lassen, ein Werk, das Jahrhunderte später noch Alexander von Humboldt mit hohem Lob bedachte. Reisch starb am 9. Mai 1525 in Freiburg, mitten im Bauernkrieg, nach einem Schlaganfall.

Reisch las Maximilian, den er offensichtlich nach einer sehr schnellen Reise in Oberösterreich in erträglicher Verfassung antraf, in den Nächten Historien vor; der Kaiser schlief schlecht und wollte vor allem von den Geschehnissen im Erzhaus hören und was seine Vorfahren Gutes gewirkt hätten. Aus Wien waren inzwischen ‚zween fürtreffliche Arzet (Ärzte) am Krankenlager eingetroffen, Wilhelm Pülinger und Georg von Tanstetten, der auch in der Mathematik hoch erfahren war, die ließ er zu sich rufen, gleichsam (als ob) sie von wegen der Universität etwas bei ihm zu schaffen hätten, nicht daß sie ihm Artzney thun sollten. Also hat er sein Kranckheyt verhalten (verborgen).“

Der Passus ist aufschlußreich. Während die Beinamputation Friedrichs III. unverblümt in die Medizin – und in die Habsburgergeschichte einging, macht Maximilian aus Krankheit und Tod ein Geheimnis, und das aus gutem Grund. Damit bei der Leichenschau oder schon vorher bei der letzten Waschung nicht offenbar werde, welche Verheerungen die Luës in seinem Unterleib angerichtet hat, erfolgen minutiöse Bestimmungen. So „hat er mit seinem

Beichtvater, dem Carthusianer von Friburg (Reisch), allerley Red gehabt, welche viel dafür halten, daß sie abergläu-
bisch seyen. Daß es aber die Meinung nicht habe (d.h. daß
es nicht so war), das weiß am allerbesten dieser Carthuser
Vatter (Pater), dem er die Dinge (an)vertrauet hatt, der
Maximiliani Heymligkeyt (das Lebensgeheimnis des Kaisers) wol gewußt hatt. Dann er befolhen hat, man sollte
ihm eilends ein Niderkleid anlegen, damit nach seinem
Tod sein Gemächt und Scham niemand sehe".

Obwohl noch 1870 bei Ferdinand von Freiligrath in
einem politischen Gedicht belegt, ist das *Niderkleid* heute
ein höchst rätselhaftes Wort. Frau Dr. Wiesflecker-Friedhuber hat es darum auch nicht verwendet, obwohl sie He-
dios Übersetzung natürlich kennt, und schreibt für Cuspinians *subligaculum* Lendenschurz, ein Kleidungsstück der
Wilden, das Europa nach 1920 vor allem mit Tarzan und
Jane in Verbindung bringen wird. Da mir die Vorstellung
widerstrebt, einen römisch-deutschen Kaiser, und sei er es
auch nur *per acclamationem*, im Lendenschurz gen Himmel fahren zu sehen, ließ ich mich vom Grimmschen Wörterbuch beraten, und da steht eine ganze Menge über das
Niderkleid „zu bedecken das Fleisch von den Lenden bis
an die Hüften" (Bd. XIII, Spalte 766).

Hat Maximilian in diesen schwersten Stunden seinen
Vater beneidet, der Monate nach der glücklich überstan-
denen Amputation des hochbrandig gewordenen Beines
angeblich an Melonen verstarb, plötzlich und ehrsam?
Beneidete er in diesen Augenblicken den großen Bur-
gunderkönig Karl den Kühnen um sein Sterben auf dem
Schlachtfeld? Nur Reisch wußte etwas davon, der Maximilian schließlich als einziger auf den Tod vorbereitete, so
wie ein anderer großer Sünder der Zeit, König Ludwig XI.
von Frankreich, Franz von Paula angefleht hatte, ihn vor
den Höllenhunden zu retten.

Da vor allem Georg von Tanstetten viel Zeit darauf
verwendet hatte, die Bedeutung der Sonnenfinsternis für

Krankheit und Tod des Kaisers herauszufinden und einen großen Ruf als Astrologe genoß, war der Tod Maximilians in der kleinen Gruppe zugelassener Ärzte beschlossene Sache. Insbesondere Tanstetten (auch die Namensform Tannstetter ist überliefert), aus Rain am Lech stammend und noch keine vierzig Jahre alt, galt als Autorität hinsichtlich der siderischen Bedingtheiten von Heilungsvorgängen, und da den Ärzten jener Zeit als Heilmethoden vor allem der Aderlaß und das Purgieren zur Verfügung standen, wurde Seine Majestät gnadenlos zu Tode purgiert, mit schaurigen Details, die in jenem Jahrhundert gleichwohl glaubhaft erscheinen und nicht diskutiert wurden, denn Tannstetten blieb berühmt, ja wurde immer berühmter. Im Pestjahr 1521 behandelte er die Königin Anna von Böhmen und Ungarn, die Gemahlin Kaiser Ferdinands I., wenige Jahre später die verwitwete Königin Maria von Ungarn, ab 1528 war er Leibarzt Kaiser Ferdinands, was ihm dann allerdings die ziemlich deutliche Kritik des großen Paracelsus einbrachte. 1516 kaufte Tannstetten in der Singerstraße, wie wir gesehen haben der „lustigsten Straße von Wien", ein Haus und begründete dort einen Humanistenclub, in dem vielleicht auch des schweren Sterbens von Maximilian I. gedacht wurde. Zu retten war seine von jahrelangen syphilitischen Säften vergiftete Majestät aber wohl nicht.

Dennoch haben just in diesem Jahrhundert eines großen Aufbruchs des Geistes und der Künste diese frühen Tode rund um Maximilian und sein eigenes gar nicht so frühes, aber scheinbar unabwendbares Sterben doch etwas Unversöhnliches, nicht Hinnehmbares. Wenn der beste Kenner der medizinischen Verhältnisse, unter denen der Kaiser lebte, wenn Otto Kostenzer in einem Aufsatz von 1969 *expressis verbis* sagt „Tannstetter hatte das Todesdatum des Kaisers auf den Tag genau astrologisch errechnet und seinen Freunden mitgeteilt", so ist dieser Satz in der Zeitgenossenschaft eines Nostradamus nicht absurd und nicht blasphemisch, hatte der Seher von Salon en Provence doch

König Heinrich II. von Frankreich alle Umstände seines Todes nach einem Turnier in allen Einzelheiten bekanntgemacht, nur daß Heinrich sich eben nicht daran hielt. Von Agrippa, dem Connetable von Bourbon, Franz I. und anderen Zeitgenossen, auch von Trithemius, den Maximilian selbst oft konsultierte, sind ebenso überzeugende Geschichten im Umlauf, und sie werden gerade das Haus Habsburg bis zur Tragödie von Mayerling durch die Jahrhunderte begleiten.

Maximilian hatte seit dem Jahr 1514 auf allen seinen Reisen einen für ihn gefertigten Sarg mitführen lassen. Er hatte insgesamt an die zwei Dutzend Leibärzte, Italiener, Schweizer, Portugiesen, Wiener, Tiroler und Herren ohne Doktorgrad, aber mit guten Kenntnissen der Arzneien selbst; sie saßen in allen Städten des großen Reiches gleichsam auf Abruf, welche Bereitschaft ihnen durch ein kleines Salär abgegolten wurde. Vor allem aber interessierte sich Maximilian selbst, seine fatalen Krankheiten nicht nur erahnend, sondern erleidend, mehr als viele andere Monarchen für die Medizin, zu deren Bedeutung er sich unter anderem im *Weißkunig* bekennt. 1517, ein Jahr vor seinem Tod, traf er die für jene Zeit radikale Maßnahme, daß der Ordination, der Niederlassung eines Arztes, die Genehmigung durch die Universität vorangehen müsse und daß die medizinische Fakultät das Recht habe, Apotheker und Wundärzte, das heißt also Feldscher und Bader, jederzeit obrigkeitlich zu kontrollieren. Das ist eine jener Zeit so sehr vorauseilende Steuerung der gängigen Praxis, daß sie sich offensichtlich nicht schnell durchsetzen ließ, denken wir nur an die Reisetätigkeit verschiedener Ärzte, die keineswegs diplomiert waren, und selbst die Doktorurkunde des Paracelsus, der auf zahlreiche Fachpublikationen als Legitimation verweisen konnte, kann nicht als unumstritten und wirklich überzeugend gelten.

Im Gegensatz zu dieser radikal-rationalen, mit populären Traditionen brechenden Maßnahme war Maximilian

315

im Innersten wohl noch immer von Aberglauben nicht ganz frei, was sich auch daraus erklärt, daß sich exakte Wissenschaft, Spekulation, Experiment und Zauberei damals kaum voneinander trennen ließen und schon dadurch eng verschwistert waren, daß man manche Entdeckung der Medizin und Pharmakologie den Alchemisten verdankte.

Doktor Kostenzer hat sich mit der medizinischen Bibliothek des Kaisers beschäftigt und in ihr die wichtigsten Werke mittelalterlicher Populärmedizin gefunden, frühe Drucke aus Straßburg und Venedig, aber auch Abschriften. „Trotz seiner großen Zahl von Leibärzten scheint er sich in manchen Krankheiten mit größerem Erfolg selbst behandelt zu haben", sagt Kostenzer, der auch festhält, daß der Kaiser nach 1515 Zusammenkünfte und andere Planungen wiederholt wegen Krankheit absagen mußte: Auch in Gesandtschaftsberichten und in der Korrespondenz der Hofschranzen tauchen Andeutungen über kaiserliche Depressionen, Melancholie und rätselhafte Krankheitszustände auf. Nach Doktor Cabanès, demzufolge das Übel der *Thanatophilie* im Hause Habsburg erblich gewesen sei, habe der Kaiser nächtlicherweise nicht selten mit seinem leeren Sarg gesprochen (*Le Mal héréditaire*, Paris 1945).

Wir sind bei allen Erwägungen über den Tod des großen Kaisers ummauert vom Geist eines Jahrhunderts, in dem man alles zu wissen glaubte, aber eben doch sehr viel mehr glaubte, als man wußte.

An den Daten der Cuspinian-Berichte stimmt so manches nicht. In der Ausgabe von 1541 steht als Todesjahr 1518 statt richtig 1519, und der große Stadtbrand, den Cuspinian in wirkungsvoller Häufelung in die Nähe des kaiserlichen Sterbens rückt, fand erst 1525 statt. Der Gelehrte hat in einem langen Brief vom August dieses Jahres an Albrecht von Brandenburg über die Schäden berichtet, die ihm in diesem Stadtbrand erwachsen seien – ausgegangen an einem Julitag vom sogenannten Cillierhof (heute Schauflergasse, I. Bezirk) und erst zum Erlöschen gekommen, als beinahe 40 (!) Prozent des damaligen Häuserbestandes innerhalb der Stadtmauern vernichtet waren. Der Zusammenhang von Kaisertod und Stadtbrand wäre die intensivste Wienbeziehung Maximilians gewesen, einer Stadt, in der er als kleines Kind vor den Belagerern und Beschießungen gezittert hatte und die er ein Leben lang mied.

Im Tod freilich hatte er keine Wahl mehr, „ist er durch Stett und Dörfer göhn Wien gebracht worden den XI/XII. Tag desselbigen Monats (Januar 1519) und in der Sankt Stephanskirch, als aller österreichischer Adel zugegen stund, und Georgius Bischof zu Wien das Ampt hielt, hat man ihm Begräbnuß gehalten mit aller Menschen großer Traurigkeyt. Über III Tag hat man ihn zu der Newen Statt (nach Wiener Neustadt) bracht und unter Sanct Georgens Altar begraben, wo dann Philippus Grundelius (1493–1567) im Namen der Hohen Schul zu Wien eyn zierlich Klagred gehalten und Oratorien gethon (musikalisch) veranlaßt hat.“

Nicht Innsbruck also, nicht Gent und schon gar nicht Wien, sondern doch wieder die kleine Festungsstadt ist es, die in ihrer langen und untadeligen Geschichte wohl nur einen einzigen bedeutenden Liebhaber hatte, den sparsamen Kaiser Friedrich III. Nach den Kindheitsjahren hatte Maximilian die große Donaumetropole, die Matthias Corvinus so geliebt hatte, immer nur kurz besucht: 1490, 1506, 1515 und 1517 – erst zum fünften Mal also in seinem Katafalk 1519 in Sankt Stephan.

Und nun kam es zu einer seltsamen Umkehr des Herrscherwillens, und dies zum zweiten Mal. Friedrich III., der Wien nicht gemocht hatte, weil es ganz und gar nicht zu ihm paßte und weil die Wiener ihm dies auch nicht verheimlicht hatten, Friedrich, der sparsame, knauserige, zähe und doch so tüchtige Kaiser, hatte bestimmt, daß er seine letzte Ruhe in Wiener Neustadt finden solle, in der seltsamen Torkirche, unter der ganz unfeierlich die Wagen hindurchrollen. Aber da er tot war, da sein Wille nicht mehr laut werden und sich Gehör verschaffen konnte, begrub man ihn in Sankt Stephan, und da es nicht nur mit der mächtigen Tumbaplatte so viele Schwierigkeiten gegeben hatte, erfolgte die Beisetzung erst 1513, als der Sohn dieses Kaisers keine sechs Jahre mehr zu leben hatte.

Wer immer daran gedacht hatte, er tat nun das Richtige: Maximilian trat gleichsam anstelle seines Vaters den Weg nach Wiener Neustadt an, wie Michael Behaim es in seinem Buch von den Wienern ausdrückte: ,pey steirmark in dy Newenstat, da der Kaiser sin Wonung hat". Die Stadt, die je nach politischer Notwendigkeit Vorort von Wien, halbungarisch oder ganz steirisch war, nahm am 3. Februar 1519 den kaiserlichen Leichnam auf, von dem Maximilian gewünscht hatte, daß „der Priester während der Lesung aus dem Evangelium auf seiner Brust stehe und ihn für seine Sünden täglich mit Füßen trete". Manfred Holleger, dem ich diese Zeilen nachzitiere, sieht in ihnen nicht nur Demut, weil es ein Vorrecht der Heiligen sei, unter Altären begraben zu werden; ich aber vermag an diesen Hintergedanken, an diese letzte kaiserliche Intrige nicht zu glauben, denn der vielschreibende Doktor Cabanès hat mit dem Wort von der Thanatopilie, dem Todeswahn der Habsburger, doch wohl ein Korn gefunden, so zweifelhaft uns manches in seinem Dreihundert-Seiten-Elaborat über Erbkrankheiten der Habsburger anmutet. Vergegenwärtigen wir uns, wie viel Zeit, Mühe, Geld und Überlegungen schon der sparsame, vielfach in Anspruch genommene Friedrich III. auf sein eigenes Grabmal verwendet hat, wie viele Dombaumeister gleichsam verschlissen wurden weniger durch die Launen des durchaus vernünftigen Monarchen als durch die Diskrepanz zwischen den technischen Möglichkeiten der Zeit und den pharaonischen Ideen des Kaisers.

Bei Maximilian hat sich das Dauergespräch mit dem Tod wohl 1502 angesponnen, siebzehn Jahre vor seinem Tod, im Alter von 43 Jahren, in dem zwar nach Casanova der Mann zu sterben beginnt, in dem jedoch Maximilian dem Erzbischof Berthold von Mainz in voller Lebenskraft ein ebenbürtiger Gegner war. Gilg Sesselschreiber, Maler aus München, (Lebenszeit etwa 1460–1520) sorgt durch zehn Jahre für Aufregungen, aber auch Freuden, schafft überraschend Schönes vor allem an Frauenbildnissen für ein Grabmal, das man sich noch kaum vorzustellen vermag, und wird 1518, als Maximilian in der letzten großen Unruhe ungerecht wird, davongejagt.

Als Maximilian in Wiener Neustadt seine letzte Ruhe findet, ist das Wunderwerk eines Grabmals aus Ahnenfiguren, Statuen, erzenen Gefährtinnen und Gefährten noch so weit von seiner Vollendung entfernt, daß man an diese immer noch glauben kann. Maximilian wollte die römischen Kaiser als echte Vorfahren um sich sehen, aber vor allem natürlich die Geliebten der Jugendjahre, die der Tod ihm so früh entrissen hatte, insgesamt 134 Figuren, so daß man schon beinahe an die Armee der Lehmkrieger denkt, von der sich ein Kaiser von China ins Jenseits geleiten ließ. Vinzenz Oberhammer, der schon 1935 über das Innsbrucker Grabmal schrieb und dreißig Jahre später abermals auf dieses Thema seines Lebens zurückkam, schreibt die Idee zu diesem Leichenpomp den Berichten des Dio Cassius über antike Begräbnisse zu, eine Kunde, die Maximilian mit seinen humanistischen Studien aufgenommen habe und nicht mehr losgeworden sei. Aber Friedrich III. hatte Dio Cassius nie gelesen und war von der Gigantomanie des Totenkultes ebenso besessen, obwohl es im mittelalterlichen Lebensraum Friedrichs, im nahen Böhmen, in Ungarn und in den südlichen Vorlanden, nichts dergleichen gab, kein Tadj Mahal, kein Angkor Vat, keine Cheops-Pyramide.

Sie waren beide, Vater und Sohn, von klein auf vom Tod umgeben wie alle Menschen dieser dunklen Jahrhunderte von morgens bis abends, und sie sahen an Matthias Corvinus, an Ladislaus Postumus, an der Bluttat eines Johannes Parricida und an dem elenden Fluchttod des glanzvollen

Burgunderkönigs Karl immer wieder die Nacht, durch die sie gingen. Sie waren beide Astrologen hörig, sie suchten beide Rat und Hilfe bei berüchtigten Schwarzkünstlern. Ihre angstvollen Träumen entsprungenen Grabmäler sollten das Böse beschwören und bannen und den Segen auf ihr Herrschaftswerk herabzwingen, unterstützt von Spitalsgründungen, ermöglicht durch Tausende von anonymen Betern, die in ihrem Alterselend der großen, fernen Kaiser gedachten.

Cuspinian hat zweifellos die Nachtseite seines verehrten Freundes geahnt; Dichter und Ärzte haben dafür besondere Antennen, und aus dem wortreichen Lob des Gelehrten klingt mitunter das große Staunen, wenn er von dem ungeheuren Schatz spricht, den Karl V. nach dem Tod des Großvaters in Wiener Neustadt fand, obwohl er „aus Mangel des Gelts oft große Händel, die glückselig angefangen waren, hatz müssen underlassen. Jedoch so hat er in höchster Not nie gewolt die Kleinot in Silber, Golt und edel Gesteyn, die seine Vorältern und sein Schweher, Hertzog Carle von Burgund, lange Zeit hier gesamlet, angreiffen und verthon, sondern hat es in der Newen Statt in Österreich seinen Änckeln ver(=hinter)lassen".

Hatte er sich unwürdig gefühlt und auch in Kriegsnöten nicht das Ahnenerbe plündern wollen? War dies sein Rittertum, der Verzicht im Gedenken des Geschlechts, das ihn ausgeschickt hatte, den Burgherren vom Flüßchen Aare ein Reich an der Donau zu schaffen? Und da dies gelungen war, was sollten dann die 134 Wächter eines ohnedies schmerzvoll-läuternden kaiserlichen Sterbens?

Eingesponnen in das souveräne und oft vermessene Spiel mit dem Tod, wie es seinem Geschlecht vom Schicksal bestimmt schien, hatte Maximilian in einem auch heute noch absurd wirkenden Vorgang das zukunftsweisende Erb-Vertragswerk mit den jagellonischen Königen von Böhmen, Ungarn und Polen besiegelt. In einem vom Zaun gebrochenen, plötzlichen Wiener Kongreß von 1515, in einer neuerlichen Doppelhochzeit, heiratete Maximilians Enkelin Maria den ungarisch-böhmischen Kronprinzen Ludwig und Maximilian selbst, der alte und schon kranke Kaiser, das Kind Anna, Erbprinzessin von Ungarn, ganze zwölf Jahre alt. Genau genommen macht des Kaisers Tod in Wels dann eine Sechzehnjährige zur Witwe, aber da für den Vollzug dieser beiden Ehen beschlossen worden war, das entsprechende Alter der jungen Beteiligten abzuwarten, blieb es bei einem symbolischen Witwenstand, aus dem die Ehe mit Ferdinand I. die ungarische Prinzessin erlöste. „Zu diesem Zeitpunkt war Maximilian schon gestorben, diese Hochzeit aber war die Grundlage für die Bildung der österreichisch-ungarischen Monarchie" (Karl Gutkas, der große Historiker Niederösterreichs). Der Tod war überlistet, Maximilian durfte sich beruhigt in die Hände des weisen Reischius begeben.

1966 wird ein Gymnasiallehrer aus dem Wiener Bezirk Fünfhaus feststellen: „Österreich grenzt als einziger Staat Europas an Angehörige aller Sprachfamilien des Erdteils. In der Nähe der Staatsgrenze und der Grenze Kärntens liegt jener interessante (!) Punkt, wo die Sprachgrenzen von drei Seiten her zusammenstoßen. Diese Umstände verflechten Österreich innig mit Europa" – eine Erkenntnis, die schon ein Jahr später, bei der Begründung der Europäischen Union 1967, dem Land zwischen den Völkern und den Sprachen seinen Weg aus den Fährnissen des großen habsburgischen Abenteuers heraus in die Zukunft weisen wird. Ob die große, tröstliche Heimat, die Maximilian so unablässig durchreiste, damit wieder gewonnen ist, muß bezweifelt werden. Heimat ist nicht groß und nicht klein, nicht reich und nicht arm; entscheidend ist: sie breitet uns die Arme aus, sie nimmt uns auf, sie weist uns nicht die Tür wie es dem todkranken Kaiser geschah, weil ein paar Wirte in Innsbruck noch nicht bezahlt worden waren. Aus einer der schönsten Städte seines Reiches reiste er, den lachenden, wilden Inn abwärts, in eine der bescheidensten, aber danach fragte er ebensowenig wie Jahrhunderte später die Österreicher, die in den großen Migrationen in die Welt hinaus ziehen und heimkehren werden, die man 1919 und 1945 vertreiben wird und zwischen 1938 und 1945 ermorden. Auch ein Visionär wie Maximilian I., Schüler des großen schwarzen Abtes Trithemius, Adept der geheimen Wissenschaften, konnte in den halbwachen Phasen seines Bewußtseins, in denen eine andere Welt sich ihm öffnete, eigentlich nicht viel anderes hören und zu verstehen suchen als das, was eine der ärmsten Kreaturen der Doppelmonarchie vierhundert Jahre später mehr für sich als für andere niederschreiben wird, der Dichter Joseph Roth, Sohn eines Fuhrwerksunternehmers aus dem galizischen Städtchen Brody: „Die unnatürliche Laune der Weltgeschichte hat auch meine private Freude an dem, was ich Heimat nannte, zerstört. Die Monarchie war ein großes Haus mit vielen Türen und vielen Zimmern, für viele Arten von Menschen".

Man sagt Maximilian nach, daß er es nicht nur duldete, daß man ihn aufsuchte, ihn ansprach, sich ihm näherte; er sei selbst auf die Menschen zugegangen, er habe den anderen gesucht, nicht den Untertan, und dies vor allem, als die große Rastlosigkeit der Todesnähe über ihn kam, als er so manches Staatsgeschäft liegen ließ, weil es ihn weitertrieb. Aber es waren Reisen innerhalb seiner Grenzen. Von dem, was in der großen Welt, auf dem Erdball vorging, soll er nur die nötigste Kenntnis genommen haben als Erzösterreicher aus dem Erzhaus und weil die Österreicher kein Weltvolk wurden noch werden wollten wie die Deutschen. „Ich bin gewohnt, in einem Haus zu leben", sagt Joseph Roth, „und sei das letzte Haus auch ein Pariser Armenspital."

ZEITTAFEL

In keinem anderen Lebenslauf aus dem Hause Habsburg drängen sich die Fakten so eng und verwirrend wie in Leben und Herrschaft Maximilians I. Die nun folgende Zeittafel ist darum ungewöhnlich ausführlich gehalten und sagt dennoch nicht genug: Angesichts der Heiraten und frühen Todesfälle, die Maximilians Politik in den österreichischen Ländern und in den Beziehungen zu Frankreich, Spanien und Italien entscheidend beeinflußten, ergänzt die genealogische Tafel den untenstehenden Datenaufriß, ebenso auch das Personenregister.

855	Papst Hadrian III. anerkennt Swatopluk als König eines Slawenreiches in Mitteleuropa.
881	Eine ungarische Armee wird *apud Weniam* (d.h. bei Wien) von einem fränkisch-bayrischen Heer zurückgeschlagen.
um 900	Die Magyaren zerstören in unablässigen Angriffen das Großmährische Reich.
um 950	Guntram der Reiche als erster historisch bekannter Habsburger widersetzt sich Kaiser Otto dem Großen (936–73). Beginnender noch lokaler Aufstieg der Habsburger zwischen Aare und Rhein, begünstigt durch Bischofsämter in Straßburg.
973	Prag wird Bistum. Abflauen des heidnischen Handels mit nordgermanischen und slawischen Hafenstädten.
976–1100	Kolonisation Ostösterreichs unter den Babenbergern.
8.9.1156	Kaiser Friedrich I. Barbarossa verkündet vor den Toren der Stadt Regensburg die Begründung des Herzogtums Österreich.

	Als seine Hauptstadt erwähnt der deutsche Chronist Arnold von Lübeck die Hafenstadt Wien (um 1170 ca. 3000 Einwohner).
um 1173	Großungarisches Reich unter Bela III.
1192	Das Herzogtum Steiermark kommt an die Babenberger.
1194	Gründung von Wiener Neustadt (damals steirisch).
1198	Böhmen wird unter Ottokar I. Erbkönigtum.
1210–1246	Herzog Friedrich II., der Streitbare, letzter Babenberger, behauptet sich in Wiener Neustadt gegen Kaiser Friedrich II., besiegt 1241 die Mongolen, fällt an der Leitha gegen die Ungarn.
1218–1291	Rudolf von Habsburg (König seit 1273).
1230–1253	Kulturblüte in Prag unter Wenzel I. (Deutscher Einfluß, Minnesang, Hofpoet Reinmar von Zweter.)
1255–1308	Albrecht I., ältester Sohn Rudolfs von Habsburg. Bei Brugg an der Aare von seinem Neffen Johannes (Parricida) ermordet. (Deutscher König seit 1298.)
1314–1330	Friedrich der Schöne von Österreich deutscher Gegenkönig.
1316–1378	Lebenszeit Karl IV. von Luxemburg, röm.-dt. Kaiser ab 1347. Kulturblüte in Prag.
1356	Karls IV. Goldene Bulle bestätigt sieben Reichsfürsten das Recht der Königswahl. Schwächung der Zentralgewalt.
1363	Philipp der Kühne erhält das Herzogtum Burgund.
1368–1437	Lebenszeit Sigismunds, Sohn Kaiser Karls IV., herrscht von 1410–37 als röm.-dt.

	Kaiser.
1384	Franche-Comté (die Freigrafschaft Burgund) kommt mit Flandern und Artois zum frz. Herzogtum Burgund.
1397–1439	Lebenszeit Albrecht V., Hzg. von Österreich, seit 1438 als Albrecht II. deutscher König.
1415–1493	Friedrich V., Hzg. von Österreich, ab 1440 als Friedrich III. röm-dt. König, regiert in Wiener Neustadt (Kaiser ab 1452, Gemahlin Eleonore v. Portugal).
1443–1419	Lebenszeit von Matthias I. Corvinus, König von Ungarn, residiert zeitweise im eroberten Wien.
1458	Tod des Ladislaus Postumus, nachgeborener Sohn Kg. Albrechts II.
1458–1471	Georg von Podiëbrad und Kunstatt, Regent für den minderjährigen Ladislaus Postumus, König von Böhmen (seit 1469 in Rivalität mit Matthias Corvinus).
22. März 1459	Maximilian I. in Wiener Neustadt geboren.
1477 (August)	In Burgund Heiratsfeierlichkeiten Maximilian I. und Maria von Burgund (1457–1482).
1478–1506	Philipp der Schöne, Sohn aus dieser Ehe.
1480–1530	Margarete, Tochter aus dieser Ehe.
1486	Maximilian wird zum römisch-deutschen König gewählt.
1490	Kaiser Friedrich III. vereinigt die in drei Linien zersplitterten habsburgischen Herrschaften (stirbt 1493).
5.11.1495	Maximilians Tochter Margarete heiratet den Infanten Don Juan von Kastilien (er stirbt 4.10.1497).
2.1.1492	Spaniens katholische Könige Ferdinand

	und Isabella erobern das maurische Granada; Beginn der Verfolgung von Mauren und Juden, Niedergang von Wirtschaft und Wissenschaften.
1494	Karl VIII. von Frankreichs Eroberungszüge in Italien.
1496	Philipp der Schöne heiratet Johanna von Kastilien.
1499	Nach einer Reihe siegreicher Schlachten gegen Habsburg scheidet die Schweiz aus dem Hl. Röm. Reich aus.
1500	Maximilians Enkel Karl V. (Lebenszeit bis 1558) in Gent geboren.
1501	Maximilians Tochter Margarete heiratet in zweiter Ehe Philibert von Savoyen, der jedoch schon 1504 stirbt.
Sept. 1506	Ungeklärter Tod Philipps d. Schönen, Johanna, genannt die Wahnsinnige, Witwe (stirbt 1555 in Tordesillas).
1507–1530	Maximilians Tochter Margarete mit kurzen Unterbrechungen Statthalterin der Niederlande.
1508	Maximilian nimmt, ohne Krönung durch den Papst, den Titel ‚Erwählter röm. Kaiser' an. Schließt mit Frankreich, Spanien und dem Papst die Liga von Cambrai gegen Venedig.
14. Mai 1509	Die Verbündeten der Liga von Cambrai siegen bei Agnadello (Provinz Cremona) über die Venezianer; Rivalitäten u. Intrigen innerhalb der Liga bewahren jedoch Venedig vor schwereren Folgen.
1511	Frontwechsel Papst Julius II. Die Ligastaaten wenden sich nun gegen Frankreich, das auch aus Italien vertrieben wird.

1515	Tod Ludwigs XII. von Frankreich. Der junge König Franz I. beginnt Rückeroberungen und siegt bei Marignano über schweizer Soldtruppen. Frieden zu Brüssel: Mailand wieder französisch, Verona venezianisch.
1516	Maximilians Enkel Karl wird König von Spanien und den Niederlanden (1519 Kaiser als Karl V.)
1517	Maximilian krönt Ulrich von Hutten zum Dichterkönig und arbeitet selbst an seinem *Theuerdank*. Luther schlägt seine 95 Thesen an.
12.1.1519	Maximilian I. stirbt in Wels an einer infektiösen Dickdarmentzündung und Behandlungsfehlern. Karl V. folgt als König und Kaiser (Abdankung 1556).
1521	Karl V. überträgt seinem Bruder Ferdinand die Herrschaft über die habsburgischen Länder.
1524/25	Bauernkrieg in verschiedenen Teilen Deutschlands
24.2.1525	Karl V. siegt bei Pavia eindrucksvoll über die Franzosen; König Franz I. kommt in Gefangenschaft.
29. August 1526	In der Schlacht von Mohacs besiegt Sultan Suleiman I. den jungen Ludwig II. von Ungarn, der fällt. Fast ganz Ungarn wird türkisch.
1527	*Sacco di Roma*. Kaiserliche deutsche und spanische Truppen plündern Rom wochenlang, grausam und in hemmungsloser Zerstörungswut.
1529	Erste Türkenbelagerung Wiens. Der Damenfriede von Cambrai beendet den Krieg zwischen Karl V. und Franz I.

Stammtafel

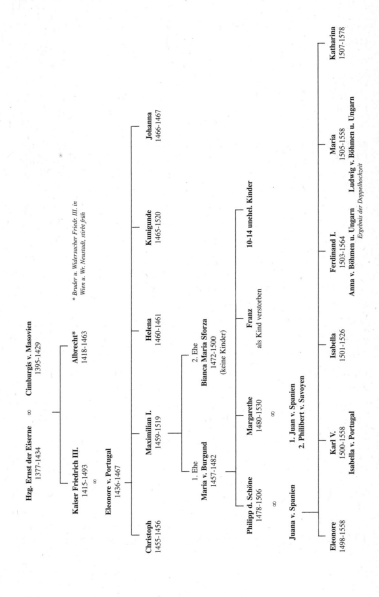

LITERATURBERICHT

Hat eine historische Persönlichkeit eine Darstellung gefunden, die nach dem Stand der Forschung und vernunftgemäßen Erwägungen nicht mehr übertroffen werden kann, ebbt die Beschäftigung mit dem Betreffenden naturgemäß ab, es sei denn, wirklich sensationelle Dokumentenfunde rückten den Dargestellten plötzlich in völlig neues Licht und vermögen die bisher befriedigenden biographischen Arbeiten zumindest teilweise zu entwerten. Für die allgemeine Geschichte konnte man das Phänomen gleichsam abschließender Biographik im Fall des Kardinals Richelieu durch Carl Jacob Burckhardt beobachten, der obendrein ein hervorragender Stilist war, und im Bereich der habsburgischen Geschichte im Fall Leopolds II., dem Adam Wandruszka eine warmherzige, umfassende und in vielem überraschende große Arbeit gewidmet hat.

In dieser Lage ist heute jeder Autor, der sich mit Maximilian I. beschäftigt. Hermann Wiesfleckers vor mehr als drei Jahrzehnten in fünf gewichtigen Bänden erschienenes Werk über den Kaiser an der Zeitenwende bietet Ansätze für etwaige marginale Ergänzungen allenfalls in seinem Untertitel „Das Reich, Österreich und Europa an der Wende zur Neuzeit"; hinsichtlich des zentralen Gegenstandes hingegen läßt es keine Fragen offen.

Ergänzungen konnten nur aus dem Bereich der Materialien selbst kommen, die der Historiker ja nicht umfänglich einbauen, sondern nur auswerten kann. Darum besitzen wir schon seit 1845 eine Sammlung der Urkunden, Briefe und Aktenstücke zur Geschichte Maximilians I., zusammengetragen und kommentiert von dem Augustinerchorherrn Joseph Chmel (1798–1858) aus Olmütz, zunächst Stiftsbibliothekar von Sankt Florian bei Linz, seit 1834 am Haus-, Hof- und Staatsarchiv, also an der Quelle. Er gilt als unermüdlicher Quellensammler, dem es jedoch an Darstellungsgabe und kritischem Sinn fehlte. Seit

1995 ist dem Interessierten eine Dokumenten- und Quellensammlung zugänglich, auf die diese Einschränkungen nicht mehr zutreffen, sie ist nämlich von Inge Wiesflecker-Friedhuber herausgegeben und durch eine Einführung von Hermann Wiesflecker erschlossen (*Quellen zur Geschichte Maximilians I. und seiner Zeit*, Band XIV. der Frh. v. Stein-Gedächtnisausgabe, Darmstadt 1996).Über die manifesten Inhalte und textlichen Verdeutlichungen hinaus bringt dieser nach den Grundsätzen der verdienstlichen Reihe hervorragend edierte Band uns auch die Begegnung mit den Sprachen und Idiomen der Zeit und liefert den Kolorit zeitgeschichtlicher Ausdrucksweisen und Berichte in unschätzbarer Farbigkeit. Manches ist im ungefügen Original so eindrucksvoll und erschütternd, wie es eine moderne Darstellung nie nachformen könnte, etwa Cuspinians Bericht über Krankheit und Tod des Kaisers noch in der Übersetzung, deren Stilsicherheit ein besonderer Vorzug dieser Sammlung ist.

In der in engem Kontakt mit dem Grazer Wiesflecker-Imperium entstandenen neuen Maximilianbiographie von Manfred Holleger ist diese Quellengrundlage durch die Grazer Sammlung der Maximilian-Regesten erweitert, womit ein wohl endgültiger Zustand erreicht ist. Hollegger scheut sich nicht, den Stoff stark zu verdichten, um alle maßgeblichen Fakten tatsächlich auf dreihundert Seiten behandeln zu können, zeigt aber zugleich im Anhang seines Buches die reiche in Graz angeregte Detailforschung in zahlreichen, systematisch aufeinander abgestimmten Dissertationen auf: Die Reihe der Jahres-Dissertationen (d.h. Arbeiten, die sich mit vergleichsweise kurzen Abschnitten des kaiserlichen Lebens beschäftigen) deckt die Zeit von 1490 bis 1518 in ungedruckten Doktorarbeiten ab und ergänzt sich durch spezialisierte Arbeiten, von denen einige vom Thema her durchaus die Drucklegung verdient hätten, weil sie sich mit Einzelpersönlichkeiten beschäftigen, die selbst in dem jüngsten Monumentalwerk über den Kreis um den Kaiser (Heinz Noflatscher, ‚Räte und Herrscher', Mainz 1999) nicht erschöpfend behandelt werden: Christina Maria Horn hat sich des Doktors Conrad Peutinger angenommen, Edith Mader des zwielichtigen Herrn Paul von Liechtenstein und Lotte Wurstbauer der mächtigen Persönlichkeit des Matthäus Lang. Heidemarie Hochrinner nennt angesichts der schwierigen Quellenlage ihre Arbeit über Bianca Maria Sforza den *Versuch einer Biographie*, und Erna Tschech stellt vergleichsweise spät, nämlich 1971, die Frage nach Maximilians Verhältnis zu den Juden, mit denen sein Vater ein Leben lang enger zusammenarbeitete als alle seine Vorgänger.

Über Friedrich III., in vielen älteren Arbeiten als schwach und unbedeutend bezeichnet, hat in den letzten Jahren eine deutliche Neubewertung eingesetzt, während sein erster Biograph, der spätere Papst Pius II. nicht mehr so günstig beurteilt wird. Heinrich Koller hat seit den siebziger Jahren des vorigen Jahrhunderts auf diese Neubewertung hingearbeitet und nach seiner Emeritierung die schlüssige Summe dieser Studien in einem Band der Wissenschaftlichen Buchgesellschaft (Darmstadt 2005) vorgelegt. Flankierend zu dieser Entwicklung haben Ausstellungen in verschiedenen Städten Österreichs, vor allem aber 1966 in Wiener Neustadt Einzelstudien zu dieser Herrscherpersönlichkeit gesammelt und anhand von Exponaten den halbvergessenen Kaiser, der doch der große Begründer und Vereiniger der österreichischen Habsburgermacht war, einem größeren Publikum nahegebracht (vgl. Sammelwerke). Damit ist auch die einzigartig gebliebene vierbändige Geschichte von Wiener Neustadt von Dr. Josef Mayer wieder ins Blickfeld gerückt, ein Werk, das wohl weder Neubearbeitungen noch Neuauflagen erleben wird, weil sich der Umfang von vier Bänden und der Bedeutungsverlust dieses Gemeinwesens am Rand des deutschen Sprachraums dem widersetzen (Selbstverlag des Stadtrates von Wiener Neustadt 1924, Friedrich III. und

Maximilian im zweiten Band). Wissenschaftlich relevante Ergänzungen erfuhr dieses Standardwerk vor allem durch den Heimatforscher Min.Rat Dr. Franz Staub (geboren 1860, getötet in dem schweren Bombenangriff vom 14. März 1945), dem auch schon wichtige Zuschreibungen hinsichtlich der Bautätigkeit unter Albrecht III. gelungen waren.

Forschungskonzentrationen in Hochburgen wie der Fall der Grazer Universität zum Thema Maximilian I. sind aus den Naturwissenschaften und amerikanischen oder japanischen Universitäten bekannt, für die europäische Geistesgeschichte jedoch so selten, daß sich neben diesem Zentrum nur sehr spezielle Themen behaupten und Bedeutung erlangen konnten. So wird zum Beispiel – um mit einer Miszelle zu beginnen – bis heute die 1888 erschienene Schrift Arnold Bussons über *Die Sage von Maximilian auf der Martinswand* und ihre Entstehung zitiert, weil man an der Quellensammlung des aus Münster stammenden Gelehrten, der 1892 in Graz starb, nicht vorbeikommt. (Sein Sohn Paul hatte mit dem Roman „Die Wiedergeburt des Melchior Dronte" 1923 einen heute vergessenen Bestseller.)

Langes Leben in den Literaturverzeichnissen ist auch der zweibändigen Darstellung *Kaiser Maximilian I. als Jäger und die Jagd seiner Zeit* von Hans Helmut Geringer sicher, einer Dissertation von 1970, der man wenigstens eine auszugsweise Buchausgabe wünschen würde, hat sich doch das Interesse an der Epoche Maximilians von den Schlachten weg auf das höfische Leben, den Sport und die Werkzeuge für diese Betätigungen verlagert. Andere Grazer Doktorarbeiten hatten das undankbare Schicksal, bald durch größere Werke mit mehr Öffentlichkeit verdrängt zu werden. Das widerfuhr Gerda Königsberger, die sich mit der Erzherzogin Margarete im politischen Dienst ihres Vaters befaßt hatte, obwohl die große und maßgebende Lebensbeschreibung der Erzherzogin von Else Winker noch im Handel war und bis heute maßgebend geblieben ist. Gerhard Dinacher wiederum kann für sich in Anspruch nehmen, daß er mit seiner Dissertation von 1983 über die führenden Männer in den Erbländern und im Reich nützliche Vorarbeit für das großartige, nur hinsichtlich der Statistiken etwas verspielte Werk von Heinz Noflatscher geleistet hat, die wichtigste Ergänzung der Wiesfleckerschen Standardarbeiten unter dem Titel *Räte und Herrscher. Politische Eliten an den Habsburgerhöfen der österreichischen Länder 1480 bis 1530.* Damit geht es über den Tod Maximilians hinaus und zeichnet charakteristische Kontinuitäten auf, Funktionen und Würden einer Reihe zum Großteil bis heute bekannter Geschlechter seit Friedrich III. bis in die Anfänge der Regierung von Karl V. und von Ferdinand I. In einer Epoche wiedererwachenden genealogischen und gesellschaftlichen Interesses sind die vielen Familiengeschichten aus Südtirol, den heutigen österreichischen Gebieten und den Südgauen des Reiches zwar oft nur kurze Anrisse spezieller Familienschicksale, aber im Ganzen doch ein eindrucksvolles Bild von der Entstehung eines speziellen Alpinadels im Herzen des Reiches, der bald auch auf den geistlichen Stand übergriff (1999 bei Philipp von Zabern, Mainz). Die geschilderten Mechanismen, der Aufstieg aus dem Beamtenstand, die lange Zeit dürftige Rolle der akademischen Bildung, die Heiratspolitik Maximilians, wie er sie mit größtem Eifer in seiner ganzen Umgebung und unter Beobachtung auch finanzieller Gegebenheiten betrieb, das zeigt uns ein Geflecht familiärer und sozialer Beziehungen, das noch sehr mittelalterlich anmutet, obwohl die Betroffenen selbst sich mit einigem Recht schon als Geschöpfe einer neuen Epoche fühlen durften.

Abschließend sei dem Leser dieses Buches, das viele Fragen nur anschneiden kann und noch mehr voraussetzen muß, der beherzte Griff nach dem in immer wieder verbesserten Auflagen vorliegenden biographischen Lexikon zum Haus Habsburg empfohlen, wie es Brigitte Hamann bei Ueberreuter in Wien herausgebracht hat. Die handlichsten bibliographischen Ergänzungen der vorliegenden Arbeit bietet Manfred Hollegers Buch *Maximilian I. Herrscher und Mensch einer Zeitenwende* (Stuttgart, Kohlhammer 2005).

Aufsätze in Sammelwerken:
Ausstellung Friedrich III. Kaiserresidenz Wiener Neustadt 1966:
Wiesflecker: Friedrich III. und der junge Maximilian
Gertrud Gerhartl: Wiener Neustadt als Residenz
Alois Kieslinger: Das Grabmal Friedrich III.
Franz Unterkircher: Die Bibliothek Friedrichs III.

Ausstellung Maximilian I. Innsbruck 1969 (ohne Inhaltsverzeichnis!):
Hans Rupprich: Das literarische Werk Maximilian I.
Otto Kostenzer: Medizin um 1500
Peter Krenn: Heerwesen, Waffe und Turnier unter Kaiser Maximilian I.
Erich Egg: Maximilian und die Kunst
Vinzenz Oberhammer: Das Grabmal des Kaisers

Ausstellung im Reichskammergerichtsmuseum Wetzlar 2002:
Heinz Noflatscher: Maximilian im Kreis der Habsburger
Paul-Joachim Heinig: Maximilian und die Frauen
Volker Schmidtchen: Maximilian und das Kriegswesen
Jan-Dirk Müller: Literatur und Kunst unter Maximilian I.
Hartmut Schmidt: Literatur und Kunst unter Maximilian I.

Wiener Renaissance. Anthologie, Hrsg. von Otto Rommel, Wien 1947:
Helene Kottaner: Denkwürdigkeiten
Enea Silvio Piccolomini: Briefe aus Österreich – Lehrbrief über die Erziehung
Konrad Celtis: An den Donaustrom

Cuspinian: Letztes Lebewohl an Celtis
Joachim von Watt: An die Studenten
Kaiser Maximilian I.: Aus dem Weißkunig - Aus dem Theuerdank
Cuspinian: Maximilianus Keyser (aus dem Kaiserbuch)

Guide de la Flandre et de l'Artois mystérieux:
Hrsg. von Claude Malbranke, Paris, Tchou 1969
13 Beiträge unter Mitarbeit der Commission historique du Nord und der Commission des Monuments historiques du Pas-de-Calais. Leiter der Collection Jean-Pierre Masson

Personenregister

Adrian von Utrecht, Kardinal, Bischof von Tortosa 190 f.

Agnes von Waiblingen, Herzogin von Schwaben, Markgräfin von Österreich 19

Agrippa von Nettesheim, Heinrich, Universalgelehrter 227, 237, 257, 315

Albertus Magnus, Universalgelehrter, Kirchenlehrer 234

Albrecht Achilles, Markgraf von Brandenburg 13

Albrecht Alkibiades, Markgraf von Brandenburg-Kulmbach 303

Albrecht I., röm.-deutscher König 324

Albrecht II., röm.-deutscher König, als Albrecht V. Herzog von Österreich 26, 50, 229, 325

Albrecht III. mit dem Zopfe, Herzog von Österreich 27, 232 f., 332

Albrecht VI., Erzherzog von Österreich 15, 20, 26, 132, 142, 309

Albrecht IV. der Weise, Herzog von Bayern 252

Albret, Charlotte d', franz. Prinzessin, Gemahlin von Cesare Borgia 94 f.

Alexander VI., Papst 94 f., 99, 145 f., 183, 203, 234

Alviano, Bartolomeo d', venez. Feldhauptmann 118, 125, 127

Anna von Böhmen und Ungarn, Königin von Böhmen und Ungarn, röm.-deutsche Königin 176, 314, 321

Anne, Herzogin der Bretagne, Königin von Frankreich 77-81, 84-86, 91 f., 144, 227

Anshelm, Valerius, Chronist 86

Antonello da Messina, Maler 256

Aretino, Pietro, Dichter 259

Arnold von Lübeck, Chronist 324

Ascanio Sforza, Kardinal, Erzbischof von Eger 82, 92

Attendolo Sforza, Muzio, Condottiere 84

Aubusson, Pierre d', Großmeister des Johanniterordens 141 f., 144

August der Starke, Kurfürst von Sachsen, König von Polen (II.) 196

Augustinus von Hippo, Kirchenvater 106

Avaugour, François d', Bastard de Bretagne 77

Avienus, Rufius Festus, Dichter 244 f.

Bajezid I., osman. Sultan 55, 91

Bajezid II., osman. Sultan 141-147, 153

Balthasar, Herzog zu Mecklenburg, Administrator des Stifts Hildesheim 295

Barbara von Cilli, röm.-deutsche Kaiserin, Königin von Ungarn und Böhmen 50 f., 238

Barbara Zápolya, Königin von Polen 169

Báthory, Erszebeth, „Blutgräfin" 168

Báthory, István III., Woiwode von Siebenbürgen 168 f.

Baum, Heinz vom, Reichsritter 222

Bayard, Pierre de Terrail, Chevalier de, franz. Heerführer 128

Beatrice d'Este, Herzogin von Mailand 83 f.

Beaujeu, Anne de, Regentin von Frankreich 143

Behaim, Michael, Kaufmann und Baumeister 318

Beielstein, Felix Wilhelm, Schriftsteller 294

Bela III., König von Ungarn 324

Berlichingen, Götz von, Reichsritter 220 f.

Bernhard von Rohr, Erzbischof von Salzburg 62 f.

Berthold von Henneberg, Kurfüst und Erzbischof von Mainz 97-101

Beumelburg, Werner, Schriftsteller 290

Bianca Maria Sforza, röm.-deutsche Kaiserin 81-88, 90-92, 196, 331

Bianca Maria Visconti, Herzogin von Mailand 84

Bianchini, Ionnis, Astrologe 278

Blumeneck, Rudolf von, kaiserl. Rat 160

Bogislaw X. der Große, Herzog von Pommern 198

Bonifatius, Heiliger, Erzbischof von Mainz 149

Bonneval, Claude Alexandre Comte de, Artillerie-Offizier, osman. Pascha 126, 150

Bontemps, Jean, burgund. Schatzmeister 216

Borgia, Cesare, ital. Söldnerführer und Herrscher 94, 146

Borgia, Lucrezia, Herzogin von Ferrara 94

Borso d'Este, Herzog von Modena und Ferrara 278

Botticelli, Sandro, Maler 256

Bragadin, Marco Antonio, venez. Gouverneur von Zypern 170

Brant, Sebastian, Humanist und Schriftsteller 80, 259 f.

Breidbach, Berard von, Gelehrter 99

Breisacher, Marquard, Kanzler Maximilians I. 67

Brimeau de Meghen, Fräulein, Geliebte Maximilians I. 306

Burger, Heinz Otto, Germanist 290

Burgkmair, Hans der Ältere, Maler und Grafiker 279, 281

Busleyden, Frans van, Domprobst, Prinzenerzieher 47

Busson, Paul, Schriftsteller 332

Cabral, Pedro Álvares, Seefahrer und Entdecker 203

Caimi, Violante, Hofmeisterin von Bianca Maria Sforza 88, 90

Cajetan, Thomas, eig. Thomas de Vio, Kardinal, Bischof von Gaëta 302

Calixtus III., Papst 184

Canaletto, eig. Giovanni Antonio Canal, Maler 189

Cappel, Friedrich von, Stadthauptmann von Trient 70

Carpaccio, Vittore, Maler 148

Carpzow, Benedikt, Jurist 235

Cartouche, Räuberhauptmann 170

Casanova, Giacomo, Schriftsteller und Abenteurer 115, 318

Cäsar, Julius, röm. Staatsmann und Feldherr 263

Cassiodor, röm. Staatsmann und Gelehrter 179

Cassius Dio, Lucius Claudius, röm. Staatsmann und Geschichtsschreiber 319
Celtis, Konrad, Humanist und Dichter 19, 180, 239, 241-245, 247, 252
Cesarini, Giuliano, Kardinalbischof von Frascati 56 f.
Chambes, Hélène de, Ehefrau von Philippe de Commynes 44
Charles III., Herzog von Bourbon-Montpensier, Connetable von Frankreich 228, 315
Christoph, Erzherzog von Österreich 13, 26
Christoph Ferdinand von Österreich, illeg. Sohn Maximilians I. 307
Cimburgis von Masowien, Herzogin von Österreich 22, 134
Cœur, Jacques, Kaufmann 205
Colonna, Prospero, Condottiere 228
Commynes, Philippe de, Diplomat und Historiker 38, 41-44, 54, 83 f., 263
Córdoba y Aguilar, Gonzalo Fernández de, span. Heerführer 126
Cornelius von Österreich, illeg. Sohn Maximilians I. 306 f.
Crèvecœur, Philippe de, Seigneur d'Esquerdes, Marschall von Frankreich 39
Crivelli, Carlo, Maler 279
Cuspinian, Johannes, Humanist und Dichter, kaiserl. Rat 16-20, 176, 179-181, 310-313, 316, 330
da Gama, Vasco, Seefahrer und Entdecker 199
Damiens, Robert-François, Attentäter 170
Dante Alighieri, Dichter 127
David Komnenos, Kaiser von Trapezunt 140
Denon, Dominique Vivant, Maler und Schriftsteller 34
Dieter von Isenburg, Erzbischof und Kurfürst von Mainz 99
Dietrichstein, Franz Fürst, Kardinal, Präsident des Geheimen Rates 273
Dietrichstein, Sigmund von, steirischer Landeshauptmann 163 f., 177, 272-274
Dosza, Georg, ungar. Reiterhauptmann, Bauernführer 164-171
Dosza, Gregor, Bruder von Georg D. 169 f.
Drach, Peter, Buchhändler und Verleger 99
Dürer, Albrecht, Maler und Grafiker 279, 281-287, 289
Ebendorfer, Thomas, Theologe und Geschichtsschreiber 11, 230
Eberhard I. im Bart, Herzog von Württemberg 295 f.
Eça de Queiroz, José Maria, Schriftsteller 29
Eck, Johann Mayr von, Theologe 214 f.
Edward IV., König von England 238
Edward V., König von England 48
Egenolff, Christian, Buchdrucker 289
Eike von Repgow, Verfasser des Sachsenspiegels 72, 208
Einhard, Gelehrter und Geschichtsschreiber 263
Eleonore von Österreich, Königin von Portugal und Frank-

reich 195, 203, 286

Eleonore von Portugal, röm.-deutsche Kaiserin 12-15, 18, 26, 30, 185 f., 275, 277, 279, 325

Elisabeth I., Königin von England 206

Elisabeth von Luxemburg, Königin von Ungarn und Böhmen 50 f.

Enderlin, Hans, Altvogt 160

Engelbrecht, Peter, Prinzenerzieher, Bischof von Wiener Neustadt 16, 20, 24 f., 31 f.

Ennser, Jakob 63

Erasmus von Rotterdam, Humanist, Theologe und Philosoph 257

Ernst der Eiserne, Herzog von Österreich 21 f., 28 f.

Ernst der Jüngere, Herzog von Österreich 22 f.

Ernst der Tapfere, Markgraf von Österreich 21

Ernst, Fritz, Essayist 41

Faber, Felix, Mönch 116

Faust, Bernhard, Schriftsteller 290

Ferdinand I., röm.-deutscher Kaiser 118, 138 f., 157, 176, 182, 257, 272, 286, 289 f., 301, 310, 314, 321, 327, 333

Ferdinand I., König von Neapel 126

Ferdinand II. der Katholische, König von Sizilien, Aragon und Kastilien 79, 118, 126, 184, 187, 199 f., 303, 325

Ferdinand, Valentin, Kaufmann in portug. Diensten 202

Firmian, Paula von, Hofmeisterin von Bianca Maria Sforza 90 f.

Foix, Odet de, Vicomte de Lautrec, Marschall von Frank-

reich 126

Fracastori, Girolamo, Humanist und Arzt 304

Francesco I. Sforza, Herzog von Mailand 84

Francesco II. Sforza, Herzog von Mailand 88

Franck, Sebastian, Schriftsteller und Theologe 270

Franz I., König von Frankreich 121-123, 125, 127-130, 204, 223, 227 f., 254, 285, 299, 315, 327

Franz II., König von Frankreich 121

Franz II., Herzog der Bretagne 75-77

Franz Joseph I., Kaiser von Österreich, König von Ungarn 253

Franz von Paula (Paola), Heiliger und Ordensgründer 44, 49, 313

Frau Ava, Dichterin 20

Freiligrath, Ferdinand von, Dichter 313

Freysleben, Bartholomäus, kaiserl. Obrist-Feldzeugmeister 153

Freytag, Gustav, Schriftsteller 293

Friedrich I. Barbarossa, röm.-deutscher Kaiser 102, 173, 323

Friedrich II., röm.-deutscher Kaiser 66, 95, 133, 173, 234, 324

Friedrich III., röm.-deutscher Kaiser 9, 11-16, 21-30, 32, 34, 37 f., 45, 48-54, 57, 60 f., 68, 71-75, 77, 83, 88, 93, 97, 100, 107, 113, 132-134, 136 f., 140, 165, 171, 174 f., 208, 211, 213, 218, 224, 228-233, 237, 242 f., 245-247, 251, 275, 277-

279, 281, 285, 293, 309, 312, 317-319, 325, 331, 333

Friedrich der Schöne, Herzog von Österreich und Steiermark 165, 324

Friedrich II. der Streitbare, Herzog von Österreich 23, 172, 324

Friedrich II. der Große, König von Preußen 132, 253

Friedrich III. der Weise, Kurfürst von Sachsen 102, 117

Friedrich V., Markgraf von Brandenburg-Ansbach und -Kulmbach 117

Froissart, Jean, Dichter und Chronist 263

Frundsberg, Georg von, Landsknechtsführer 221 f.

Fuchsberger, Ortolf, Humanist und Jurist 229

Fuchsmagen, Johann, kaiserl. Rat 231

Fugger, Jakob, der Reiche, Kaufmann und Bankier 107-109, 252

Funck, Alexius, Bürgermeister von Wiener Neustadt 16

Fürstenberg, Heinrich VII. Graf von, kaiserl. Feldhauptmann 250

Fürstenberg, Wolfgang Graf von, kaiserl. Rat 250

Galeazzo Maria Sforza, Herzog von Mailand 83 f.

Gallerani, Cecilie, Geliebte von Lodovico il Moro 83

Gattinara, Mercurino Arborio de, Kardinal, kaiserl. Großkanzler 190 f., 194, 203, 219

Geiler von Kaysersberg, Johann, Prediger 157, 260 f., 312

Gem (Dschem) Sultan, osman. Prinz und Dichter 141-147

Genouillac, Jacques Ricard de, gen. Galiot de Genouillac, Großmeister der Artillerie von Frankreich 124, 127

Georg von Österreich, Bischof von Lüttich, Erzbischof von Valencia 306

Georg von Podiebrad und Kunstatt, König von Böhmen 133, 325

Gerbel, Nikolaus, Humanist und Verleger 311

Goethe, Johann Wolfgang von, Dichter und Staatsmann 210, 289 f.

Gogh, Vincent van, Maler 305

Gossenbrot, Georg, Patrizier, Berater Maximilians I. 110-112, 248

Gottfried von Straßburg, Dichter 259

Goya, Francisco de, Maler 305

Gregor von Tours, Bischof von Tours, Geschichtsschreiber 263

Grün, Anastasius, eig. Anton Alexander Graf von Auersperg, Dichter und Politike 294

Grundelius, Philippus 317

Grünpeck, Joseph, Hof-Historiograph 239-241, 251, 264, 304

Guntram der Reiche, Graf im Breisgau 74 f., 323

Hackeney, Nicasius, kaiserl. Rat und Rechenmeister 216

Hadrian III., Papst 323

Harun el Raschid, Kalif 27

Hauer, Josef Martin, Komponist 9

Haugwitz, Hans von, Feldhauptmann von Matthias Corvinus 62

Hauptmann, Gerhart, Schriftsteller 291 f.

Hauser, Jakob, Bauernführer 160

Hedio, Kaspar, Theologe und Historiker 17, 311

Heimbach, Johannes Hebelin von, Historiograph 99

Heinrich IV., röm.-deutscher Kaiser 19, 95

Heinrich VII., König von England 189, 192, 203, 226

Heinrich VIII., König von England 36, 109, 120, 128, 203-206, 223

Heinrich II., König von Frankreich 315

Heinrich III., König von Frankreich 39

Heinrich der Löwe, Herzog von Sachsen und Bayern 102, 173

Heinrich der Seefahrer, Prinz von Portugal 185 f.

Heinrich von Melk, Dichter 20

Helfenstein, Anna von, Geliebte Maximilians I. 306-308

Helfenstein, Anna von, illeg. Tochter Maximilians I. 307

Helfenstein, Barbara von, illeg. Tochter Maximilians I. 307

Helfenstein, Dorothea von, illeg. Tochter Maximilians I. 307

Helfenstein, Elisabeth von, illeg. Tochter Maximilians I. 307

Helfenstein, Rudolph Graf von 309

Hembuche von Langenstein, Heinrich, Theologe 233

Hermann IV. von Hessen, Erzbischof von Köln 73

Hochstätter, Ambrosius, Kaufmann 201

Hölzl, Blasius, kaiserl. Rat 213, 216 f.

Hosszu, Anton, ungar. Reiterhauptmann 168

Hroswitha von Gandersheim, Dichterin 244

Huizinga, Johan, Kulturhistoriker 33

Humboldt, Alexander von, Naturforscher 312

Hungersbach, Simon von, burgund. Generalschatzmeister 68

Hutten, Hans von, württemb. Stallmeister 299

Hutten, Ulrich von, Humanist und Dichter 197, 300, 305, 327

Ibn Battuta, Abu Abdullah Muhammad, Reisender 105

Ibn Fadhlan, Ahmed, arab. Gesandter 104

Innozenz VIII., Papst 48, 94, 143-145

Iphofer, Wendelin, Faktor der Fugger 199

Isabeau, Prinzessin der Bretagne 77

Isabella von Portugal, röm.-deutsche Kaiserin 182

Isabella von Österreich, Königin von Dänemark 195, 286

Isabella I., Königin von Kastilien 79, 187, 223, 303, 325

Isabella von Spanien, Königin von Portugal 203

Ischak Pascha, bosnischer Würdenträger 59

Iwan IV. der Schreckliche, Zar von Russland 183

Jakob I., König von Schottland 15

Jakob III., König von Schottland 78

Jakob von Savoyen, Graf von Romont, Heerführer 54

Jeanne d'Arc, Heilige 33

Johann Corvin (Hunyadi), unehel. Sohn von Matthias Corvinus 82, 87, 109

Johann III. Beckenschlager, Erzbischof von Gran und Salzburg, Statthalter von Österreich 61-63

Johann Ohnefurcht (der Unerschrockene), Herzog von Burgund 227

Johann Ohneland, König von England 66

Johann von Schwaben, gen. Parricida, Herzog von Österreich 319, 324

Johann von Viktring, Abt und Geschichtsschreiber 58

Johann Zápolya, Fürst von Siebenbürgen 166, 169 f.

Johanna (Juana) die Wahnsinnige, Königin von Kastilien 118, 133 f., 172, 192 f., 195, 286, 326

Johannes von Capistrano, Wanderprediger und Heerführer 57

Johannes von Gmunden, Astronom 30

Josef II., röm.-deutscher Kaiser 54

Joss (Joß) Fritz, Bauernführer 157-160

Juan d'Austria, Admiral, Statthalter der Niederlande 196

Juan de Aragon, Kardinal 126

Juan von Aragon und Kastilien, Infant 133 f., 192, 325

Julius II., Papst 82, 94 f., 99, 113, 116, 234, 271, 326

Justinian I., oströmischer Kaiser 211

Kaitbai, ägypt. Sultan 141, 143

Karl der Große, fränk. Kaiser 133, 182, 293

Karl der Kahle, westfränk. König und Kaiser 258

Karl IV., röm.-deutscher Kaiser 72-74, 133, 232, 264, 290, 324

Karl V., röm.-deutscher Kaiser 90, 100, 112, 120-122, 130, 133 f., 176, 182, 185, 187, 195, 200, 206, 209, 215, 225, 241, 257, 272, 285 f., 288-290, 300 f., 303, 310, 326 f., 333

Karl VI., röm.-deutscher Kaiser 145

Karl der Kühne, Herzog von Burgund 9, 33-40, 43 f., 47, 55, 70, 76, 121, 128, 133 f., 165, 227, 255, 267, 294, 313, 320

Karl VII., König von Frankreich 33

Karl VIII., König von Frankreich 46, 76, 78-81, 83-85, 89, 91, 124, 143-146, 326

Karl XII., König von Schweden 170

Kasimir, Markgraf von Brandenburg-Kulmbach 302 f.

Katharina von Aragon, Königin von England 120

Katharina von Medici, Königin von Frankreich 236

Katharina von Österreich, Königin von Portugal 195, 286

Klemens VII., Papst 306

Klesl, Melchior, Bischof von Wiener Neustadt 26

Klissa, Marx von, Adliger 162

Kniebinger, Augustin, Bischof von Wiener Neustadt 25 f.

Knöl, Hans, Kaufmann 197

Kölderer, Jörg, Hofmaler 279

Koler, Hans, Faktor der Fugger 199

Kollonitsch, Leopold Karl von, Kardinal, Primas von Ungarn 26

Kolumbus, Christoph, Seefahrer und Entdecker 79, 104, 186, 200

Kottanerin, Helene, Kammerfrau Elisabeths von Luxemburg 50 f.

Kraus, Karl, Schriftsteller 130

Krusitsch, Peter, Magnat 137

Kublai Khan, mongol. Herrscher 55

Kunz von der Rosen, Berater und Hofnarr Maximilians I. 293

La Balue, Jean de, Kardinal 36

La Marche, Olivier de, Schriftsteller und Prinzenerzieher 47

Ladislaus Hunyadi, ungar. Staatsmann und Heerführer 56 f., 61

Ladislaus Postumus, König von Böhmen und Ungarn 14, 50 f., 133, 229, 309, 319, 325

Lamberg, Joseph Freiherr von 163

Lamberg, Wilhelm I. Freiherr von 165

Lanckmann von Valckenstein, Nicolaus, Historiograph 275

Leitich, Ann-Tizia, Schriftstellerin 294

Leo X., Papst 130, 222, 302

Leonardo da Vinci, Künstler und Universalgelehrter 83, 126, 281, 287

Leonhard von Keutschach, Erzbischof von Salzburg 63 f.

Leopold I., röm.-deutscher Kaiser 168

Leopold III. der Heilige, Markgraf von Österreich 19

Leopold von Österreich, Bischof von Cordoba 307

Leopold von Wien, Augustinermönch, Hofkaplan 233

Lerch(h)eimer von Steinfelden, Augustin, eig. Hermann Wilken, Theologe 236 f.

Liechtenstein, Paul von, kaiserl. Hofmarschall 111 f., 217, 248, 274, 331

Lodovico Sforza, il Moro, Herzog von Mailand 82-84, 91, 126, 128, 253, 276

Loredan, Leonardo, Doge von Venedig 119

Lothar I., fränk. König und Kaiser 258

Ludwig I. der Fromme, fränk. Kaiser 297

Ludwig IV. der Bayer, röm.-deutscher Kaiser 72, 232

Ludwig der Deutsche, ostfränkischer König 27, 258

Ludwig II., König von Böhmen und Ungarn 176, 182, 321, 327

Ludwig XI., König von Frankreich 36-39, 41-44, 46, 49 f., 64, 75 f., 78, 83, 103, 263, 294, 313

Ludwig XII., König von Frankreich 94 f., 103, 117-119, 200, 204, 223, 226, 228, 327

Ludwig XV., König von Frankreich 170

Ludwig III. der Bärtige, Kurfürst von der Pfalz 296

Ludwig, Herzog von Schlesien-Brieg 295

Luise von Savoyen, Herzogin von Angoulême 227 f.

Luitpold I., Markgraf der Ostmark 20

Luther, Martin, Reformator 48, 98, 183, 214 f., 234 f., 237, 257 f., 264, 267, 271, 302, 327

Machiavelli, Niccolò, Politiker, Dichter und Philosoph 43, 256

Madariaga, Salvador de, span. Diplomat und Schriftsteller 104

Magnelais, Antoinette de, Mätresse von Franz II., Herzog der Bretagne 77

Magnus, Fürst von Anhalt, oberster Kammerrichter 225

Makart, Hans, Maler 285 f.

Mantegna, Andrea , Maler und Kupferstecher 256

Manuel I. der Glückliche, König von Portugal 202 f.

Manutius, Aldus, Buchdrucker und Verleger 280

Marco Polo, Fernhändler 55

Marco, Kiss, kaiserl. Hauptmann 163 f.

Margarete von Angoulême, Königin von Navarra 227

Margarete von Österreich, Statthalterin der Niederlande 45, 48, 84, 119, 133 f., 144, 190-196, 198, 200 f., 203, 216, 253, 257, 286, 302, 325 f., 332

Margarethe, illeg. Tochter Maximilians I. 307

Maria, Herzogin von Burgund 9, 34, 37 f., 40-42, 45, 47, 54, 60, 82, 87, 192, 216, 236, 255-257, 267, 276, 286, 289, 325

Maria von Österreich (Kastilien), Königin von Böhmen und Ungarn 176, 182, 286, 314, 321

Maria Tudor, Königin von Frankreich 226 f.

Maria von England, Königin von Frankreich 120

Maria von Spanien, Königin von Portugal 203

Maria Stuart, Königin von Schottland 121

Marie von Kleve, Herzogin von Orléans 226

Maria Theresia, Königin von Böhmen und Ungarn, röm.-deutsche Kaiserin 68, 148, 253

Martha, illeg. Tochter Maximilians I. 307

Massimiliano Sforza, Herzog von Mailand 88, 128

Matsch, Gaudenz von, österr. Oberhofmeister und Feldhauptmann 70

Matthäus Lang, Kardinal, Erzbischof von Salzburg, Bischof von Gurk 112-114, 117 f., 176, 178, 180 f., 217, 331

Matthias Corvinus, König von Ungarn und Böhmen 11, 36, 48, 52 f., 55, 60-63, 75, 82, 113, 132, 134, 137, 139, 166, 171, 173, 231, 244, 246, 309, 317, 319, 325

Matthias, röm.-deutscher Kaiser 273

Maximilian Friedrich von Österreich, illeg. Sohn Maximilians I. 307

Mechthild von der Pfalz, Gräfin von Württemberg, Erzherzogin von Österreich 296

Melanchthon, Philipp, Philologe und Theologe 285

Melchior von Meckau, Kardinal, Bischof von Brixen 108 f.

Memling, Hans, Maler 256

Mennel, Jakob, Hofgenealoge und -geschichtsschreiber 21

Mindorff (Mintorff), Christoph Freiherr von, österr. Feldzeugmeister 154

Mohammed, Religionsstifter 65

Mohammed II., osmanischer Sultan 31, 140-142

Molinet, Jean, Chronist und Dichter 40

Montaigne, Michel de, Politiker und Philosoph 263

Montecuccoli, Raimondo Graf, kaiserl. Feldherr 224

Mündorf, Balthasar von 162

Mündorf, Marthe, geb. Pfaffloitsch 162

Murad II., osmanischer Sultan 31, 57, 142

Murner, Thomas, Theologe und Dichter 261

Nadler, Josef, Germanist 180

Napoleon I., Kaiser der Franzosen 7, 207

Navarro, Pedro, Ingenieur-Offizier 125 f., 128

Niklas Gerhard van Leyden, Bildhauer 28, 245-247

Nostradamus, Apotheker und Hellseher 236, 314

Odilie, Heilige, Äbtissin 75

Orléans, Karl von, Graf von Angoulême 227

Orléans, Ludwig von Valois, Herzog von 227

Orloff, Ida (Idinka), Schauspielerin, Geliebte Gerhart Hauptmanns 291

Ott von Aechterdingen, Michael, kaiserl. Obrist-Feldzeugmeister 154

Otto I. der Große, röm.-deutscher Kaiser 64, 74, 103, 323

Otto IV., röm.-deutscher Kaiser 66

Otto von Freising, Bischof, Geschichtsschreiber 19, 179, 263

Ottokar I., König von Böhmen 324

Ottokar II., König von Böhmen, Herzog von Österreich 37, 171

Pacioli, Luca, Mathematiker 83

Pannasch, Anton, Dichter 294

Paracelsus, eig. Theophrast von Hohenheim, Arzt 181, 238, 314 f.

Patkul, Johann Reinhold von, livländ. Staatsmann 170

Paul II., Papst 25, 93

Paumgartner, Franz, Kaufmann 197

Paumgartner, Hans, Kaufmann 197

Payer, Julius von, Alpen- und Polarforscher 189

Peraudi, Raimund, Kardinal, Bischof von Gurk 91 f., 109

Perger, Andre, Bergbauunternehmer 63

Perger, Bernhard, Humanist und Philologe 232

Peutinger, Konrad, Jurist und Humanist 244, 272, 300 f., 331

Pfintzing, Melchior, Geistlicher

345

und kaiserl. Rat 266 f., 269, 272

Philibert (Filiberto) I., Herzog von Savoyen 87, 191 f., 326

Philipp II. der Kühne, Herzog von Burgund 324

Philipp III. der Gute, Herzog von Burgund 43

Philipp II. August, König von Frankreich 66 f.

Philipp I. der Schöne, Erzherzog von Österreich, König von Kastilien und Leon 38, 45-47, 97, 100, 114, 118, 130, 133, 188, 192-194, 199 f., 202, 286, 325 f.

Philipp II. von Daun-Oberstein, Erzbischof und Kurfürst von Köln 73

Philipp Maria Visconti, Herzog von Mailand 84

Piccolomini, Enea Silvia siehe Pius II.

Pichler, Karoline, Schriftstellerin 290

Pietro III. Candiano, Doge von Venedig 123

Pining, Didrik, Seefahrer und Entdecker 206

Pinturiccio, Bernadino, Maler 279

Pinzón, Martín Alonso, Seefahrer und Entdecker 104

Pinzón, Vicente Yáñez, Seefahrer und Entdecker 104

Pirckheimer, Caritas, Äbtissin 252

Pirckheimer, Willibald, Humanist, kaiserl. Rat 248-253, 260, 271, 282, 287

Pius II., Papst 11, 15 f., 57, 93, 97, 140 f., 173, 175, 189, 279, 281, 331

Pius III., Papst 101

Plaine, Gérard de la, Sieur de la Roche, kaiserl. Rat 190

Plaine, Thomas de la, Sieur de Roche, burgund. Kanzler 190

Polheim, Wolfgang Freiherr von, kaiserl. Rat 39 f., 78, 85, 217

Polo, Maffeo, Juwelenhändler 105

Polo, Marco, Fernhändler 105

Polo, Niccolò, Juwelenhändler 105

Pontcaracce, Andreas Graecus, osman. Botschafter 91·

Pothorst, Hans, Seefahrer und Entdecker 206

Primisser, Anton, Kustos 298

Prunbecher, Hans, Faktor der Fugger 200

Prüschenk, Heinrich, Graf zu Hardegg, Oberster Feldhauptmann 35

Prüschenk, Sigmund, Graf zu Hardegg, kaiserl. Rat und Hofmarschall 35

Prutz, Hans, Historiker 102

Pülinger, Wilhelm, Arzt 312

Pusika, Peter, Steinmetz und Baumeister 283

Radhaupt, Jakob, Kanonikus 63

Raffaello Santi, Maler und Bildhauer 48

Rákóczi, Ferenc II., ungar. Magnat und Heerführer 136

Ranke, Heinrich von, Theologe 90

Ranke, Leopold von, Historiker 90, 172

Reichenburg, Reinprecht von, burgund. Hofmarschall und Feldhauptmann 63 f., 67

Reinmar von Zweter, Hofpoet 324

Reisch, Gregor, Theologe 184 f., 311-313, 321

Rem, Hans, Reeder und Kaufmann 202 f.

Rem, Lucas, Reeder und Kaufmann 202 f.

René II., Herzog von Lothringen 37, 185

Rericho, Antonio, Diplomat in osman. Diensten 143

Rhenanus, Beatus, Humanist und Philologe 261

Richard I. Löwenherz, König von England 66

Richard III., König von England 48

Richelieu, Armand-Jean du Plessis, duc de, Kardinal und franz. Staatsmann 105, 329

Ried, Hans, kaiserl. Kanzlist 294, 296-298

Ringmann, Philesius (Matthäus), Philologe und Dichter 185

Robert I., Herzog von Burgund 33

Rohan, Pierre I. de, genannt Maréchal de Gié, Marschall von Frankreich 39

Röhricht, Rheinhold, Historiker 28

Roth, Joseph, Schriftsteller 322

Rottal, Barbara von, verh. Freifrau von Dietrichstein 177

Rottal, Georg von, österr. Landhofmeister 68

Rudolf I., röm.-deutscher König 324

Rudolf II., röm.-deutscher Kaiser 9, 218, 273, 305

Rudolf der Tapfere, Fürst von

Anhalt 224 f.

Rudolf IV. der Stifter, Herzog von Österreich 232

Rudolf von Rheinfelden, Herzog von Schwaben, röm.-deutscher Gegenkönig 21

Rupprich, Hans, Germanist 265

Ruprecht von der Pfalz, Erzbischof von Köln 73

Sabina von Bayern, Herzogin von Württemberg 300

Sachsen, Hermann Moritz Graf von, Marschall von Frankreich 196

Saladin, Sultan von Ägypten und Syrien 141, 189

Salisbury, William de Longespée, Earl of, engl. Heerführer 66

San Severino, Roberto di, venez. Söldnerführer 69 f.

Sansovino, Francesco, Dichter und Autor 129

Schäuf(f)elein, Hans, Maler und Grafiker 279, 281 f.

Schiele, Egon, Maler 305

Schlick, Kaspar Graf, kaiserl. Kanzler 97

Schmid, Else, Frau des Joss Fritz 158 f., 161

Schöffer, Peter, Buchhändler und Verleger 99

Schönsperger, Hans, Buchdrucker und Verleger 280

Selbitz, Hans von, Reichsritter 222

Selim I., osman. Sultan 147-148

Sernstein, Zyprian von, kaiserl. Rat 191, 217, 274

Sesselschreiber, Gilg (Ägidius), Erzgießer und Maler 319

Sickingen, Franz von, Reichsritter, Söldnerführer 221, 225,

347

299 f.

Siebenhirter, Johannes, Hochmeister des Ritterordens Sankt Georg 281

Sigismund, röm.-deutscher Kaiser, König von Ungarn und Böhmen 50, 142, 229, 324

Sigismund I., König von Polen 169

Sigismund I. von Volkersdorf, Erzbischof von Salzburg 13

Sigmund der Münzreiche, Erzherzog von Österreich 15 f., 49 f., 68 f., 71, 86, 108, 111, 116, 153, 214, 252

Simon von Trient, Heiliger 117

Sixtus IV., Papst 93 f.

Skanderbeg, eig. Gjergj Kastrioti, alban. Fürst und Heerführer 135

Slatkonia, Georg von, Bischof von Wien 317

Sorel, Agnes, Mätresse Karls VIII. von Frankreich 36

Spitzer, Daniel, Journalist und Autor 285

Stephan I. der Heilige, König von Ungarn 136 f.

Stöberer, Johannes, gen. Stabius, Humanist und Naturwissenschaftler 239, 282

Stüdlen, Marx, Bauernführer 160

Stürtzel, Konrad, kaiserl. Hofkanzler 213-215

Suffolk, Charles Brandon, Herzog von 226

Suleiman I. der Große, osman. Sultan 182, 327

Suntheim (Sunthaym), Ladislaus, Hofgenealoge und -geschichtsschreiber 21

Susanne von Bayern, Markgräfin von Brandenburg-Kulmbach 302

Swatopluk, großmähr. Herrscher 323

Szaleresi, Ambros, ungar. Bauernführer 167

Szekely, Johann, ungar. Feldhauptmann 133

Tanstetten (Tanstetter), Georg von, Arzt 312-314

Teleki, István, königl.-ungar. Schatzmeister 168

Tetzel, Johann, Ablassprediger 257, 302

Thomas von Aquin, Philosoph und Theologe 106

Thurzo, Johann I., Kaufmann und Montanunternehmer 109 f., 171, 252

Tomizza, Fulvio, Schriftsteller 174

Torquemada, Tomás de, Großinquisitor 48, 93

Totting von Oyta, Heinrich, Theologe 233

Treitzsaurwein, Marcus, kaiserl. Rat 272, 274 f., 289

Trithemius, Johannes, Abt von Sponheim, Humanist 7, 21, 184, 234-238, 257, 270, 312, 315, 322

Trivulzio, Gian Giacomo, Marschall von Frankreich 122

Tromlitz, A. von, Dichter 294

Tübke, Werner, Maler 93

Ujlaki, Nikolaus, Vizekönig von Bosnien 13 f., 277

Ulbricht, Walter, deutscher Politiker 267

Ulrich, Herzog von Württemberg 102, 299 f.

Unrest, Jakob, Pfarrer und Chronist 58 f., 61
Uriel von Gemmingen, Erzbischof von Mainz 299
Valmet, Max, Bildhauer 246
van der Weyden, Rogier, Maler 30
van Eyck, Hubert, Maler 33
van Eyck, Jan, Maler 33
Waldburg, Hans Truchseß zu, Graf zu Sonnenburg, österr. Feldhauptmann 70
Waldis, Burkard, Dichter 268, 288
Waldner, Johann, kaiserl. Kanzler 213
Waldseemüller, Martin, Kartograph 184 f.
Walther von der Vogelweide, Dichter 20, 297
Watt, Joachim von (Vadianus), Humanist und Gelehrter 180
Wenzel I., böhm. König 324
Wenzel, röm.-deutscher König, als Wenzel IV. König von Böhmen 229
Werdenberg, Hugo Graf von, Hauptmann des Schwäbischen Bundes 72
Weyer, Johann, Arzt 237
Weyprecht, Carl, Polarforscher und Geophysiker 189
Wibmer-Pedit, Fanny, Schriftstellerin 290
Wimpheling, Jakob, Humanist und Schriftsteller 80, 98 f., 261 f.
Wladislaw (Ladislaus) II., König von Böhmen und Ungarn 87, 166, 176 f., 238
Wladislaw III., König von Polen und Ungarn (I.) 56

Wolfram von Eschenbach, Dichter 296
Wolkenstein, Veit Freiherr von, kaiserl. Staatsmann 39
Zacut, Rabbiner und Astronom 203
Ziegler, Nikas, kaiserl. Rat 213-216
Zimmermann, Wilhelm, Theologe und Historiker 156, 163 f.
Zirkendorfer, Konrad, Büchsenmeister 15

349